日本怪異妖怪事典

四国

朝里樹 監修

毛利恵太 著

笠間書院

はじめに

本作は『日本怪異妖怪事典』という事典シリーズの四国地方編です。

第一弾『日本怪異妖怪事典　北海道』、第二弾『日本怪異妖怪事典　関東』、第三弾『日本怪異妖怪事典　東北』、第四弾『日本怪異妖怪事典　近畿』、第五弾『日本怪異妖怪事典　中部』、第六弾『日本怪異妖怪事典　中国』に続く第七弾となります。

ここではまず、シリーズ全体に係る監修者として、本シリーズの概要について説明させていただければと思います。

すでに他の巻を購入済みの方には承知済みかもしれませんが、初めて手に取ったのが本書、という方もおられるかと思いますので、ご容赦いただければ幸いです。

『日本怪異妖怪事典』シリーズは、日本の各地の伝承や伝説、神話、昔話、都市伝説などに伝わるものから、物語や絵画、現代の児童書などで創作されたものまで、様々な怪異・妖怪を幅広く集め、地方ごとに紹介する事典です。

そして本作は四国四県の徳島県、香川県、愛媛県、高知県に伝わるものたちが大挙して登場します。

執筆者は全国の妖怪を集め、記録し、「松籟庵《しょうらいあん》」というブログやTwitterの「瓶詰妖怪（@bottle_youkai）」というアカウントで紹介・解説している毛利恵太さんです。毛利さんはすでに本シリーズの中部編の執筆に携わっていただいているなど、地域を問わず怪異・妖怪に精通しております。さらに、このシリーズは地域を限定して怪異・妖怪を紹介するという性質上、広く、深く、様々なところで紹介されている妖怪から、他の書籍ではほとんど見たことがないというような怪異まで様々に紹介されています。

四国地方は狸の宝庫として有名です。隠神《いぬがみ》刑部《ぎょうぶ》と呼ばれる講談に語られる狸の長、道行く人におんぶをねだる可愛らしい狸・赤でんちゅうなど、様々な狸たちが載せられています。そして四国にはいないなどと言われる狐たちもまた、実は四国に豊富に存在していることも教えてくれます。

そして狐狸の他にも四国のお祭りに登場する牛鬼、戦国武将・長宗我部《ちょうそかべ》元親《もとちか》に関わりのある七人《しちにん》御先《みさき》など、四国の文化に根付いた妖怪たち、四国を舞台にした物語に登場する妖怪たちなど、バリエーション豊かな不思議なもの、ことがあなたを待っています。

四国地方にお住まいの方はもちろん、そうでない方も、興味があるならばぜひ次のページをめくり、四国妖怪の世界へと入ってみてください。

朝里樹

はじめに

『日本怪異妖怪事典　四国』は、日本の四国地方（徳島県、香川県、愛媛県、高知県）に関連する怪異・妖怪を対象として編纂《へんさん》された事典です。

「四国地方に〝関連する〟怪異・妖怪」としている理由は、本書で扱っている怪異・妖怪が必ずしも地域の伝説や伝承、昔話などに立脚したものばかりではないからです。現代の我々が「怪異・妖怪」と語るものごとの中には、物語・芸能・絵画などの領域に登場するものごとも多く含まれているのです。

以上を踏まえた上で、本書における収録対象は以下のように定められています。

▼一、地誌や伝説、昔話や寺社縁起などにみられるもの

▼二、民間伝承や俗信などにみられるもの

▼三、随筆や説話集にみられるもの

▼四、世間話や噂《うわさ》、流行にみられるもの

▼五、物語や演芸など芸能にみられるもの

▼六、絵画などにみられるもの

▼七、児童書など現代の創作性の高い書籍にみられるもの

一〜四は各地域で伝承されていたり、特定の場所と紐《ひも》付《づ》けられて語られている一方、五〜七は登場元である作品の設定に依拠している側面が強くなっています。『日本怪異妖怪事典　関東』の著者である氷厘亭氷泉氏はこの区分を「伝承妖怪」「画像妖怪」と命名し、区別して扱う必要性を説いています。本書もその区分に準拠し、「画像妖怪」に分類された怪異・妖怪は「その他」の章にまとめられています。また、項目の中には神仏や実在の人物・動物など、一般に妖怪としては扱われていないものもあります。これらは妖怪そのものではなくとも、妖怪をより深く理解する上で重要な要素を有する項目となっています。

本書を含むこのシリーズは基本的に四七都道府県に「伝承妖怪」を分類していますが、実際のところ、この地域にはこのような特徴の妖怪がいる、というはっきりとした差異はほぼ存在しません。全体を俯《ふ》瞰《かん》すれば、どの妖怪も類似例が各地に点在し、特に隣接地域は類似性が顕著であることが見えてきます。近代以降の行政区分である都道府県での分類は、あくまで便宜上のものであるという意識を持つ必要があるでしょう。

地域の郷土誌や昔話の本などには、本書には記されていない無数の怪異・妖怪たちが息をひそめています。本書が四国地方の怪異・妖怪たちを知る機会となり、またさらに広く深く調べるきっかけとなるならば幸いです。

毛利恵太

目次

日本怪異妖怪事典 四国

COLUMN

索引

凡例

一、この事典は日本の四国地方において、文献に記録された怪異・妖怪、そしてそれらと密接に関わっている俗信・習俗、あるいは物語・芸能・絵画などで表現された奇妙な物事を集成したものである。これらを出現地域や記録地域に基づき「徳島県」「香川県」「愛媛県」「高知県」の県ごとに分別し、五十音順に並べている。県境に跨《また》がって伝わるもの、複数の県で同様の例が確認できるものについては「四国広域」に、地域における伝承や記録ではなく物語や絵画として創作されたと思われるものは「その他」に、それぞれ別項を作成してまとめている。

一、項目名は怪異・妖怪の名称である。これらは原則として資料の原文において使用されている名称を用いている。原文において名称が用いられていないもののうち、参考にした資料で編纂者《へんさんしゃ》が命名をしている場合はこれを採用し、解説において引用元の資料を明記している。編纂者による命名もない場合は、原文における表現を利用した筆者による命名がなされ、解説において「筆者命名」と明記している。

一、各項目における地名は、原則として参考資料に記された地名を記載している。市町村合併などで変更があった場合は（現・○○）という形式で示している。

一、参考文献は項目ごとに解説で書名を挙げている。このうち、書籍および雑誌の名称には『　』を、雑誌記事および論文の名称には「　」を用いて提示している。項目末尾には執筆時に実際に使用した文献を記している。特に古典資料については、該当資料の翻刻《ほんこく》を収録した書籍を示している。

一、解説中に別の怪異・妖怪の名称を挙げた時、当事典に別項目として挙げられている怪異・妖怪については太字を用いている。また同シリーズの既刊に挙げられている怪異・妖怪については、それが収録されている巻名も併記している。

徳島県

【あ】

赤池の河太郎［あかいけのかわたろう］

徳島県那賀《なか》郡赤池村（現・阿南市那賀川町赤池）の話。

昔、勝瀬某という人の家の下男が、馬に水を飲ませるために長川（那賀川のことか）へと引いて行き、手綱を近くに繋《つな》いで帰っていった。すると河太郎が川から出てきて、手綱を自分の体に巻きつけて馬を川へ引き込もうとした。しかし馬は俊足だったため、逆に河太郎を引きずりながら家へと帰っていった。人々が多く集まってきて、河太郎を捕らえて殺そうとしたが、勝瀬は河太郎を許して、川に放してやった。その日の夜、勝瀬の夢に河太郎が現れて「命を助けられた大恩を返すため、これから毎朝井戸のそばの竹棚《たけだな》に魚を捧げます。しかし、私は刃物を忌む性《さが》なので、もし棚に刃物が置いてあったら、それから後はもう参りません」と告げた。夜が明けてから棚を見てみると、たしかに見事な魚が置かれていた。それから二、三季の間は毎朝欠かさず魚が置かれていたが、ある時新参の下女がこのことを忘れ、棚に菜切り包丁を置いてしまったので、それからは魚が置かれることはなくなったという。その後も、この川を渡ったり泳いだりする時は「勝瀬の子孫なり」と言えば河太郎は手出しをせず、水難を免れることができるとされた。

［参考文献］阿波郷土研究会『阿波叢書』一巻

赤い服の警備員［あかいふくのけいびいん］

徳島県のある小学校には、昔は墓地だったという言い伝えがあり、夜にその小学校ではいるはずのない赤い服を着た警備員が警備しているという。もしこの赤い服の警備員を見てしまうと、七日以内に死んでしまうのだという。

［参考文献］不思議な世界を考える会『怪異百物語五　家族と霊』

赤エリ［あかえり］

徳島県吉野川市鴨島町知恵島の話。

知恵島の千田須賀《せんだずか》西に、ドンガン池という大きな池があった。この池には河童の主が棲んでいるとされ、土地の人々は「ドンガン池で泳いだら、カッパに吸い付かれて引き込まれる」として、池で泳ぐのを禁じていた。大正の頃、池を取り囲む藪《やぶ》に赤エリという妖怪が棲み着いていると噂《うわさ》された。赤エリは一〇歳くらいの子供の大きさで、体が赤くて狐のようであった。これが池に面した藪際で、人間が膝を組んで座るのと全く同じ姿勢で、足を組んで背筋を伸ばして座っているのだという。知恵島の小学校に通っている子供たちは、赤エリを怖がって池の近くの道を通らず、近くを通うある左官は毎日「今朝も赤エリが薮際で座っていた、気色悪い」と話していた。

［参考文献］芝原富士夫『鴨島の民話』

赤しゃが魔［あかしゃがま］

徳島県美馬郡木屋平村《こやだいらそん》（現・美馬市木屋平）の話。

昔は深い山の奥に「赤しゃが魔」と呼ばれる化け物が棲んでいた。木屋平村の他には一字村《いちうそん》（現・つるぎ町）、那賀《なか》郡木沢村や木頭村《きとうそん》（ともに現・那賀町）、名西《みょうざい》郡神山町などでよく聞かれた話だという。阿波（徳島県）の古語で髪を振り乱して頭がもしゃもしゃになっている様相を「シャガマ」というとしている。

竹尾にある「おい谷」は谷とは名ばかりの小さな沢だが、ここに赤しゃが魔が出没したという。また、南張《みなみばり》の某旧家には「赤しゃがまさん」と称して、赤色の石を祀《まつ》っているのだという。

四国広域の**赤しゃぐま**も参照。

［参考文献］芝原富士夫『木屋平の昔話』

赤でんちゅう［あかでんちゅう］

徳島県板野郡堀江村大谷（現・鳴門市大麻町大谷）に伝わる。

大谷には赤でんちゅうという狸がいる。夜中になったら赤いでんちゅう（殿中。木綿の袖なし羽織）を着た子供に化け、通行人に「負うてくれ負うてくれ」と言って、しつこく纏《まつ》わり付いてくる。仕方なく背負ってやると、嬉しそうな様子で肩を軽く叩いてくるが、別に悪戯《いたずら》などはしてこないという。

［参考文献］笠井新也『阿波の狸の話』

秋葉三尺坊［あきばさんしゃくぼう］

徳島県勝浦郡本庄村（現・徳島市丈六町）の丈六寺の話。

昔、丈六寺の小僧が裏の杉山で木登りをして遊んでいた。師僧が何度叱《しか》っても改心せずに木登りを続けていたら、だんだんと上達していって枝から枝へと飛び移り、大きな杉の梢まで登れるようになった。ところが小僧はついに杉の梢を離れ、どこかへと飛び去ってしまったので、天狗になってしまったのだろうとされた。ある夜、師僧の枕元に小僧が立ち「私は修行を積んで天狗になった。裏山に祠《ほこら》を建ててくれれば人々を火難から防いであげよう」と言ったので、師僧は驚いて裏山に小さな祠堂《しどう》を建て、秋葉三尺坊として祀《まつ》った。この祠の近くにある杉の木立が、小僧が昇天した跡なのだという。

今も丈六寺には秋葉神社がある。火伏せの神である秋葉三尺坊は、静岡県の秋葉山で祀られているものが最も有名。

［参考文献］長尾楓窓「天狗になった人」（『郷土趣味』通巻二三号）

悪星［あくせい］

徳島県阿南市羽ノ浦町の取星寺《しゅしょうじ》の伝説。

弘法大師がこの辺りを巡り歩いていた時、人畜や農作物に害をなす悪星が天にあるのを見つけた。大師は直ちに悪星を睨《にら》みつけて落としたが、悪星はそのまま那賀《なか》川の堤防を西へと逃げていったので、大師も逃してはなるものかと追いかけた。逃げ足の速い悪星をなかなか捕まえられなかったが、意を決した大師は悪星に飛びかかって嚙みついた。こうして悪星を退治することができたのだが、大師は悪星に嚙みついた時に酸味を感じて「酸《す》い酸《す》い」と言ったのだという。そこで悪星退治の記念に建立した寺を取星寺《すいしょうじ》と名付けたのだという。

「阿波の俗伝二則」にも類似の伝説が記されている。勝浦郡生比奈村《いくひなそん》に星谷という村落がある（現・勝浦郡勝浦町星谷）。この村落の後ろの山に「星の窟《いわや》」という洞窟がある（ここには星谷寺という寺院もある）が、そこは弘法大師が人民を害する悪星を祈り落とした場所なのだという。落ちた星を弘法大師が捕らえようとすると、星は素早く櫛淵《くしぶち》村（現・小松島市櫛渕町）のほうに逃げた。これを追いかけている途中、大師の金剛下駄が脱げてしまったので、その場所に金剛寺が建立された。そして岩脇村（現・阿南市羽ノ浦町岩脇）まで追い詰めて星を捕らえたので、ここに取星寺を建立したという。

また、大師が星を祈り落としてから、星の窟にそれを封じ込めたともされている。落とされた星は年を経るごとに小さくなり、最後は梅の種ぐらいになってしまったので、これを岩脇村の取星寺に納めて寺宝にしたのだという。

［参考文献］四国三郎「阿波国那賀川流域に遺る伝説」（『旅と伝説』一六年三号）、碧山生君「阿波の俗伝二則」（『民族と歴史』三巻四号）

麻桶の毛［あさおけのけ］

徳島県三好《みよし》郡加茂村（現・三好郡東みよし町加茂）の話。項目名は『日本伝説叢書　阿波の巻』による。

『阿州奇事雑話』には以下のように記されている。加茂村にある弥都能売神社（弥都《みづ》波能売《はのめ》神社が正しいか）には、御神体ともされている神宝がある。それは麻桶に入れられた一筋の毛で、神意が穏やかでない時はこの毛が何又にも分かれ、大いに伸びて麻桶の蓋《ふた》を突き上げて外にはみ出すほどになる。神意が静かであれば一筋の毛のままであるという。

『日本伝説叢書　阿波の巻』では、右の話を引用してから、以下の話を付け加えている。昔、近郊の農家を荒らしていた井内谷（現・三好市井川町辺り）の山賊たちが、ある夜半にこの神社に集まって奪った財宝の分配をしていた。すると御神体の毛が麻桶の蓋を突き上げ伸びてきて、山賊の人数と同じ数に分かれて締め上げた。山賊たちは細い毛から逃れることができず、そのまま金縛りになってしまい、翌朝追手に捕らえられたのだという。

『大語園』などでは山賊の話も含めて『阿州奇事雑話』に収録されているとしているが、実際は山賊の話については『日本伝説叢書　阿波の巻』が初出と考えられる。

［参考文献］阿波郷土研究会『阿波叢書』一巻、藤沢衛彦『日本伝説叢書　阿波の巻』

足なで女［あしなでおんな］

徳島県吉野川市鴨島町知恵島の三軒屋と鴨島町喜来の乗島《じょうじま》との間には、江川の流れが作った淵《ふち》があり、ユウネンの湖と呼ばれている。北岸の三軒屋側には淵の岸に沿った細い在所道があり、道のすぐ側に水がひたひたと寄せている。この辺りには得体の知れない化け物がいて、夜になると赤い着物の女に化けて、岸辺に近い淵の中に潜む。そして男の人がここを通りかかると、水の中からヌーッと現れて、水に濡れた冷たく細長い手で男の向こう脛《ずね》を撫《な》でるのだという。撫でられた者は毛が逆立つほど恐怖し、腰が抜けてへたり込んだり、気を失ったり、命からがら逃げ帰ったりする。化け物はそれを眺めてニタリと笑い、水の中へ消えていくのだという。明治の初め頃までは、この道に足なで女が出るとして夜の人通りがなかった。

［参考文献］芝原富士夫『鴨島の民話』

鰺のばあさん［あじのばあさん］

徳島県板野郡松茂村（現・板野郡松茂町）の話。

昔、漁師たちが昼の仕事の疲れを慰めるため、松茂村の満穂《みつほ》と豊岡の境《さかい》辺りに船を寄せて集まった。そして漁で捕った鰺をあぶって酒を飲んでいたら、どこからか一人の老婆が現れて鰺を一匹欲しがった。その老婆の声は鈍く、眼光が人を射し、髪は針のようで口は耳まで裂けていた。漁師たちは恐怖したが、そのうちの一人が「ここには鰺はもうないが、船にはまだあるから取ってこよう」と言って船へと走り出した。他の漁師も先を争って船に乗って海に漕《こ》ぎ出したが、老婆も追いかけてきて艫《とも》に嚙みついた。漁師たちは生きた心地もせず、船玉明神に一心に祈願したところ、老婆は姿を消したので、全力を出して長原の港へと逃げた。それから、深夜になってその辺りを通行する者は少なくなったという。

［参考文献］板野郡教育会『板野郡誌』下巻

小豆を洗ってくれ［あずきをあらってくれ］

筆者命名。徳島県阿波郡土成村《どなりそん》（現・阿波市土成町地区）の話。

ある男が夜、藪《やぶ》のある淵《ふち》の近くを通ると、老婆が出てきて「小豆を洗ってくれ」と言ってきた。男が言われた通りに小豆を洗っていると、だんだん体が水の中に引き込まれるような気持ちがしてきたので、恐ろしくなって飛んで帰った。翌日になってその淵に行ってみると、岸から水の中へ自分の足跡が残っていたのだという。

［参考文献］桂又三郎「徳島県阿波郡土成村奇聞」（『岡山文化資料』二巻三号）

池のとうの大蛇 [いけのとうのだいじゃ]

徳島県三好《みよし》市東祖谷《ひがしいや》麦生土《むじゅうと》の話。

麦生土の秋葉神社へ登っていく途中に、池のとうと呼ばれる二つの池がある。池は上池と下池の二つに分かれていて、下池には雨水が溢《あふ》れているが、大蛇が棲んでいるとされた。この大蛇は毎年夏になると人里に現れ、住民に災いをもたらすと恐れられていた。ある夜、神主の平尾越後が家を留守にして、その妻が一人で留守番をしながら麦粉を挽《ひ》いていた。すると大蛇が来たようで家がぐらぐらと揺れ始めた。そして麦を煎《い》っていると、にわかに雨風が起こり稲光がして、大蛇が丸太のような尻尾で雨戸をぼたぼたと叩いてきた。しかし、越後の妻は驚きもせず「池のとうの主よ、よく来たなあ。今夜は越後が留守なので、お相手をする」と言って、神前にかけておいた後藤の面(どのような面かは不明)を被り、先ほどまで使っていた粉煎りを持って舞を始めた。舞いながら粉煎りで大蛇の頭を叩く後藤の形相に、大蛇は負けてゴロゴロと音を立てながら谷奥へと逃げ込んだ。そして谷を登って池のとうに入り込み、その後は人里に現れなくなったのだという。

[参考文献] 武田明「東祖谷聞書」(『香川の民俗』通巻五二号)

一寸坊主 [いっすんぼうず]

徳島の助任橋《すけとうばし》(現・徳島市助任橋)の話。

助任橋はかつて一町(約一〇九メートル)ほど東に架かっていて、今の橋よりも長くて擬宝珠《ぎぼし》も付いた立派な橋だった。しかし非常時には門扉を閉じて通行を止めたので、寂しい場所でもあった。そして、この橋のいずれか三番目の擬宝珠を叩いて「今夜来い来い」と言うと、変怪が家に来ると言い伝えられていた。安政年間(一八五四〜六〇)の頃、福島中の丁(福島中町、現・徳島市福島)に住む樫原忠左衛門という藩士の子の守衛という者が、親類に招かれて冬の夜に助任まで行った。そして帰りにこの橋を通り、人が止めるのも聞かずに擬宝珠を叩いて「今夜来い来い」と言って帰った。すると、守衛がいる矢倉に多くの一寸坊主が来て踊り騒いだ。守衛が恐れて無言で瞑目《めいもく》していると、しばらくして一寸坊主たちは去っていき、その後は何事もなかった。しかしその後守衛は若くして死に、弟の源内が相続したがその妻が次々と早死した。結局五人目の妻を迎えたので、人々は「五妻(後妻の揶揄《やゆ》)」と言って笑い、助任橋に棲む狸の祟りだろうと語った。

[参考文献] 長尾楓窓「妖怪に遇ふた人」(『郷土趣味』三巻四号)

一本足 [いっぽんあし]

徳島県海部《かいふ》郡阿部《あぶ》村《そん》(現・海部郡美波町阿部)に伝わる。

秋の夜の引き潮の時、一本足の怪物が出て浜に足跡を残す。また、大波のあった朝は必ず波打ち際から四、五尺(約一・二〜

一・五メートル）の所に足跡を残すという。山にいる怪物が足を海の潮に浸けに来るのだとされているが、山ではなく海浜の岩穴にいるともされている。その足跡は円形で人のそれよりも大きいのだという。

［参考文献］松村敏夫「怪物一本足」（『民間伝承』四巻一〇号）

糸引娘［いとひきむすめ］

徳島県板野郡堀江村市場（現・鳴門市大麻町市場）に伝わる。

市場の宇野田という所の畑の中に出る怪物で、一七、八歳ほどの色っぽい娘が糸引き車でひんひんと糸を引いていたかと思うと、その姿が白髪の老婆に変わるのだという。ある時、一人の農夫が黄昏時《たそがれどき》に藁《わら》を担いでここを通ろうとしたら、目前に糸引娘が現れてたちまち八〇歳ぐらいの姿に変わってからからと笑った。農夫は恐れずに通り過ぎようとしたが、老婆はその前を遮《さえぎ》って進むのを妨げてきた。そして農夫が一休みすると姿を隠すが、また進もうとするとすぐに現れるということが何度も続いたという。その後、人々はここを通ることを恐れたという。

［参考文献］板野郡教育会『板野郡誌』下巻

糸を紡ぐ音［いとをつむぐおと］

徳島県板野郡北島村北村（現・板野郡北島町北村）に伝わる。

北島村の光福寺境内には周囲一八尺（約五・四メートル）、樹高一五間（約二七メートル）、樹齢三〇〇年以上の公孫樹（イチョウのこと）が植わっている。丑三《うしみ》つ時になると、この木の下から糸を紡ぐ音が響いてくるとされ、妖怪の行動であると信じられている。

北島町のホームページの「光福寺のイチョウ」では、真夜中頃になるとイチョウの木の下に老婆が現れ、糸を紡ぎながら歌うという「糸引き婆さん」の伝説を紹介している。

『阿波の伝説』によると、光福寺が創建される以前から、このイチョウを囲う竹藪《たけやぶ》から夜半になるとビィン、ビィンと奇妙な音が聞こえてきたという。ある気丈な男がその正体を確かめようとしたら、イチョウの木の下に一人の老婆が座り、糸車を引いて糸を紡いでいたのだという。イチョウの樹下には「公孫樹大明神」という小さい祠《ほこら》があり、これはその糸引き婆さんを祀《まつ》ったものなのだという。

［参考文献］後藤美心「阿波伝説の老樹（一）」（『郷土趣味』通巻一一号）、北島町HP「光福寺のイチョウ」、横山春陽『阿波の伝説』

色の青ざめた女［いろのあおざめたおんな］

徳島県の富田浜（現・徳島市富田浜）の話。

「阿波物語（上）」には、富田浜にあった筆者の旧宅で起きた話が記されている。玄関の北口を二寸（約六センチ）ほど開け、そちら側に枕を置いて寝ると、色の青ざめた女が胸の上に乗り、笑いながら冷たい手で首を絞めてくるのだという。筆者が幼少の頃に実際に試してみると、必ずその通りになったのだという。

［参考文献］長尾楓窓「阿波物語（上）」（『郷土趣味』三巻五号）

兎狸 ［うさぎたぬき］

徳島県三好《みよし》郡昼間村（現・東みよし町昼間）から辻町《つじちょう》（現・三好市井川町辻）へと渡る、吉野川の渡し場の近くに高岡という小丘がある。ここに棲んでいた狸は兎に化けてそろそろと走る。これを見つけた人は捕らえやすそうな兎だと考えて追いかけ回すが、狸は高岡を幾度も走り回り、追いかけてきた人を疲れさせるのだという。

［参考文献］笠井新也『阿波の狸の話』

牛打坊 ［うしうちぼう］

『阿州奇事雑話』には以下のように記されている。板野郡下分の村々（下庄村のことか。現・徳島県板野郡板野町下庄）で、牛馬が死ぬことが多くあった。初めはその理由がわからなかったが、ある老人が「牛打坊という獣がある。深夜に厩《うまや》や牛屋に来て、少しでもこれに牛馬を傷付けられるとたちまち死んでしまう。また、牛馬が牛打坊を見ただけでも病になって死ぬことがあるという」と話した。それからは夜中に厩や牛屋に見張り番を置いたが、話に聞いた牛打坊のようなものがときどき出た。それは狸に似た黒いもので、牛屋の様子をうかがっているところを大勢で追い立てたが、動きが敏捷《びんしょう》で見失ってしまった。牛馬にとっては毒であり、その後もたびたび牛打坊による災いがあったが、捕らえることができず正体も確かめられなかったという。

「阿波の土俗（四）」では右の記録を引用しつつ、板野郡・名東《みょうとう》郡・名西《みょうざい》郡・海部《かいふ》郡辺りの行事を記録している。毎年陰暦七月一三日には、村落の片隅に盆小屋という藁葺《わらぶ》きの小屋を建て、僧侶に読経をしてもらった後に焼き払うという行事をする。これは昔、牛打坊という怪獣がいたからだという。牛打坊は深夜に厩や牛屋をうかがい、牛馬に傷を付けたり、あるいはまぐさ箱を舐《な》めていったりする。すると牛馬はたちまち死んでしまうとされ、盆小屋はこの牛打坊を封じ込めて焼き殺すために建てるのだという。名東郡国府町早淵《はやぶち》（現・徳島市国府町早淵）では、村内二カ所でこれを行い、その準備は一三歳から一六歳までの子供たちが費用を集めてする。当日は小屋に集まった子供や子守に駄菓子を与えるようにしている。

『阿波郡誌』にも、盆小屋行事について記されている。旧暦七月一三日には、子供たちが山または川原に小屋を作り、麦藁《むぎわら》で屋根を葺く。そして角を作って牛を象《かたど》り、御神酒《みき》を供えて野の神を祀《まつ》り、夜になったらこれらを焼く。この時、子供たちは声を揃《そろ》えて「牛牛こんぼ焼き殺せ」と叫ぶのだという。

『阿波の伝説』には、名東郡佐那河内村《さなごうちそん》の修験者が牛打坊を追い払ったので、佐那河内村だけはその害を逃れたという話が記されている。

［参考文献］阿波郷土研究会『阿波叢書』一巻、後藤美心「阿波の土俗（四）」（『郷土趣味』通巻二一号）、近藤有地蔵（編）『阿波郡誌』、横山春陽『阿波の伝説』

牛伏せ石［うしふせいし］

徳島県美馬市脇町の松尾畑に伝わる。松尾畑の山の尾根に、小牛が伏せたような形の石がある。山に強風が吹く晩には、谷向かいから「ウモーン、ウモーン」と牛が啼《な》くような声が聞こえてくるといい、それを聞いた村人は「牛伏せ石が風に怯えて唸《うな》っているのだろう」と話したという。

［参考文献］國見慶英『阿波脇町の伝説と探訪編　追2―1』

馬の首［うまのくび］

徳島県徳島市徳島本町の話。

徳島本町の南浜には、川に臨んだ数町にわたる松並木があった。昔、この松並木に一軒の茅屋《ぼうおく》があり、世にも稀《まれ》な美女が住んでいた。ある夜、女が窓から月の光を眺めていたら、以前から人々が恐れていた馬の首が通りかかり、女の顔を見てニッと笑ったかと思うと、かき消すように見えなくなった。それ以後、馬の首は現れなくなったのだという。

［参考文献］山口吉一「阿波を聴いて」（『旅と伝説』六年八号）

エイサの掛け声［えいさのかけごえ］

徳島県三好《みよし》郡加茂村（現・三好郡東みよし町加茂）の話。

吉坂忠之助という人が加茂村の山間に住む知人の家に宿泊していた時、山の上からエイサエイサという掛け声が近付いてきた。それは山の上手に住む農家で飼っていた牛が死んでしまい、それを里のほうへ担いでくる掛け声だった。その晩、家の者が寝静まってから、山の上手からまたエイサエイサと掛け声が近付いてくるのが聞こえてきた。それが昼間に聞いたものと全く同じだったので、忠之助が不思議に思って主人に尋ねると「あれは狸が昼間の掛け声の真似をしておるのじゃ」と言った。この辺りの狸はよく人真似をするので、そういうことは珍しくもないのだという。

［参考文献］笠井新也『阿波の狸の話』

蝦が池［えびがいけ］

『阿波伝説物語』に記されている。

徳島県海部《かいふ》郡浅川村と川東村の間に、蝦が池（現・海部郡海陽町の海老ヶ池）という大きな池がある。昔、大風雨が起きて雷や地鳴りが凄《すさ》まじかったことがあった。その原因は、一匹の大蝦が大鯨に追われて土佐（高知県）から逃げてきて、この池に逃げ込んだためなのだという。蝦が池という名もこれが由来だという。この池の底には藻がたくさん生えていて、人がここに落ち込むと藻が絡まって出ることができなくなる。そしてこの大蝦が池の真ん中にいて、長い手を伸ばして人を引き寄せて食ってしまう。そのため、この池に落ち込んだ人はどうしても元へ帰ることができないのだという。

［参考文献］笠井新也『阿波の狸の話』

大麻神社の天狗［おおあさじんじゃのてんぐ］

徳島県鳴門市大麻町板東の大麻比古神社の話。

板野郡板東の大麻神社（大麻比古神社）の裏山には、俗に奥の院と呼ばれる所があり、年に一度の祭りの日にだけ、神主と一緒に登って行くことが許されている。普段の日に登ると、山の中に大勢いる天狗によって蹴落《けお》とされてしまうのだという。

しかし、もしこの山に登って、天狗とともに木の実や草の芽を食べて一年間過ごせば、仙人になれるのだという。仙人になれば飛行自在にして生死を超越するというので、仙人を志す人が山を登ったことがあった。しかし結局天狗に蹴落とされてしまい、麓《ふもと》の谷間で気絶しているのが見つかった。その人は戸板に乗せられて村に帰ってきたので「戸板仙人」と呼ばれたのだという。

［参考文献］小寺融吉「天狗の話」（『旅と伝説』五年四号）

オオカミサン、ヤマイヌサン

徳島県美馬郡祖《い》谷《や》山村《やまそん》（現・三《み》好《よし》市）に伝わる。

狼《おおかみ》は明治二四、五年（一八九一〜九二）頃にはまだ鳴き声を聞くことがあり、民家に来て牛を食い殺したこともあったという。しかし人に害を加えることはなく、逆に山道で魔道に取り憑《つ》かれたような時は送ってくれるという。山で木を伐《き》る時に小豆を煮て供えると猪《いのしし》の番などをしてくれるのだという。

山犬は狼と同じものとも、違うものともされた。これも魔道に取り憑かれた時に「送って行ってつかわれ」と頼むと、出てきて家まで送ってくれるという。山犬が先に立っている時は必ず二間（約三・六メートル）ほど間を開けておかなければならないほか、山犬が座った時は人も座らなければならない。そうしている間に、魔道は逃げるのだという。そして山犬が送ってくれた時は小豆を煮て山犬にあげなければいけない。

「山犬さんを見たことがない」と言うと、必ず一本橋のような避けられない所で姿を見せてくる。また大きい体なのにカヤボー（茅《かや》のことか）が一本あれば一〇〇〇匹も隠れることができるとされている。伊勢の太神宮《だいじんぐう》さん（伊勢神宮のことか）にお参りした人かどうかを知っていて、お参りした人に会うと下手へ避けるが、お参りしていない人に対しては上手へと避けるという。

狩人が山犬の子を猟犬代わりに飼うことがあった。小豆飯を山犬の巣に供えておくと、その鉢に子を入れて持ってきてくれるのだという。その時に「大きいものばかり一〇〇〇匹獲るように」と言っておかなければならない。そうしなければ、山犬は獲物を一〇〇〇匹獲った時に必ず主人に襲いかかってくるのだという。大きいもの、つまり熊などを一〇〇〇匹も獲ることは決してできないから、そう言うのだという。

［参考文献］高谷重夫「祖谷山村の民俗（三）」（『ひだびと』九巻一号）

大煙管 ［おおぎせる］

徳島県三好《みよし》郡三庄村大字毛田村（現・三好郡東みよし町毛田）の話。

毛田村の吉野川岸にある岩陰には大煙管と呼ばれる狸がいる。ここの少し上流に青石瀬という難所があり、吉野川を下る舟や筏《いかだ》がここでよく破損してしまい、近くに臨時で停泊することが多かった。すると、夜更けになってから突然大きな煙管が岸から舟に向かって突き出され「煙草をくれ」と言ってくる。この時、言われた通りに煙草を一杯になるまで盛ってやれば、煙管が引っ込んで何事も起きない。しかしそうしなければ、いろいろな怪異が起こったり舟が沈んだりするのだという。そして煙草を盛ってやるにしても、この大きな煙管には四〇匁《もんめ》の袋に入った煙草を一〇袋も盛ってやらなければ一杯にならないのだという。このことを知っている船頭は、青石瀬で少々の破損があっても決して停泊しないようにしているという。

［参考文献］笠井新也『阿波の狸の話』

大木倒し ［おおぎたおし］

徳島県美馬市木屋平《こやだいら》の話。

日が暮れた後、山小屋の裏山の中からコーン、コーンと大木に斧《おの》を打ち込む音やズイッ、ズイッと大鋸《おおのこぎり》を引き入れる音が聞こえてくる。そして間もなく「ホーイ」と、木が倒れる前に仲間に知らせる合図の声がしたかと思うと、バリバリバリ、ズーンと大木が小屋の至近に倒れてくる音がする。最初に音が始まってから二、三分のことであり、そのような短時間で大木が伐《き》られるはずもなく、山小屋の人が驚いて外に飛び出しても、大木の形跡も人の気配もないのだという。

高知県の**古杣**《ふるそま》も参照。

［参考文献］芝原富士夫『木屋平の昔話』

大楠の豆狸 ［おおくすのまめだぬき］

筆者命名。徳島県徳島市の出来島（現・徳島市出来島本町）の話。

出来島の北側の浜にある土手には、大きな楠が生えていた。子供が履物を脱ぎ置いてからこの大楠の根本の周囲を回ると、**豆狸**が必ず履物を隠してしまう。隠された履物は大楠から一〇間（約一八メートル）程度の範囲で、草の間や石垣の間に挟んであったり、木の枝に掛けてあったりする。近所の子供たちは退屈するとここで履物を隠されて豆狸と遊ぶのだという

［参考文献］長尾楓窓「阿波物語（上）」（『郷土趣味』三巻五号）

おおなご

徳島県三好《みよし》市池田町に伝わる。

子供が泣いたら「おおなごにやるぞ」と脅かした。話者が八、九歳の時、仏壇を塗りに塗師が家に来た。その夜に「オーイ、オーイ」と泣いて通るものがあり、塗師が外に出てそれを見た。また多くの人が「おおなごであろう」と言ったのだという。それは人と変わらない声で二〇口くらい泣き続け、川崎から猫坊《ねこんぼう》までその声は続いた。

おおなごは子供を亡くし、乳が張ってたまらないので「子供に乳をやる」と泣くのだろうとされた。またこの出来事から数日後、火の玉がやはり川崎から猫坊のほうへと飛んだのだという。

別の話では、おおなごはカワウソであろうとされている。河童や河太郎とも、また井戸抜きとも言う。これに会うと、川で尻を抜かれるのだという。

さらに川崎のほうでは「大女」というものの話もある。これは近くの小谷を哀れげな声で泣きながら登っていき、その声を集落の人が聞いたのだという。集落に何かが起こらないかと話していたら、小さい子がつぼ（壺《つぼ》のことか、あるいは滝壺など深く窪《くぼ》んだ場所のことか）に落ち込んで死んでしまったのだという。

『語りによる日本の民話四　阿波池田の民話』にも「泣き女」と「おおなご」について、それぞれ記されている。

昔、川崎の向こう側に大きな女が出て、オーイオーイと泣いて通ることがあった。すると、それから数日もしないうちに吉野川で事故やケチ（不吉や怪事のこと）が起こるのだという。また、大きな女が唐傘を差して岡に上がって、集落のほうに叫んでケチが起こることを知らせるのだという。

おおなごは背が普通の人の倍もある大きな女である。これも川で子供が死んでしまったので、乳が張って泣くのだという。大人が子供を泣き止ますために「泣きよったら、おおなごにやるぞ」と脅かすという。

「おおなご」という名称も、「大女」と同じ「おおきなおなご」に由来するのだろう。

［参考文献］池田町昔話・伝説資料集編集委員会『阿波池田の昔話と伝説　資料集』、市原麟一郎『語りによる日本の民話四　阿波池田の民話』

大人様［おおびとさま］

徳島県名西《みょうざい》郡石井町石井城ノ内に伝わる。

城ノ内の山裾《やますそ》には、源義経の馬の足跡だとされるものが遺されているが、これは一説には大人様の足跡ともされている。

大人様はずっと大昔、阿波国（徳島県）の南山と北山、すなわち中央山脈（四国山脈・剣山地か）と北部山脈（讃岐《さぬき》山地か）を一荷に担いできたのだという。この時、担いでいた畚《もっこ》の網目から漏れたものが丸山となり、それが利包《としかね》（現・名西郡石井町石井利包か）と城ノ内に一カ所ずつあるのだという。

［参考文献］遠藤冬花「阿波名西郡より」（『郷土研究』三巻八号）

オカンス転がし 〔おかんすころがし〕

徳島県美馬市脇町の曽江（曽江名《そえみょう》）の話。

曽江のある家の奥に伏見（北庄伏見）へ行くための里道があり、そこに一本の榎《えのき》の大木が生えていた。夏の夜更け、この石だらけの道をグワラングワランと何かを引っ張って走るような賑《にぎ》やかな音が聞こえてくる。近くに住む人々は家の裏で騒がしくされるので寝ることができず、外に出て辺りを眺めても戸を開けた途端に音が止まってしまうという。これは榎の大木に棲み着いている古狸が夜遊びをしているのだろうと考え、鑵子《かんす》を引きずって走るような音が聞こえるから「オカンス転がし」と言い伝えた。

〔参考文献〕國見慶英『阿波脇町の伝説と探訪編　追2―1』

オソメ狸 〔おそめたぬき〕

徳島県美馬市脇町梨子木《なしのき》に伝わる。

昔、梨子木の県道から山手に少し登った所に一本の大桜が生えていて、その根本に小さな祠《ほこら》を祀《まつ》って「オソメさん」と呼んでいた。狸はこの大桜に棲み着いていたという。

オソメ狸はカスリ（絣《かすり》か）の着物を着た婆さんの姿に化け、大八車を引いている人の前で提灯《ちょうちん》を点したり消したりして欺《あざむ》いてきたという。また、嫁入りがある時に先回りして嫁入り行列に化け、行き合わせた人を騙《だま》したりもしたという。

〔参考文献〕國見慶英『阿波脇町の伝説と探訪編　追2―1』

お多福石 〔おたふくいし〕

お福石とも。徳島県徳島市に伝わる。

徳島市の本町から福島本町への交通は、かつては渡し舟を使っていたが、蜂須賀家《はちすかいえ》政《まさ》が移封されてから交通量が増えたので橋を架けることになった。しかし水の流れが急でなかなか工事がはかどらなかったので、人柱を立てることになった。そこである夜、通りかかった一人の山伏を捕らえ工事現場に埋めてしまった。それから橋は完成したが、毎年大晦日の深夜になると、川底から鉦《かね》の音が響くようになった。さらに西側の石垣に大きな白い石が一つあり、雨の日にその白い石がお多福の面になってゲラゲラと笑い出すという評判が広まった。結局その白石は取り除けられたのだという。

「妖怪に遇ふた人」にはお福石として紹介されている。福島橋の門を築く石塁の中央に、白い斑の入った大きな石がある。これはお福（お多福）に似ていることからお福石と呼ばれていて、この石が深夜に通行する人に向かって笑うと、必ず変事があるとされていた。明治の初め頃、福島本丁（福島本町）に住む加藤代九郎という藩士がこの橋を通った時、お福石がゲラゲラと笑ったが、極めて温和の人であった代九郎は自分も笑って引き返した。そのためか、その後もなんの災いもなかったのだという。

『阿波の狸の話』においては、福島橋のお福石を見た時にお福の面のように見えたら、その人は狸に化かされているのだと記されている。夜分遅くにこの辺りを通る人は、自分が狸に化かされているかどうかを試すために、まずこの石を見るのだという。

［参考文献］日下洋子「石の信仰と習俗」（『歴史民俗研究』通巻二号）、長尾楓窓「妖怪に遇ふた人」（『郷土趣味』三巻四号）、笠井新也『阿波の狸の話』

オッパショ石［おっぱしょいし］

徳島県名東《みょうとう》郡上八万村（現・徳島市上八万町）に伝わる。

『阿波伝説物語』によると、オッパショ石とは昔の名のある力士の墓なのだという。墓を建ててから二、三カ月もすると、墓がものを言うようになった。そして夜遅くなってから墓の前を人が通ると「オッパショオッパショ」と言ってくるようになった。これが噂《うわさ》になって夜に墓の前を通る人はいなくなったが、ある非常に力の強い男がこの話を聞き、夜になってから墓の前へと行った。するとやはり「オッパショオッパショ」と言ってきたので、男は「負ってやろ」と言って墓を担ぎ上げた。担ぎ上げた時は予想外に軽かったのでフラフラと歩き出したら、一歩ごとに重くなっていったので、男はついに墓を投げ出してしまった。投げられた墓は二つに割れてしまい、それから何も言わなくなってしまったのだという。

「阿波物語」においては「お負《っぱ》しょ」の墓、として記されている。名東郡八万村の無縁寺（現・徳島市城南町の焼香庵か。現在は墓地のみ残されている）の道路に沿う墓原に「お負《っぱ》しょ」の墓がある。昔、狸が小僧に化けて通行人に「お負《っぱ》してくれい」と頼んでくることがあった。ある好事家《こうずか》が言われた通りに負ってやると大変に重かったので、そのまま平伏して小僧を投げてしまった。夜が明けてから確認すると、人の背丈ほどの大きさの石塔が二つに割れて倒れていたので、大勢でこれを元通りに据《す》えたのだという。

［参考文献］笠井新也『阿波の狸の話』、長尾楓窓「阿波物語（上）」（『郷土趣味』三巻五号）

鬼姥［おにうば］

徳島県三好《みよし》郡山城谷村粟山名（現・三好市山城町粟山）に伝わる。

粟山名にある西宮は、今は若宮と呼ばれているが、昔は「鬼姥八剣大権現《おにうばやつるぎだいごんげん》」という平家の氏神であったという。七つ下り（午後四時頃）を過ぎてからこの社の前を通ると、社の中から鬼姥が飛び出して捕らえられてしまうとされ、婦女子だけでなく男でもこの時刻を過ぎたらここを通ろうとしなかったのだという。

［参考文献］徳島県三好郡『三好郡志』

鬼籠野の鬼［おろののおに］

徳島県名西《みょうざい》郡鬼籠野村（現・名西郡神山町鬼籠野）に伝わる。

昔、この地に鬼が棲み着いて民を悩ませていたので、朝廷は藤原某という者を派遣して悪鬼退治の祈禱《きとう》を行わせた。すると大日霊（天照大神の異称）、軻遇突智《かぐつち》、金山彦、句々廼馳《くくのち》、埴安姫《はにやすひめ》、罔象《みずは》（罔象女命）の六神が降臨し、鬼たちを谷間に追い込んで誅《ちゅう》した。この伝説から鬼籠野という村名が名付けられたとされている。このため、鬼籠野神社はこの六神を祀《まつ》っている。また、この神社から一五町（約一・六キロ）余り先にある「籠ヶ谷《ろうがたに》」は鬼たちが籠もっていた跡であり、鬼飯山神光寺は鬼たちの屍《しかばね》を埋めた場所に建てた寺院だという。この他にも、里人たちが集まって籠を作り、これで鬼を伏せ殺したという話もあるが、これは鬼籠野という文字から後の人が考えた話でしかないと「阿波伝説雑話」では考察している。

［参考文献］小松辰三「阿波伝説雑話」（『郷土趣味』四巻一〇号）

オンギャ泣き［おんぎゃなき］

オギャ泣きとも。徳島県美馬市木屋平《こやだいら》や美馬郡祖谷山村《いややまそん》（現・三好《みよし》市）の話。『木屋平の昔話』には以下のように記されている。

①川井谷の支流、瀬戸谷を一メートルほど奥に入ると、南側の支流である「もものうち谷」がある。この流域内は祟り山とされ、日が暮れてくると赤子の泣く声が聞こえてくるという。

②大井の某家の前を流れる大北谷を隔てた向かいの山を「しらくちの佐古」と呼ぶ。この山はオンギャ泣きが泣く所として有名だった。日が暮れてくると赤子が激しく泣くような「オギャーッ、オギャーッ」という声が、大北では手にとるように聞こえた。むずかって泣き止まない子供には「いつまでも泣いていたら、オンギャ泣きに連れて行かれるぞ」と脅かしたのだという。

③川上の尾金沢から七〇〇メートルほど登った槙渕谷の奥は、昔は日が暮れると「オギャーッ、オギャーッ」と泣く声がするので、この山にはオンギャ泣きがいると恐れられた。一説には赤子がいて「負うてくれ」と言うので、これは**山父**（四国広域）だろうともいわれている。

④明治の頃の三ッ木善福寺は破れ寺であったが、ここに夜な夜なオンギャ泣きが出て「オギャーッ、オギャーッ」と赤子が泣くような怪しい声がするようになった。付近の人々は気味悪がったが「これはお寺の本尊様が泣いているのかもしれない」と言う人もいた。やがて善福寺は再興され、それからオンギャ泣きも泣かなくなったという。

『祖谷山村の民俗（三）』には、夜道で赤子のような泣き声をたてるものと記されている。泣き声のもとに行っても姿は見えないが、時には「負うてくれ」と言って出てくる。その時は「負い縄が短いから負えぬ」と言って断らなければならない。ある人が子供の時、祖母が栗拾いをしていたら真っ赤なボウズゴが泣いているのを見たのだという。

『阿波木頭《きとう》民俗誌』には、那賀《なか》郡那賀町木頭北川のオギャアナキが記されている。北川のオギャアナキはナンジ（木を伐《き》ったり畑を作ったりすると祟りがあるとされる土地）の一種であり、赤子の泣き声がするという山中の土地である。昔、ある女がこの土地で赤子を産んだが、子供を置いてまずは荷物だけ持ち帰り、改めて赤子を取りに来るとその姿が消えていた。それ以来、ここで赤子の泣き声がするようになったので、誰もこの土地に手を付けないのだという。

［参考文献］芝原富士夫『木屋平の昔話』、高谷重夫「祖谷山村の民俗（三）」（『ひだびと』九巻一号）、近畿民俗学会『阿波木頭民俗誌』

温泉の精［おんせんのせい］

徳島県那賀《なか》郡新野町《あらたのちょう》（現・阿南市新野町）の話。

廿枝《はたえだ》から広重《ひろしげ》に通じる湯の谷という所に泉があり、清水が常に湧き出ている。昔、この谷口に正直な老夫婦が住んでいたが、ある時翁が中風によって体が不自由になってしまった。それでも日々山で木を伐ったり田圃《たんぼ》を作ったりしていたが、ある時柴刈《しばか》りに行って疲れたので切り株で居眠りをした。すると一人の老翁が光を放って現れて「汝《なんじ》はごくごく貧乏だが、正直でありよく働くところは感じるに余りある。なんでも望みを叶えてやろう」と言った。翁が「望みはありませんが、我が身の不自由を逃れて達者になりたいと思います」と言うと、老翁は「我は温泉の精である。あの泉の所に行って入浴せよ」と答えた。夢から覚めた翁が泉に行くと、その冷水が温泉となっていたので、さっそく飛び込んでみるとたちまち体の不自由が治った。この話を聞いた人々は先を争って入浴したが、さまざまな病気に効き目があった。しかし庄屋の新兵衛がこれを聞いて悪心を起こし、白馬を泉に斬り落としてしまったので、温泉の精は道後（愛媛県松山市の道後温泉）に去ってしまい、泉の効き目もなくなってしまったのだという。

［参考文献］徳島県新野町『徳島県那賀郡新野町史』

おんば

徳島県海部《かいふ》郡川上村（現・海部郡海陽町）に伝わる。

川上村のささみ谷という所は非常に深く、上流の山も高く険しい。そこにおんばが滝という渓谷があり、おんばという超人間的な人が棲んでいた。日頃は猪《いのしし》や鹿、蛇などを獲って食ったりして、人に危害を加えるということはなかった。ある時、谷口に海部ウジョシ（海部氏吉のことか）という刀鍛冶《かじ》が住んでいた。ウジョシが刀を打っているとおんばがやって来て、刀の打ち比べをすることになった。しかし、おんばは鉄を焼いて打つのではなく、焼いた鉄を素手で延ばして立派な刀を作れるので、ウジョシは怖くなってきた。そして一計を案じ、女房に鶏を湯で温めさせ、火を焚いて灯りを見させた。それで鶏は夜が明けたと考えて鳴いたので、おんばは驚いて山に帰っていったのだという。

おんばという名は恐らく**山姥**《やまうば》（四国広域）に通じるものだろう。

［参考文献］国学院大学説話研究会「四国の口承文芸（海部川流域）」（『芸能』五巻一号）

【か】

怪獣ヶ峰の大男
［かいじゅうがみねのおおおとこ］

徳島県三好《みよし》市山城町の大歩危《おおぼけ》辺りの話。

昔、いつの頃からか歩危の山に一人の大男が現れるようになった。この大男は見た目こそ人と違わないが、人の三倍とも四倍ともされるほどの大きさと力を持っていた。大男は四国三郎（吉野川の異称）を中にした峡谷を片足も濡らさずに飛び越え、ときどき村里に出ては田畑を荒らした。それればかりか村の若い女が姿を消すこともたびたびあったので、村人は神仏に祈ったり修験者に祈禱《きとう》を頼んだりしたが、疾風のように現れて疾風のように去る大男には何の効き目もなかった。村人たちは生きた心地もしなかったが、ある時讃州（讃岐国《さぬきのくに》、現在の香川県）から来たという浪人が「拙者が退治申そう」と言って怪獣ヶ峰へと入っていった。浪人が峰に入ってから、昼頃になって山鳴りが響き始め、次の日の明け方まで続いた。そして山鳴りが収まってからは平和な日が続き、大男も浪人も再び姿を見せることはなかったのだという。

［参考文献］徳島県三好郡『三好郡志』

がいの木山の蛇と蛙
［がいのきやまのへびとかえる］

徳島県三好《みよし》郡（現・三好市）の話。『阿波伝説物語』に記されている。

三好郡の南のほうに、がいの木山と呼ばれる山があり、松や杉やクヌギの大木がたくさん生えていて、昼でも暗いほどだという。この山の中ほどにまた大きくて昼でも真っ暗な森があり、その中では一斗桶《いっとおけ》の周囲ほどの蛇と、五斗桶ほどの大きさの蛙が仲良く棲んでいる。この森の木を伐《き》ると病気になってしまうとされていて、それでこの森は木が生い茂っているのだという。

〔参考文献〕笠井新也『阿波の狸の話』

ガキボトケ

徳島県美馬郡祖谷山村《いややまそん》（現・三好市《みよし》）に伝わる。

祀《まつ》り手のいない仏（無縁仏のことか）や飢え死にした仏が峠などで人に取り憑《つ》くことがある。これを「ダリに憑かれる」と言う所もある。憑かれると体がひだるくなって冷や汗が出る。この時「ガキボトケサン、おあがりなされ」と言ってご飯を道端に供えて柴《しば》などを折って手向け、自身も何か食べるとよいのだという。

〔参考文献〕高谷重夫「祖谷山村の民俗（三）」（『ひだびと』九巻一号）

家具の岩屋〔かぐのいわや〕

徳島県阿南市の津乃峰山の話。「阿波伝説叢書」に記されている。

津の峰（津乃峰山）の中ほどに、家具の岩屋という岩屋（洞窟）がある。昔、この岩屋に怪物が多く棲み着いていたが、村の者が家具を必要とした時、それに応じて貸し与えてくれていた。ある人はその家具を日々借りていたが、ある時借りた皿を壊してしまい、そのまま返してしまった。すると岩屋は山が崩れるかというほど轟然《ごうぜん》と鳴り響き、それ以降は家具を貸してくれなくなったのだという。

この岩屋は入り口が八畳敷ほどもあり、中に湖があって水は清らかだが魚はいない。伝説によると、この穴の先は土佐（高知県）まで続いているのだという。

〔参考文献〕笠井新也『阿波の狸の話』

影法師〔かげほうし〕

徳島県名西郡《みょうざい》の俗信。

井戸を覗くと影法師に引っ張り込まれるのだという。

不用心に井戸を覗き込むことを戒めたものと思われる。

〔参考文献〕遠藤冬花「国々の言習はし（一一）続阿波名西郡」（『郷土研究』三巻八号）

ガゴウジ

徳島地方では、一番怖いものはガゴウジというものだという。しかしそのガゴウジがどんなものか、見た人は一人もいない。子供が泣くとよく「ガゴウジが来る」と言って脅かして泣き止ませるのだという。

〔参考文献〕後藤美心「徳島の土俗（三）」（『郷土趣味』通巻二〇号）

傘さし狸［かささしたぬき］

徳島県三好《みよし》郡池田町（現・三好市池田町）から細野峠を越えて白地《はくち》渡し（現・三好市池田町白地）へ出る、旧伊予街道の馬谷に傘さし狸というものがいた。雨の降る夕方などに、傘を差した人の姿に化けて、通行する人を手招きする。傘を持ち合わせていなかった人などがつい誘われて傘に入れてもらうと、そのままとんでもない所へ引っ張っていかれるのだという。

［参考文献］笠井新也『阿波の狸の話』

稼勢山の大人［かせやまのおおひと］

徳島県勝浦郡棚野村（現・勝浦郡勝浦町棚野）の稼勢山の話。

昔、この辺りには大人が棲んでいた。大人がもっこう（畚。土を運ぶ藁《わら》製の道具）に土を入れて担いでいたら、もっこうの綱が切れてしまい、土がこぼれて積もってしまった。これが稼勢山になったのだという。また稼勢山の付近には、大人が米を搗《つ》いてその糠《ぬか》を捨てたのでできたという小山もある。

［参考文献］碧山生君「阿波の俗伝二則」（『民族と歴史』三巻四号）

カゼンドウ

徳島県名東《みょうとう》郡下八万村（現・徳島市八万町辺り）に伝わる。『阿波伝説物語』に記されている。

下八万村には昔からカゼンドウという火が伝わっている。その大きさは酒屋のコガ（桶《おけ》）ほどもあり、四と九の付く日の夜には必ず出る。これを見て気絶した人が昔からたくさんいるのだという。

四と九の日に出る火としては**四九火《しくび》**と特徴が共通する。

［参考文献］笠井新也『阿波の狸の話』

片目のやぎゅうさん［かためのやぎゅうさん］

徳島県三好《みよし》市池田町に伝わる。

白地《はくち》の八幡寺（池田町白地の八幡神社のことか）から、伊予の八幡浜（現・愛媛県八幡《やわた》浜《はま》市か）までは、峰伝いに道が続いている。節分の晩にはここに「片目のやぎゅうさん」という鬼が出てくるのだという。

やぎゅうさんは鬼の王なのだろうと考えられており、その晩には八幡寺から八幡浜へと行く。このやぎゅうさんにお願いごとをすると、お金でもなんでもくれるのだという。子供が「金が欲しい欲しい」と言っていたら「節分の晩に片目のやぎゅうさんに頼んでいけ」と言われたのだという。

なおこの記録の表題は「片目のヤギョウさん」となっているが、本文では繰り返し「やぎゅうさん」と書かれているので、こちらを項目名として採用した。

また別の話として「やげんさん」というものも記されている。これは節分の晩、片目の馬に乗り、銭をたくさん持って峰から峰を通る。そして峰の四つ辻に行って待っていれば、その銭をくれるのだという。また、その晩に食べるご馳走に「おいしい」とか「おいしくない」とか言うと、おかしげな物（妙な物）を放り込まれるのだという。

『語りによる日本の民話四　阿波池田の民話』にも「やげんさん」として類似の話が記されている。大晦日の晩には、やげんさん（大晦日から正月にかけて徘徊《はいかい》する歳神）が片目の馬を連れて山の峰道を通っていく。馬には銭が積まれていて、それをジャランジャランと鳴らしながら通るので、これに頼めば銭をくれるのだという。しかし「一〇〇〇両くれ」と言った人が貰《もら》ったのは一文銭だったのだという。また、その晩はどんなにまずいご飯でも機嫌を悪くしないで食べたら、やげんさんがいい物をくれるのだという。

四国広域の**夜行さん**も参照。

［参考文献］池田町昔話・伝説資料集編集委員会『阿波池田の昔話と伝説　資料集』、市原麟一郎『語りによる日本の民話四　阿波池田の民話』

蚊帳つり狸［かやつりたぬき］

徳島県美馬郡三島村の舞中島（現・美馬市穴吹町三島舞中島）の話。

昔、舞中島には蚊帳つり狸というものがいて、夜に通行する人を悩ませていた。夜更けに寂しい所を通っていると、道の真ん中に蚊帳が吊《つ》るされている。これをめくって通ろうとすると、その向こうにも蚊帳が吊られている。いくらめくっても蚊帳が続いているので、後戻りしようとすると、そちらも蚊帳が続いているので出ることができなくなる。そうして夜明けまで蚊帳の外に出ることができなくなるのだが、心を落ち着け、丹田《たんでん》（へその下辺り）に力を入れて蚊帳をめくれば、ちょうど三六枚目に向こう側へ出られるのだという。

［参考文献］笠井新也『阿波の狸の話』

牙の生えた老婆［きばのはえたろうば］

徳島県鳴門市瀬戸町堂浦の話。『阿波の民俗　徳島県文化財調査報告書　第八集』に記されている。

旧暦八月一日には竜宮祭礼（通称・竜宮さん）という祭りを行う。堂浦漁業協同組合役員が神主とともに鏡島（瀬戸町撫佐《むさ》の無人島）に渡り、祝詞《のりと》を上げてお供えをして、海上事故がないように安全と大漁を祈る。

昔、堂浦の漁師が鏡島の付近で漁をしていると、突然風が吹いて暗くなったので、慌てて引き返そうとした。その時、牙の生えた老婆が現れて「栄螺《さざえ》が欲しいから取ってくれ」と言ってきたので、取って渡した。老婆は数回同じ要求をして、漁師がそのたびに栄螺を渡すと、老婆は目の前で栄螺を生のままバリバリと食べてしまった。漁師は驚いて堂浦に逃げ帰って仲間にこのことを知らせたので、それから堂浦の漁師は鏡島に小祠《しょうし》を祀《まつ》ったのだという。

［参考文献］大島暁雄他（編）『日本民俗調査報告書集成 四国の民俗 徳島県編』

金玉ひろげ ［きんたまひろげ］

徳島県三好《みよし》市池田町辺りの話。

昔、金玉ひろげという怪物がいた。これは樵《きこり》が焚き火をしているとやって来て、焚き火の温もりで金玉を伸ばし広げて、人を包み込んで食べてしまうのだという。この怪物の話を聞いたお大師さん（弘法大師のことか）が、退治の仕方を樵に教えた。樵は教わった通りに餅《もち》に似た形の河原石と油を用意して、焚き火の中で河原石を焼いた。そして怪物が来たら、広がった金玉に油を注いでから焼けた石を投げ込んだ。怪物は谷をごろごろと音を立てて転びながら「国見山坊、烏帽子《えぼし》山次郎坊、われは亡《ほろ》ぶ」と叫んで死んだ。それから、この谷を「ごろごろ谷」と呼ぶようになったのだという。

国見山坊や烏帽子山次郎坊については詳細不明だが、国見山も烏帽子山も三好市にある山である。

［参考文献］市原麟一郎『語りによる日本の民話四 阿波池田の民話』

金長狸 ［きんちょうたぬき］

徳島県勝浦郡小松島町日開野《ひがいの》（現・小松島市日開野町）に伝わる。

江戸時代末期に成立し、後に講談や映画などの題材にもなった「阿波狸合戦」の主人公。

金長は日開野の鎮守の森に巣を構え、村の狸たちの頭領であった。しかし洪水によって巣が壊れてしまったため、眷属《けんぞく》を率いて染物屋・大和屋茂右衛門の土蔵のそばに穴を掘って避難してきた。狸の巣穴を見つけた茂右衛門は狸たちを追い出さず、逆に握り飯や油揚げを供えさせたので、金長は恩返しのために大和屋を大いに繁盛させた。金長は店に勤めていた職人の万吉に取り憑《つ》いて茂右衛門と意思疎通するようになり、茂右衛門は繁盛を感謝し、祠《ほこら》を建てて金長大明神として祀《まつ》るようになった。ある時、金長は自身が位を持っていないことを気にかけ、四国の狸の総大将である津田浦の六右衛門狸の元で修行をすることにした。六右衛門の元で頭角を現した金長だったが、その才覚を恐れた六右衛門と対立するようになり、やがてそれぞれが軍勢を率いた合戦が始まった。合戦の結果、金長が六右衛門を食い殺して勝利したが、金長も戦いの負傷によって間もなく死んでしまったという。その後、茂右衛門は金長の願いを叶えるべく、京都の吉田家に願って正一位を授けてもらったのだという。

「阿波における狸伝説一八則」には、当地の古老から直に聞き取ったという話が記されている。天保一〇年（一八三九）、名東《みょうとう》郡斎津村《さいつそん》（現・徳島市津田町辺り）から勝浦郡小松島町にかけて、山間で多くの狸が負傷して死んでいた。それから間もなくして、日開野村の狸が人に取り憑いて、この狸合戦の詳細を物語った。それによると、日開野の金長と津田浦の六右衛門が争い、四国の狸が二派に分かれる戦いとなって淡路（兵庫県の淡路島）から芝右衛門狸などもやって来たが、雌雄が決さないうちに六右衛門も金長も死んでしまった。そこで二代目の金長と六右衛門の子が弔《とむら》い合戦を始めたが、讃岐《さぬき》屋島の禿狸《はげだぬき》（香川県の**太三郎狸**を参照）の挨拶によって和睦《わぼく》したのだという。

金長を取り巻く説話は、江戸末期から明治にかけて『古狸金長義勇珍説』や『金長一生記』に物語としてまとめられた。その後、講談師・神田伯龍が講談の題材としたことで人気を博し、明治四三年（一九一〇）に速記本『四国奇談　実説古狸合戦』などが刊行された。また小松島市中田町《ちゅうでんちょう》には、昭和一四年（一九三九）に公開された映画『阿波狸合戦』の記念として昭和三一年（一九五六）に建立された「金長神社」がある。

[参考文献] 笠井新也「阿波の狸の話」、後藤捷一「阿波における狸伝説一八則」（『民族と歴史』八巻一号）、横谷佳代子「凌霄文庫蔵『古狸金長義勇珍説』翻刻」（『凌霄』通巻二号）、山上里香「凌霄文庫蔵『金長一生記』翻刻」（『凌霄』通巻三号）、丸山平次郎『四国奇談　実説古狸合戦』

ぎん槌［ぎんつち］

徳島県三好《みよし》郡加茂村（現・三好郡東みよし町加茂）に伝わる。

加茂村の北村から吉野川へ出る道の付近に、ぎん槌という狸がいる。ぎん槌とは砧《きぬた》の一種である太く短い槌で、この狸はそのぎん槌の姿に化けて道路を転がるのだという。また、時には川に流れているように見せかけ、拾いに来る者を深みへ誘って溺《おぼ》れさせるのだという。

槌の子狸も参照。

[参考文献] 笠井新也「阿波の狸の話」

グゼ猪［ぐぜしし］

徳島県海部《かいふ》郡牟岐町《むぎちょう》の話。

牟岐町の河内に、丸岡興吉という弓の名手がいた。京都の三十三間堂で通し矢を見事に成功させて名を上げたといい、一町（約一〇九メートル）先を歩く人の髷《まげ》の元結を射抜いたとか、水で満たした茶碗を左腕に乗せ、弓を射ても水を一滴もこぼさないなどの逸話を持っていた。この興吉はある時、狩りでグゼ猪と呼ばれるものを射た。

グゼとは劫《こう》を経て（長年生きて）体に矢が立たなくなった獣のことを指し、グゼ猪だけでなくグゼ鹿というのもいたという。興吉に射られたグゼ猪は手負いとなり、土佐（高知県）のほうへと逃れてから死んだ。刺さっていた矢に丸岡の銘があったので、土佐の人から矢が返されたのだという。

獣が年を経て毛皮や皮膚が堅くなり、矢や鉄砲を通さなくなるという話は岩手県の経立《ふったち》（『日本怪異妖怪事典　東北』の「猿の経立」を参照）など、各地に類例がある。

[参考文献] 海部郡誌刊行会『海部郡誌』

首つり狸［くびつりたぬき］

徳島県三好《みよし》郡箸蔵村《はしくらそん》（現・三好市池田町州津、西山）に伝わる。

箸蔵村の湯谷という所に、首つり狸というものがいる。人を誘い出して首を吊《つ》らせることが得意で、昔からここで多くの人に首吊りをさせてきた。そのため、村人は非常に怖がってこの谷には近付かないのだという。

［参考文献］笠井新也『阿波の狸の話』

くもがい

徳島県那賀《なか》郡那賀町木頭和無田《きとうわむだ》辺りに伝わる。

くもがいとは蝙蝠《こうもり》や風呂敷みたいな幅広く大きなもので、その中に黒い虫が付いている。これを見た者は必ず死ぬのだという。

春先の雨上がりには見られることがあり、「ものもらいにも来る」のだという。

「クモガイ」は徳島の方言で「蜘蛛《くも》の巣」を意味するものと思われる。

［参考文献］国学院大学説話研究会「四国の口承文芸（木頭村和無田・蝉谷周辺（二））」（『芸能』四巻一〇号）、藤原与一『続昭和（→平成）日本語方言の総合的研究　第五巻　日本語方言文法』

黒髪大明神［くろかみだいみょうじん］

徳島県阿南市と海部《かいふ》郡美波町の境にある明神山（黒髪山）に伝わる。

元文年間（一七三六～四一）の頃、阿部《あぶ》村《そん》（現・海部郡美波町阿部）に藤蔵という猟師がいて、その辺り一帯の山を所有していた。冬になると深山に棲む猪や鹿、狸などが集まってくるので、藤蔵は吉田家から貰《もら》い受けた「許しの玉」を持って明神山へ猟に行っていた。ある冬の日、藤蔵が獲物を追って山の中ほどまで行くと、小さい丘の上に年頃の娘と思われるものが背中を向け、一丈（約三メートル）にも達するような見事な黒髪を梳《くしけず》っていた。藤蔵は化生のものだと考え、持っていた鉄砲を撃ったが、確かに手応えがあったのにカチンという音とともに玉がはね返ってしまった。女は右手で髪を解きながら、左手に持つ鏡で玉を受け止めたのだった。藤蔵が何発撃っても女はまるで相手にしなかったので、ついに許しの玉を使おうと考えた。しかし、それは最後の手段と思い直して「貴様は何者だ」と怒鳴ると、女は「私はこの山の主じゃ」と答えた。そこで藤蔵が「この山の主はわしじゃ、同じ山に二人の主はいないはず、ぐずぐずせずに立ち去ってしまえ」と言うと、理に負けたのか女は忽然《こつぜん》と姿を消してしまった。藤蔵は女のいたほうに「お前がわしの山に棲むのも何かの因縁だろう。黒髪大明神として祀《まつ》ってやるから、決して人を殺《あや》めるようなことをするな、再び姿を見せるな」と言い、すぐに小社を建立したので、女は二度と姿を見せなかった。それからこの山を黒髪山と呼ぶようになったという。

［参考文献］横山春陽（編）『阿波の怪談』

ケシボウズ

徳島県三好《みよし》市東祖谷《ひがしいや》西山に伝わる。

東祖谷西山の彦四郎谷へ行くと、ケシボウズがたくさん出てくる。ケシボウズは赤子の妖怪で、頭の上毛をそのままに下毛を剃《そ》っている。これがギャアギャアと泣きながら出てくるので逃げてきた、という話が数人の老人によって語られている。この彦四郎谷というのは、昔、彦四郎という武士が編笠を被ってチョウナ（手斧《ちょうな》か）とハツリ（斫《はつ》りか）を肩にして谷に入り、そのまま出てこなくなったことにちなむ名称だという。

［参考文献］武田明『祖谷山民俗誌』

外道［げどう］

徳島県で語られる憑《つ》き物。

阿波の外道は個人ではなく家に憑く。例えば、甲という人が乙という人に対して大きな恨みを持った、あるいは大変な恥辱を与えられたという時、甲が恨みを晴らしたり恥辱をそそぐために自殺をすると、乙の家には甲の外道が憑いたとされる。家に外道が憑くとどうやっても栄えることができず、衰微してしまうのだという。

［参考文献］後藤捷一「阿波に於ける狸伝説十八則 附「外道」について」（『民族と歴史』八巻一号）

ケンノトヤのシロウサギ

徳島県三好《みよし》郡西祖谷山《にしいややま》村今久保（現・三好市西祖谷山村今久保）に伝わる。

今久保にはケンノトヤという土地があった。これは「劒の兎屋」という意味で、ケンは険しく鋭い土地、トヤは野兎をよく見かける場所という意味とされている。通常、祖谷の辺りで見られる野兎は灰色の毛皮で通年色変わりもしないが、ケンノトヤで見られる兎はシロウサギ（白っぽい毛色の兎）であった。このシロウサギは、後を追跡してもいつの間にか見失ってしまうとか化かされてしまうとされ、不思議さを秘めたただならぬ野兎と意識されていたようである。

［参考文献］天野武「祖谷における野兎狩り（一）」（『西郊民俗』通巻一三六号）、天野武「祖谷における野兎狩り（二）」（『西郊民俗』通巻一三七号）

庚申新八［こうしんしんぱち］

徳島県徳島市佐古町（現・徳島市南佐古三番町）の天正寺の話。

天正寺の庚申堂は神籤《みくじ》がよく当たると評判だったが、これは傍らに祀《まつ》られている庚申新八という狸の力であるという。新八は庚申谷に棲む狸のお頭で、阿波狸合戦の時は**金長狸**に味方して旗頭《はたがしら》として活躍したという。

新八が棲んでいた庚申谷の近くには、蜂《はち》須賀《すか》藩の火術（鉄砲術）指南をしていた北島藤蔵という人の射朶《しゃだ》（鉄砲の試射をする土手）があり、そこからの流れ弾丸が新八の棲み処に落ちて眷属《けんぞく》の多くが殺された。それから新八の悪戯《いたずら》が始まり、最後は北島によって撃ち殺されたのだという。新八の悪戯はいくつも話が残っており、大きな薬缶に化けて足元を転がった、谷から大声で北島を呼んで嘲笑《ちょうしょう》した、雨が降る中で美人に化けて北島と相合い傘をし、その傘を卒《そ》塔婆《とば》に取り替えた、などが伝えられている。

［参考文献］後藤捷一「阿波に於ける狸伝説十八則」（『民族と歴史』八巻一号）、笠井新也『阿波の狸の話』

ごうと石［ごうといし］

徳島県美馬市木屋平《こやだいら》の話。

樫原大久保の北に所主神社があり、その下には沢がある。この祠《ほこら》と沢の中間点に、畳一枚ほどの大きさの石があり、蛙に似た形から「ごうと石」（「ごうと」とは蛙の方言）と呼ばれている。昔は丑三《うしみ》つ時になると、この石がオンビキ（ヒキガエルのこと）の化け物になるとされ、通行人は怖がったという。またこの付近は変化が出て通行人を誑《たぶら》かすともされた。大正の頃、三ッ木の某が夜中に樫原から帰る途中、沢にある泉の中に座り込み、提灯《ちょうちん》をかざしながら「ああ、ええ風呂加減じゃ」と呟《つぶや》いて震えているのが見つかり、通行人に助け出されたことがあるという。

［参考文献］芝原富士夫『木屋平の昔話』

紺屋の化け物［こうやのばけもの］

阿波国（徳島県）の話。『太平百物語』巻之五に記されている。

阿波国に松屋五郎八という人の紺屋《こうや》があった。ある夜、子《ね》の刻（夜の一一時～一時）に家の中が騒がしくなり、目覚めた五郎八が辺りを見回すと、犬よりも大きい黒い獣が、両手を上げて二本足で庭を歩いていた。獣は染め物に使う糊《のり》をすべて食い尽くしてしまい、灯火の油まで舐《な》め始めたが、五郎八は恐ろしくて様子をうかがうことしかできなかった。翌朝、近所の若者たちにこの話をすると、若者たちは勇んで五郎八の家に集まり「今宵《こよい》も化け物が来たら、打ち殺してやろう」と、木刀や樫《かし》の棒などを思い思いに携えて物陰で待ち受けた。すると、夕刻になって例の化け物が現れ、辺りを見回してから糊のある棚へと近付いてきた。そこで若者たちは一度に飛び出し、逃すまいと打ち付けたところ、恐れをなした化け物はあちこちを逃げ回り、戸の隙間から抜け出して逃げた。若者たちがなおも追いかけると、化け物は平山という所で大きな榎《えのき》の木の内に隠れたので、その周囲を探し回った。すると一つの火の玉が炎となって飛び出したので、若者たちは恐れて逃げ出したが、その後は化け物も五郎八の家に出ることはなかったのだという。

［参考文献］国民図書『近代日本文学大系』一三巻

小僧狸［こぞうたぬき］

徳島県麻植《おえ》郡学島村の化女ノ辻（現・吉野川市川島町児島下女辻《げじょのつじ》か）には、小僧の姿に化けて人の往来を邪魔する狸がいた。夜中に人が歩いていると、その前に出てきてその人と同じ方向に進んで邪魔をする。人が右へ避ければ右へ寄り、左に避ければ左に寄って前を塞《ふさ》ぐので、その人が腹を立てて突き飛ばしたり斬り付けたりすると、一人の小僧が二人になってしまう。これをまた突き飛ばしたり斬り付けたりすると四人、八人、一六人と倍数に増えていき道を塞いでくる。この小僧に出会った人は夜明けまで先に行くことができなくなるが、一番鶏が鳴くと小僧はぱっと消えてしまうのだという。

斬り付けたら数が増えていく化け物としては、『全国怪異妖怪事典　中部』に掲載されている新潟県の桐一兵衛とも類似している。

［参考文献］笠井新也『阿波の狸の話』

コットイ牛［こっというし］

徳島県美馬市脇町西赤谷辺りの話。

折人大明神を祀《まつ》る森（西赤谷の折人神社と思われる）は、狭い道の上に木々が暗く覆い被さっていて恐ろしい場所であり、この森と奥の「ヌマ」という所には「コットイ牛がいる」として恐れられた。ある人が闇夜の道を通っていると、森の中から鼾《いびき》のような音が聞こえてきた。恐る恐る見ると、崖上の大木の根方に夜の闇よりも黒いものがうずくまっていたので、抜き足差し足で通り過ぎようとしたが、そばを流れる曽江谷川に転げ落ちてしまった。この道を通る人は暗い森や流れる用水に気を取られ、コットイ牛に怯えているうちに川手へと押しやられてしまうのだという。昭和四〇年（一九六五）頃から道沿いに人家が並ぶようになり、国道も整備されたので、コットイ牛の話も次第に聞かれなくなった。

「コットイ」は徳島県辺りの方言で「雄牛」を指す言葉だという。また「大きく強健で、重荷を負うことのできる牡牛」という意味の「特牛《こというし》」という言葉もあることから、大きな雄牛を意味する名称なのだろう。

［参考文献］國見慶英『阿波脇町の伝説と探訪編　追2―1』、「四国東南部　方言辞典」（ＨＰ）、阿波学会研究紀要「日和佐町の方言」（ＨＰ）

ごど三郎［ごどさぶろう］

ごどう三郎とも。徳島県那賀《なか》郡那賀町平谷の話。

昔、お爺さんが山仕事に行って夜に小屋に泊まっていると、ごどう（ガマガエル）がお婆さんの姿に化けて大雨の中「じいはおるか」と訪ねてきた。お爺さんがびっくりして「どうしたん！」と言うとお婆さんは「おとさん（お父さんのことか）が病気、早くいんでこい（帰ってこい）」と言って消えてしまった。お爺さんが家に戻ってみると、家の者が皆いるのでこのことを訊いたら、何も知らないということだった。その後、またお爺さんが山に泊まっていたら、同じようにお婆さんがやって来た。お爺さんは怪しんで仕事で使う鎌をお婆さんに打ち込むと、お婆さんは「あいた！」と叫んで「じいは人切った」と言いながら帰ってしまった。お爺さんが翌日に帰ろうとしたら、ところどころに血の跡が残っていたので「ばばを誠に切ったんかな」と心配になってきた。しかし血の跡は家の縁側には残っておらず、家の者も知らん顔でいるので、不思議に思って床下を調べたら、人の腰ほどもある大きなごどうが内臓をはみ出させながら死んでいたのだという。

〔参考文献〕国学院大学説話研究会「四国の口承文芸（那賀郡平谷周辺（其の二））」（『芸能』四巻六号）

ごとまつ

徳島県那賀《なか》郡新野町《あらたのちょう》（現・阿南市新野町）に伝わる。

昔、ある所にゴセウ（文字不詳）という浪人が住んでいたが、ある日牟岐《むぎ》（牟岐村。現・海部《かいふ》郡牟岐町辺り）の青木家の屋敷に出かけた。その帰り道、家の女中が来て、女房が産気づいたことを知らせてきたが、ゴセウはこれを変化だろうと考えて手討ちにしてしまった。ゴセウが家に帰ってみるとその女中は変わらずにいて、床下に昔から棲み着いていたごとまつ（蟇《ひきがえる》のこと）が血だらけになって死んでいた。ゴセウはごとまつが親切にも知らせに来てくれたのだと知り、ごとまつのために墓を建ててやったのだという。豊田平川内の圓菖寺庵の前にある田圃《たんぼ》の中に墓があり、これがそのごとまつの墓なのだという。

〔参考文献〕徳島県新野町『徳島県那賀郡新野町史』

コナキジジ

徳島県麻植《おえ》郡木屋平村《こやだいらそん》（現・美馬市木屋平）や三好《みよし》郡三名村《さんみょうそん》平（現・三好市山城町の上名《かみみょう》平）に伝わる。

阿波（徳島県）の山奥にいるという妖怪。姿は爺だが赤子の泣き声を上げる。あるいは赤子の姿に化けて山中で泣いているという。人が哀れに思って抱き上げると重くなり、離そうとしてもしがみついて離れず、最後はその人の命を取ってしまうという。

柳田國男が「妖怪名彙」においてこれを記録し、水木しげるが漫画のキャラクターとして利用したことで一躍有名となった妖怪だが、柳田がどの資料からコナキジジを取り上げたのかは長らく不明だった。これより以前の例としては、武田明が「山村語彙」の中で三名村の話として「コナキジジ子供の泣声を真似る怪」と短く報告していた。徳島の郷土史家が山城町上名平で採集を続けた結果、この辺りで昔、ある老人が山中を徘徊《はいかい》して赤子の泣き真似をしていたという話を確認した。これらの記録から上名平こそコナキジジの発祥地であるとして、水木デザインの児啼爺《こなきじじい》像と石碑が上名平に建立された。

しかし香川雅信は「「妖怪名彙」のコナキジジ」において、柳田の記したコナキジジの元になったのは、徳島の郷土史家・笠井高三郎（藍水）が柳田に報告した木屋平村の採集記録であると結論付けた。笠井は「児泣爺」として柳田が記したものとほぼ同じ内容を明治四四年（一九一一）頃に採集・報告している（この報告は『諸国叢書』一七輯に掲載されている）。少なくとも柳田が記したコナキジジについては、木屋平村で採集された話と見るべきだろう。

山中から赤子の泣き声が聞こえてくるという話は**ゴンギャナキ**、**オンギャ泣き**など徳島では各地で多く伝えられている。コナキジジも本来はそれら音の怪の一種であり、抱き上げると重くなるというおんぶお化け系の話や、山人の一種である**山父・山爺**（ともに四国広域）の話などが付随していったものと思われる。

［参考文献］柳田國男『新訂 妖怪談義』、武田明「山村語彙」（『民間伝承』四巻二号）、成城大学民俗学研究所『諸国叢書』一七輯、香川雅信「「妖怪名彙」のコナキジジ」（『怪』通巻三八号）、東雅夫『妖怪伝説奇聞』

五平鳥［ごへいがらす］

徳島県三好《みよし》市池田町馬路や池田町佐野に伝わる。

馬路や佐野では、集落に何か変事がある時は白い鳥が飛ぶという伝説がある。昔、佐野に室屋五平という剣の達人がいたが、五平の家で修行をしていた浪人が、五平の刀や衣服を身につけて伊予上山（現・愛媛県四国中央市新宮町上山）で強盗に入り、人を殺した。そのせいで五平は嫌疑を受け、池田御陣屋に拘留《こうりゅう》された後、落倉磧《おとしぐらせき》で斬罪に処されることになった。刑が執行される直前、浪人が捕らえられて罪を白状したので、五平は放免されることになったが、それを伝える使者が落倉磧に到着する前に、五平の首は落とされてしまった。五平は執行の前、刑場に座って憤慨し「今後当地に白い鳥を見よう、これ我が化身なり、災厄を下してこの恨みを晴らさん、役人どもは子孫七代まで取り殺してやろう」と叫んでいた。その後、この地では白い鳥が出たら五平鳥と呼んで、凶事の前兆として恐れた。天保の飢饉《ききん》、寅年の大洪水、戌年《いぬどし》の痘瘡《とうそう》、明治一三年（一八八〇）のコレラ、二七年（一八九四）の赤痢《せきり》病などがあった時、その前に必ず五平鳥が飛んだのだという。

［参考文献］池田町『池田町史』下巻

ゴンギャナキ

徳島県三好《みよし》市の祖谷山《いややま》地域に伝わる。

山中で赤子の泣き声をさせる妖怪をゴンギャナキという。木の中にいて、おぎゃあおぎゃあと泣くのだという。菅生《すげおい》（現・三好市東祖谷菅生）の話では、ある人が山仕事をしていると、昼頃からゴンギャナキが泣き出したので恐ろしくなって途中で帰ったのだという。また、谷の所で赤い頭が見えたという話もある。

オンギャ泣きの項目も参照。

［参考文献］武田明『祖谷山民俗誌』

【さ】

サルガミツキ

徳島県海部《かいふ》郡に伝わるとされている。

海部郡のシミズナガレという村落にはサルガミツキがあるという。シミズナガレは四〇から五〇戸ほどの村であるが、そのすべてがサルガミツキの家であるという。サルガミは**犬神**（四国広域）よりも害が大きく、これが憑《つ》くと帯でも着物でも引き破って暴れ回るのだという。

『阿波木頭《きとう》民俗誌』によると、木頭村折宇（現・那賀《なか》郡那賀町木頭折宇）の老人による話で、シミズナガレがどこの村か詳細は不明である。**犬神**の由来譚《ゆらいたん》に猿神の名が出てくるが、これと関連があるのではないかと推測されている。

［参考文献］近畿民俗学会『阿波木頭民俗誌』

式部越えの妖怪［しきぶこえのようかい］

徳島県美馬郡脇町（現・美馬市）に伝わる。

昔、式部の村落の式部越えと呼ばれる山に、たびたび妖怪が現れて村人や通行人を脅かしていた。村の名主は「妖怪を退治した男には娘を与えて名主の跡目を継がせる」と約束したので、多くの男が妖怪退治に向かったが、誰一人として帰ってこなかった。名主が途方に暮れていると、ある日、身の丈が七尺（約二・一メートル）、顔は鬼瓦のようで、全身に猪《いのしし》のような毛を生やした男がやって来た。名主は不安に思って「たとえこの男が妖怪を退治しても、娘はやれぬ」と固く決心し、名主の娘姉妹もまた、男をひと目見て身震いし「妖怪も恐ろしいが、この男も身の毛のよだつように恐ろしい」と考え、毒を仕込んだ握り飯を男に持たせた。そうとは知らぬ男は山に入って妖怪を探したが、見つけられぬまま夜になってしまった。そのまま山中で眠って夜を明かした男が握り飯を食べようとしたところ、腰に吊《つ》るしたはずの握り飯がなくなっていて、そばで背中の禿《は》げた一匹の大狸が握り飯を食べて息絶えていた。姉妹の企みを察した男は怒り、この狸を妖怪に仕立て上げるため、狸の死体を担いで意気揚々と村に戻った。名主は無事に帰ってきた男をしぶしぶ迎え入れたが、危険を感じた姉妹は必死になって逃げ出してしまった。姉妹を追いかけた男の背中に向けて、名主が弓矢を放ったが、男はひらりと身をかわし、矢はそのまま姉の背と妹の首を貫いてしまった。そのまま男はヒヒヒッと笑いながら山の中へと姿を消してしまい、式部越えの妖怪はその後も人々を脅かし続けたのだという。

別の話も伝わっている。昭和の初め頃、

左衛門という男が平帽子のほうへと出かけていったが、いつまでも帰ってこないので家族が心配し、人を雇って式部越えの地蔵さんの辺りまで探しに行かせた。しかし左衛門の姿は見つからず、結局夜明けを待って再び探すこととなった。すると空が白みかけた頃、傷だらけになった左衛門が這々《ほうほう》の体《てい》で帰ってきた。左衛門の話によると、左衛門は恐ろしい式部越えの大滝道を恐る恐る登っていたが、ある所で胸騒ぎに襲われ、坂を見上げた。するとそこに足が細くて背の高いものが突っ立っていたのだという。それの目玉はチョク（猪口《ちょく》、盃のことか）ほども大きく、口が耳まで裂けていて、顔全体が馬のように長くざんばら髪で、耳が立っていた。それがそろそろと坂を下ってきたので、左衛門は「殺される」と思い、そこから先は何も思い出せないのだという。人々は左衛門が化け物にやられて山中を上がったり下がったり、右へ左へと引きずり回されたのだろうと考えた。それ以降「式部越えの大滝道には、馬顔をした細い二本足の妖怪が出る」と恐れられたのだという。

〔参考文献〕國見慶英『阿波脇町の伝説と探訪編　追2―1』

四九火〔しくび〕

徳島の南方に芝山という山があり（徳島市の南方、徳島県小松島市の芝山か）、四と九が付く日には怪火が出るという。これを四九火と呼ぶが、これに手招きをすると必ずこちらに向かって飛んでくる。その時は雪隠《せっちん》に入って下草履を頭上に置けば、火は三回雪隠の上を舞ってから飛び去るとされている。

徳島県では「夜間に怪火を見た時、袖《そで》に手を入れて招くと必ず火がこちらへ飛んでくる」とか「怪火に追われた時は履物を脱いで頭に戴《いただ》くと、その火は去るという」といった俗信が伝えられており、これらの俗信とも接続しているのだろう。

「阿波物語（上）」には、富田浜（現・徳島市富田浜）にあった筆者の旧宅で起きた話が記されている。旧宅の裏庭を隔てた畑の奥に大きな榎《えのき》と柳の古木があったが、ここには四が付く日と九が付く日の雨夜には火が出たという。これは狸の火とされ、赤くはなく燐火《りんか》のようだった。しかし「四九火といって、四の日と九の日は火が出るものだ」として格別不思議とも思わなかったのだという。

〔参考文献〕後藤美心「徳島の土俗（三）」（『郷土趣味』通巻二〇号）、後藤捷一「阿波の言ひ習はし」（『近畿民俗』二三号（通巻三一号））、長尾楓窓「阿波物語（上）」（『郷土趣味』三巻五号）

時雨の松〔しぐれのまつ〕

徳島県那賀《なか》郡桑野村（現・阿南市桑野町）の話。

桑野村の日吉神社には昔、周囲一丈（約三メートル）ほどもある老松が生えていて、枝葉が境内の半分を覆うほどだった。この松は毎日夕暮れ時になると不思議にも水気が滴《したた》って樹下を濡らし、その様が小雨の降るようであったからこの名が付いた。文政一二年（一八二九）の春、国守の息女が神社に参ってこの松を見て「千早振《ちはやぶ》る神の御園に栄えなん　時雨の松の幾代経るとも」という和歌を詠んだ。しかし天保九年（一八三八）の秋、暴風によって倒れて枯れてしまったのだという。

［参考文献］小松辰三「阿波伝説雑談」（『郷土趣味』四巻一〇号）

シバテング

徳島県三好《みよし》市の祖谷山《いややま》地域に伝わる。

シバテングは山にいて大きな物音をさせる。バリバリと木を伐《き》り倒す音や山崩れの音をさせるのだという。ある老人が小祖谷の坂瀬（現・三好市西祖谷山村坂瀬）で三月一八日に行われる祭りから夜になって帰ってくると、自分の家の前で山だれ（山崩れ）の音がした。狸に化かされたのかと思ったが、後で考えるとシバテングが回ってきた音だとわかったのだという。

［参考文献］武田明『祖谷山民俗誌』

十二単衣の妖女 ［じゅうにひとえのようじょ］

徳島県阿南市橘町の小勝島《こかつじま》の話。

平安朝の頃、漁師たちが橘湾で夜に漁火《いさりび》を燃やして漁をしていた。すると船の櫓《ろ》を握っていた男がうめき声とともに突っ伏したので、網を手繰っていた男が「どうした」と声をかけた。突っ伏した男が島のほうを指差すので、見ると島に十二単衣に身を包んだ美女が立っていて、にこにこと笑っていた。二人の漁師は命からがら逃げ帰り、それから夜遅くに小勝島の近くで漁をすると、この妖女を見かけるようになった。ある屈強な若者が「そんな者を恐ろしがっていては、村が干上がってしまう。わしが正体を見届けてやる」と言って一人で出かけたが、結局帰ってくることはなかったのだという。

［参考文献］横山春陽『阿波の怪談』

常光寺の頬冠り ［じょうこうじのほおかむり］

徳島県那賀《なか》郡富岡町黒津地（現・阿南市黒津地町）の話。

黒津地の常光寺の辺りは昔、竹藪《たけやぶ》が続き昼でも薄暗く、狸も棲み着いていた。この狸が豆絞りの手拭いで頬冠りをした男に化けて出たという。その他に悪戯《いたずら》をすることはなかったが、常光寺の近くを通ると頬冠りの男が出ると噂《うわさ》され、「常光寺の頬冠り」と恐れられた。

［参考文献］横山春陽『阿波の伝説』

小豆洗 ［しょうずあらい］

徳島県那賀《なか》郡木頭村《きとうそん》北川（現・那賀郡那賀町木頭北川）に伝わる。

小豆洗というものが近頃までいたという。元旦の朝に若水を汲《く》みに行くのだが、これを遅くすると小豆洗が出るので、みんな少しでも早く行くようにしているのだという。また、この小豆洗は女だという。

［参考文献］国学院大学説話研究会「四国の口承文芸（那賀郡木頭村字北川）」（『芸能』四巻一二号）

庄の鬼火［しょうのおにび］

徳島県名東《みょうとう》郡加茂名町庄（現・徳島市南庄町）に伝わる。

庄の法谷寺は「峯の薬師」としても知られている寺院だが、この付近には傘ぐらいの大きさの鬼火が出て、人が通る時は近付いてくるのだという。天保一一年（一八四〇）の『名東郡御取調帳』にも「賀茂宮あたりあるは法谷寺道筋へ出る大きさ唐笠のほどありとぞ、人等通る折は進来るとぞ」と記されているという。

［参考文献］後藤美心「阿波の土俗（七）」（『郷土趣味』通巻二四号）

城の口の怪物［じょうのくちのかいぶつ］

徳島県名西《みょうざい》郡高川原村の城（現・名西郡石井町石井城の内辺りか）の話。『阿波伝説物語』に記されている。

城という村の西は川が流れていて岸には藪《やぶ》が茂っているが、この藪を切り開いて隣村と往来していて、この辺りを城の口と呼んでいた。毎夜一二時頃になると、ここにあった水車を踏むものが現れた。ある夜、村人がそこを通るとやはり水車を踏んでいるものがいたので「こりゃ、誰かい」と声をかけると「誰でもないぞ」と言って水車から下りてきた。そして見ているうちに二丈八尺（約八・四メートル）余りもあるような高入道（四国広域の**高坊主**を参照）に変わり、白い歯をむいて脅かしてきたので、村人は気絶してしまったという。この辺りは他にも真昼中と真夜中に、長い髭手《ひげて》（毛むくじゃらの腕）が藪の間からにゅっと出てきて、通る人の頭や顔を撫《な》で回すのだという。

［参考文献］笠井新也『阿波の狸の話』

正夫谷の高入道［しょうぶだにのたかにゅうどう］

昔、山城谷の正夫谷（現・徳島県三好《みよし》市井川町井内東辺りか）に、高入道が出没したことがある。この地を通る人が出会い、恐ろしく思って下から見上げると次第に背が高くなり、雲の上まで届く大坊主になってしまう。初めから恐れず上から下へ見下ろすと次第に小さくなり、百目（一〇〇匁《もんめ》か）の打綿を丸めたようなものになって消え失せてしまうという。この変化は、山伏が字《あざ》・大日にある練石の大日如来《だいにちにょらい》の前で千巻供養の真経を読んだら出なくなったのだという。

四国広域の**高坊主**も参照。

［参考文献］徳島県三好郡『三好郡志』

小便を飲む化物［しょうべんをのむばけもの］

徳島県美馬郡脇町（現・美馬市）に伝わる。

「式部峠」とか「式部谷」と呼ばれる山に、数人の樵《きこり》が入って山小屋に泊まった。夜更けになると、小屋の外でバサッバサッと羽ばたきをするようにも、大地を踏みしめるようにも聞こえる不思議な足音が近付いてきた。そして足音が小屋のそばでピタッと止まった後、ガボガボと何かを飲むような音がした。小屋の中の樵は山刀を手に身構えたまま身の縮むような思いで夜を明かし、空が白んでから外に出ると、肥溜《こえだ》めが空っぽにされていた。それからも夜になると変な足音が来てから肥溜めが空っぽになるので、人々は「この山には正体不明の化物がいて、人間の小便を飲みに現れるのだ」と言い伝えたのだという。

香川県の**ショウベンノミ**も参照。

［参考文献］國見慶英『阿波脇町の伝説と探訪編　追2—1』

白木山の牛鬼【しらきやまのうしおに】

筆者命名。徳島県海部《かいふ》郡牟岐町《むぎちょう》に伝わる。

昔、白木山（河内村西俣《にしまた》にある白木谷の上のほうを指す）に牛鬼という巨獣が棲んでいて、西俣の付近に出没して人や家畜を食っていた。ある時、平野に住む平四郎という猟師が白木山に入り、呼子の笛を吹いて牛鬼を呼び出した。そして許しの弾（京都の吉田家から授かるもの。許しの弾・関の小刀・高野の巻物の三点は猟師の身の守りなのだという）を撃ち込んで牛鬼を退治した。牛鬼の血は七昼夜も河内川を流れ続け平四郎の家まで達したが、彼の武威によってそこから川上に逆流していったのだという。平四郎の子孫とされる川添家の裏の雑木林にはイスノキ（柞《いす》の木か）が生えていて、牛鬼塚と呼んでいる。また正月には「七把束半《しちはたばなか》」と称して、一握りの葉を束にしたものを二束と御神酒《おみき》を使って牛鬼を祀《まつ》るのだという。また牛鬼の背骨だという鼓《つづみ》くらいの大きさの骨が西俣には残されていたのだという。

［参考文献］海部郡誌刊行会『海部郡誌』、国学院大学説話研究会「四国の口承文芸一（木沢村坂州・小畠周辺（其の二））」（『芸能』四巻二号）

白い船と青い顔の老婆【しろいふねとあおいかおのろうば】

徳島県海部《かいふ》郡日和佐町《ひわさちょう》（現・海部郡美波町）の話。

徳島県の県南の漁村では、お盆の時期になると庭先に無縁仏を祀《まつ》り、漁を休む風習がある。しかし、日和佐に住む独り者の次郎太は、お盆の月夜に小船に乗って夜釣りを始めた。すると水平線の向こうから、風よりも速く純白に塗った大船がやって来て、次郎太の小船にぶつかってきた。次郎太は船が激突したと感じたが、大船は何事もなくすうっと通り抜けてしまったので、海上のあやかしかと思ってすぐに帰ろうとした。しかし、何かが船に当たったように動かなくなってしまい、見ると白い髪に緑《ろく》青《しょう》のような青い顔で、目ばかりがらんらんと光る老婆が船縁に縋《すが》り付いていた。老婆は「水をおくれ」とか細い声で言いながら睨《にら》み上げてきたが、次郎太は勇気を奮い起こして焚き火の燃えさしを取り、老婆の頭を殴りつけて逃げ帰った。家に帰った次郎太は寝込んでしまい、雨戸を閉ざしたまま七日ばかりが過ぎた。近所の人々が只事《ただごと》ではないと戸を破って入ってみると、次郎太は周囲に燃えさしの薪を散らかし、緑青のような青い顔で死んでいたのだという。

［参考文献］横山春陽（編）『阿波の怪談』

白徳利［しろとっくり］

徳島県板野郡撫養《むや》町小桑島（現・鳴門《なると》市撫養町小桑島）に伝わる。

小桑島の日向谷《ひゅうがだに》に白徳利という狸がいる。これは白徳利の姿に化けて地上を転がるもので、人がそれを押さえようとしても、ころころと転がって捕まえることができないのだという。

徳利ころがしも参照。

［参考文献］笠井新也『阿波の狸の話』

スイカズラ

徳島県美馬郡祖谷山村《いややまそん》（現・三好《みよし》市）に伝わる。

讃岐《さぬき》（現・香川県）でいう**犬神**（四国広域）のことである。鼠《ねずみ》より少し大きいくらいのもので、その家筋の女には二匹、男には一匹が憑《つ》いているという。ときどきユルリ（囲炉裏《いろり》のことか）のそばに来て暖まっているのを見ることがあるという。

スイカズラが憑いている人が誰かに恨《うら》みを持つと、スイカズラはその人の所へ行って取り憑く。取り憑かれた人は病気になって急に犬の真似をするほか、精神力が鋭くなって全く経験したことのない昔話を語りだす。また、襖《ふすま》の向こうのことを言い当てたりする。取り憑いたスイカズラを追い出すために太夫さん（祈禱師《きとうし》のことか）を呼んで拝んでもらうと、どこの太夫さんが来ているとか今どんな御かけじを掛けた（まじないをしたか）などを言い当てる。一匹が人に取り憑いている時はもう一匹は阿呆のようになっているから、これを捕まえて黒焼きにして飲ませれば退散するとされている。

［参考文献］高谷重夫「祖谷山村の民俗（三）」（『ひだびと』九巻一号）

水中に光る目玉［すいちゅうにひかるめだま］

徳島県名東《みょうとう》郡新居町（現・徳島市の不動地区）の話。

新居町高崎の光徳寺の裏は吉野川第一の深い淵《ふち》だとされ、水深は一二尋《ひろ》（約二一・八メートル）もあるとされていた。ある時、漁師が吉野川へ漕《こ》ぎ出して例の淵を避けるように網を投げ入れたが、川底かどこかに引っ掛かって引き揚げられなくなった。そこで水練の達人だった新居重吉という人が、水中に潜って網の引っ掛かりを外してくることになった。しばらくして重吉は水上に浮かび上がって舟に戻ったが、色を失って口もきけない有様だった。しばらくして重吉が言うには「七尋（約一二・七メートル）も潜ったところでとても体が冷たくなり、水の向こう側を見ると、茶碗くらいある目玉が二つ並んで光っていた。びっくりして逃げてきたが、あんな怖い所にはもう二度と行けない」ということだったので、慌てて舟を漕いで帰ったのだという。その後の吉野川の改修で、光徳寺やその隣にあった天佐自能和気《あまさしのわけ》神社も、現在の場所に移転したのだという。

［参考文献］横山春陽『阿波の伝説』

水道の与一 ［すいどうのよいち］

徳島県板野郡宮川内村（現・阿波市土成町《どなりちょう》宮川内）の話。

宮川内村のある寺院には、一匹の狸が棲んでいた。この狸は寺院の庭の悪水（下水）を吐き出す水道の中に棲んでいたので「水道の与一」と呼ばれていて、人を化かすのが上手で悪戯《いたずら》もよくやっていた。ある夜遅くに、某村人の家に寺の小僧が来て、和尚《おしょう》がお話があると言って寺院に呼び出した。その人が支度をして寺院に行くと、門前に架かっている橋が二つになっていた。新しい橋を架けたのだろうかと不思議に思いながら渡りかけると、そのまま下の小川に落ちてしまった。岸に上がってから見返すと橋は一つしかなく、自分が渡りかけた橋のほうは消えてしまっていた。それから寺院の和尚に会って尋ねると、和尚は急の話などなくて、小僧も呼び出しなどしていないという。これらはすべて与一の悪戯だったのだという。

こうした悪戯が度重なるので、ついに村人たちは水道を包囲して与一を生け捕りにし、狸汁にしてしまおうとした。これを聞いた和尚は、今後決して悪戯をさせないからと与一の命乞《いのちご》いをしたので、村人たちは与一の縄を解《ほど》いてやった。和尚は与一に「今後は心を入れ替えて善《よ》い狸にならなければならない」と懇々と訓誡《くんかい》してやり、与一はしおしおと去っていった。それから与一は和尚の訓誡を守り、悪戯をしなくなった。春の朧月夜《おぼろづきよ》などには女や男の姿に化けて踊り歩くなどはしたが、人に害を与えるようなことは決してしなかった。

それから数年後、寺院の庫裏《くり》から火が起きて、本堂にまで燃え広がった。この寺院の本尊は弘法大師が彫刻した薬師如来《やくしにょらい》であったので、和尚は「寺は焼けても構わぬが、本尊だけは出してくれ」と叫びまわった。すると黒い股引《ももひき》を着た小男がどこからか現れ、本堂に飛び込んで本尊を抱えて出てきた。しかし小男は大火傷を負い、間もなくして息絶えてしまった。そして夜が明けると、小男の死体は狸の死骸へと変わった。与一が和尚の恩義に報いるために、命を捨てて本尊を抱え出したのであった。その後、寺院は再建され、境内の片隅に与一の塚が築かれた。そしてお盆の時に与一踊りというものが催されたのだという。

この寺院は廃《すた》れてしまい、与一の塚も現存はしていないのだという。

［参考文献］笠井新也『阿波の狸の話』

杉生の大火［すぎのうのたいか］

徳島県名西《みょうざい》郡矢野村（現・徳島市国府町矢野）に伝わる。

陰暦七月一三日の夜、矢野村の杉生社（天石門別八倉比売《あまのいわとわけやくらひめ》神社の俗称）から大火が出て、板野郡住吉村（現・板野郡藍住町《あいずみちょう》住吉）の字《あざ》・竹の瀬にある野神の小祠《しょうし》に飛んでいき、同じ夜のうちに帰っていくのだという。

［参考文献］後藤美心「阿波の土俗（七）」（『郷土趣味』通巻二四号）

菅生谷の地ゆすり［すげおいたにのじゆすり］

徳島県三好《みよし》郡東祖谷山村《ひがしいややまそん》（現・三好市東祖谷）に伝わる。

菅生の在所から離れた所に水車小屋があった。ある人が水車小屋へ麦搗《つ》きに行く途中、牛のようなものがすうっと通ったと思ったら、地ゆすり（地震のことか）とともに山の上へと駆け登っていった。帰ってから村の人に地ゆすりがあったか訊いたが、誰もそんな音はしなかったと相手にしなかったという。

［参考文献］武田明「東祖谷聞書」（『香川の民俗』通巻五二号）

裾を食う杭［すそをくうくい］

徳島県徳島市福島の慈光寺の話。『阿州奇事雑話』巻之一に記されている。

慈光寺の裏手にある墓所の空き地で、深夜に一人で杭を打ち込むと、必ず裾を杭とともに打ち込んでしまうという不思議が昔から言い伝えられていた。宝暦年間（一七五一〜六四）の夏の頃、福島の辺りに住む若い武士たちが集まって深夜まで話をしていたが、この不思議について話題になった。そこで度胸試しに誰か行って杭を打ち込んでこないかという話になったが、ある武士が「恐ろしいことが起きるだろうと怖がり狼狽《うろた》えるから、裾を打ち込んでしまうのだ。臆病者が狸などに化かされているのだろう」と言ったので、その武士が酒や肴《さかな》を賭けて杭を打ち込みに行くことになった。その夜の丑三《うしみ》つ時、彼は杭と槌《つち》を持って例の空き地に行って杭を打ち込んだが、ものの見事に裾を打ち込んで帰ってきた。翌日の夜、別の者が「不覚を取ったな。裾をからげなかったから打ち込んでしまったのだ」と言い、同じように空き地へと向かった。そして着物の裾を高くからげ、諸肌《もろはだ》脱ぎになって杭を打ち込んだが、今度は袖を打ち込んでしまった。さらに翌日の夜、また別の者が「武士たるもの、この程度のことを成し遂げられずにいるのは世の人への恥だ」と言い、着物を脱ぎ去って褌《ふんどし》だけとなってから空き地へと向かった。そして「これで怖れることはなし」と杭を打ち込んだが、今度は褌の前側を打ち込んで、そのまま褌を引きちぎってしまい、頭を掻いて帰るしかなかったのだという。

［参考文献］阿波郷土研究会『阿波叢書』一巻

砂ふらし［すなふらし］

徳島県板野郡撫養《むや》町小桑島前組（現・鳴《なる》門《と》市撫養町小桑島前組）に伝わる。

前組には砂を降らすのを常習とした狸がいる。夜に人が通るとしきりに砂を降らせて、方角をわからなくしてしまう。そうしてから川や水際のほうへ誘って、陥れるのだという。

［参考文献］笠井新也『阿波の狸の話』

角力取り坊主［すもうとりぼうず］

徳島県阿波郡土成村《どなりそん》（現・阿波市土成町地区）の話。

ある男が昼、川の側を通ると、角力取り坊主が出てきて「角力をしよう」と言ってきた。そこで男は角力を取ったが負けてしまい、血まみれになって家に帰ってきた。すると男は鉈《なた》を持って「あの角力取り坊主を殺してやる」と言って出かけようとしたので、近所の人々が寄ってたかって布団で押さえつけた。日暮れ頃になって男はやっと正気になったので、体を改めたところ、体中に掻きむしられた跡が残っていた。近所の人々は「相手は狸だったのだろう」と話したという。

同じ資料に似た話が記されている。ある男が山の池のそばを通ると、坊主が出てきて「角力を取らんか」と言ってきた。男は「今は腹が減って困るから、帰って飯を食ってくる」と言って家に帰った。そして仏様に上げてあった飯を食って戻ったところ、坊主はいなくなっていて、何度呼んでも出てこなかった。恐ろしい所へ行く時は、必ず仏様の飯を食ってから行けと人々はよく言っているのだという。

［参考文献］桂又三郎「徳島県阿波郡土成村奇聞」（『岡山文化資料』二巻三号）

清玄坊［せいげんぼう］

徳島県徳島市徳島町城内の清玄坊神社にまつわる話。

『現行全国妖怪辞典』には「山伏の怪。徳島市城山に出る」と記されている。

『清玄坊と阿波酒巻家の由来』によると、渭山《いのやま》（城山の古称）には素月という僧が住み、三好《みよし》氏に仕えていたが、三好氏は長宗《ちょうそ》我部《かべ》氏との戦で滅亡した。その後に豊臣秀吉によって四国が平定されてから、阿波国（徳島県）は蜂須賀《はちすか》氏に与えられたので、蜂須賀家政は渭山に新たな城を築くことにした。家政は素月に渭山を献上するよう迫ったが、素月はこれを聞き入れようとしなかったので、家政は家臣に命じて素月を殺してしまった。それから徳島城の築城が始まったが、家政は夜ごとに現れる素月の怨霊に悩まされ、家内にも不幸が相次いだので、城山中腹の旧居跡に素月堂を建立してその霊を祀《まつ》ったという。素月堂は明治の徳島城取り壊しと同時期に取り払われ、代わりに清玄坊神社が建立された。

『阿波の民俗一　年中行事』には「清玄坊祭り」について記されている。紙屋町（現・

一番町）付近で首をはねられた清玄坊の霊のため、土地の人が祭りを始めたという。旧暦の五月五日に祭壇を設け、高さ約一メートルもある張り子の清玄坊の首を祀り、神事の後に城山の頂上にある祠《ほこら》へお参りする。昔はこの大きな首に蛇体と手を付け、柱に取り付けて町内の道路に吊《つ》るし、空中を泳がせていたという。大正時代からはクジで選ばれた家の中に祭壇を設けるようになった。祭事が終わると使っていた注連縄《しめなわ》を小切りにして配り、魔除けとして戸口などに掛けたという。太平洋戦争で一時期途絶えていたが、昭和三九年（一九六四）に復活した。

江戸時代に書かれた『諸国風俗問状答』には紙屋町一丁目の「政元」と記されている。口が耳まで裂け、牙の生えた坊主の首に蛇体と両手が付いたものを柱に付けた、端午の節句の五月幟《ごがつのぼり》の一つとして紹介している。しかし政元の由来については「京都の辺りに尊き聖のありけるが、夢に貴人を恋い慕い、自ら蛇体となりて追い行くと見し事をその形描きて、人にも見せ懺悔《ざんげ》せられしという事を、聞き伝えおり候」としている。また元禄（一六八八〜一七〇四）の頃に初めて政元を作って立てたが、ある年にあちこちが破れていたので、艾人《がいじん》（中国の風俗。五月五日に人形を軒先などに掛けて邪気を払う）のように屋根の上に置き、夜着を着せて「政元風（風邪）引申候」と書いておいた。すると風邪が大流行して町内でも死人が出たので、翌年の節句前に政元を修復して祀ったのだという。

『清玄坊と阿波酒巻家の由来』によると、蜂須賀家政に殺された素月の逸話が清玄坊という名前に置き換わっていったのは、浄瑠璃や歌舞伎で演じられた「清玄桜姫物」が関わっているとされている。これは美しい桜姫を見初めた清水寺の僧・清玄が激しく恋慕し、その死後も桜姫に迫るという内容である。浄瑠璃の脚本『一心二河白道《いっしんにがびゃくどう》』においては、死後に中有をさまよう桜姫を畜生道に落ちて人面蛇身となった清玄が追いかけるという場面がある。紙屋町で作られた「政元」は、これら芸能における清玄に着想を得たものだと思われ、これが城山の素月の逸話と合体して「清玄坊」になったと考えられる。

［参考文献］佐藤清明資料保存会『博物学者佐藤清明の世界』、松原伸夫『清玄坊と阿波酒巻家の由来』、湯浅良幸・岡島隆夫（編）『阿波の民俗一　年中行事』、中山太郎（編）『校註　諸国風俗問状答』、高田豊輝（編著）『徳島の歴史民俗研究録』

雪隠の神様［せっちんのかみさま］

徳島県の俗信。

便所に入る前には必ず咳払《せきばら》いをしなければならない。これをしないと、雪隠（便所の意）の神様に行き当たって病気になってしまうのだという。

［参考文献］後藤美心「徳島の土俗（三）」（『郷土趣味』通巻二〇号）

袖もぎ様［そでもぎさま］

袖もぎさんとも。徳島県名東《みょうとう》郡一宮村

（現・徳島市一宮町）に伝わる。

　一宮村の大字《おおあざ》・鹿野村は山の裾を道路が貫通しているが、その道端の山腹に大きな古松があり、その下に「袖もぎさん」という小祠《しょうし》がある。この道路は少し坂になっていて、ここで倒れたら衣服の袖をもいで祠《ほこら》に供えなければならないとされ、ここを歩く時は特に注意をしたのだという。祀《まつ》られている神は不明だが、石神である。口碑によると、一宮城が戦で落城した時、一人の姫君がここに逃れてきたという。その姫君が逃げている時、木の枝に片袖が引っかかってしまい、追手が近いために袖を枝に残して走っていったといい、それから袖を供えるようになったのだという。

［参考文献］後藤美心「阿波の土俗（五）」（『郷土趣味』通巻二二号）

【た】

大根を輪切りにする音
［だいこんをわぎりにするおと］

徳島県の富田浜（現・徳島市富田浜）の話。

「阿波物語（上）」には、富田浜にあった筆者の旧宅で起きた話が記されている。冬の夜長になると、台所のほうから大根を輪切りにする音が聞こえてくる。筆者もよく聞いたが、筆者の母が父を揺り起こすと音が止まったのだという。

［参考文献］長尾楓窓「阿波物語（上）」（『郷土趣味』三巻五号）

太龍寺の天龍
［たいりゅうじのてんりゅう］

徳島県阿南市加茂町の太龍寺にまつわる習俗。

　太龍寺は弘法大師が登山し、ここの「龍の岩屋」に天龍を封じ込めて人々の苦難を救ったとされている。そのため、この洞穴の入り口に香典を供え封龍を祀《まつ》っている。

　この天龍は封じられてはいるがまだ生きていて、ときどき人を食いたくなる。そうすると近くの集落に変事があるのだという。太龍寺の北の山腹にある細野（現・阿南市細野町）では、集落内で死者があると「岩屋の天龍が人を食いたくなったから死んだのだ」と考え、遺体を天龍の餌食《えじき》として差し上げなければならないとしている。そこでまず葬儀を済ませてから遺体を集落から二、三町（約二一八～三二七メートル）ほど登った「カヤ原の平坦原」という所に埋め、土饅頭《どまんじゅう》を作って頂上に二、三〇〇匁《もんめ》くらいの手頃な石を置く。そして一七日間厚く参拝した後、土饅頭に置いた石を持ち帰って集落の仏堂地に並べて石塔を建てる。以降の法事や供養はすべてこの石塔に対して行い、実際に遺体を埋めた所には「岩屋の天龍が召し上がったものであるから、何もない」とするのだという。

［参考文献］田所市太「阿波の両墓制」（『民間伝承』五巻九号）

高須の隠元［たかすのいんげん］

徳島県名東《みょうとう》郡沖ノ洲村（現・徳島市北沖洲）に伝わる。

沖ノ洲村（沖洲村）の高須という所に、高須の隠元と呼ばれる狸がいる。この隠元は高入道（四国広域の**高坊主**を参照）の姿に化けるのを得意とし、夜間に人が通るのを見ると、すぐに見上げるような大坊主に化けて相撲《すもう》を挑んでくるという。夜の漁に出る漁師はこの大坊主に出会うことがしばしばあるが、相撲を挑まれてこちらが勝ってしまうと、風が激しくなったり雨が降ったりして不漁になる。逆にこちらが投げ倒されると大漁になるので、この大坊主に出会った時はわざと相撲に負けてやるのだという。

『阿波の怪談』には、隠元に引き裂かれたという婆の話が記されている。藩政時代の頃、沖洲のある水士（船乗り）の家の婆が、ときどき孫のために他の家から乳を貰《もら》うために出かけていた。ある夜、孫を背負って歩いていると、林という家の築山に片足を置き、道を跨《また》いで向かいの家にもう片足を掛けた大入道がぐっと立っていた。気丈な婆は「隠元さん、ご免《めん》なしてよ」と言って股の下をくぐり抜けた。その帰り道に「狸のくせに生意気な、まだおったら目にもの見せてくれるぞ」と呟《つぶや》きながらその場所に来たが、大入道の姿はなかった。婆が家に帰って孫を寝かしつけてからしばらくすると、雨戸をトントンと叩く音がした。婆が声をかけても返事はなく、しばらくするとまた戸を叩く音がしたので、婆は腹を立てて「隠元のやつに違いない、ひどい目にあわせてやる」と外へ駆け出していった。それからその夜は帰ってこなかったので、翌朝になって人々が探し回ると、沖洲の北端、別宮川（吉野川）の近くにある大きな椋《むく》の木に、両足から二つに引き裂かれた婆が引っ掛けられていたのだという。

［参考文献］笠井新也『阿波の狸の話』、横山春陽『阿波の怪談』

たきさ虫［たきさむし］

徳島県板野郡藍園村《あいぞのそん》（現・板野郡藍住町）に伝わる。

昔、奥野の辺りに住む人々は、勝瑞《しょうずい》城の辺りの堤防を壊して窪地《くぼち》となっている奥野の土地の水はけをよくしようと考えたが、誰も実行しようとする人はいなかった。そこで、寺内瀧三郎という人が身命を賭《と》して人を集め、一夜のうちに堤防を壊したので、奥野の人々は喜んだ。その後、瀧三郎は昼の間は寺の床下に隠れ、夜になったら出てきて食を求めていたが、ついに見つかって追放の刑に処された。それ以来、昼には出てこないで夜になったら出てきて食を求めるという不思議な虫が見つかるようになったので、これをたきさ虫と呼ぶようになったのだという。

『赤河内村郷土誌』には、海部《かいふ》郡美波町西河内の例が記されている。郡内では夜盗虫《よとうむし》のことをタキサ虫と呼ぶ。寛政年間（一七八九〜一八〇一）の頃、郡代（代官）であった佐和滝三郎が無情惨酷《ざんこく》で農民が困っていた。その時に夜盗虫が大発生し「タキサンのようだ」と言ったのが始まりだという。

［参考文献］板野郡教育会『板野郡誌』下巻、笠井藍水（編）『赤河内村郷土誌』

辰巳田の蛇池［たつみだのへびいけ］

徳島県板野郡御所村宮川内（現・阿波市土成町《どなりちょう》宮川内）に伝わる。

宮川内の嵯峨原辰巳田の谷間に、蛇池という池がある。ここには昔から蛇がいて、池で不潔なものを洗ったり投げ込んだり、または池のそばを掘ったりすると直ちに蛇が飛び出して追いかけてくるのだという。

明治五、六年（一八七二〜七三）頃、付近に住んでいた三木三蔵という人がこの池で汚いものを洗ってしまい、池の中から出てきた大きな目で二尺（約六〇センチ）くらいの黒蛇に追いかけられたという。また、明治二五年（一八九二）頃、吉岡多賀蔵という人がここの修築をしようとして池のそばの土を掘りかけたら、やはり黒蛇が飛び出して追いかけてきたのだという。

［参考文献］板野郡教育会『板野郡誌』下巻

立て返し［たてかえし］

徳島県美馬市木屋平《こやだいら》の話。

立て返しとはつちのこの呼び名である。つちのこを見たという人は村内でも非常に多いが、不気味な容姿と毒々しい色で大抵の人は悪寒を感じ、反吐《へど》が出そうになるので、はっきりとした生態は知られていないという。ただ、普段は土中に棲んでいて、たまに地上に出た時に人目につくとされている。そして地上では鈍重にコロリコロリとのたうち回るが、急坂で一度立ち返る（立ち上がる）と、短い棒が立て返しに転がり落ちる（棒が縦向きに転がる）ように、すごい勢いで転げていくのだという。この様子から「俵返《ひょうがえ》し」とも呼び、昔の人は「立て返しがやって来たら、下へ逃げるとすぐ追いつかれるから横に逃げなければいけない」と伝えたという。

明治三〇年代（一八九七〜一九〇六）の頃、川上の茗荷《みょうが》に住む猟師が赤がしら（オオアカゲラのこと）を撃ちに家を出た。やがて猟師は緩やかな地形の鉢窪《はちくぼ》という所へ来て、石に腰を下ろして赤がしらを呼ぶために口笛を吹いていた。すると背後の斜面の上から「ぱさん、ぱさん」と音がして、何かと思って振り返ると、全身が大ウロコに覆われた、一升瓶のような太短い怪物が、とんぼ返しに迫ってきていた。猟師は「あれが噂《うわさ》に聞いた立て返しか？」と気味悪くなり、一目散にもと来た道を下へと逃げていったが、怪物もその道伝いに追ってきて、猟師が立ち止まって振り返ると同じように止まって突っ立ち、様子を見てきた。そうしているうちにやっと逃げ帰ることができたのだという。

［参考文献］芝原富士夫『木屋平の昔話』

狸の御守［たぬきのおまもり］

徳島県の常三島（現・徳島市北常三島町、中常三島町、南常三島町）の話。『阿州奇事雑話』巻之二に記されている。

常三島に住む萩原氏の家に、一人の尼《あま》がよく出入りして面白い話をするなど、家の人と懇意にしていた。この尼は佐古（現・徳島市佐古）の外れに住んでいて、針仕事が上手だったので、仕立物の手伝いのために逗留《とうりゅう》することもあり、十数年も交流があった。ある日、尼が家に来て「手足が自由なうちに四国巡礼に出ようと考えているので、長く馴染んだお家に暇乞《いとまご》いをしに参りました。お礼に大切にしている御守をお譲りいたします」と言って紙に包んだ御守を二つ取り出した。尼は「この御守は怪病邪《じゃ》祟《すい》の類いによく効く御守です。ですが決して火のそばに近付けてはいけません」と言って家の人に渡した。その後、尼は家の人と別れを惜しんで夕飯をともにし、夜になって一人で帰っていった。しかし尼が家を出て間もなく、数匹の犬が吠《ほ》える声や何かを食い殺す物音がしたので、提灯《ちょうちん》を灯して駆けつけると、尼の衣服を着て餞別《せんべつ》の品を持った古狸が死んでいた。

家の人は狸を懇《ねんご》ろに葬ってから、貰《もら》った御守はどういうものなのか気になって、包みの一つを開いてみた。しかし形がよく見えなかったので、思わず灯火に近付けてしまい、御守に火が移ってたちまち燃え尽きてしまった。そこで翌朝になってもう一つの包みを開いて見ると、御守には髪筋のように細い線で狸の姿が小さく描かれていた。家の人は「あの尼の古狸は死期を悟り、馴染みの家に形見として自身の姿を描いた御守を残していったのだろう」と憐《あわ》れんだ。それからこの話を聞いた人々が**狸憑《つ》き**（四国広域）になった人などを連れてきて助けを求めるようになり、この御守を戴《いただ》かせればたちまち憑き物が去るとして評判になったという。

［参考文献］阿波郷土研究会『阿波叢書』一巻

狸の脇差し［たぬきのわきざし］

徳島県の寺島（現・徳島市寺島本町）の話。『阿州奇事雑話』巻之二に記されている。

蜂須賀《はちすか》家の家老である稲田家の支族に、稲田三郎兵衛（仮名）という勇壮な人がいて、この者の屋敷には古くから棲み着いた狸がいた。この狸は数百歳を生きていて、昔の戦のことなども覚えているほどだった。稲田の家臣などはときどきこの狸に会うことがあったが、少しも災いなどは起こさなかったという。稲田は武を好み、また和漢の軍書を毎夜家臣に読ませて聞いていたが、この狸も老僧の姿になって居間の縁先にうずくまって聞いていた。家臣の一人がこれを見咎《みとが》めたが、老僧は平伏し狸の正体を明かして許しを請《こ》うたので、稲田はこれからも軍書を聞くことを許した。

日が過ぎて軍書も読み終わったある日の夕暮れ時、老僧は長い脇差しを一振り帯びて来た。老僧は縁側で平伏し「この脇差しは格別の品ではありませんが、私が長年所有してきた物ですので感謝の印に献上いたします」と言って、脇差しの鞘《さや》を稲田に向け、柄を持って差し出した。これを見た稲田は、老僧に害意があって近寄ってくるのではないかと思って怒り「お前の行いは無礼不埒《ふらち》である。貴人へ腰の物を捧げる時は、柄を向けて差し出すべきものということを畜生ゆえに知らぬのか」と叱《しか》りつけた。老僧は狼狽《うろた》えて脇差しを持ち直し、頭を下げて差し出した。しかし稲田は脇差しを抜き取って「これは見事なり」と言ったかと思うと老僧を斬りつけ、老僧は古狸の姿となって死んでしまった。

後になって、この家では怪異や不幸が続き、嫡子《ちゃくし》として迎えていた養子も愚鈍であったので、稲田が病気で末期となった時、家禄を召し上げられて断絶してしまった。人々はこの末路は「血の気に逸《はや》った稲田が罪なき古狸を殺したためだろう」と噂《うわさ》したという。また、この屋敷跡の掃き溜め穴から御影石でできた地蔵が掘り出され、掃溜地蔵として祀《まつ》られた。この地蔵に参詣すれば諸病平癒の奇験ありとされ、流行仏として盛んに信仰された。これは殺された古狸の魂魄《こんぱく》が憑依《ひょうい》しているのだろうとされたが、そのうち参詣者もいなくなったのだという。

〔参考文献〕阿波郷土研究会『阿波叢書』一巻

狸列車［たぬきれっしゃ］

徳島県勝浦郡勝占村《かつうらそん》（現・徳島市西須賀町辺り）の話。

徳島鉄道線が小松島へ延びた頃、勝占村に設置された地蔵橋駅で、狸がしきりに汽車の真似をしたという。終列車も過ぎた後だというのに、汽笛や車輪など汽車が走ってくるような音を響かせてきて、人々がどうしたのだろうと様子を見ても、音は次第に遠ざかって消えてしまう。近隣の住民だけでなく停車場の駅員も騙《だま》され、列車を運転している機関手も騙されることがあった。ある時、地蔵橋を出発した終列車が二軒屋駅に向かっている途中、前方から汽笛の音がして汽車が走ってくる気配がしてきた。線路は単線だったので、機関手は驚いて列車を停止させたが、実際は前から汽車など来てはいなかった。そんなことが何度か続いたので、機関手も音だけで列車を停めないことにした。そのため、再び狸が同じ悪戯《いたずら》をした時、列車は停まらずにそのまま狸を轢《ひ》き殺してしまった。それから悪戯は収まったのだという。

〔参考文献〕笠井新也『阿波の狸の話』

多聞ヶ淵の鐘［たもんがふちのかね］

徳島県阿南市富岡町の話。

富岡町を流れる桑野川のうち、浮亀《うきき》城（牛岐城）があった城山の下を流れている辺りを多聞ヶ淵と呼んでいた。この多聞ヶ淵は毎年少なくとも一人の命を奪わなくては済まさないとされていた。

富岡町の南に眉山という低い山があり、その麓《ふもと》に釣鐘のない貧しい寺があった。そこで住職は長年かけて釣鐘を買う金を集め、大阪に注文した。注文した釣鐘は大阪通いの船によって富岡の港に下ろされ、寺へと運ばれた。しかし、鐘を撞《つ》いてみると陰鬱な「いこーん」という音が響いてきた。これを聞いた住職は鐘を下ろさせて「いこーんという声を出すからには、どこかへ行こうというのだろう。行きたければどこへなりとも行くがよかろう」と言って鐘を押した。すると鐘は軽々と倒れ、多聞ヶ淵まで転がっていって水の中へ落ちていった。人々は大阪の河口（港）に棲む鱶《ふか》（鮫《さめ》）にみいられた（魔物などが憑《つ》くことを「みいられる」という）のだろうと噂《うわさ》した。大阪の河口には鱶が多くいて、船の客が窓から首を出していると鱶にみいられてしまう。みいられた人は顔色が青白くなって死んだようになり、その人を下船させないと船が動かなくなるとか、そのまま出港すると鱶によって転覆させられてしまうなど、船酔いの迷信のようなものが語られていた。この釣鐘の一件もこれと関連付けられて語られ、それ以来多聞ヶ淵や淵近くの川筋で、子供が水に落ちたり大人が入水自殺したりするようになったという。

［参考文献］四国三郎「阿波国那賀川流域に遺る伝説」（『旅と伝説』一六年三号）

太郎八さん［たろうはちさん］

徳島県板野郡北島町太郎八須《はちず》の話。

太郎八須には太郎八さんという氏神《うじがみ》が祀《まつ》られている。この太郎八さんの名前から太郎八須という地名が付けられ、お荒神さんや三宝大荒神とも奉られている。

昔、北村に勘左衛門という老翁《ろうおう》がいて、一日の仕事終わりに宇鍋川という川で足を洗った。すると水の中から何かが両足を引いてきたので、勘左衛門は助けを求めようとしたが声が出ず、走って逃げようとしても体が動かなくなってしまった。そのまま胸の辺りまで水中に引き込まれてしまったので、日頃信仰している太郎八さんに一生懸命に祈って助けを乞《こ》うた。すると空中から「勘左衛門、心配するな。命を助けてやろう」という声がしたかと思うと、体が水を離れて堤の上に運ばれた。勘左衛門が空を仰ぐと、そこには白髪で童顔の人が白衣を着て藜《あかざ》の杖を持って立っていた。その人影はすぐに消えてしまい、勘左衛門は東の空が白み始めている中をなんとか帰宅し、それからも太郎八さんを厚く崇敬したのだという。

北島町のホームページで紹介されている「太郎八須開拓者夫婦の碑」によると、太郎八須を開拓した市原太郎八という人物を祀る市原神社が、荒神社の中にある。おそらくこれが太郎八さんなのだろう。

［参考文献］板野郡教育会『板野郡誌』下巻、北島町ＨＰ

「太郎八須開拓者夫婦の碑」

たんなやの怪物［たんなやのかいぶつ］

徳島県美馬市木屋平《こやだいら》の話。

大北の西と東を二分している深い谷を「あげくら谷」と呼び、川井峠へ通じる道路から下の土地を「たんなや」と呼ぶ。たんなやは深い森林に覆われていて昼でも暗く、得体の知れない怪物が棲んでいたという。

江戸時代の頃、たんなやに近い大北の東のある家で子供がむずかって泣き喚《わめ》いたので、腹を立てた両親が子供を外へ放り出して戸を閉めてしまった。夜更けに家を追い出された子供が泣きながら戸を叩いていると、物陰の暗がりから爛々《らんらん》と光る二つの目玉が様子をうかがっていた。子供は恐怖で叫び続けたが、親は相手にせず戸を開けなかった。すると断末魔の叫びの後に声が止まり、何かの物音が去っていく気配がしたので、驚いて外を見ると、子供の姿は消え、生々しい血潮だけが残っていた。翌日、村人総出で子供を探したが、たんなやの奥で着物の一部が見つかっただけだった。

［参考文献］芝原富士夫『木屋平の昔話』

衝立狸［ついたてだぬき］

徳島県美馬郡脇町（現・美馬市脇町）辺りに伝わる。

脇町の大字《おおあざ》・脇町から隣の新町に行く途中に、高須という寂しい所があって、昔はここに衝立狸というものがいた。夜更けに人が通ると、道の真ん中に大きな衝立が立っていて、進むことができない。大抵の人は驚いて引き返すが、豪胆な人は丹田《たんでん》に力を入れて、構わずに通る。すると問題なく通ることができるのだという。人々がこれを恐れて夜更けにここを通らなくなったので、付近の住人が集まって光明真言を四万八〇〇〇遍唱え、大きな石碑を建てて狸を封じ込めた。それからなんの怪異も起きなくなったのだという。

［参考文献］笠井新也『阿波の狸の話』

付き纏う妖怪［つきまとうようかい］

徳島の大岡本丁（現・徳島市助任《すけとう》本町か）に出たという。

文政年間（一八一八～三〇）の頃、大岡本丁に角朗という藩士がいた。角朗の息子は美少年として知られていたが、ある時外出したら、怪しげな女が現れて連れて行こうとした。この時は供の人がいたので無事に帰宅できたが、その後も息子が外出するとさまざまな不思議が起きたので、家から出さないようにした。するとその女が老婆や婦人の姿になって呼び出しに来たり、障子や襖《ふすま》の穴から手を突っ込み、息子の手を取って強い力で引き寄せようとしてきた。常に息子のそばに人を置いて警戒させたが、庭の藁《わら》が突然燃えたり、煙草盆《たばこぼん》が天井に食い付いたりと奇怪が続いた。角朗はこれを恥じて大岡の屋敷を返上し、富田（現・徳島市富田町か）の紙蔵長屋に籠もって謹慎を始めた。すると汚らしい老婆がやって来て角朗と会い、ゲロリと笑って「お前を探していたがここへ来ているのか。これからは良い焚付《たきつけ》ができた」と言った。角朗は刀を抜いて斬り付けたが老婆は外へと逃げ出し、追いかけたが姿を消してしまった。角朗は火を付けられて近所を騒がせてはならないと考え、ついに食禄《しょくろく》を藩に返上して他国へと出ていったのだという。

〔参考文献〕長尾楓窓「妖怪に遇ふた人」(『郷土趣味』三巻四号)

津田の大亀〔つだのおおがめ〕

徳島県名東《みょうとう》郡の津田浦(現・徳島市津田海岸町)の話。『阿州奇事雑話』にある。

昔の春の末、津田浦で大綱を引いたら、巨大な亀を引き揚げた。その甲羅《こうら》は長さ一丈(約三メートル)余りもあり、大勢で浜に揚げて仰向けにしたら、手足を縮めて動かなくなった。人々は「こうも大きな亀も珍しい。昔から亀は殺さぬものとしていたので助けて帰すべきだろう。しかししばらくはここに留め置いて、人に見せたりしよう」と話し合い、亀を入江に放した。若者が二、三人で甲羅に乗ってみたが、亀は沈まずに泳ぎ回り、筏《いかだ》に乗っているかのようだった。その後、海辺に放してやると、亀は大いに喜んだ様子で海中へと帰っていったのだという。

〔参考文献〕阿波郷土研究会『阿波叢書』一巻

槌の子狸〔つちのこたぬき〕

徳島県美馬郡郡里村《こおざとそん》(現・美馬市美馬町)に伝わる。

郡里村のある塚穴に槌の子狸というものが棲んでいた。この狸は夜になると槌の姿になって転がり歩き、往来の人の足に纏《まつ》わりついて「助けてくれ、助けてくれ」と言って離れないのだという。これに困らされた人は多かったが、この他にだいそれた悪戯《いたずら》はしなかったのだという。

『阿波の狸の話』によると、足に纏わりついた時に油断していると、足を取られて路上に投げ倒されるのだという。

ぎん槌も参照。

〔参考文献〕後藤捷一「阿波に於ける狸伝説十八則」(『民族と歴史』八巻一号)、笠井新也『阿波の狸の話』

剣山のアレキサンダー大王〔つるぎさんのあれきさんだーだいおう〕

徳島県の剣山を舞台とした偽史、都市伝説。

神奈川県出身の教師・高根正教は独自に古事記と聖書を研究し、日本人の祖先は海を渡ってきたユダヤ人であること、そして失われたとされるユダヤ人の秘宝である聖《せい》櫃《ひつ》(アーク)が、剣山に隠されていることを「発見」した。高根の研究に端を発し、剣山では昭和一一年(一九三六)からたびたび支持者による発掘調査が行われたが、明確な成果を上げることができずに頓挫《とんざ》した。その後は剣山周辺が国定公園となったこともあって検証されることもなくなり、都市伝説として現在に至るまで一部の人々に語られている。

高根正教の息子・高根三教は父の研究成果をまとめて『ソロモンの秘宝』『アレキサンダー大王は日本に来た』などを出版している。そのなかでも『アレキサンダー大王は日本に来た』には、紀元前のギリシャを支配したアレキサンダー大王（アレクサンドロス三世）が自身の死を偽装して日本へと渡来し、日本の原型となる国を作ったとしている。そして密かに聖櫃を四国に運ばせ、剣山に秘匿《ひとく》したのだという。早逝したとされるアレキサンダーは自身の病死を偽って帝国を去り、東へと向かって日本へと辿《たど》り着いた。そして国を作って民に「我を神として崇《あが》めよ」と命じたため、アレキサンダーは崇神《すじん》天皇となり、彼こそが日本の皇室の始祖であったのだという。なお、実際のアレキサンダー大王は崇神天皇よりも約三〇〇年も前の人物であるが、これは記紀神話が捏造《ねつぞう》されているためであり、古事記編纂《へんさん》当時の蘇我氏によって正しい旧記が燃やされたのだという。

高根はほかにも「三種の神器は実際は六種あり、皇室に伝えられた三種の他に三種（アロンの杖、十戒の鏡、マナの壺《つぼ》）が阿波国（徳島県）に隠されている」とか、四国各地の地名はユダヤ教やキリスト教の語句に由来するなど、語呂合わせやこじつけを根拠とした奇説を主張しているが、いずれも正式な学説として認められたことはない。

［参考文献］原田実「四国剣山で聖櫃が発見された!?」（『謎解き「都市伝説」』）、原田実「日本史のブラックホール・四国」（Webサイト）、高根三教『ソロモンの秘宝』、高根三教『アレキサンダー大王は日本に来た』

手杵［てぎね］

徳島県美馬市木屋平《こやだいら》の話。

人間の赤子のような姿をしているが、それでいてのっぺらぼうの一本足でもあるという。その姿が杵のようであるから「手杵」と呼ぶが、円を描くようにぐるぐると跳ねながら歩行する様子から「山舞い」とも呼ぶ。体は一面に薄い褐色で、人気のない深い山中でひょい、ひょいと踊るようにして遊んでいるという。幕末の頃、大北の西に鉄っつぁんという農民がいた。ある日、鉄っつぁんは裏山へ仕事に行ったが、薄暗い雑木林の中に一人でいることに恐怖を覚え、早々に山を下りた。そして「あげくら谷」の奥まで下りてきたが、ふと辺りを見回すと、三〇メートルほど上のほうで、妙な動物が一定の場所をぐるぐると回っていた。それは全身が淡い褐色で、一本足の赤子のような姿だった。そして人間のように立ったまま、切り株に片手を置いて周りをひょい、ひょいと踊るように跳ね回っていた。それを見た鉄っつぁんは逃げ帰ったが、あまりの不気味さに熱を出して寝込み、間もなく心臓発作でこの世を去ったという。

高知県の**手杵返し**も参照。

［参考文献］芝原富士夫『木屋平の昔話』

通りもん［とおりもん］

徳島県那賀《なか》郡相生町《あいおいちょう》竹ヶ谷（現・那賀郡那賀町竹ヶ谷）の話。

報告者が六、七歳の頃、製炭の仕事をしていた父とともに、炭焼き人夫の小屋を取り壊すために山に登った。そして日が暮れると、突如北西の空から南南東に向かって、満月ほどの大きさの白い球がシューッとものすごい音を立てながら、光芒《こうぼう》を引いて飛び去った。あれは何かと父に尋ねると「通りもんよ」と一言だけ答え、やがてガァーッという音とともに全山が震えた。二人は急いで山を下りたが、帰宅した父は頭痛で床につき、加持祈祷《かじきとう》を受けて一カ月後にようやく回復した。村の人々は「癖地《くせじ》（四国広域の**マケアレ**を参照）をつついたんで何かあったんだろう」と噂《うわさ》したという。

［参考文献］橘南陵「癖地　徳島県那賀郡相生町」（『土佐民俗』通巻一六号）

徳兵衛狸とお関狸 ［とくべえたぬきとおせきたぬき］

徳島県徳島市に伝わる。

両合区橋（現・徳島市の両国橋のことか）の通りに井利（詳細不明）があり、そこには徳兵衛という古狸が棲んでいた。これは別に悪事はしなかったが、夜更けになると豆腐を売る声を上げながら西から東へと行った。その呼び声は「とう」と尻切れになっていて可笑しかったのだという。寺島（現・徳島市寺島本町か）の根津小路の行き当たりにも井利があり、ここには徳兵衛と夫婦であるというお関という女狸が棲んでいたのだという。

［参考文献］長尾楓窓「阿波物語（上）」（『郷土趣味』三巻五号）

徳利ころがし ［とっくりころがし］

徳島県美馬郡岩倉村（現・美馬市脇町岩倉）に伝わる。

岩倉村の田上《たねえ》には徳利ころがしという狸がいて、坂道などを転がり落ちていって、人に本当の徳利が転がっていると思わせる。欲深い人がこの徳利を拾おうと追いかけると、谷へ落とされたり溝にはめられたりするのだという。

白徳利も参照。

［参考文献］笠井新也『阿波の狸の話』

ドッチングヮン

徳島県那賀《なか》郡桑野村（現・阿南市桑野町）の話。

僧形をした数人が一組となり、太鼓と鉦《かね》をドッチングヮンと交互に叩きながら門口で物乞《ものご》いをする。幼児はこれが来るのを恐れて隠れたりする。また、これが来ると戦争になるともされている。

これの元となったのは、願人《がんにん》坊主や獅子舞といった門付芸《かどづけげい》の一種であると考えられる。家々を訪ね歩いて芸をしながら施しを求める習慣に、恐怖や不吉の性質が付与されたのだろう。

［参考文献］常松卓三「物貰について」（『旅と伝説』一〇年一二号）

【な】

泣松 ［なきまつ］

徳島県海部《かいふ》郡赤河内村山河内（現・海部郡美波町山河内）に伝わる。

昔、寒葉坂（美波町と牟岐《むぎ》町の境にある峠）の南に九門という所があり、一軒の家があった。大晦日に母が牟岐へ買い物に行った時、お宮という子供が母を慕って泣いたので、一本の松に縛り付けておいた。それから母が帰ってくると、松から子供の姿が消えてしまった。そして毎年大晦日の晩に、その松から子供の泣き声が聞こえてくるようになったので、村人はお宮松とか泣松と呼ぶようになった。この松が大木になったが、この松を伐《き》ろうとする人はいなかったので大木になったが、明治三〇年（一八九七）に打越寺を改築する時に、材木にするために伐った。するとこの松だけで上物や縁板などが全部用意できた。また松を伐った時に松から血が出たともされている。

［参考文献］笠井藍水（編）『赤河内村郷土誌』

鳴門の太鼓 ［なるとのたいこ］

徳島県の鳴門海峡の話。『斎諧俗談』巻之三に記されている。

康安元年（一三六一）の夏と秋の間に大地震があり、七月二四日に鳴門の海が乾いて陸となってしまった。この時、岩の上に周囲二〇尋《ひろ》（約三六・四メートル）もある太鼓が見つかった。その太鼓は胴が石、面は水牛の皮でできていて、巴《ともえ》の紋が描かれて銀の鋲《びょう》が打たれていた。これを見た人々は大いに驚き怪しみ、試しに打ってみようと大きな撞木《しゅもく》を用意して、鐘を撞《つ》くようにして打ってみた。するとその音は天まで響き、山が崩れて潮が湧き出してきたので人々は逃げ出し、その太鼓は行方知れずになってしまったのだという。

ある書には別の話も記されている。いつ頃のことか、鳴門から大きな音が鳴るようになり、近くの国までその雷のような音が響いてきた。そこで都で詮議がなされ、小野小町が勅命で淡路（兵庫県淡路島）まで派遣された。小町は鳴門まで行くと「ゑのこ穂が　おのれと種を　蒔置《まきおき》て　粟《あわ》のなるとは　誰か云《いう》らん」という和歌を詠んだ。するとたちまち鳴門の鳴動は止まったのだという。淡路国にある行者が嶽（兵庫県朝《あさ》来《ご》市の行者岳のことか）の麓《ふもと》の海辺には、小町岩という上のほうが少し平たい岩がある。この岩の上で小町が歌を詠み、水神を祀《まつ》ったとされている。

［参考文献］日本随筆大成編輯部『日本随筆大成』第一期一九巻

にう滝の狸［にうたきのたぬき］

徳島県美馬郡岩倉町（現・美馬市脇町岩倉）に伝わる。

にう滝は野村用水で車屋の水を落としている小さな滝であり、この辺りに狸が棲んでいた。ここの狸は芝居をするのが上手であると評判だったが、人をよく化かしてもいたので、夜にこの付近を通る人はいなかった。ある時、三島村（現・美馬市穴吹町三島）に住む青山という狩りの名人が、この狸の話を聞いて「芝居を見てやろう、ついでに狸を撃ち殺してやろう」と考え、夜のにう滝に乗り込んでいった。すると狸は一の谷合戦の芝居を、人間がやるのと同じように馬や人を繰り出して上手に演じてみせたので、青山は驚いて何もせずに帰ったのだという。

また、ある人が夏の夜に、田圃《たんぼ》の水の様子を見ようとにう滝の付近へ行くと、美しいお姫さんが蛇目傘《じゃのめがさ》を差してニコニコと笑いながらこちらに歩いてきた。そこで野村の庚申《こうしん》さんに「おんぐわん（願掛けの意味か）」をかけ、ようやく家に逃げ帰ったのだという。

［参考文献］中岡之子「阿波北がたの昔話（二）」（『西郊民俗』通巻八一号）

猫淵［ねこぶち］

徳島県名西《みょうざい》郡下分上山村（現・名西郡上山村下分）に伝わる。

下分上山村の焼山（焼山寺山）の山中に、猫淵と呼ばれる所がある。慶安年間（一六四八～五二）の頃、怪猫がこの山に棲み着いて家畜を食い殺したり幼児を傷付けたりした。里人がこれを捕らえようとしてもうまくいかず、その間も被害はますます激しくなった。そこで里人は大挙して山を囲み、深林の中でついに猫を捕らえて殴り殺し、淵に投げ込んだ。すると山鳴りがして水が沸き立ち、大雨が降り始めたので、里人は恐怖して猫を祀《まつ》ったのだという。

［参考文献］小松辰三「阿波伝説雑談」（『郷土趣味』四巻一〇号）

猫ん坊［ねこんぼう］

徳島県三好《みよし》市山城町辺りの話。

猫ん坊と呼ばれる土地がある。夜にここの道を通りかかると、猫のようなものがうずくまっている。これを踏まないように気を付けながら川端を通ろうとすると、必ず川へ突き落とされるのだという。逆に踏んでもかまわないと思ってその上や山側を通ると、その化け物は自分で川へ飛び込んでいくのだという。

［参考文献］市原麟一郎『語りによる日本の民話四　阿波池田の民話』

ねむり谷の猫［ねむりたにのねこ］

徳島県三好《みよし》郡東祖谷山村《ひがしいややまそん》（現・三好市東祖谷地区）の話。

ある人が自動車に乗って伊予へ三椏《みつまた》を売

りに行った帰り、夜中の一時頃にねむり谷へ差し掛かった。すると道沿いの岩の上に可愛げな猫がいたので、車を運転している人に「降りて見んか」と言って、車を降りて猫のいた所まで戻った。すると牛のような赤土色のものが、のっそりと歩いて道路の下の崖のほうへ姿を消したのだという。

［参考文献］武田明「東祖谷聞書」（『香川の民俗』通巻五二号）

野鹿の池の龍［のかのいけのりゅう］

徳島県三好《みよし》市の野鹿池山に伝わる。

大池山（野鹿池山）の頂上には龍王を祀《まつ》るという小祠《しょうし》と二つの池がある。昔、この土地で勢力の強かった士族の男がいた。男は気が荒く、毎日従者を連れて山に入り、獣を狩って暮らしていたので、山や谷で男の一行を見ない日はないほどだった。ある日、一行は大池山に入って狩りをしたが獲物がなく、頂上の池のほとりで休んでいた。その時、男が戯れに「龍王は今日在宅か」と池に向かって言うと、しばらくして池の中から蛙が現れた。これを見た男が嘲笑《あざわら》うと、蛙は消えて鹿が現れた。男がまた笑うと今度は池の水が湧《わ》き返り、水煙とともに蛟龍《こうりゅう》が飛び出した。従者たちは驚いて地に伏せたが、男は恐れることなく龍を見て喜んだ。その日の夜、男の夢に例の龍が現れ、男と何かを話した。目覚めた男は人々を指揮して石を運ばせ、山頂の池を修築して大きくさせたのだという。

［参考文献］徳島県三好郡『三好郡志』

幟竿の小蛇［のぼりざおのこへび］

現・徳島県徳島市の話。『阿州奇事雑話』に記されている。

昔、徳島の中村氏が以前住んでいた屋敷で端午《たんご》の節句の幟を立てたのだが、どういうわけか節句当日の昼に新しい幟竿が中ほどから折れ、その中から小蛇が出てきた。その後も端午の節句には同様のことが起きたので、この家では幟を立てるのは凶事とされ、たとえ男子が生まれても幟は立てないようにした。それからしばらくしてこの家に男子が生まれた時「古い言い伝えもあるが、今は別の長屋に住んでいるのだし、そのようなことも起きないだろう。子供の祝儀に幟を立てないのは不吉だ」と考え、一本の幟を立てた。すると五月四日の端午の節句になると、昼過ぎに風もないのに丈夫な幟竿が折れ、そこから例の如く小蛇が出てきたのだという。

［参考文献］阿波郷土研究会『阿波叢書』一巻

【は】

墓の鎌〔はかのかま〕

徳島県三好《みよし》郡東祖谷山村《ひがしいややまそん》（現・三好市東祖谷）の習俗。

祖谷では土葬をすると、すぐ墓に鎌を立てる。この鎌は古くなると、勝手に方々へ飛んでいって、山仕事をしている人の手足を傷つけることがあるという。これをある集落では**カマイタチ**（この本においては高知県の例を参照）と呼んでいる。

四国広域の**野鎌**も参照。

〔参考文献〕武田明「東祖谷聞書」（『香川の民俗』通巻五二号）

箸洗い淵〔はしあらいぶち〕

徳島県三好《みよし》市西祖谷山村後山《にしいややまむらうしろやま》に伝わる。

後山のタニヤに箸洗い淵という所があり、いつも夜半になるとシャリシャリと箸を洗う音がするのだという。

〔参考文献〕武田明『祖谷山民俗誌』

箸蔵山の霊異〔はしくらやまのれいい〕

筆者命名。徳島県三好《みよし》郡州津村（現・三好市池田町州津）の箸蔵山の話。『阿州奇事雑話』巻之一に記されている。

州津村の箸倉山（箸蔵山）には、金毘羅《こんぴら》の祭りで用いられ捨てられた箸が飛び来たると伝えられている（香川県の**こんこう坊**も参照）が、この山自体にも霊異が多い。ある時、この山の大木を伐採しようとしたら山が騒がしくなり、寺（箸蔵寺のことか）の小僧たちが消え失せて山中で迷っているのが見つかるといったことがたびたび起きた。また、白昼に単衣《ひとえ》を着た男が身を縮めて凧《たこ》のように空を飛んで山に至ったのを近所の人々が見たのだという。また、この辺りに住むある家が如何《いか》なる山神の憎しみを受けたのか、石つぶてを夥《おびただ》しく打たれ、大木も投げ込まれた。住人は逃げ去ったが、その家はついに押し潰《つぶ》されてしまった。また、ここで伐採された木の端材を鍛冶《かじ》用の炭にしたのだが、これを使った鍛冶場で火災が起きたのだという。

〔参考文献〕阿波郷土研究会『阿波叢書』一巻

母川の主鰻〔ははかわのぬしうなぎ〕

『阿波伝説物語』に記されている。

徳島県海部《かいふ》郡海陽町の母川には、昔からとても大きな鰻がたくさんいて、それらはすべて耳がある。鰻の中でも主鰻というのは、古くから生きている大きな鰻とされているので、この母川にいる鰻は大抵が主鰻なのだという。

昔、この辺りに母と娘が二人で暮らして

いた。ある時、母が娘を連れて母川へ洗濯に来たら、川の中から出てきた大きな鰻が母を食って沈んでしまった。残された娘は母の仇《かたき》を討つため、母川からすべての水を掬《すく》い出そうと考えた。それから毎日、母川に来ては川の水を掬《すく》い出していたが、ある日そこに一人の旅僧がやって来た。娘から事情を聞いた旅僧は同情し、娘に代わって復讐すると約束した。そして法力によってこの主鰻を穴の中に封じ込め、穴の外へ出ることを固く禁じた。この旅僧の正体は弘法大師だったのだという。

『海部郡誌』の川西村（現・海陽町）の項にも母川の大鰻について記されている。母川の下流に架かっている母川橋から三〇間（約五四メートル）ばかり上流に迫割岩《せりわりいわ》という岩がある。この岩は中央に三尺（約九〇センチ）くらいの割れ目があり、そこに鰻の主が棲んでいたが、次第に体が大きくなってきたので出られなくなってしまった。そこで鰻の主は岩を内側から割って外に出たのだという。

［参考文献］笠井新也『阿波の狸の話』、海部郡誌刊行会『海部郡誌』

飯銭婆［はんせんばばあ］

徳島県徳島市福島の慈光寺の話。

昔、慈光寺で三人の破戒僧が酒食に耽《ふけ》っていた。ある夜、井戸端で三人が酒や肴《さかな》の準備をしていると、韋駄天尊《いだてんそん》が飯銭婆と化して井戸の中から現れ、逃げようとした三人を殺してしまった。その韋駄天の像は黒光りのまま慈光寺の厨子《ずし》に安置されており、三人の破戒僧の墓も無名で立っているのだという。

慈光寺の飯銭婆については『蓬生談』巻之四にも記されている。昔、慈光寺で江湖《ごうこ》会《え》（禅宗で僧侶が集まって行う修行）が行われた時、僧たちが井戸の水を汲《く》もうとしたら、弦が非常に重かったので数人がかりで引き上げた。すると釣瓶《つるべ》に白髪の恐ろしい婆が乗っていて「飯銭（食費）をやれ（よこせ）」と言ってきた。僧たちが「何の飯銭か」と問うても聞かず、ついに二、三人の僧の腕を引き抜くなどして殺してしまった。他の僧たちは皆逃げ出し、他の僧の部屋に逃げ込んだり机の下に隠れたりして、何とか助かったという。これは禅宗ではときどき聞かれる、律法を犯した者を罰したという話である。この時の慈光寺には江湖会中に忍び出て、酒を呑んで肴を食い、台所の飯料にも手を付けるような僧もいたのだという。

『阿州奇事雑話』に書かれた**飯銭を求める鬼**と類似した話である。

［参考文献］田中緑紅「阿波の話」（『郷土趣味』通巻四六号）、森春樹（著）・日田市教育委員会（編）『蓬生談』

飯銭を求める鬼［はんせんをもとめるおに］

筆者命名。徳島県徳島市福島の慈光寺の話。『阿州奇事雑話』巻之一に記されている。

昔、慈光寺の寮に他の州から来た二人の僧がいた。この二人は学問を修めず戒律を破る悪行の僧であり、夜になれば市場の店に忍んで行き、酒や肉を飲食して遊女に酌《しゃく》をさせるなどしていた。ある時、いつものように遊んで帰ってきた二人の僧が寮で寝ていたが、喉が渇いたので寺の裏の井戸で水を汲《く》んだ。すると井戸桶《おけ》の中に蛙のようなものが乗って上がってきたかと思うと、その蛙は大きな鬼の姿になった。二人の僧は肝を潰《つぶ》して寮に逃げ帰ったが、鬼は「どこまでも逃さん」と追いかけてきた。そして寮の戸を破る勢いで打ち叩き「悪行甚《はなは》だしき穀潰しならば、これまでの飯銭（食費）を出すべし、飯銭を出せ」と大声で呼びつけた。寺の他の僧たちもこれを聞いて驚き恐れ、夜具を被って物音もさせなかったが、鬼は「飯銭、飯銭」と呼ばわって戸を打ち破るような音を立てたので、二人の僧はたまりかねて裏口から逃げ去ってしまった。この出来事から、この寮は飯銭寮と名付けられ、他の州から来た僧たちはこれを恐れて寮に住まなくなり、結局寮は固く閉ざされたのだという。

〔参考文献〕阿波郷土研究会『阿波叢書』一巻

ヒカギリ

徳島県美馬郡祖谷山村《いややまそん》（現・三好《みよし》市）に伝わる。

「山の神サン」または「水神サン」が化けているという蛇。首玉のある（首に輪がある）小蛇であり、これに喰われる（噛まれるという意味か）と、その日限りの命である、というのが名前の由来だという。昔、蛇が雉《きじ》を呑みかけているのを見た人が、蛇から雉を取り上げて家に持ち帰ってしまった。するとその蛇が家まで追ってきたので、仕方なしに雉を返してやった。蛇は雉を再び口にしたが、間もなく死んでしまった。蛇の姿をよく見ると、一里半（約六キロ）も山道を追いかけてきたためか、腹の皮が擦り切れていたのだという。

〔参考文献〕高谷重夫「祖谷山村の民俗（三）」（『ひだびと』九巻一号）

ヒザメ

徳島県海部《かいふ》郡美波町木岐《きき》に伝わる。『阿波国木岐の民俗』に記されている。

何年かに一度、ヒザメというとてつもなく巨大な鮫《さめ》が沖に出現し、船を呑みに来る。その体には白い大きな牡蠣《かき》の貝がびっしりと付着していて、まるで白い山が泳いでいるように見えるのだという。

〔参考文献〕大島暁雄他（編）『日本民俗調査報告書集成　四国の民俗　徳島県編』

日の出の尾の魔性［ひのでのおのましょう］

徳島県美馬市脇町芋穴《いもあな》に伝わる。

芋穴の惣津《そうづ》の在所の上に、大滝山のほうから長く延びてきている尾根がある。この尾根は「日の出の尾」と呼ばれており、尾根の中には豊かな森林が広がっている。多くの人が山仕事に入る山だが、魔性が出るとも言われていた。ある日、山師が月明かりの晩にこの山道を通っていると、小さな箕《み》よりも大きな手が木の間から突き出され、目の前を塞《ふさ》がれてしまったのだという。その後もこの道を通っていた人が、ときどき目の前に大きな手を突き出されて度肝を抜かれることがあったという。またある日、山仕事のために山小屋に泊まった人が夜食を食べていると、不意に箕のように大きな手が茅簾《かやすだれ》を持ち上げて差し込まれたので、鉈《なた》を構えたままでは良かったが、恐ろしくてとても振り下ろせなかったのだという。そうして人々は「手が出る、手が出る」と恐れたが、手以外の姿を見ることはできなかったのだという。

［参考文献］國見慶英『阿波脇町の伝説と探訪編　追2―1』

狒の刀鍛冶 ［ひひのかたなかじ］

筆者命名。徳島県海部《かいふ》郡川上村大字相川村笹無谷（現・海部郡海陽町相川笹無谷）に伝わる。

笹無谷の道沿いに「尊勝陀羅尼《そんしょうだらに》」と刻まれた石碑が立っている。この碑の立つ地は刀工の海部氏吉の家があったとされている。ある夜、一人の刀鍛冶《かじ》が氏吉の家を訪れ、話をするうちにどちらが先に刀を一〇〇振り鍛えられるか競うことになった。氏吉は懸命に刀を鍛えたが、相手の刀鍛冶は鉄を一回扱《しご》くだけでたちまち見事な刀を鍛え上げてしまうので、氏吉は呆《あき》れ果ててるしかなかった。これを見ていた氏吉の妻は妖怪変化の仕業《しわざ》と悟り、飼っていた鶏の足に湯を注ぎかけて鳴き声を上げさせた。鶏の声を聞いた刀鍛冶は狒の正体を現して逃げ去ってしまったのだという。尊勝陀羅尼の石碑は、この氏吉の妻の墓であるとされている。

地域や話の要素が共通していることから、**おんば**の話の別パターンと考えられる。

［参考文献］後藤美心「阿波の土俗（七）」（『郷土趣味』通巻二四号）

檳榔子狸 ［びんろうじたぬき］

徳島県名西《みょうざい》郡高原村（現・名西郡石井町高原）に伝わる。

高原村の大字中島村には、新宮神社の森に沿って四方に竹藪《たけやぶ》があり、ここには檳榔子狸というものが棲んでいた。この狸は他の狸とは異なり真昼に出没して人間に化け、いつも檳榔子染（ビンロウの種で染めた布）の重ねの着物を着ていたという。油揚げをとても好んでいたので、人が油揚げを持ってこの付近を通ると必ず奪い取る。そのため、人々は油揚げを持っている時はこの辺りを避けて通ったのだという。

［参考文献］後藤捷一「阿波に於ける狸伝説十八則」（『民族と歴史』八巻一号）

富士の壁 ［ふじのかべ］

徳島の出来島（現・徳島市出来島本町か）の話。『阿州奇事雑話』に記されている。

出来島にある山田家の座敷に、富士の壁と呼ばれる壁があった。これは赤土を塗った幅一間（約一・八メートル）、高さ三尺（約九〇センチ）余りの壁だが、自然に墨を吹いたように黒くなって富士山の姿を現す。いつ頃からこのようなことが起きるようになったかは不明で、壁を塗り替えてもまた元の通り富士山の姿を現すのだという。人々は「富士の山はめでたき瑞兆《ずいちょう》なり」と言っていたが、この家は大阪の戦（大坂の陣のことか）の戦功によって御公儀から感状（武功を称える賞状）を賜ったという家系で、時が経ってからその積悪のせいか、宝暦年間（一七五一～六四）の頃に巫蠱《ふこ》（呪《のろ》い）を受けて家が断絶し跡形もなくなってしまったという。

［参考文献］阿波郷土研究会『阿波叢書』一巻

二つの橋［ふたつのはし］

筆者命名。徳島県徳島市助任橋《すけとうばし》の話。

明治の初め頃、助任に佐山武十郎という槍術《そうじゅつ》師範の息子がいた。武十郎が一四、五歳の時、供の者を連れて早朝から剣術師範の元に行こうとしたが、渡ろうとした助任橋が二つ並んで架かっていた。武十郎は驚いて引き返そうと思ったが、勝ち気が強かったので供の者と一緒に橋に石を投げてみた。すると右側の橋はポカンと水に落ちる音がしたが、左側の橋はコツンと木に当たる音がした。そこで左側は確かに木の橋だろうと渡りかけると、右側の橋は消えてしまった。こうして無事に師範の元に到着したが、武十郎はその日は元気を失い、稽古もしなかったのだという。

［参考文献］長尾楓窓「妖怪に遇ふた人」（『郷土趣味』三巻四号）

フダルガミ

徳島県三好《みよし》郡三名村《さんみょうそん》平（現・三好市山城町上名平）に伝わる。

山中を歩いていて急に腹痛になったり、気分が悪くなった時は「ダルがつく」といい、フダルガミの仕業《しわざ》だとされた。

ガキボトケも参照。

［参考文献］武田明「山村語彙」（『民間伝承』四巻二号）

平家の皿泉［へいけのさらいずみ］

徳島県那賀《なか》郡木頭村《きとうそん》（現・那賀郡那賀町木頭）に伝わる。

奥木頭に皿泉と呼ばれる泉がある。この泉に浮かぶ木の葉を取り除いたり、不浄の者が近付いたりすると、すぐに水が干上がってしまうという。また、泉の底には金色の美しい錦手の皿が数枚ある。周辺で畑作をする人がこの皿を使うのは問題ないが、もし家に持ち帰ったりしたら祟りがあるのだという。

［参考文献］国学院大学説話研究会「四国の口承文芸一（木沢村坂州・小畠周辺（其の二））」（『芸能』四巻二号）

蛇王様［へびおうさま］

徳島県名東《みょうとう》郡国府町早淵《はやぶち》（現・徳島市国

府町早淵）の話。

明治初年の頃、早淵の段の原という所には大きな藪林《そうりん》があり、その中に蛇王大明神というものがあった。神様といっても祠《ほこら》もなく、藪《やぶ》の片隅に幟《のぼり》と賽銭箱《さいせんばこ》があるだけだったが、願い事が叶うということで大流行し、遠近から参詣者が集まって餅《もち》や饅頭《まんじゅう》を供えていった。この神様はある時、藪で竹切りをしていた男が大蛇の尾を見て逃げ帰り、村民にその話をしてから祀《まつ》られるようになったのだという。流行り神として半年ほど祀られていたが、警察が参詣を禁じてから廃《すた》れてしまった。

［参考文献］後藤美心「阿波の土俗（七）」（『郷土趣味』通巻二四号）

坊主狸［ぼうずだぬき］

徳島県美馬郡半田町（現・美馬郡つるぎ町半田）に伝わる。

半田町にある坊主橋の橋際に藪《やぶ》が茂っており、この中に坊主狸と呼ばれる狸が棲んでいる。夜間にこの藪の近くを通ると、いつの間にか頭を坊主のように剃《そ》られてしまうのだという。

［参考文献］笠井新也『阿波の狸の話』

ぼんぼり岩［ぼんぼりいわ］

徳島県麻植《おえ》郡木屋平村《こやだいらそん》（現・美馬市木屋平）に伝わる。

木屋平村の谷口から川井へ行く途中に奥ノ宮という所があり、ここにぼんぼり岩と呼ばれる岩がある。夜、提灯《ちょうちん》を提げてここを通ると、岩の上に一つのぼんぼりが現れる。ぼんぼりはぶらぶらと動いているうちにだんだんと近付いてくるが、近付かれた人は無意識のうちに提灯を取られ、そのぼんぼりを持たされてしまう。それから少し歩いているうちに、ぼんぼりの灯がぱっと消えてしまうので、自分の提灯を探すと、ぶらぶらと動きながら岩の後ろに隠れてしまい、完全に提灯を取られてしまうのだという。これは、ここに棲む狸の悪戯《いたずら》とされている。

［参考文献］笠井新也『阿波の狸の話』

【ま】

松尾のせどさく［まつおのせどさく］

瀬戸佐久とも。徳島県三好《みよし》市池田町松尾の辺りに伝わる。

『祖谷山《いややま》民俗誌』によると、松尾川のそばに松尾という集落があり、ここにせどさくという猟師がいたという。せどさくが中津山で猟をしていたら、知らぬ間に千匹猟をしてしまった。千匹猟とは猪《いのしし》を一〇〇〇匹狩ってしまうことで、ちょうど一〇〇〇匹目の時に何か良くないことが起こるとして忌まれていた。せどさくが焚き火をして休もうとすると、連れていた二匹の犬が谷へ下りては水を口に含んで来て、焚き火を消そうとした。せどさくは「これは不思議なことだ、さては千匹猟をしてしまったか」と考え、傍らに生えていた大木を引き抜いて犬を叩き伏せ、さらに雑木を叩き伏せながら山奥に入って籠もってしまった。せどさくの家は松尾のかじやという屋号の家だが、今でも大晦日になるとせどさくが帰ってくるので、座敷に注連縄《しめなわ》を張って餅《もち》を供えておくという。また、松尾で失せ人や失せ物があったら、せどさくに頼むと必ず出てくるのだという。

　松尾のせどさくの話は数多く伝えられており、『阿波池田の昔話と伝説　資料集』にも多く記されている。せどさくが松の木を引き弛《たわ》めて腰掛けたとか、塩を一俵も舐《な》め尽くしてしまったとか、永楽婆《えいらくばあ》さんという力持ちと力比べをしたなどの話が伝わっている。

［参考文献］武田明『祖谷山民俗誌』、池田町昔話・伝説資料集編集委員会『阿波池田の昔話と伝説　資料集』

松の本の婆［まつのもとのばば］

昔、山城谷光兼名（現・徳島県三好《みよし》市山城町光兼）に、松の本の婆と呼ばれた老女がいた。婆はある日、いいの木という所の辺りで芋《いも》を掘ろうと山中を歩いていたが、それを見た猟師が猪《いのしし》か何かと間違え、脇腹を撃ち抜いてしまった。婆は死ぬ時に「ああ苦しいああ苦しい、婆が死んだから神となって多くの人の行き先を守りましょう」と言い残したが、後年になって、婆の墓に参ると効験があるとして墓参りする者が多くなった。明治三五年（一九〇二）に小さな龕《がん》を墓に置くことになったので地均《じなら》しをしていると、地中から豊島石《てしまいし》の龕を掘り出したので、新旧の龕二つを並べて置いたのだという。

［参考文献］徳島県三好郡『三好郡志』

耳切れ小路の怪［みみきれこうじのかい］

徳島県徳島市南内町の話。

南内町はかつて塀裏《へうら》（武家屋敷の裏側）町と呼ばれ、その土手外はかつて獄舎や首切り場があり、辻斬《つじぎ》りの噂《うわさ》が流れるなど殺伐としていた。ある時、一人の武士がこの土手外を通った時、ここで飼われている一頭の老馬を見つけた。武士は腰の刀で老馬を斬り付け、その耳を斬り飛ばし、馬は駆け出して姿を消してしまった。それから数年後、夜の丑三《うしみ》つ時になると、その辺りを一頭の耳のない馬が口から火を吹きながら宙を飛ぶように走ったのだという。これは武士に耳を斬られた老馬の怨霊だろうと人々は言い伝え、これを見た者は気を失って倒れた。そしてこの辺りを「耳切れ小路」と呼ぶようになったのだという。

［参考文献］横山春陽『阿波の伝説』

耳切れ団一［みみきれだんいち］

徳島県板野郡里浦村（現・鳴門《なると》市里浦町）の話。

里浦村に昔、団一という盲目の琵琶法師《びわほうし》がいた。ある夜、一人の官女らしき者が来て、団一に「今宵《こよい》、御殿で宴会が催されるのでぜひ出てもらいたい」と頼んだので、団一はさっそく御殿へと行った。それから毎晩御殿に行っているうちに、団一は体が衰弱していったのだが、当人はあまり気に留めなかった。そしてある時、旅僧が村の墓地を通りかかった時、やせ衰えた団一が一心不乱に琵琶を弾いているのを見つけた。団一から事情を聞いた旅僧は、団一の体中にまじないを施したが、耳だけは忘れていた。そして翌晩、例の官女が団一を連れて行こうとしたが、まじないのせいでなかなか連れて行くことができず、ついに耳だけ持っていってしまったのだという。

琵琶法師が亡霊によって耳を取られるという話は、小泉八雲が記した「耳なし芳一」が最も有名ではあるが、『曽呂利物語』には「耳きれうん市が事」、『宿直草《とのいぐさ》』には「小宰相《こざいしょう》の局《つぼね》幽霊の事」、『臥遊《がゆう》奇談』には「琵琶秘曲泣幽霊」などとして類似の話が収録されており、よく知られた話のパターンだったことが考えられる。柳田國男は『一目小僧その他』でこの里浦村の団一の話を取り上げ、これらの話は琵琶法師たちが平家物語の他に語った小話の一つだったのだろうと推測している。

［参考文献］中島松三郎「耳切団一」（『郷土研究』二巻四号）、柳田國男『定本柳田國男集』第五巻

目付き転がし［めつきころがし］

徳島県美馬市脇町梨子木《なしのき》に伝わる。

梨子木のある人が所有している畑地に「おふなとさん」と呼ばれる平たい石がある。そこの下のほうを通っている里道に、昔は「目付き転がし」という奇妙なものがたびたび現れたのだという。夜にその里道

を通っていると、おふなとさんから変なものが転がってきて、足にもぶれ付く（足に纏《まつ》わり付く、という意味か）ようにぶつかってくるので、坂道を下る時などは危なくてしょうがなかったのだという。その姿は「桧《ひのき》の薄板に御飯を入れて折り畳んだような、平たくて軟らかい奴である」とされている。恐らく、古狸の仕業《しわざ》だったのだろうと考えられている。

［参考文献］國見慶英『阿波脇町の伝説と採訪編　追2―1』

【や】

八百友右衛門［やおともえもん］

徳島県鳴門市撫養町《むやちょう》の話。

撫養町の斎田寺のそばに一本の老松があり、八百友右衛門という大物狸がここを根城にしていて、その勢力は讃岐《さぬき》（香川県）にまで及んでいた。明治になり、鳴門と淡路（淡路島）の間に海底電線が敷かれると、弘法大師によって四国に入れなかった淡路の狐たちが「弘法大師が約束した金の橋が架かった」として撫養に渡ってきた。狐たちが友右衛門の領分を荒らすようになったので、友右衛門は防戦の準備を整え、狸と狐の戦いが始まった。しかし狐たちは屋島の禿狸《はげだぬき》（香川県の**太三郎狸**を参照）を味方に引き入れ、友右衛門たちを東西から挟み撃ちにしたので、やむなく友右衛門は淡路先山の柴右衛門狸（芝右衛門狸）を頼って退避したのだという。

『阿波の狸の話』の「阿波名狸録」にも、八百友衛門として名前が載っている。それによると、淡路の柴右衛門と親類であり、斎田寺の松が伐《き》られた時に鳩《はと》になって飛び去ったのだという。

柴右衛門狸については『日本怪異妖怪事典　近畿』に詳しい。

［参考文献］横山春陽『阿波の伝説』、笠井新也『阿波の狸の話』

やぶぶすま

徳島県三好《みよし》市井川町西井川に伝わる。

大具《おおぐ》の渡し場（吉野川を挟んで向かい合う西井川と池田町西ノ久保を繋《つな》ぐ渡し場）の西井川側は、以前は竹藪《たけやぶ》だった。ここに

「やぶすま」が出たのだという。やぶすまというのは、竹藪に赤い火が立って、人が進むほうへと行くものなのだという。

［参考文献］池田町昔話・伝説資料集編集委員会『阿波池田の昔話と伝説　資料集』

山影渕の織姫［やまかげふちのおりひめ］

徳島県美馬市木屋平《こやだいら》の話。

川上の妙見神社の前を流れる木屋平川に、二つの大石に囲まれた「山影渕」と呼ばれる淵《ふち》がある。昔からこの淵には得体の知れない主《ぬし》が棲んでいて、魚を獲りに渕に潜ると主によって奥へ引きずり込まれてしまうとされていた。明治の頃、近くに住む神官の西某が「今どきそんな主がいるか」と銛《もり》を持って渕に潜ってしまった。潜ってみると、大石の下はトンネルになっていて、奥深く広くなっていた。西がそこをさらに潜っていくと、奥から光が差してきたので、そこに向かって泳いでいき、水面に顔を出すと、洞窟の奥の行き止まりになっていた。水際から一段高い所の岩棚《いわだな》には、村では見かけたこともない美しく着飾った妖しい娘がいて、カタリ、コトリと機《はた》を織っていた。西は恐怖して夢中で渕を潜って逃げたが、途中から何かが追ってくるような恐怖に襲われた。逃げられた西はその後健康を失って病没したが、病床でこの出来事を隣人に話し、再び誰も潜ることがないように言ったのだという。

［参考文献］芝原富士夫『木屋平の昔話』

山の神の使い［やまのかみのつかい］

徳島県三好《みよし》郡三名村《さんみょうそん》平（現・三好市山城町上名平）に伝わる。

四十雀《しじゅうから》は山の神の使いであるとされる。猟師が山へ殺生に行く時、四十雀がハナシバ（花芝、シキミのことか）を咥《くわ》えて飛んできたら、その日は「マンが悪い（間が悪い、といった意味か）」として山に行くのを忌むのだという。

また、山の神の使いは首に輪の付いた小蛇であるという人もいる。

［参考文献］武田明「山村語彙」（『民間伝承』四巻二号）

ユキオトコ

徳島県三好《みよし》郡三名村《さんみょうそん》平（現・三好市山城町上名平）に伝わる。

雪が降った日の朝、雪面にユキオトコの足跡が残っているのだという。その足跡の幅は一間（約一・八メートル）もあるのだという。

［参考文献］武田明「山村語彙」（『民間伝承』四巻二号）

雪降らし［ゆきふらし］

徳島県那賀《なか》郡相生村《あいおいそん》（現・那賀郡那賀町）の話。

相生村の大字・平野と馬路の境に小峠《ことうげ》という坂道があり、ここは昔から狸がいて人を化かすと言い伝えられていた。ある夏の月夜の晩、馬路に住む阿川某という男が平野からの帰り道にこの坂道に差し掛かると、季節外れの牡丹雪《ぼたんゆき》が降り始めた。不思議に思いながら坂道の頂上まで来ると、昼にはなかったはずの松の大木が倒れて道を塞《ふさ》いでいた。それを乗り越えて坂道を下りかけると、いつの間にか辺りが一面の銀世界になり、帰り道がわからなくなってしまった。転びながらもなんとか平地まで下りきって、坂道を振り返って見ると、山は月の光に照らされているだけで雪が積もったような痕跡さえなかったのだという。

〔参考文献〕笠井新也『阿波の狸の話』

よこづち

徳島県三好《みよし》市の国見山の話。

昔、国見山にはよこづちというものがいた。よこづちは丸いころころしたもので、人が負い縄（背負子のこと）を背負って仕事をしていると「おんぼしてくれ、おんぼしてくれ」（背負ってくれ）と言いながら足のほうにころころと転がってくる。そういう時は「負い縄の一方が短いから負えない。直してきたら負ってやろう」と言って逃げるのだという。こういうことがあるので、必ず負い縄の片方は五寸（約一五センチ）ばかり短くしておくのだという。

〔参考文献〕市原麟一郎『語りによる日本の民話四　阿波池田の民話』

四ツ屋の怪火〔よつやのかいか〕

徳島県阿波郡一條村四ツ屋（現・吉野川市鴨島町牛島四ツ屋辺り）の話。

昔、吉野川の龍蔵土手で、深夜になると火の玉が出ると四ツ屋村で評判になった。村に住む多助という豪気な若者がこれを聞き「怪火を生け捕りにしてやろう」と言って、友人が止めるのも聞かずに夜になったら出て行った。友人たちが窓を少し開けて様子を見ていると、多助が火の玉に近付いたと見えた時、ポーンと音を発して火の玉は消えた。しばらくすると多助が帰ってきて「火の玉を生け捕った、戸を開けてくれ」と呼ぶので戸を開けてやると、多助は得意な顔で樹木のホタ（榾《ほた》。薪にするような木の切れ端のことか）のようなものを抱えてきた。多助はこれを縄で括《くく》って柱に結びつけておいたが、三、四日経つと毎夜丑三《うしみ》つ時の頃に多助の家の外で足音がして「多助火を返せ返せ」と繰り返し呼びかけられるようになった。多助もついに気味悪くなって「それ返す」と外に投げ出すと、ポーンと音を発して龍蔵土手のほうへと転げていった。それから多助は病気となり、二、三日苦しんでから死んでしまったという。

〔参考文献〕後藤美心「阿波の土俗（七）」（『郷土趣味』通巻二一四号）

【ら】

雷珠石［らいじゅせき］

『阿州奇事雑話』の巻之一に記されている。

中古の頃、佐古町（現・徳島県徳島市佐古）の商家が雷珠石という石を持ち伝えていた。これは、ある人が雷の落ちた跡から得た玉石なのだという。これを地上に置くと、その地が窪《くぼ》んで石が落ちる。ある人が「これは雷珠石というもので、これを持つ家には雷震の災いはない」と話したので、これを家宝としていた。しかし、時を経てから家の中で怪異が起きたので「これを俗家で貯め置くのは悪いことだ」と考え、佐古清水寺（徳島市南佐古の清水寺か）に納めた。その後、国君（国主）がこの石の話を聞き、商家に尋ねてみたが知っている人はいなくなっていた。近所の老翁《ろうおう》が「その石は清水寺に納められています」と話したので、清水寺の寺僧に尋ねると、雷珠石の話こそ知らなかったが、仏具の中に置かれている丸い石があったので取り出し、これが雷珠石だろうとして献上したのだという。

［参考文献］阿波郷土研究会『阿波叢書』一巻

竜ゴンさん［りゅうごんさん］

徳島県那賀《なか》郡木沢村（現・那賀郡那賀町）辺りの習俗。

年中行事の一つとして、大正末期頃まで雨乞《あまご》い祈禱《きとう》をしていた。夏の日照りが続いた時に不定期に行われた。八幡神社の舞台で一週間雨乞いをして降らない時は、高丸山に登ってやれば大抵は降ってきたという。高丸山の三角点の草の中で、鉦《かね》や太鼓を叩いて「八幡大《はちまんだい》菩薩《ぼさつ》雨をたもれ　竜ゴンさん」と、祈禱の文句を言いながらぐるぐると回る。

日野谷の雨乞いでは、雨を守る海神を竜王と称し、竜王大明神の鎮座している所で行っていたという。竜ゴンさんも、これと同様に「竜王さん」が転訛《てんか》したものと思われる。

［参考文献］国学院大学説話研究会「四国の口承文芸一（木沢村坂州・小畠周辺（其の三））」（『芸能』四巻四号）

COLUMN 01

「四国に狐はいない」というおはなし

四国地方は狸が支配しており、狐はほとんどいない……というのは、現在も通説として語られている話である。四国には徳島の**金長狸**や香川の**太三郎狸**（屋島の禿狸《はげだぬき》）、愛媛の**お袖狸**など、化け狸を祀《まつ》る寺社が各地に存在する。また民話や世間話においても奇妙な悪戯《いたずら》や現象を引き起こすのは狸の仕業《しわざ》とされることが多い。

四国から狐が追い出されたという説話や民話はいくつか遺されている。最も知られているのは弘法大師の話である。「諸国憑物雑話十二則」や「阿波物語（上）」、『趣味の伝説』などによると、弘法大師が法力によって狐を封じて「将来鉄《くろがね》の道（あるいは金の橋）ができない限り、この島には決して狐が棲まないだろう」と言ったという。しかし近代になって四国にも電線という一種の鉄の道ができたので、再び狐が棲むようになったのだとしている。現代においてこの「鉄の橋」は戦後に架けられた瀬戸大橋などを指す場合が多いが、それ以前は近代化に伴って作られた電線などを話に取り入れていたようである（徳島県の**八《や》百《お》友《とも》右《え》衛門《もん》**も参照）。この話は四国の人々の間では広く浸透していたようで、いわゆる「憑《つ》き物」とされる症状が出た人も、自身に狐が憑いたとは考えなかったのだという（『小野催眠学』）。

出典がはっきりしている話としては、『本朝故事因縁集』に記されたものがある。伊予国（愛媛県）の大名・河野通直が妻に化けた高名な狐を捕らえ、命を助ける代わりに四国中の狐を追い出したのだという（愛媛県の**長狐《ちょうこ》**を参照）。

以上のようなことから、四国の地には化け狐は存在しない、狐の妖怪話も存在しないとされることが多い。しかし四国の民俗報告や郷土史などを細かく確認すると、狸に比べて数は少ないながらも狐の話を確認できる（四国広域の**狐**の項目や、部類索引の「狐」を参照）。四国にも、確かに狐はいるのである。

香川県

【あ】

青い衣のモノ［あおいころものもの］

香川県綾歌《あやうた》郡綾上町西分（現・綾歌郡綾川町西分）の話。

ある人が西分の山で、麦を蒔《ま》くために畝《うね》を作っていたら、後ろから前へ突き飛ばされた。振り返っても誰もいないが、仕事を始めるとまた突き飛ばされる。こうしたことが二日間続く中で仕事を続けた。そしてその人が遅くまで仕事をして帰っている途中、薬師堂から少し下った所の池のそばの道を通った。するとその道の真ん中に、真っ青な着物を着たモノがいて「あぁつらい、あぁつらい」と言っていた。恐ろしくてたまらなかったが、その道を通らなければ帰れないので、目をつぶって「つらけりゃ救うてやるけん、生あるもんなら名を名乗れ」と言って、念仏を唱えながら通った。そして後ろを振り返ると、何もなかったのだという。

赤い顔のモノも参照。

［参考文献］水野一典「綾上地方の世間話」（『香川の民俗』通巻三八号）

アオニュウド

香川県木田郡三木町の話。

ツガという所から不動さんのある所までの道にある曲がり角をヒウチカドと呼ぶが、ここではよく狸に化かされていたという。昔、土釜で炭焼きをしていた人が夜の帰り道に不動さんの所まで来ると、月夜だったのに急に真っ暗になってしまった。仕方ないので四つん這《ば》いになって土橋を渡り切ると、また明るい月夜に戻り「ははは」と笑う声が聞こえてきた。これはアオニュウドという狸の仕業《しわざ》だったという。

［参考文献］水野一典「三木町南部の聞書」（『香川の民俗』通巻六六号）

青坊主［あおぼうず］

香川県仲多度郡琴南町美合（現・仲多度郡まんのう町美合地区）の話。

ある娘が山の畑に行っている家人のために弁当を持って行こうとすると、青坊主が出てきて「首つらんか、首つらんか」と言ってきた。娘は首を吊《つ》りたくなかったので「弁当を持って行かねばならぬ」と言って断ると、青坊主は消えていったのだという。

「海と山の妖怪話」にも同様の話が記されている。青坊主が「首つらんか」と言ってきて、子守をしていた娘が断るまでは同じだが、その後、青坊主は長い手を差し出して娘をひょいと捕まえてしまった。しばらくして、家で子供が泣き続けるので近所の婆が様子を見に来ると、娘が軒下で首を吊り、子供がその下で泣いていた。慌てて鎌で縄を切ったので、娘は助かり、正気に返ったのだという。

［参考文献］武田明「仲多度郡琴南町美合の妖怪と怪談」（『香川の民俗』通巻四一号）、北條令子「海と山の妖怪話」（『香川の民俗』通巻四四号）

赤足［あかあし］

香川県の塩飽《しわく》諸島本島（丸亀市）に伝わる。

山路の辻などに出るという。

「現行全国妖怪辞典」にはこれ以上の記述はないが、その後の「アガテコ」の項目で「赤い手を出して出現するもので、赤足に対するもの。青森県八戸地方」と記している。地域も全く異なるので直接の関連性はないだろうが、香川県の赤足も辻に赤い足が出てくるものだったのかもしれない（青森県の「赤手こ」は『日本怪異妖怪事典　東北』を参照）。

［参考文献］佐藤清明資料保存会『博物学者佐藤清明の世界』

赤い顔のモノ［あかいかおのもの］

香川県綾歌《あやうた》郡綾川町山田下《しも》の話。

山田下の法道寺には大きな松があり、その枝は土塀の上にまで伸びていた。ある晩に近所の女の人がここを通りかかると、松の一番上の枝に大きな赤い顔をしたモノがいて「あぁつらい、あぁつらい」と言っていた。そして女の人が通ると下を向いて「殺さば殺せ真夜中に　生きておもいを残すより」と言ったので、女の人は驚いて逃げ帰ったのだという。

青い衣のモノも参照。

［参考文献］水野一典「綾上地方の世間話」（『香川の民俗』通巻三八号）

あかごの足跡［あかごのあしあと］

香川県三豊郡高瀬町（現・三豊市高瀬地区）に伝わる。

高瀬町には血の池と呼ばれる池があり、その下のほうにある新池の側に、あかご（赤子）の足跡が残っているという大きな岩がある。昔、鬼《おに》ヶ《が》臼山《うすやま》の頂上から一頭の馬とあかごが飛び降りた。馬は力尽きて小さな祠《ほこら》の横にある岩に首を突っ込んで死んでしまったが、あかごは岩の上に立った。足跡はこの時に残ったのだという。馬の頭にそっくりな岩は今も残っていて、そこから湧き出る清水を額につければ、頭痛などがたちまち治るとされている。

［参考文献］片岡敏子「ふるさとの伝説」（『香川の民俗』通巻五九号）

悪魚［あくぎょ］

『讃留霊《さるれ》公胤記』や『古事記伝』などに記された話。

景行天皇の二三年、南海に大魚が現れて、船を飲み込んで人を食った。景行天皇は皇子の日本武尊《やまとたけるのみこと》命を大魚退治に遣わそうとしたが、日本武尊命は一五歳の御子・霊子

（武鼓王）を推薦したので、同年に霊子は南海に向かった。大魚は讃岐国《さぬきのくに》（香川県）の槌途《つちのと》に現れ、暴虐の限りを尽くしていたので、霊子は綾歌《あやうた》郡綾川（現・綾川町か）に陣を敷き、八〇人近くの兵を船に乗せて出発した。船はたちまち大魚に飲み込まれ、兵たちは皆毒気によって倒れたが、霊子は船中に隠していた火で大魚を体内から焼き、苦しんでいる大魚を斬り殺して腹から脱出した。その後、綾歌郡福江浦（現・坂出市か）に上陸し、大魚の遺骸を埋めて塚を建て、その骨で本尊を刻んだ。毒気に当てられた兵たちは、白峯山から雲に乗って来た童子が瓶の水を与えると、たちまち蘇生した。霊子は讃岐国の国造となり、讃留霊公（讃留霊王）と呼ばれたのだという。

［参考文献］香川県師範学校・香川県女子師範学校『香川県綜合郷土研究』

足まがり［あしまがり］

香川県大川郡津田町（現・さぬき市津田町津田）や大川郡石田村（現・さぬき市寒《さん》川町《がわまち》石田西、石田東）、仲多度郡琴南町美合地区（現・仲多度郡まんのう町）の話。

『讃州高松叢誌』によると、狸の中には正体を見せず、綿のようなものを往来の人の足に絡みつけて苦しめる厄介なものがいるという。東讃（香川県東部）の津田に住むある女性の話によると、夜に四、五人の女連れで山中を通った時、列の最後にいた人の足にこの足まがりが絡みついたのだという（なお『讃州高松叢誌』の原文では「狸の中には「又足まがり」とて、正体を見せず、綿の如きものを～」とあるが、前後の文脈からこれは「狸の中には又「足まがり」とて～」を誤植したものと思われる）。

「讃岐《さぬき》郷土異聞（一）」には、石田村の話が記されている。ある老爺《ろうや》が田石の神様へ参拝して、日暮れの中を帰っていた。すると一間（約一・八メートル）ほど前方に白い狸がいた。この狸は「足まがり」というもので、夜遅くに歩いている人の足に纏《まと》い付いて、なかなか歩けないようにしてくる。老爺もそうして歩きにくくなっているうちに、足で前のほうを蹴《け》った。すると「キャッ」という声がして、白狸は姿を消してしまった。老爺が家に帰った時には、すでに一二時だったのだという。

『香川県史　第一四巻』には、仲多度郡琴南町美合地区（現・仲多度郡まんのう町）の話として記されている。アシマガリはケマクリ、**ケマリ**、シロマクレとも言い、手《て》鞠《まり》のようなハエゲ（灰色の毛）のものが足元に寄ってくる。夕暮れの道を足早に歩いていると、ころころとまくれてくる（纏わりついてくる）という。邪魔になってくるので足先で蹴ると、またまくれてくるが、何度も蹴飛ばすと少しずつ大きくなってきて、ついには股座《またぐら》いっぱいの大きさになってしまい、蹴り上げることも歩くこともできなくなってしまうのだという。なお、同書の「方言」の項目で「マガル　邪魔になる」としていることから、足まがりも「足の邪魔になるもの」という意味なのだろう。

「仲多度郡琴南町美合の妖怪と怪談」や

「阿讃山地の民俗（大川山の周辺）」では、アシマガリは猫の子のようなものが足に纏い付いて離れず、蹴っても蹴ってもついてくるものだと記されている。

［参考文献］宮武省三『讃州高松叢誌』、三木春露「讃岐郷土異聞（一）」（『ひだびと』一一年一二号）、香川県『香川県史』第一四巻　資料編民俗、武田明「仲多度郡琴南町美合の妖怪と怪談」（『香川の民俗』通巻四一号）、武田明「阿讃山地の民俗（大川山の周辺）」（『香川の民俗』通巻四三号）

アマダレコウジン

香川県大川郡多和（現・さぬき市多和）の話。

家の外に急に出る時、アマダレコウジンに行き逢って倒れることがある。こういう時は荒神さんに七日間御神酒《おみき》をあげると治るのだという。

「阿讃山地の民俗（大川山の周辺）」の「俗信」の章によると、雨垂れへ小便をするとアマダレ荒神さんが怒るので、してはならないのだという。

アマダレボウシも参照。

［参考文献］武田明「大川郡多和の妖怪」（『香川の民俗』四巻二号）、武田明「阿讃山地の民俗（大川山の周辺）」（『香川の民俗』通巻四三号）

アマダレボウシ

香川県三豊郡仁尾町（現・三豊市仁尾町地区）に伝わる。

雨垂れ落ちに小便をしてはいけない。雨垂れ落ちを不浄にしていると、寝ている時にアマダレボウシに押さえつけられるのだという。

アマダレコウジンも参照。

［参考文献］香川県教育委員会『新編香川叢書　民俗篇』

アラリョウ

香川県坂出市の櫃石島《ひついし》の習俗。

櫃石島では人が死ぬとアラリョウといって初盆に灯籠《とうろう》を上げ、丁重なオカンキ（看《かん》経《きん》）を捧げるが、死後三年間はそれを続け、三年目の盆供養の後に灯籠流しをする。それまで死者は家の屋根裏や島内に住んでいて、なにかと遺族や縁者、知友に関心を抱いていているという。そのため、その三年間は死霊の動向に特に心を傾けるのだという。

［参考文献］桜井徳太郎「櫃石島のミサキギリ」（『日本民俗学』通巻一三八号）

阿波爺［あわじ］

香川県綾歌《あやうた》郡綾川町西分の話。

昔、阿波（徳島県）に住む爺《じじい》が西分まで来て死んだという。ある時、飛脚がそこを通って「あわじ、あわじというたって、お爺やこしどこっちゃにおらんが」と言うと、ガサガサッと音がして「ここにおるぞー」と阿波爺が出てきたのだという。

原文では熊本県のアブラスマシと同じ型だろうと指摘している。

［参考文献］水野一典「綾歌郡の昔話（一）」（『香川の民俗』通巻二五号）

一寸法師［いっすんぼうし］

香川県小豆《しょうず》郡池田町（現・小豆郡小豆島町池田）の話。

池田町のある小川の辺りに、一寸法師が出る。一寸法師は芝（柴《しば》のことか）を担いで、火を灯して歩いている。よく見ようと思ってそばへ行くと消えてしまうのだという。

［参考文献］桂又三郎「香川県小豆郡池田町奇聞」（『岡山文化資料』二巻三号）

一本角の大鹿［いっぽんづののおおしか］

香川県綾歌《あやうた》郡美合村（現・仲多度郡まんのう町）の話。

美合村の大字・勝浦の字・野田小屋に除仙ヶ丸という所がある。昔、ある太夫（神官、もしくは呪《まじな》い師か）がここに住んで猟をしていた。太夫はある夜、夢に神が現れて「明日、一本角の大鹿が現れたとしても決して撃ってはいけない」と告げられた。翌日猟に行くと、言われた通り一本角の大きな鹿が一匹現れたが、太夫は夢の言いつけを無視して鉄砲で撃ち殺してしまった。太夫が獲物を抱えて家に帰ろうとすると、その道に山犬が現れて通れなかったので、仕方なく道を変えて勝浦峯を通った。すると天狗が現れて太夫を捕らえ、股から引き裂いて除仙ヶ丸の大松に引っ掛けていったのだという。

太夫ではなく讃岐国《さぬきのくに》（香川県）の国主（生駒讃岐守か松平讃岐守かは不明）が鹿を撃ち、やはり天狗に股裂きにされるという話もある。

［参考文献］堀川保行『伝説と名勝旧蹟に富める美合村』

猪でも馬でもない怪しいもの［いのししでもうまでもないあやしいもの］

香川県の西部では、旧暦八月一日の八朔《はっさく》の日をシシコマといい、男児のために団子細工で馬や獅子頭《ししがしら》を作って飾る風習がある（現在は団子馬などと呼ばれている）。

西讃仁尾地方（三豊市仁尾町地区）では次のような由来伝説が伝わっている。現在の覚城院（三豊市仁尾町仁尾丁《てい》の寺院）はかつて仁尾城であり、細川越中守（細川頼弘か）の居城であったが、仁尾城は長宗我《ちょうそか》部《べ》氏の襲撃により三月三日に落城し、城主も自害してしまった。そのため、土地の人は三月の雛《ひな》節句を遠慮し、八朔の節句に人形を飾るようになった。落城後、その城址のある丘の辺りの畑に、猪でもなく馬でもない怪しいものが現れて荒らし回るようになったので、人々は悲惨な最期を遂げた城主の変化だろうと考え、八朔の日にシシコマを団子で作り、祀《まつ》り上げるようになったのだという。

シシコマの由来伝説は他にも、生駒壱岐《いきの》守《かみ》（高松藩四代藩主・生駒高俊）が国替えの時に年貢を免除し、領民が殿様の武運長久を願って作るようになったとか、崇徳上皇が宇多津の御供所にお着きになった時、団子で馬を作って献上したのが始まりであるとかの話が伝わっている。

〔参考文献〕加藤増夫「讃岐伝説玩具」（『旅と伝説』八年八号）、服部比呂美「八朔の馬節供　西讃地方の団子馬製作を中心に」（『無形文化遺産研究報告』四号）

猪鼻峠の魔物〔いのはなとうげのまもの〕

香川県三豊郡豊中町笠田（現・三豊市豊中町笠田笠岡、笠田竹田）の話。

夜に猪鼻峠（猪ノ鼻峠）を通って帰っていると、魔物が出てきた。怖くなっていると、どこからともなく犬が来て、後になり先になりして守ってくれた。これを見た魔物は「オラが食おうと思っていたら、ワレに先がけをやられた」と言い、アハハハと笑ったが、その笑った口は耳まで裂けていた。その後、家までついてきた犬には小豆飯を炊いて、食べさせてから帰らせたという。

〔参考文献〕加島あき子「聞き書き断片（三豊郡豊中町笠田）」（『香川の民俗』通巻五九号）

打綿狸〔うちわただのき〕

香川県仲多度郡多度津町の話。

道にザワタが落ちていることがあり、これを拾おうとすると動き出し、最後は空へ上がっていってしまう。これは打綿狸なのだという。これが出た堀町には昔、綿打屋が二軒あったのだという。また「月の七日と日の七ツ、外へ出ぬもの出さぬもの」といい、午後四時頃は小豆洗いや打綿狸が出たり悪い神さんに取って行かれたりするとされた。

打綿とは精製前の綿を叩いてほぐしたもの、または古い綿を叩いて柔らかく開いたもの。ザワタもこれを指すものと思われる。

〔参考文献〕三宅周一「妖怪語彙」（『民間伝承』四巻一一号）

ウマセンバ

香川県三豊郡豊中町笠田（現・三豊市豊中町笠田笠岡、笠田竹田）の話。

ウマセンバという場所がある。ここは夜中になるとパカパカと馬が一〇〇〇頭くらい走る音がした。その馬たちはすべて片目だとされ、戦争で負傷して死んだ馬を供養してやらなかったせいでこのようなことが起きるのだという。

〔参考文献〕加島あき子「聞き書き断片（三豊郡豊中町笠田）」（『香川の民俗』通巻五九号）

エンノシタノギョージャ

香川県木田郡井戸村（現・木田郡三木町井戸）に伝わる。

エンノシタノギョージャと呼ばれている、おかしな妖怪が信じられている。縁の下に棲んでいて、形は犬のようなものなのだという。

〔参考文献〕嶋村知章「讃岐木田郡井戸村の奇聞」（『岡山文化資料』二巻三号）

御馬石〔おうまいし〕

香川県大川郡石田（現・さぬき市寒川町《さんがわまち》石田西、石田東）と富田（現・さぬき市大川町富田中、富田西、富田東）の辺りの話。

後陽成天皇が在位していた文禄年間（一五九二〜九六）の頃、石田と富田の間で妖怪変化が現れて通行人を悩ませていた。ある時、細川國弘という人が前田（現・高松市前田）から小倉山（現・さぬき市寒川町石田西小倉の辺りのことか）に行く途中、一人の老婆が通り道を遮《さえぎ》った。國弘が石を拾って投げつけると、老婆は飛び去ってから馬に化けて惑わしてきた。そこで國弘が馬を投げ飛ばすと、その姿は大石に変わった。この大石は御馬石と呼ばれるようになり、小倉山の入り口の畑に置かれている。耕作の邪魔になるということで何度も他の場所に移されたが、いつも夜が来ると元の畑の中に帰ってしまうのだという。また、この大石の付近ではときどき事件が発生するのだという。

〔参考文献〕三木春露「讃岐郷土異聞（一）」（『ひだびと』一一年一二号）

大きな牛のようなもの〔おおきなうしのようなもの〕

香川県大川郡寒川町《さんがわまち》（現・さぬき市寒川町地区）の話。

大きな牛のようなものが道を塞《ふさ》いでいたという話は、寒川町南部の山間にいくつかある。吉野のウランタン池の北堤のユテメ付近で、森井という老婆が大きな牛のようなものに道を遮《さえぎ》られて困ったという。また、蓑神《みのかみ》の金毘羅《こんぴら》さんの山では、ある猛者《もさ》が牛のようなものに道を塞がれたので、この牛を投げ飛ばした。それが岩になったので「牛の子岩」と呼ばれるようになったという。この牛の子岩に**山姥**《やまうば》（四国広域を参照）が腰を下ろしていたという話も残されている。

〔参考文献〕藤井洋一「大川郡西南部の話」（『香川の民俗』通巻二一号）

大きなおばけ〔おおきなおばけ〕

香川県大川郡大川町富田東村（現・さぬき市大川町富田東）の話。

富田東村で寒川《さんがわ》郡の大庄屋を務めた有馬衛門三郎が、夜に村内を見回っていると、火山《ひやま》と雨滝山の間の山道で大きなおばけに出会った。有馬が腰の刀に手をかけると、刀の鍔《つば》に彫られた鶏が鳴いたので、おばけは朝が来たと思ったのか、早々に退散したのだという。

〔参考文献〕藤井洋一「大川郡西南部の話」（『香川の民俗』通巻二一号）

大串の老婆〔おおぐしのろうば〕

筆者命名。香川県さぬき市小田の大串半島の話。

昔、白方《しらかた》（現・さぬき市鴨庄《かもしょう》白方）の漁

師父子が三人で夜の漁に出かけたが、夜中になって風が吹いてきたので引き揚げることにした。三人は波しぶきを被りながらやっと大串の鼻（半島の先端のことか）に漕《こ》ぎ着け、岩陰で焚き火をして暖まった。すると山から草を踏み分けて、おんぼろしゃぐま（襤褸《ぼろ》をまとって髪を振り乱した姿）の歳もわからない老婆が近付いてきた。父は息子たちに「物言うな、食われるぞ」と小声で注意した。老婆は「火に当たらせてくれ」と言って間に割り込んできたが、しばらくして「この様子では腹が減っとるじゃろ、何か持ってきてやる」と言ってもと来たほうへ去っていった。そこで三人はそこから逃げ出し、舟に飛び乗って一目散に漕ぎ出した。大串から離れると、岬の岩角に老婆が現れて、手を振りながら「返せ、返せ、乗せろ、乗せろ」と叫んだ。そしてみるみるうちに大きな鬼のような姿になり、近くにあった岩をもぎ千切って舟めがけて投げつけた。岩は舟に当たりそうになったが、何とか転覆せずに済んで、三人は命拾いしたのだという。この時老婆が投げた岩が今も大串の鼻にあり、これを「長ぞわい」と呼ぶのだという。

［参考文献］志度町史編纂委員会『志度町史』

大くちなご［おおくちなご］

香川県木田郡三木町に伝わる。

高仙山《こうぜんやま》のゴシン（御神か）は大くちなご（大蛇か）である。リュウオンタニという所に祀《まつ》られていて、御神体は箱だが誰も開けてはいけないとされている。かつてある人が開けてみると、中から蛇の頭ばかりがたくさん出てきて一杯になったという。そのためヤツガシラ（八つ頭か）ともいう。また、かつては山に大くちなごが棲んでいたが、大正元年（一九一二）の洪水の時に梅の木に乗って海へと流れていったとか、真っ黒い雲に乗って飛んでいったともされている。

［参考文献］水野一典「三木町南部の聞書」（『香川の民俗』通巻六六号）

オオツエ荒神［おおつえこうじん］

香川県綾歌《あやうた》郡綾上町（現・綾歌郡綾川町）の高鉢山の話。

高鉢山の東麓《とうろく》にオオツエ荒神という祠《ほこら》があるが、ここの神様は子供の姿をしているという。祠の近くに住むお爺《じい》さんは子供好きで、いつも家のオモテで近所の子供たちを大勢遊ばせていたが、その中にこの辺りでは見たことがない子供が一人交ざっていた。ある日、雨が降り出したので「ぬれるけん、早よいねよ（早く帰れよ）」といって子供たちを帰したが、一人だけ帰らない子供がいた。その子供に「早よいなんか」と言うと「雨がぶる（漏る）けん、いねんのじゃ」と言ってきたので、その子をよく見ると錦のカンキサン（ちゃんちゃんこ）を着ていた。驚いたお爺さんが荒神の祠へ行ってみると、屋根が破れて雨がぶって（漏って）いたので、氏子《うじこ》と話をして急いで修理したのだという。

［参考文献］水野一典「綾上地方の世間話」（『香川の民俗』通巻三八号）

オオビタキ

香川県坂出市王越町や綾歌《あやうた》郡綾歌町（現・丸亀市綾歌町）などの話。

「坂出市王越町の聞書」によると、朝早くや夜遅くに塩田の仕事に行くと、オオビタキが風呂釜《ふろがま》くらいの釜の中で火を焚いているのを見るのだという。人が近寄ると黒いものが二人でその釜を担いで行き、一定の距離をおいてまた火を焚く。火を焚いていた場所へ行っても、燃え滓《かす》も残っていないのだという。

『綾歌町史』によると、打越の峠などによく出ていた妖怪で、大きな火を焚くように見えたのだという。

［参考文献］内藤敏典「坂出市王越町の聞書」（『香川の民俗』通巻五四号）、綾歌郡綾歌町教育委員会『綾歌町史』

オオブロシキ

香川県の琴南の辺り（現・仲多度郡まんのう町辺り）の話。

ある人が炭焼き小屋を建て、そこを休み場として茶を沸かしていた。すると男が現れて火に当たりに来た。小屋の主が男を見ていると、男は自分の金玉を火で炙《あぶ》りながら広げ始めた。男は一度ならず二度、三度と金玉を大きく広げていったので、主は「これは大変なものに巡り合った。あの広げた金玉に包み込まれては大変だ」と思い、広がった金玉の中に薪の燃え株を投げ込んで、さあっと立ちあがった（立ち去ったという意味か）のだという。

［参考文献］谷原博信「讃岐山村の伝説と昔話」（『あしなか』通巻一二一号）

大坊主［おおぼうず］

香川県綾歌《あやうた》郡綾歌町（現・丸亀市綾歌町）の話。

昔、岡田に永森という郷士の家があり、当主は伝蔵という名だった。ある夜、大坊主が家に来て「伝蔵なめようか、味噌《みそ》なめようか」と言った。すると伝蔵の奥様がすぐに「伝蔵なめずに味噌なめよ」と答えたので、大坊主は家にあったたくさんの味噌《みそ》樽《だる》を全部舐《な》めてしまい、近くの池で水を飲んで空っぽにしてしまった。それからその池は水が少なくなり、皿池と呼ばれるようになったのだという。

［参考文献］綾歌郡綾歌町教育委員会『綾歌町史』

オクリイヌ

香川県木田郡三木町奥山広野の話。

一本松と呼ばれる所はヤスミバ（休み場）であり、広野から津柳へ越す峠道だった。ここでオクリイヌというものが出た。これは白いちんころ（狆《ちん》のことか）のようなもので、夜道を送ってくれる。家まで送ってくれたら「ありがとで」と礼を言わなければ去らないのだという。昔、長相の惣《そう》助《すけ》さんという人が炭焼きをした帰り道で、白い犬に飛びつかれ、弾みで下に転げ落ちた。そして犬が上から押さえつけるようにしてきたので、惣助さんはそのままでいると、何か大きなものが通りかかって「犬の喰いさしじゃけん、ほっとけ」と言って通り過ぎていったのだという。また、広野に住むある女が塩江のほうへ見合いに行き、その帰り道に一本松を通りかかった。すると白いのが出てきたので蛇《じゃ》の目傘《めがさ》で追い払ったが、そこから道がわからなくなってしまった。なかなか帰ってこないので心配した家人が探しに行くと、女はぼろぼろになっていて、傘も骨だけになっていたのだという。

〔参考文献〕水野一典「三木町南部の聞書」（『香川の民俗』通巻六六号）

オケタタキ

香川県仲多度郡琴南町美合（現・仲多度郡まんのう町美合地区）の話。

昔、谷川に架かる橋から落ちて死んだ人がいた。それから夜になると、その谷川からコンコンコンと桶《おけ》を叩く音が小止みなく聞こえてくるのだという。

〔参考文献〕武田明「仲多度郡琴南町美合の妖怪と怪談」（『香川の民俗』通巻四一号）

オショボ

香川県大川郡白鳥町（現・東かがわ市白鳥）の話。

オショボとは髪をショボショボに垂らしたおかっぱ頭のこと。白鳥町には五、六歳ぐらいの童女姿のオショボがいたという家がある。これが家にいる間はよいが、家からいなくなると没落するのだという。

『白鳥町史』によると、教蓮寺（東かがわ市松原の寺院）の南に昔は西岡屋という家があり、そこの倉の二階にオショボがいたのだという。ある日、家の主人が倉の二階に上がろうと梯子段《はしごだん》に足をかけると、梯子段の上から三、四歳ほどのオショボの子が見下ろしてきた。「誰や」と言って二階に上がり、道具類をかき除けて捜したが、とうとう見つからなかった。その後も同じようなことが何度もあったほか、オショボが森町のある家にも現れて、その姿を見た人は大勢いるのだという。

『ぶらり讃岐《さぬき》の民話とむかし話』には、さぬき市寒川町《さんがわまち》神前の話が記されている（もとは『かんざきのむかしばなし』に掲載）。

昔、大雨が何日も降り続いた時に、津田川でおしょぼ（おかっぱ頭）の女の子が流されてきた。女の子の両親もすぐに来て弔《とむら》いをしたが、それから雨が降るとどこからか「まんじゅが欲しいー、まんじゅが欲しいー」とかすかな声が聞こえるようになった。声のするほうへ行くと、びしょぬれのおしょぼがすーっと立っていて、すーっと消えてしまうのだという。

〔参考文献〕武田明「讃岐・阿波・伊予の妖怪」（『自然と文化』一九八四年秋季号）、白鳥町史編集委員会『白鳥町史』、岸上真士（編）『ぶらり讃岐の民話とむかし話』

オジョモ

『綾歌《あやうた》町史』の「方言」の章で、オジョモは「妖怪　巨人である」と解説されている。

「大川郡多和の妖怪」によると、香川県大川郡長尾町多和（現・さぬき市多和）では化け物のことをオジャモと呼ぶという。『綾歌町史』には、綾歌郡綾歌町（現・丸亀市綾歌町）のオジョモの話が記されている。岡田の大窪谷にドン淵《ぶち》と呼ばれる所がある。ここは水がブンギになっている（詳細不明）が、ここにオジョモが棲んでいる。小さい子が渕をひとまたぎにしているが、人がそこを通ると、すっと見上げるように大きくなるのだという。また、飯山とタカンボという二つの山をオジョモがまたいで、綾川で手を洗った。この時、右の足に力が入ったので、タカンボがひっこんでしまい、それから大タカンボと小タカンボができたのだという。

「讃岐《さぬき》山村の伝説と昔話」には、琴南の辺り（現・仲多度郡まんのう町辺り）の話が記されている。カシジという土地があり、ここに阿波国（徳島県）から三好《みよし》氏が落ち延びて住み着いた。三好氏の先祖を祀《まつ》った荒神さんの祭りも執り行われたりしていたが、ここにはオジョモというものも棲んでいた。ある時、子供を寝かせた母親が風呂に出かけて帰ってくると、家から子供の泣く声が聞こえてきた。子供が目覚めたのかと家に入ったが、灯りもなく真っ暗闇で、いつもと様子が違った。そこで寝部屋を見ると、泣き叫ぶ子供を手玉のように弄《もてあそ》ぶ大きなものがいた。母親が大声でいがった（叫んだ）ら、オジョモはどこかへと姿を消した。その後、母親は子供を抱きしめてその地を去ったのだという。

「仲多度郡琴南町美合の妖怪と怪談」では、焼尾峠のオトミダニという所にオジョモが出ると記している。またオジョモとはお化けのことだという。

「海と山の妖怪話」によると、高松市の勝賀山と串ノ山を両足に踏まえたオジャモが、長く垂らした髪を面白そうに左右に打ち振る。そこに人が通りかかると、長い髪を投げつけてからめとってくるのだという。

『ぶらり讃岐の民話とむかし話』には綾歌郡飯山町《はんざんちょう》（現・丸亀市綾歌町）の話が記されている。「おじょも」とは大男のことで、讃岐国（香川県）に来て飯野山などを作り、その時にこぼれた土が双子山となった。山を作ったおじょもは飯野山と象頭山《ぞうずさん》に足をかけて小便をしたので、その流れから土器川ができた。そして飯野山と象頭山にはおじょもの足跡が残ったのだという。またおじょもは散歩が好きで、飯野山と高鉢山の間を行き来したとされるおじょも道というものがある。夜におじょも道でおじょもに行き逢うと熱が出るのだという。

『伝説と名勝旧蹟に富める美合村』によると、綾歌郡美合村（現・仲多度郡まんのう町）では、山で食事をしたら必ず使った箸《はし》をくの字に折って、口の形にして捨てる。山で食事をすると、俗に「おじゃも」と呼ばれる魔物が多く現れて必ず後を追ってくるとされた。しかし、箸を折って口の形にして捨てれば、魔物がそれを見て「人間とは口がこうも大きなものなのか」と恐れて追ってこなくなるのだという。

［参考文献］綾歌郡綾歌町教育委員会『綾歌町史』、武田明「大川郡多和の妖怪」（『香川の民俗』四巻二号）、谷原博信「讃岐山村の伝説と昔話」（『あしなか』通巻二二一号）、武田明「仲多度郡琴南町美合の妖怪と怪談」（『香川の民俗』通巻四一号）、北條令子「海と山の妖怪話」（『香川の民俗』通巻四四号）、岸上真士（編）『ぶらり讃岐の民話とむかし話』、堀川保行『伝説と名勝旧蹟に富める美合村』

オジョロ松 ［おじょろまつ］

香川県大川郡大川町の破石《われいし》（現・さぬき市大川町田面《たづら》砕石）の話。

破石のイチョウマタという山上にオジョロ松というものがあった。昔、オジョロ松の下の谷あいにギザハン屋敷という所があり、この辺りの山や田圃《たんぼ》を全部持っていて栄えていた。その頃、オジョロ松にオジョロが棲んでいて、子育てをしていた。そしてオジョロは毎晩のように白粉《おしろい》をつけてギザハン屋敷に来て、風呂を貰《もら》っていた。しかしある時、ギザハン屋敷は松を売ることにして、木挽《こび》きを呼んで松を伐り始めた。その晩に屋敷にオジョロが来て「あの松を伐らないでくれ。伐らないでおいてくれたら、物を何倍にもしてあげるが、もし伐ったらこの家の屋根にペンペン草が生えるようになる」と言った。しかしギザハンは取り合わず、木挽きに仕事を続けさせた。木挽きは松が大きかったので一日では伐り倒せず、途中で止めていたら、次の日の朝には切り口が元通りになり、伐ったはずの所は血がにじんだようになっていた。三日目は朝早くから伐り始め、少しだけ残して帰ったところ、その夜中に松は大きな音を立てて倒れ、谷を転がり落ちた。すると木挽きは帰ってから気がおかしくなり、ギザハン屋敷も没落してしまったのだという。

［参考文献］藤井洋一「オジョロ松の話」（『香川の民俗』六巻一号）

お仙魚 ［おせんうお］

おせんごろしとも。香川県東かがわ市引《ひけ》田《た》の女郎島に伝わる。

『海の伝説　瀬戸内海を中心として』には、上臈島《じょろじま》（女郎島）の周囲を泳ぐ、金魚に酷似した「お仙魚」の伝説が記されている。城林寺（現在は廃寺となった真珠院城林寺のことか）の若僧・増因は金魚の好きな美少年だった。引田城主の奥方が腰元衆を連れてこの島に遊びに来た時、奥方は増因から金魚の話を熱心に聞いた。その時、城内一の美女とされた女中のお仙が増因に恋し、二人は人目を忍んで逢う仲となった。それから後、奥方は再びお供を連れて上臈島で貝拾いに興じていたが、日暮れとともに満潮が近くなり、船に乗って帰路についた。しかしお仙は増因への恋しさから皆と離れていたため、帰りの船に乗り遅れ、取り残されてしまった。奥方や朋輩《ほうばい》に合わせる顔がないと恥じたお仙は、緋色《ひいろ》の打ち掛けを着たまま海の中に入水してしまった。その頃、増因は夜通しの読経をしていたが、そこに髪を振り乱したお仙の幻影が現れ「妾《わらわ》はこうして死にますが、魂は貴方の好きな緋色の金魚となって朝夕おそばに侍ります」と言って消えてしまった。増因が付近の海を見ると、確かに金魚に似た魚が泳いでいた。その後、増因も病となってお仙の後を追ったのだという。美男がこの魚を捕獲すると不慮の災厄に遭うとされた。上臈島の山頂には三重の塔が立ち、お仙の霊を祀《まつ》っているのだという。

『引田町史　民俗』には多少異なる話が記されている。女郎島では引田城主・生駒親《いこまちか》正《まさ》の奥方が大勢の腰元たちと浜遊びを楽しんでいたが、その腰元の中におせんという城内随一の美少女がいた。ある日、おせんは奥方のお供をしていた時に若い僧と出会い、人目を忍んで女郎島で逢う仲となった。

しかしある日、おせんはいつものように女郎島で僧を待っていたが、日が暮れて満ち潮になっても僧は現れなかった。城に帰ることができなくなったおせんは前途を悲観し、海へと身を投げてしまった。その後、女郎島の周りで赤い小さな魚が泳ぐようになった。これを捕らえて食べた人は腹痛を起こしてしまったので、この魚は煮ても焼いても食えない、おせんが変身した魚なのだと噂《うわさ》し「おせんごろし」と呼ぶようになったのだという。

オセンゴロシという魚はスズメダイの呼び名の一つである。おせんという女がこの魚を食べ、喉に骨が刺さって死んでしまったのでオセンゴロシと呼ぶようになった、という由来も語られている。実際のスズメダイは食用として好まれている魚である。

［参考文献］西尾牧夫『海の伝説　瀬戸内海を中心として』、香川民俗学会・引田町史編さん委員会『引田町史　民俗』、市場魚貝類図鑑ＨＰ「スズメダイ」

踊り畑［おどりばたけ］

香川県さぬき市鴨庄《かもしょう》の話。

鴨庄の横井に住む渡辺家は源頼光に仕えた渡辺綱《わたなべのつな》から連なる家系とされていて、その家の生まれである九郎兵衛重吉も、槍《やり》の使い手だった。ある時、鴨庄の松端にある畑で毎晩魔物が踊り狂うようになり、怖がった村人たちは九郎兵衛に退治をお願いした。九郎兵衛は快く引き受け、伝家の古刀を引っ提げて畑に行ってみると、確かに数え切れないほどの魔物が集まっていた。九郎兵衛は刀を抜いて斬りまくったが、まるで手応えがない。不思議に思って帰宅してから刀を点検すると、手元に近い部分に一つの刃こぼれがあった。九郎兵衛が家中の者を集めて「この刀を弄《もてあそ》んだ者はいないか」と問うと、一人の女中が裁縫の時に刀で糸を切ったと白状した。九郎兵衛は膝《ひざ》を叩いて「女の手で刀が汚れ、その刃こぼれから魔物が逃げたわい」と合点した。そこで次の夜、九郎兵衛は別の刀を提げて再び畑に向かい、今度はたちまち魔物どもを退治してしまったのだという。

［参考文献］志度町史編纂委員会『志度町史』

鰻渕［おなぎぶち］

香川県三豊郡高瀬町（現・三豊市の高瀬地区）に伝わる。

大水上《おおみなかみ》神社の境内には土地の人がオナギ渕（うなぎ渕）と呼ぶ深い淵《ふち》があり、日照りが続いた時はそこで雨乞《あまご》いをした。集落の人々がお太夫さん（神職のことか）に許しを乞い、水をかい出す桶《おけ》に御幣《ごへい》を付けてもらう。そしてお籠《こ》もりをしてから、夜中の一二時に境内を流れる宮川で身を清め、鰻渕に入って渕の水を川へかい出す。渕から水が少なくなってくると渕に棲む鰻が顔を見せるのだが、その鰻の色が黒ければ間違いなく雨が降り、白い鰻が見えれば日照りが続き、赤い蟹《かに》が這《は》っていれば大風が吹くのだという。

［参考文献］丸山恵子「高瀬町聞き書き」（『香川の民俗』通巻六三号）

オビトの足目［おびとのあしめ］

香川県大川郡長尾町多和槙川《まきがわ》（現・さぬき市多和槙川）に伝わる。

多和槙川の山上に「オビトの足目」と呼ばれる、長さ一〇メートルもある足跡のような窪《くぼ》みがある。同じようなものが三木町広野（現・木田郡三木町）の高仙山《こうぜんやま》にもあるという。これは昔、伯耆国《ほうきのくに》（鳥取県）から瀬戸内海を越えて来て、土佐国（高知県）よりはるか南の海上に去っていった巨人の残した足跡だという。また、巨人がこの地を通る時、大窪寺の西の矢筈山《やはずやま》にある切り立った岩を蹴《け》り欠いたので、それからケキリ岩と呼ばれるようになったという。この巨人は飯の山（飯野山のことか）と白山を一荷にまとめて担いでいたが、白山がいつの間にかこぼれ落ちていたのに腹を立て、残った山を「いい」と言って投げ捨てた。白山と飯の山の名前はそうして呼ばれるようになったという。

オビトはおそらく巨人を意味する「大《おお》人《ひと》」に由来すると思われる。

［参考文献］藤井洋一「大川郡西南部の話」（『香川の民俗』通巻二一号）

オマンノハハ

おまんの親とも。香川県仲多度郡琴南町美合（現・仲多度郡まんのう町）に伝わる。

美合の中熊（現・まんのう町川東中熊上、中熊下辺りか）の山中に、オマンノ岩というものがあり、この付近に来ると「オマンノハハでございます」と言いながら老婆のお化けが出てくるという。

「阿讃山地の民俗（大川山の周辺）」によると、中熊の谷に出るおまんの親は、おんぼろの着物を着たシャグマ（赤い髪）の婆さんなのだという。

『香川県史　第一四巻』にも同様のものが記されている。オマンノコシカケという岩があり、薄暗くなってからこの辺りを通ると笑い声がする。大声で「だれなら（誰だ）」と言うと、小さな声で「オマンの親でございます」と答えてきた。よくよく見てみると、馬鍬《まぐわ》のような歯を見せて笑ってきたのだという。

〔参考文献〕武田明「讃岐・阿波・伊予の妖怪」（『自然と文化』一九八四年秋季号）、武田明「仲多度郡琴南町美合の妖怪と怪談」（『香川の民俗』通巻四一号）、武田明「阿讃山地の民俗（大川山の周辺）」（『香川の民俗』通巻四三号）、香川県『香川県史』第一四巻　資料編民俗

【か】

ガータロ

香川県大川郡長尾町（現・さぬき市）の話。

大正の初め頃、ある小作人の男が、家の近くの池の中に入ろうとした。近くを通りかかった人がこれを見つけて助けに行ったが、男は「いらんことをするな、もうちょっとであそこへ行けるのに」と言うので、仕方なく大声で助けを求めて数人がかりで引き揚げた。落ち着いた男の話によると「池の中で青畳を敷いて大勢の芸者が三味線や太鼓でどんちゃん騒ぎをしていた。その中に坊主が一人いて、そいつが来い来いと言ってきて、ひとりでに足が動いてどうにもならなかった」ということだった。話を聞いた人の中には「ガータロじゃ」と言う人も「トリキ（**とりけ**を参照）」じゃ」と言う人もいた。

〔参考文献〕国遠一夫「ガータロ」（『香川の民俗』通巻二号）

ガーラ

香川県綾歌《あやうた》郡綾歌町（現・丸亀市綾歌町）に伝わる。

半夏（半夏生《はんげしょう》）を過ぎると、ガーラ（河童）が来て牛の尻子玉を抜くという。これを防ぐため、牛屋の入り口にツズラカズラ（葛籠葛）と栴檀《せんだん》の枝を吊《つ》る。昔、半夏の晩にガーラが牛の尻子玉を抜きに来たが、これを捕らえてカズラで栴檀の木に括《くく》り付けたので、そのようにする風習ができたのだという。また、ガーラは馬の足跡にできる小さい水たまりの中にもいるとされてい

る。

ガーラは多くの場合、昆虫のタガメに似たもの、あるいはタガメそのものを指す。「讃岐《さぬき》三豊の水神」や「赤しゃぐまその他」によると、三豊（現・三豊市）のほうでは河童をガーラ、ガータと呼ぶが、一般に知られる河童の姿ではなく、昆虫のタガメが尻を抜いてくるとしている。荘内半島の基部に続く海沿いの村々では、七月七日に七夕様の笹《ささ》や供物を海川へ流すが、その中の胡瓜《きゅうり》にありつこうと無数のガーラが集まってくる。そのため、この日は海川に入るものではないと戒められているという。

［参考文献］綾歌郡綾歌町教育委員会『綾歌町史』、細川敏太郎「讃岐三豊の水神」（『西郊民俗』通巻九号）、細川敏太郎「赤しゃぐまその他」（『香川の民俗』通巻二号）

獺神 ［かうそがみ、かぼそがみ］

香川県小豆《しょうず》郡土庄《とのしょうちょう》町柳に伝わる。

土庄町柳の海浜に小さい石塔があり「獺神社」として祀《まつ》られている。石塔の建立自体は昭和二〇年（一九四五）五月だが、それ以前から祀られてはいたのだという。河童神の一種であり、実在の動物である獺に仮託されたのだろうとされている。柳の獺神は海からときどき姿を現して、人に背負われてからその人の目に手を伸ばして目隠しをする。そしてそのまま山に連れて行って迷わせたりする。一方で、この神に願掛けをすると何でも聞いてくれるともされている。

四国では獺の話が各地で多く語られている。その中でも「カワソののびあがり」については**ノビアガリ**（四国広域）を参照。

［参考文献］川野正雄『小豆島今昔　民俗を中心として』、同『小豆島民俗誌』

カカソを操る怪物 ［かかそをあやつるかいぶつ］

筆者命名。香川県仲多度郡多度津町の佐《さ》柳島《なぎしま》に伝わる。

テンマの地蔵という所の沖合には、昔は怪物がいた。これは岩の上でカカソ（オール、櫂《かい》のこと）を操って、道行く人を悩ませたのだという。

［参考文献］香川県民俗調査会『高見・佐柳島民俗調査報告』

影呑の竜 ［かげのみのりゅう］

香川県大川郡白鳥町（現・東かがわ市白鳥）に伝わる。

白鳥の千光寺にある弁天さんの池には竜が潜んでいる。この池に人の影が映ると、竜がその影を呑むのだという。影を呑まれた人は若死にするといわれている。

［参考文献］白鳥町史編集委員会『白鳥町史』

カシャ

香川県仲多度郡琴南町美合（現・仲多度郡まんのう町美合地区）に伝わる。

死人を奪いに来るもの。野辺送りの時、一町（約一〇九メートル）進むごとに鉦《かね》を打ち鳴らすのは、カシャが出てきて死人を取るのを防ぐためだという。

火車ともいい、亡者を地獄へ運ぶ火の車がこの妖怪になったとされている。

［参考文献］香川県『香川県史』一四巻　資料編民俗

カラジシ

香川県仲多度郡琴南町美合（現・仲多度郡まんのう町美合地区）に伝わる。

氏神さんのカラジシ（唐獅子《からじし》のことか）は、山で働く人を守るという。雄は氏神さんの命令があれば犬に姿を変えて行き、その後を雌も従って行く。雌はいつも丸い団子を弁当として口にくわえて用意しているのだという。

山犬や狼《おおかみ》などと同様、山中で人を守る存在の一種なのだろう。

［参考文献］香川県『香川県史』一四巻　資料編民俗

川女郎［かわじょろう］

「妖怪語彙」には「カハジョロ」、「眞野聞書」には河女郎として記されている。琴平（現・香川県仲多度郡琴平町）の南では、大水が出て堤防が切れそうになると「家が流れるわ」と言って泣く化け物が出るという。仲多度津（現・多度津町のことか）では「高橋で今夜も川女郎が泣きよるわ、水が出たから」などと言ったりする。

「民俗採訪日記」では、仲多度郡琴南町美合（現・仲多度郡まんのう町）で聞いた話を記している。土器川の上流では、川女郎が泣き声をあげるようになると、川が氾濫《はんらん》するとされた。川女郎は川岸の岩と岩の間に子供をもうけているので、流れが穏やかな日はいいが、水が溢《あふ》れそうになると、大事な赤ちゃんが流されてしまうと泣くのだという。人が悲しむような声で泣く川女郎は、人に行き逢うとさばえ髪（詳細不明）の頭で振り返る。そしてにっこりと笑った川女郎の唇から馬鍬《まぐわ》のような歯が見えるのだという。

「讃岐《さぬき》山村の伝説と昔話」によると、まんのう町の四つ足茶堂の近くはいくつかの谷の水が集まって渕《ふち》となっている所があり、ここに川女郎が出てくるのだという。

「阿讃山地の民俗（大川山の周辺）」の「俗信」の章によると、川女郎はきれいな嫁の姿で出てくる。もし川のほとりで川女郎に会ったら「鳥が啼《な》いた」と言えば逃げていってしまうという。

『ぶらり讃岐の民話とむかし話』には、香川県綾歌《あやうた》郡国分寺町（現・高松市国分寺町地区）の「女郎岩」の話が記されている（もとは『ふるさとの民話』に掲載）。中筋の岡の川という所に女郎岩という大きな岩があり、丑三《うしみ》つ時になると川の流れが止まって山の谷間からむせぶような気味の悪い声が聞こえてくる。これは川女郎の声とされた。ある若者が川女郎の正体を知ろうと、川の中を探し回っていると、岩の上に女の人がいて長い髪を解《ほど》いているのが見えた。女が振り向くと、雪のように真っ白な肌で両肩に長い髪を振り分け、ニヤッと笑って何か言った。若者は命からがら逃げ帰り、それ以来岩の上の女が里のほうを向いて髪を解いていると恐れられるようになったという。

[参考文献] 三宅周一「妖怪語彙」(『民間伝承』四巻一一号)、和気周一「眞野聞書」(『讃岐民俗』通巻二号)、北條令子「民俗採訪日記　仲多度郡琴南町美合」(『香川の歴史』通巻三号)、谷原博信「讃岐山村の伝説と昔話」(『あしなか』通巻二二一号)、武田明「阿讃山地の民俗(大川山の周辺)」(『香川の民俗』通巻四三号)、岸上真士(編)『ぶらり讃岐の民話とむかし話』

騎馬の化け物 [きばのばけもの]

香川県仲多度郡多度津町の千代池辺りの話。『太平百物語』巻之五に記されている。

昔、ある僧が丸亀(現・丸亀市辺り)から三井(現・仲多度郡多度津町三井)に向かう途中、千代池の堤を夜中に通った。すると向こう側から多くの騎馬が嘶《いなな》くのが聞こえてきたので、僧は「どうも怪しい、こんな夜更けにどこかへ行こうとする人々があるだろうか」と考えながら進んでいた。そして蹄《ひづめ》の音が次第に近付いてきて、僧との間が一〇間(約一八メートル)ばかりになってきたが、その方向を見ても音ばかりが響いて騎馬の姿は少しも見えなかった。僧は不思議に思いながら、堤の上のほうに行くと、騎馬は過ぎ去って後ろのほうから音が聞こえてきた。僧は怪しみながらもこの堤を進むしか道がなかったので、立ち止まって下の様子をうかがった。そしてやはり下のほうで音がするので、正体を見定めようと堤を下りてみたが、そこには何ものもなく、今度は上の堤のほうから音が聞こえてきた。上に行けば下から、下に行けば上から騎馬の音が聞こえてきたので、仕方なしと先に進むと、また向かう先から音が聞こえ、これに追い付くと音は後ろから聞こえてきた。僧が呆れて四方を見回しているうちに、東の空が白み始めて夜明けとなってしまった。後になって人から話を聞いてみると、この辺りで夜に往来する人を、古狐が誑《たぶら》かすことがあるのだという。

[参考文献] 国民図書『近代日本文学大系』一三巻

九尾狐 [きゅうびぎつね]

香川県香川郡仏生山町《ぶっしょうざんちょう》(現・高松市仏生山地区)の昔話。

昔、猟師が獲物を探して歩いていると、翼に矢を受けた鶴を見つけた。猟師が鶴を捕まえようとすると、鶴は「望みを叶えるから命を取らないでほしい」と願った。そこで猟師が鶴を家に連れ帰ると、鶴は猟師の妻となって一緒に暮らすようになった。鶴は自分の居室を覗《のぞ》かないようにと夫に約束させていたが、ある時夫が約束を破って覗いてしまったので、鶴は夫の元を去ることになってしまった。鶴は家を去る時に「鶴の毛衣《けごろも》」という物を夫に与えて「これを大名に売って富貴《ふき》となってください」と教えた。しかし、これを聞いていた狐が毛衣を盗んで逃げ去ってしまった。この狐が九尾狐の祖になったのだという。

『三国悪狐伝』『悪狐三国伝』といった実録体小説、それを種本として書かれた『絵本三国妖婦伝』など、九尾狐(玉藻前)を扱った物語には鶴氅裘《かくしょうきゅう》や鶴裳《かくしょう》(ともに鶴の毛衣の意)がよく登場する。それらは多くの場合、天竺《てんじく》の斑足《はんぞく》王から寵愛を受けた華陽《かよう》夫人が、初めて王の前に姿を見せた時の着物として出てくる。この時、鶴氅裘の来歴も語られるのだが、これが唐土や天竺を舞台にした鶴報恩（鶴の恩返し）の物語であり、この物語が白居易の「雪似鵞毛飛散乱人被鶴氅立徘徊」という漢詩の元にもなったのだ、としている。

特に浄瑠璃の『絵本増補　玉藻前旭袂《たまものまえあさひのたもと》』は、天竺の農夫が鶴を助けるという話から物語が始まる。斑足大王の領土の一つ・浄《じょう》玻璃《はり》国は普明《ふみょう》長者の領地であったが、そこの沙牟呂《しゃむろ》山の麓に馬忠子《ばちゅうし》という農夫が住んでいて、妻の形見を持ってさまよっていた。普明長者と出会った馬忠子は自身と形見の来歴を語る。かつて馬忠子が矢の刺さった鶴を助けてやると、翌日に女が訪ねてきて「女房にしてください」と言って一緒に住み始めた。女は貧乏な家のために部屋に籠もって鶴裳という絹を織り、一〇〇〇両の金で売らせようとした。しかし馬忠子は部屋の中を覗いてしまい、女に変じていた鶴が自身の羽で絹の衣を織っているのを見てしまった。鶴はたちまち空に飛び去ってしまい、馬忠子は残された鶴裳を持って女を探していたのだった。話を聞いた普明長者は感じ入ったが、その時、突如魔風が巻き起こって鶴裳を巻き上げ、虚空へと飛び去ってしまった。普明長者が沙牟呂山まで追いかけると、そこには鶴裳を着た美しい女が立っていた。この女の正体は天地開闢《かいびゃく》より生を受けた狐であり、世を魔界とするために鶴裳を着て斑足大王の夫人となろうと画策するのだった。

仏生山町の昔話は、これらの玉藻前の物語（前日譚《ぜんじつたん》）を元としているのかもしれない（玉藻前については『日本怪異妖怪事典　近畿』京都府を参照）。

［参考文献］島村知章「讃岐仏生山町の土俗」（『中国民俗研究』一巻四号）、朝里樹（編著）『玉藻前アンソロジー　殺之巻』、同『玉藻前アンソロジー　生之巻』

京の女郎の化け物
［きょうのじょろうのばけもの］

香川県香川郡直島町の話。

直島本島から北に五町（約五四五メートル）ほどの所に、京の女郎という小島がある（京の上臈島《じょうろうじま》）。昔、直島の漁師の兄弟が夜に沖へ出たら、林の岬の近くで青赤い火が高くなったり低くなったりしながら飛ぶのを見た。二人は「今日は気味の悪い日じゃ」と言いながら漁をしたが、全く魚が獲れなかったので、京の女郎の近くに停泊して夜を明かすことにした。すると午前三時頃、誰かが京の女郎の丘から「船を着けてくれー、船を着けてくれー」と、消え入るような声で呼んできた。見ると、妖女が巌《がん》頭《とう》に立っているのが見えたので、杓《しゃく》（柄杓《ひしゃく》）の底を抜いて海に投げ、一生懸命船を漕《こ》いで逃げたのだという。

京の女郎は岩間から湧き出る名水でも知られ、この辺りを通る船の給水場でもあった。ある時、一艘《そう》の帆船がこの島の沖で潮待ちをしていた。船長はその間に島から水を汲《く》もうと考え、二人の船員を島に向かわせた。しかし時間が経っても船員が帰ってこないので、船長は残りの船員とともに島に上陸し、水の湧いている場所まで行ってみた。すると二人の船員は血まみれの死体になっていたのだという。

またある夜、一艘の船がこの島の沖を通った時、島の丘から「杓をくれー、杓をくれー」と呼ぶものがあった。船員の一人が古い杓をそのまま海に投げ込むと、蒼白な顔に髪をだらりと垂らした女が海の上を歩いてきた。そして杓を拾って船の中に海水を注ぎ込み、船を沈めて船員を一人残らず殺してしまったという。

この島の化け物は、女郎蜘蛛《じょろうぐも》だとも女官の亡霊だともされている。また、明治の頃に化け物を伏せた（調伏した）とする石碑が建てられたのだという。

「直島採訪記」にもこの島の話が記されている。昔、この辺りで上方通いをする船乗りがいた。ある時彼は出先で出会った京の上臈《じょうろう》を連れて帰ってきたが、家に近付いてくると嫉妬深い女房のことが気掛かりになり、結局上臈を無人の島に置き去りにしてしまった。そうしてあえない最期を遂げた上臈の怨霊が島に残ったのだという。この島は無人島だが良い水の泉があるので、水汲みに来る人が多かったが、水汲みに来た帰りには必ず何か持ち物を置いていく習慣があった。こうすると島の妖魔は来た人が忘れ物をしたと考え、次の機会を待つためにすぐには手出しされないのだという。

［参考文献］三宅勝太郎『島の伝説』、島村知章「直島採訪記」（『旅と伝説』二年一〇号）

ギンヅチ

香川県高松市菅沢町の話。『高松市の文化財　第四編　菅沢の民俗』に記されている。

生山《しょうやま》のおくせんぎ（詳細不明）に古くて大きな椿《つばき》の木があり、枝を切ったりしたらさわられる（障《さわ》りがある、祟られるという意味か）とされていた。また、夜にこの木のそばを通ると、女や化け物に会うとして恐れられていた。これは椿の木の化け物とされたが、今はもう木もなくなってしまったという。

他にも、椿の木で作ったギンヅチ（木槌《きづち》のことか）がある寺にあったという。この寺に一人だけで留守番をしていると、オジャモン（**オジョモ**を参照）が出るといい、これはギンヅチのお化けなのだとされた。椿の木でツチは作るものではないという。

椿の木のタイコツチも参照。

［参考文献］大島暁雄他（編）『日本民俗調査報告書集成　四国の民俗　香川県編』

首折れ寝牛［くびおれねうし］

香川県綾歌《あやうた》郡綾川町滝宮に伝わる。

仁和四年（八八八）五月、讃岐守《さぬきのかみ》として赴任してきた菅原道真は、大旱魃《だいかんばつ》が起きているのを見て自ら雨乞いをした。これによって大雨が降り田畑が蘇ったので、人々は狂喜して瀧の宮八幡（滝宮天満宮のことか）の社前に集まって乱舞した。すると社前に奉納されていた石造りの牛までともに踊りだし、それによって首が折れてしまった。それから社前左側に置かれた牛は首折れ寝牛として後々まで残り、この時の踊りから滝宮念仏踊ができたのだという。

［参考文献］草薙武吉「讃岐に於ける雨乞伝説の採集」（『旅と伝説』七年五号）

久保谷の怪異［くぼたにのかいい］

筆者命名。香川県仲多度郡まんのう町の話。

土器川の上流に久保谷という所がある。この辺りはもともと官有林だったが、美合地区の人々に払い下げられて炭焼きが行われていた。しかしここの山小屋では怪異が起きることが多かったという。山小屋で寝ていると猫の鳴き声がしたり、夜中に屋根を揺さぶるものがあって、炊きたてのご飯に煤《すす》が落ちてくることが何度もあった。また、小屋の周りが明るくなったので外へ出て見ると、向こうの山がぼうぼうと燃えていたが、夜が明けてから行っても山火事の跡なども何もなかったのだという。

［参考文献］武田明「阿讃山地の民俗（大川山の周辺）」（『香川の民俗』通巻四三号）

黒い大入道［くろいおおにゅうどう］

香川県三豊郡山本町（現・三豊市山本町地区）の話。

ある相撲《すもう》取りが猪《い》の鼻の東谷道（香川県と徳島県にかけてある猪ノ鼻峠のことか）を進んでいると、黒い大きい大入道が通せん坊するようにして出てきた。相撲取りが「我は日本一の相撲取りだ、ものを申せ」と言うと、大入道は「目も口もないのでものが言えん」と答えた。相撲取りは大入道を掻きのけて通り、池田（徳島県三好《みよし》郡池田町（現・三好市）のことか）まで行った。何ともないように強がっていたが、体中が汗でびっしょりだったという。

［参考文献］大西浩子「山本町聞書」（『香川の民俗』通巻三七号）

ケマリ

香川県仲多度郡琴南町美合（現・仲多度郡まんのう町美合地区）の話。

一つ蹴飛《けと》ばしたら大きくなり、また蹴飛ばしたらまた大きくなる。こうして次第に大きくなる妖怪なのだという。**足まがり**も参照。おそらく同類と思われる。

［参考文献］武田明「仲多度郡琴南町美合の妖怪と怪談」（『香川の民俗』通巻四一号）

こあし婆さん［こあしばあさん］

香川県高松市辺りの話。

昔、丸亀藩の藩主・京極家の家中にこあし某という侍がいた。こあし某はある日、所用があって高松に赴き、日が暮れてから帰る途中、端岡まで来たら大勢の猫がやって来るのを見た。怖くなったので木に登って様子を見ていると、猫たちはその木の下に集まって何事か相談を始めた。するとそのうち一匹が「こあし婆さんを呼んでこい」と言った。某は奇妙だと思ってなおも注視していると、まもなく恐ろしい様子の老猫が来て一座の頭《かしら》になり、猫たちはそこで踊り始めた。そこで某が木から降りて老猫を刀で斬りつけると、猫たちは散り散りになって逃げてしまった。その後、某が家に帰ると、母親が怪我をして唸《うな》りながら布団を被っていた。母は「庭で滑って転んで怪我をした」と話したが、某が魚を出すと喜んで骨まで食べてしまった。先ほどの出来事といい、どうも様子が怪しいので、思い切って母を斬り殺すと、たちまち老婆の姿は消えて老猫に変わってしまった。そして床下を探すと、本物の母親が食い殺されて捨てられているのが見つかった。この猫は日頃母が可愛がっていたのだが、年を経て猫またになったので、母を食い殺して自分がその姿に化けていたのだった。

［参考文献］立花正一「讃岐丸亀地方の伝承」（『郷土研究』五巻七号）

黒気［こくき］

香川県の大麻山《おおさやま》（三豊市・善通寺市）の話。菅茶山『筆のすさび』巻之一に記されている。

文化一三年（一八一六）の正月二七日の夜、金比羅《こんぴら》山（金刀比羅宮《ことひらぐう》、またはそれがある琴平山《ことひらやま》のこと）の末である大麻という所から、一筋の黒気が昇った。その幅は一間（約一・八メートル）余り、長さは一里（約三・九キロ）余りもあり、東西へ靡《なび》いてからしばらくして徐々に薄くなり、西のほうへさらさらと崩れていったが、風のように早く消えてしまったという。また、最初は紫色に見えたが徐々に黒くなり、最後は墨のように濃い黒になっていたという。その様は雲とも煙とも見えず、これを見ていた人々は身の毛がよだち、子供たちも恐れて家に走り入ったのだという。

［参考文献］日本随筆大成編輯部『日本随筆大成』一期一巻

甑山の丸一狸［こしきやまのまるいちだぬき］

香川県さぬき市鴨部《かべ》の話。

昔、鴨部の川田に貧しい老夫婦が住んでいた。正月だというのに餅《もち》を搗《つ》く米もないので、何とかならないかと思案していたが、正月も近くなったある日の夕方、爺《じい》は野良仕事からの帰り道で一枚の金貨を拾った。しかし、正直者の爺はこれを持ち帰らず、近くの祠《ほこら》にお供えして帰った。すると次の日の朝、丸一さんがその金貨とお米も一緒に家に届けてくれた。丸一さんから「正直な心に対して神様がくださるのだ」と聞いた老夫婦は喜び、貰《もら》った米で「こしき（正月の餅を搗くこと）」をして正月を迎えたのだという。それから丸一さんのことを「こしきさん」という神様として崇《あが》めるようになった。この丸一さんは浄願寺や屋島の狸（**浄願寺の禿狸**と**太三郎狸**を参照）と同じく日露戦争に参加し、日本兵の姿に化けて大いに戦功を立てたのだという。

[参考文献] 志度町史編纂委員会『志度町史』

子取り婆さん [ことりばあさん]

香川県観音寺市豊浜町の話。もとは『豊浜のむかし話』に掲載されている。

子取り婆さんは子供が一人で遊んでいると、親の目をかすめて攫《さら》っていく。一番危ないのは麦刈りの前で、麦畑の中から子供を狙っているのかもしれないとされている。子取り婆さんが攫った子供を鬼子母神のように食ってしまうかはわからないが、肝を取り出して六神丸などの薬を作るのだとされた。

子供を攫う、攫った子供の肝から薬を作る、という話は子供を戒めるために語ったもので、薬の広告張り紙などを指して「あの薬を作るのには人間の肝を使う」と言ったりしていたという。

仲多度郡多度津町でも「子取り婆」の例がある。暗くなるまで遊んでいる子や親の言いつけを聞かない子は、子取り婆が捕まえて連れて行ってしまうという。

[参考文献] 岸上真士(編)『ぶらり讃岐の民話とむかし話』

子取婆 [ことりばばあ]

明治五年(一八七二)に愛媛県で「近来、外国から子取婆が渡ってきて小児を殺し生き血を絞る。もしこれを発見せば直ちに警鐘を鳴らし村民集まりて容赦なく突き殺してしまえ」という命令が下り、各戸に竹槍《たけやり》まで配られた。隣県の香川県でも同様の噂《うわさ》が広まり、村々で竹槍を用意して警戒していたが、数カ月が経ったある時、三野郡下高野村(現・三豊市豊中町下高野)に子取婆が現れた。しかしこれは綾歌《あやうた》郡国分寺町(現・高松市国分寺町国分)に住むノブという女で、自分の子供二人が溜池で溺死《できし》してから精神を病み、下高野村を徘徊《はいかい》していたのが正体だった。ノブは徘徊中に路傍で遊んでいた幼子を抱き寄せて連れ去ってしまったので、人々は噂の子取婆が出たと考え、竹槍で刺し殺してしまった。

この事件を発端に人々の不満が爆発して一揆《いっき》に発展し、後に「西讃竹槍騒動」と呼ばれる大騒動が起こった。

明治の初め頃に、子供を攫《さら》って血や油脂を絞るものが出るという噂が流れた例としては、東北地方の油取り(『日本怪異妖怪事典 東北』東北広域を参照)がある。**子取り婆さん**や愛媛県の**吸血玉藻前**もそういった噂の一種である。

[参考文献] 三木春露「『竹槍騒擾記』」(『旅と伝説』一五年一二号)

コブロの火 [こぶろのひ]

香川県小豆《しょうず》郡の豊島《てしま》(現・小豆郡土庄町)に伝わる。

コブロという所では、夜になると大きな火が出る。これは昔、大きな家があり宝物が埋められたので、その宝物が光るのだとされている。

[参考文献] 国遠一夫「小豆郡豊島の民間信仰素描(二)」

（『香川の民俗』五巻一号）

コメヤの狐［こめやのきつね］

香川県三豊郡詫間町積《たくまちょうつむ》（現・三豊市詫間町積）に伝わる。

積では昔、コメヤの狐というものがよく人に取り憑《つ》いて病気にさせていた。病気がなかなか治らない人がいて、拝み屋に拝んでもらうと必ずといってよいほどコメヤの狐が来ていたのだという。この狐は、かつて生里《なまり》（現・三豊市詫間町生里）の人が大阪へ魚捕りに行った時に付いてきたのだという。

［参考文献］國學院大學民俗学研究会『民俗採訪』昭和四七年度号

これ見これ見［これみこれみ］

筆者命名。香川県仲多度郡まんのう町真野の話。

夜の仕事をしていると、窓から大きな片腕を入れて「これ見これ見（これを見ろ、という意味か）」と言ってくるものがいた。その家ではこれのせいか、二、三人の女衆が死んでしまった。その後、家に来た別の女衆が刀を借りてきて、また「これ見これ見」と入れられた片腕を斬った。すると手応えはあったが何も落ちてはいなかった。その後はそういったことは起きなくなったのだという。

［参考文献］和気周一「眞野聞書」（『讃岐民俗』通巻二号）

こんこう坊［こんこうぼう］

香川県仲多度郡琴平町の金刀比羅宮《ことひらぐう》の話。

讃岐《さぬき》の金比羅《こんぴら》さん（金刀比羅宮）には、こんこう坊という天狗（ぐひんさん）が棲んでいる。親不孝な子供や悪いことをする者は、こんこう坊が攫《さら》って八つ裂きにして木の股に掛けていくのだという。

金刀比羅宮はもともと、神仏習合の金毘羅権現を祀《まつ》っており、その眷属《けんぞく》は天狗とされた。中興の祖である金剛坊宥盛《ゆうせい》も死後に天狗になったとされ、象頭山《ぞうずさん》金剛坊の名で知られている。こんこう坊はこの金剛坊を指すものと思われる。

『香川県綜合郷土研究』には「金毘羅天狗」の話が記されている。金比羅宮御神体のお使いの天狗は、悪人を象頭山の奥深くに攫っていき、また秋季大祭の一〇月一〇日に御神体がおでましになった後、境内に散乱する一切の汚穢《おわい》や箸《はし》を箸蔵山へと持ち去り（徳島県の**箸蔵山の霊異**を参照）、一一日の暁には塵《ちり》一つない浄域にする。この天狗こそ、本宮の初代金光院と仰がれた宥盛上人なのだという。『一話一言』巻二にも、象頭山で祭礼があった夜はいつも大風雨があり、翌朝に見ると塵一つなく清められているという話が記されている。

［参考文献］立花正一「讃岐丸亀地方の伝承」（『郷土研究』五巻七号）、香川県師範学校・香川県女子師範学校『香川県綜合郷土研究』、日本随筆大成編輯部『日本随筆大成』別巻一

【さ】

作左かぼそ［さくざかぼそ］

香川県小豆《しょうず》郡の小豆島に伝わる。

小豆島の坂手の荒神川にあった作左衛門の家の前には、作左かぼそという有名なかぼそ（獺《かわうそ》）がいた。作左かぼそは家の前の水たまりに棲息していて、人をよく化かした。時には綿帽子を被って花嫁姿で現れ、人を驚かせたのだという。

小豆島では**獺神**（かぼそ神またはかうそ神）を祀《まつ》る地域が多い。これらは河童の一種であり、名前の通り獺に仮託されて語られていた。

［参考文献］川野正雄『小豆島民俗誌』

ざつくわ

さつくわとも。讃岐国《さぬきのくに》（香川県）の話。『新説百物語』巻之五に「ざつくわといふ化物の事」として記されている。

讃岐の片辺《かたほとり》（片田舎のこと）に妙雲寺という寺があり、そこに昔から「ざつくわ」という化け物が棲み着いているといわれていたが、誰もその姿を見たものはなかった。

良賢という僧が妙雲寺の住職だった時、その弟子に良敬という博学にして美しい僧がいた。ある時、良敬は勉学の暇《いとま》に門前に出て、夕暮れの中で涼んでいたが、蛍の飛ぶのに誘われて一、二町（約一〇九～二一八メートル）も先まで歩いていった。すると後ろから静かに歩み来るものがあり、見ると痩《や》せた色白の女が、髪を振り乱して付いて来ていた。良敬はぞっとして帰ろうとしたが、女はにっと笑って「ここまで来たのならば、あと少しで私が住む館です。おいで下さい」と、手を取って連れて行こうとした。良敬は女に心を引かれてしまい、そうこうするうちに日が暮れてしまったが、女は「この年月の我が思い、今宵に晴らさずにおくべきか」と一層引き立てて行こうとした。良敬は夢を見ているような心地になって、その夜は寺に帰らなかった。師の良賢は良敬が帰ってこないことに驚き、あちこちを尋ね探したが見つからなかった。

翌朝、寺から四、五町（約四三六～五四五メートル）も離れた山際に良敬が倒れ伏しているのが見つかり、その着物のあちこちに白い針のような毛が付いていた。良賢は良敬を寺へ連れ帰って介抱したが、それからはときどき狂ったように例の女のことを口走るようになってしまった。良賢は弟子のために祭壇を飾って七日もの間、護摩行を修めたが、七日目の夜に何かが壇上に落ちてきた。良賢がそれを取り押さえて脇差しを刺し通し、暴れるのを押し留めてついに仕留めたが、その姿を見ると、大きさは犬ほどで毛の色は白く、口が耳まで裂けて背筋に黒い毛が生えていた。どういう獣なのかはわからず、人々は「あの寺のざつくわという化け物は、これなのだろう」と言ったのだという。

「ざつくわ」という表記は「ざっか」あるいは「ざつか」と読む可能性も考えられるが、詳細は不明。

［参考文献］太刀川清（校訂）『続百物語怪談集成』

死運丸の亡霊［しうんまるのぼうれい］

香川県高松市の高松港で語られたという話。

瀬戸内海は航行する船の往来が激しいため、船長たちは霧が立ち込めることを嫌う。その中でも春先に昼でも濃霧が立ち込め、一〇メートル先も見えなくなることがあり、そういった時は決まって、霧の底から子供たちの声が聞こえてくるという。かつて岡山県と香川県の間を運行していた連絡船・紫雲丸《しうんまる》が濃霧のために他船と衝突、沈没して多数の死者を出す事故があったが、この時の紫雲丸には修学旅行のために多くの小学生が乗っていた。事故の後、人々は「紫雲丸は死運丸だったのだ」と言い、この事故によって死んだ子供たちの亡霊が春の濃霧の日に出るようになったのだという。

『恐怖スリラー大百科』においてはこの紫雲丸事故を「戦前」と記しているが、実際は昭和三〇年（一九五五）の出来事である。紫雲丸はそれ以前にも衝突や接触を繰り返しており、子供を含む多数の死者を出したのは五度目の事故であった。当時の世論でも実際に紫雲丸を「死運丸」と揶揄《やゆ》する表現は使われており、『風雲児・十河信二伝』では「世論はもう国鉄のたびかさなる失態をゆるすほど寛大ではなかった。国民の輿《よ》論《ろん》を代表した新聞は、「紫雲丸か死運丸か？」と非難の第一声をあげた」と記されており、また「船名（艦名）を語る」においても「四国連絡船には、岡山県の国立公園に因《ちな》む鷲羽《わしゅう》丸、徳島の名山に因む眉山《びざん》丸、それに瀬戸丸の三隻《せき》がある。この瀬戸丸は高松の名山紫雲山に因んで紫雲丸といっていたが二度も沈んだので死運丸であるからというて改名したものである。」と記されている。

［参考文献］スタジオあで（構成・文）『ケイブンシャの大百科１９３　恐怖スリラー大百科』、中島幸三郎『風雲児・十河信二伝』、古我源吉「船名（艦名）を語る」（『海運』通巻三六〇号）

七十御前さん［しちじゅうごぜんさん］

香川県の丸亀地方に伝わる。項目名の読みは『綜合日本民俗語彙』に準拠。

七十御前さんは伊予（愛媛県）の**犬神**に相当するものであり（犬神全体については四国広域を参照）、その本体は首に金の輪の入った小蛇なのだという。これを使う家筋に恨まれると、七十御前さんをけしかけられて病人にされたり取り殺されたりする。そのため、こういった家筋の人は敬遠され、縁組なども避けられるのだという。

ある家で妻女が主人の留守中に、主人が大事に仕舞っていた瓶の蓋《ふた》を開けてみると、中にはたくさんの小蛇がうじょうじょと入っていた。そこですぐに湯を沸かし、煮え返る湯を瓶の中に注ぐと、小蛇はすべて死んでしまった。それからその家から七十御前さんはなくなったのだという。

［参考文献］立花正一「讃岐丸亀地方の伝承」（『郷土研究』五巻七号）

七人同行［しちにんどうぎょう］

香川県の丸亀地方や仲多度郡まんのう町真野などの話。

七人同行は目に見えないが、深夜に町を歩いていて、これに突き当たると地面に放り投げられるという。横町（現・丸亀市本町）はその通り筋に当たっているとされていた。

「眞野聞書」にも七人同行に遭遇した話が記されている。ある人が夜に牛を連れて四つ辻《つじ》に差し掛かると、急に牛が立ち止まって動かなくなった。ふと牛の股の間から向こう側を見ると、七人同行が行列して歩いていくのが見えたのだという。これは獣には見ることができるものであり、人でも耳を動かせる人は見えるのだという。

七人童子や**七人ミサキ**（四国広域）なども参照。

［参考文献］立花正一「讃岐丸亀地方の伝承（続）」（『郷土研究』七巻二号）、和気周一「眞野聞書」（『讃岐民俗』通巻二号）

七人童子［しちにんどうじ］

香川県仲多度郡多度津町の話。

丑《うし》三《み》つ時に四つ辻《つじ》を通ると、七人童子に会うから通ってはならないとされている。多度津では、決まって七人童子が出るという四つ辻があるのだという。

『ぶらり讃岐《さぬき》の民話とむかし話』にも同地域の話が記されている。盛土山の向こうから蓑笠《みのかさ》を着けて提灯《ちょうちん》を下げたものが、雨も降ってないのにピシャピシャと音を立てて歩いてきた。やがて天霧山から飯野山に一直線に延びている魔物の道を行ってしまったという。これは昔の一揆《いっき》で、庄屋をはじめとした村の有力者七人が処刑されたものを七人童子として祀《まつ》ったものだという。

「讃岐・阿波・伊予の妖怪」にはヒチニンドウジ（七人同志）として記されている。

讃岐では寛延年間（一七四八～五一）の農民による騒動で処刑された七人の同志が、雨のそぼ降る夕方などに蓑笠姿で鬱々と話をしながら歩いている。これに行き逢うとたちまち気分が悪くなるといい、行き逢った人は家に入る前に大きな箕《み》で扇いでもらうのだという。

七人ミサキ（四国広域）も参照。

［参考文献］三宅周一「妖怪語彙」（『民間伝承』四巻一一号）、岸上真士（編）『ぶらり讃岐の民話とむかし話』、武田明「讃岐・阿波・伊予の妖怪」（『自然と文化』一九八四年秋季号）

蛇の目傘のヒヒ［じゃのめがさのひひ］

香川県の琴南の辺り（現・仲多度郡まんのう町辺り）の話。

ある男が薄暗くなった山道を歩いていると、向こうから蛇の目傘を差した人がやって来た。歩く物腰から若い女のように見えたので、男は近寄って行き違いざまに傘の中を覗き込んだ。しかし、暗くなっていてはっきりとわからなかったので、さらに近寄って確かめようとすると「イヒヒ、ヒヒッ」と笑う声がした。いっこうに顔を見せずに「ヒヒ、ヒヒッ」と笑うだけなので、これを蛇の目傘のヒヒと呼ぶようになった。このヒヒに実際に出会った人も多いのだという。

[参考文献] 谷原博信「讃岐山村の伝説と昔話」(『あしなか』通巻二二一号)

シャンゴシャンゴ馬 [しゃんごしゃんごうま]

香川県坂出市府中町の話。もとは『坂出の昔ばなし』に記されている。

昔、府中のあかがねざかという所に、鈴を鳴らして走るシャンゴシャンゴ馬というものがいた。これは親の言うことをよく聞いてよく働く人だけ見ることができるという。ある所に、足が不自由だがよく働いて親の世話もする若者がいた。その若者が畑仕事を終え、夜に山の御陵(白峯御陵のことか)へお参りに行こうとした。するとその道中で「シャンゴシャンゴ」という鈴の音とともに、真っ赤な馬が走ってきた。馬は若者をくわえて背に乗せると、御陵のある山を駆け上っていき、御陵の前で神様の姿になった。それから不思議にも若者の足は元気になり、山を駆け下りることができるほどになったのだという。

首切れ馬や**夜行さん**(ともに四国広域)も馬の姿で現れるが、シャンシャン、ジャンジャンといった音を鳴らすとされている。シャンゴシャンゴ馬もこれらの類例だと思われる。

[参考文献] 岸上真士(編)『ぶらり讃岐の民話とむかし話』

ショウカラビー

香川県小豆《しょうず》郡の小豆島に伝わる。

小豆島の神の浦(現・小豆島町神浦)では、雨の降る夕方などに海上で仕事していると、ショウカラビーという船が追いかけてきて「杓《しゃく》貸せ、杓貸せ」と言ってくる。この船は帆が反対に向いていて、自分の乗っている船と大きさもよく似ているのですぐに判別がつくのだという。

[参考文献] 武田明「讃岐・阿波・伊予の妖怪」(『自然と文化』一九八四年秋季号)

浄願寺の禿狸 [じょうがんじのはげだぬき]

香川県高松市番町の浄願寺に「白禿大明神」として祀《まつ》られている化け狸。

「讃岐《さぬき》丸亀地方の伝承」によると、常願寺(浄願寺)には一〇〇〇年以上の年を経た古狸が棲んでおり、「常願寺のはげ狸」として讃岐(香川県)では知らない者がいないほど有名であるという。この狸は源平合戦の屋島の戦いの模様をよく知っており、常願寺の住職が代替わりする時に、縁側で「はげよ、はげよ、どうぞ屋島合戦を観せてくれ」と頼むと眷属《けんぞく》を引き連れて現れ、一度だけ屋島の戦いの有様《ありさま》を観せてくれるのだという。

『讃州高松叢誌』によると、禿狸はときどき僧の姿に化けて町に出てきては「浄願寺です」と名乗ってうどん屋で食い倒していたのだという。うどん屋は本物の浄願寺の僧と思って月末に代金を受け取りに行くと、寺ではいっこうに心当たりがない。しかし、住職は「また禿が悪戯《いたずら》した」と言って、快く代金を支払ってくれたのだという。禿狸は無邪気で名高く、またお灸《きゅう》が上手であったという。

「怪談四則」においては「浄願寺の古狸」の話が記されている。昔、昼日中にある武士が浄願寺の高塀の下を通ると、塀の屋根の上で一匹の大きな狸がしきりに目に目薬をさしているのを見た。その目薬は町外れの妙見宮付近に住む太田文孝という医者から貰《もら》ったものらしいとされ、一時期大評判になったのだという。

「浄願寺の禿狸」によると、浄願寺の禿狸の話に人を困らせたとか苦しませたとかいうようなものは一つもないのだという。この狸はときどきふと思いついたように旅に出て、人の病気を癒すために灸治をして行脚《あんぎゃ》した。四国はもとより中国地方や京阪（京都・大阪）まで僧侶《そうりょ》の姿となって行き、「讃岐の浄願寺の者だ」と言って回るので、浄願寺には「お陰で治りました」と礼状が届くこともあったのだという。寺内には旧藩の頃の陶器師が作った僧形の狸を祀《まつ》った「白禿大明神」があり、参詣の人々が多かったのだという。

『讃岐高松名勝図絵　新版』では、讃岐の狸の横綱は屋島の狸（**太三郎狸**）と浄願寺の禿であり、特に禿狸は情と世間への恩義をわきまえた、稀《まれ》な狸であるとしている。

禿狸は金がなくて正月を迎えられない年寄り夫婦のため、薬缶に化けて身売りをしたが、薬缶に化けている間に拭き込まれすぎて、頭が禿げてしまった。寺の方丈が泣いている禿狸に鏡餅を三つ与えると泣き止んだので、それから「今泣いたのだあれ、浄願寺の禿狸、お鏡三つで笑った」と囃《はや》されるようになったのだという。

香川県の代表的な化け狸として、現在よく知られている「屋島の禿狸」は多くの場合、基本的に太三郎狸を指すとされている。これは浄願寺の禿狸の名前と混同されて流布したものではないかという説もある。

［参考文献］立花正一「讃岐丸亀地方の伝承」（『郷土研究』五巻七号）、宮武省三『讃州高松叢誌』、谷本梨庵「怪談四則」（『医文学』八巻一号「雑談・珍談・快談・奇談・妙談・怪談に就て五十有名家大家の語る千態万状の種々相」）、成蹊生「浄願寺の禿狸」（『医文学』八巻一号「雑談・珍談・快談・奇談・妙談・怪談に就て五十有名家大家の語る千態万状の種々相」）、荒井とみ三『讃岐高松名勝図絵　新版』

城崩れの神［じょうくずれのかみ］

香川県小豆《しょうず》郡小豆島町の星ヶ城山の辺りに伝わる。

南北朝時代であった貞和三年（一三四七）、佐々木信胤《ささきのぶたね》の星ヶ城が北朝の細川師《ほそかわもろ》氏《うじ》の軍勢に攻められ、激戦が行われた。この時に戦死したり逃亡して斬られたりした人々の遺骸を神として祀《まつ》ったのが、城崩れの神である。これは非命に死んだ人々の霊なので、うっかりすると祟られやすいとされている。この神は特に星ヶ城の山麓《さんろく》である内海地方に無数に散在し、特に内海地区では小祠《しょうし》や古い墓らしきものは何でも城崩れの神にしてしまっている傾向があるのだという。

［参考文献］川野正雄『小豆島今昔　民俗を中心として』

ショウベンノミ

香川県仲多度郡琴南町美合（現・仲多度郡まんのう町美合地区）に伝わる。

山小屋の外に置いた小便たんご（小便を溜めておく容器。簡易便所）を空にしてしまう妖怪。狼《おおかみ》の仕業《しわざ》だろうと言う人もいる。

徳島県の**小便を飲む化物**も参照。

［参考文献］武田明「仲多度郡琴南町美合の妖怪と怪談」（『香川の民俗』通巻四一号）

白山の岩［しらやまのいわ］

香川県木田郡下高岡村（現・木田郡三木町下高岡）に伝わる。

下高岡村の字《あざ》・白山に奇妙な岩がある。この岩には不思議な穴があり、ここに一文銭を入れると変な音がする。土地の人は、この穴の底は志度の観音様（さぬき市志度の志度寺のことか）に通じていると言い伝えている。

［参考文献］嶋村知章「讃岐木田郡井戸村の奇聞」（『岡山文化資料』二巻三号）

シロブスマ

香川県仲多度郡琴南町美合（現・仲多度郡まんのう町美合地区）の話。

中熊の造田家は旧家だが、そこの土蔵の中には一本足の妖怪がいる。冬の雪の日には土蔵から出てきて外を歩き回るので、足跡を見ることができるのだという（「仲多度郡琴南町美合の妖怪と怪談」）。

造田家の土蔵には神が祀《まつ》られているが、これは護摩札を祀ったもので悪魔封じのためのものだという。土蔵の中にはシロブスマという一つ目一本足の妖怪がいるとされ、雪の降った日には土蔵の外に出て歩き回る。その足跡は雪の中にいくつも見られたのだという（「阿讃山地の民俗（大川山周辺）」）。

「讃岐《さぬき》山村の伝説と昔話」ではシロフスマとしている。シロフスマは一つ目で足が一本の妖怪だという。多くは旧家の蔵の中に棲んでいて、雪が降ると蔵から出て門のうちを歩き回る。家の周りを一本足で巧みに歩き、門の外には出ずに再び蔵の中に戻るのだという。子供が言いつけを聞かない時には蔵の中に入れるが、そうすると子供はシロフスマが出てくるかもしれないと思い、悪戯《いたずら》をしなくなるという。また、シロフスマは白い大きい顔をしているが、誰もそれを見た者はいないとされている。

高知県の**手杵《てぎの》返し**も参照。

〔参考文献〕武田明「仲多度郡琴南町美合の妖怪と怪談」(『香川の民俗』通巻四一号)、武田明「阿讃山地の民俗(大川山の周辺)」(『香川の民俗』通巻四三号)、谷原博信「讃岐山村の伝説と昔話」(『あしなか』通巻二二一号)

白峯相模坊 「しろみねさがみぼう」

香川県坂出市青海町《おうみちょう》の白峯寺に祀《まつ》られている天狗。『雑説嚢話《のうわ》』巻之下本などで書かれた、いわゆる「八天狗」にもその名を連ねている。

『南海通記』巻之一の「綾松山記」には、相模坊は上古から南海道六ヶ国の天狗の司であり、弘法大師が相模坊を仏所の鎮守とした、と記されている。また『全讃史』巻之七の「白峰寺」の項によると、貞観二年(八六〇)に智証大師(天台宗の僧・円珍)がこの山を登ると老翁が現れ「余はこの山の神なり、相模坊という。(中略)慈尊の像を造り、以て後来の衆生を利せよ。我もまたこれを助けん」と言ったので、大師はこの老翁を前導(先導)としたのだという。

また巻之一〇の「白峯」の項には、松山(白峯の古称)には相模坊という神があり、はなはだ霊威があると記されている。

長寛二年(一一六四)に崇徳上皇が讃岐《さぬきの》国《くに》(香川県)の流刑地で崩御し、その陵墓が白峯に造られた。仁安二年(一一六七)には西行法師がこの陵墓に詣で、その荒廃ぶりを嘆いたという話が『撰集抄』に記されているが、この話を元に創作された謡曲『松山天狗』では、荒ぶる崇徳上皇の霊を慰めるため、相模坊が眷属《けんぞく》を連れて参内してくる場面が描写されている。さらにこの『松山天狗』に着想を得た『雨月物語』の「白峯《しらみね》」では、崇徳上皇の霊が「相模、相模」と呼ぶと、鳶《とび》のような化鳥《けちょう》が現れて、平重盛の命を奪って後白河上皇や平清盛を苦しめるように命じられている。これらの描写から、現代では相模坊は崇徳上皇に仕える天狗として知られている。

なお「相模坊はもともと相模国(神奈川県)の大山《おおやま》の天狗であったが、崇徳上皇に仕えるために讃岐へと渡った」という来歴が一般に語られているが、これについては明確な根拠が見いだせない。『天狗の研究』や『図聚天狗列伝』などを記した知切光歳が、自身の天狗研究において「相模坊が相模の大山から讃岐の白峯へと移った後、伯《ほう》耆《き》(鳥取県)の大山《だいせん》から伯耆坊が相模へと移り、空白となった伯耆の大山には清光坊(『日本怪異妖怪事典 中国』鳥取県の「伯耆大仙清光坊」も参照)が入った」という説をたびたび用いているが、これの典拠となる資料などは提示されていない。逆に前述の資料や各地の天狗について記した資料などでは、相模坊は一貫して讃岐国白峯の神あるいは天狗であると明記している。相模国から移ってきたという来歴は、あくまで知切の推測にすぎないと考えるべきだろう。

〔参考文献〕日本随筆大成編輯部『日本随筆大成』二期八巻、香西成資『史料叢書 南海通記』、中山城山(原著)・青井常太郎(校訂)『標註国訳 全讃史』、佐成謙太郎『謡曲大観』五巻、重友毅『雨月物語評釈』、知切光歳『天狗の研究』、知切光歳『図聚天狗列伝 西日本編』

スモトリ坊主 「すもとりぼうず」

香川県仲多度郡まんのう町に伝わる。

明神から真鈴峠を越える旧道に、通行人が一休みする茶堂（峠などに建てられた小さなお堂）があり、粉ひき地蔵と呼ばれる地蔵を祀《まつ》っている。ここを四つ足堂（四つ足茶堂）と呼び、かつては多くの人で賑《にぎ》わっていた。

この茶堂の辺りにスモトリ坊主がいたという。スモトリ坊主は小さい子供の姿になって、通る人に「すもうをとらんか」と誘いをかけてくる。子供だと侮《あなど》って相撲《すもう》を挑むと、なかなか手強い相手だったのだという。

この茶堂の辺りには、他にも**川女郎**や**ヤンギョウサン**（四国広域の**夜行さん**も参照）といったものが出たのだという。

そうれんかきも参照。

［参考文献］谷原博信「讃岐山村の伝説と昔話」（『あしなか』通巻二二一号）、武田明「仲多度郡琴南町美合の妖怪と怪談」（『香川の民俗』通巻四一号）

スリバチ谷の怪猫 「すりばちだにのかいびょう」

筆者命名。香川県高松市の話。

高松市の西のほうにスリバチ谷という所があり、ここに猫塚という石造りの塚がある。昔、この山がまだ噴火していた頃に怪猫が棲んでいた。この怪猫は人を殺して生き血を吸ったり、田畑を荒らしたりしていたので住民に大変怖がられていた。しかしある年、怪猫がスリバチ谷で昼寝をしていると突然山が噴火してしまい、逃げる間もなく天高く吹き上げられ、焼け死んで山麓《さんろく》に投げ出された。人々は猫の祟りを恐れ、死骸を噴火口の麓《ふもと》に葬って塚を建ててやったのだという。

この猫塚は恐らく石清尾山《いわせおやま》古墳群の猫塚古墳のことと思われる。この辺りには擂鉢《すりばち》谷《だに》という地名もある。

［参考文献］草薙武吉「讃岐の塚伝説」（『旅と伝説』九年三号）

清少納言の古墳 「せいしょうなごんのこふん」

香川県の象頭山《ぞうずさん》（善通寺市、三豊市、仲多度郡）の話。『閑田耕筆』巻之一に記されている。

象頭山の鐘楼のそばに一つの石碑があり、ここに清少納言の古墳があると伝えていた。ある時、金光院（金毘羅大権現《こんぴらだいごんげん》、現在の金刀比羅宮《ことひらぐう》）の僧侶《そうりょ》がこの古墳を別の場所に移そうとした。しかし、その僧侶の夢に一人の婦人が現れて「うつつなき　あとのしるしを　誰にかは　とはれんなれど　ありてしもがな」という歌を詠んだ。目が覚めた僧侶は「ここは本当に清少納言の墓だったのか」と考え、場所を移さず元のままにしておいたのだという。

［参考文献］日本随筆大成編輯部『日本随筆大成』一期一八巻

赤面の童子［せきめんのどうじ］

香川県木田郡田中村（現・木田郡三木町田中）の話。

田中村の雷《いかずち》八幡神社には雷塚というものがある。昔、この社の近くに雷が落ちたが、その雷がたちまち赤面の童子に変じた。すると、どこからともなく神童が現れ、赤面の童子と激しい問答をした。問答の末に赤面の童子は敗れて「この村に雷難あるべからず」と言い残して死に、神童も白雲に乗って昇天したという。

［参考文献］草薙武吉「讃岐の塚伝説」（『旅と伝説』九年三号）

銭隠し［ぜにかくし］

香川県さぬき市小田の話。

昔、小田の西の谷辺りでは正月の元日と一五日には海水を汲《く》んできて神棚を清めるという風習があった。ある年の元日、老爺《ろうや》が桶《おけ》を持って海辺に出ると、水底におびただしい数の銭が光っていた。老爺はありがたく思って小銭を桶に集めて持ち帰り、老婆も喜んで神の恵みに感謝した。しかし老爺が拾い残しも取ってこようと元の海辺へ行っても、銭は一つも見つからなかった。それからその辺りのことを銭隠しと呼ぶようになり、近くの山も銭隠山と呼ぶようになったという。

［参考文献］志度町史編纂委員会『志度町史』

銭出し岩［ぜにだしいわ］

香川県高松市東植田町地区の話。

杣尾《そまお》からとんぼ坂を越えて木田郡三木町田中へ入る道の途中に、銭出し岩がある。この岩に散米をして祈ると銭を出してくれたが、心がけの良くない人がいたので銭を出してくれなくなったという。また膳椀《ぜんわん》貸岩でもあったとされ、法事などで膳椀を借りたい時に頼んでおいたという。しかしこれも心がけの良くない人が借りた物を返さなかったので、以後貸してくれなくなったのだという。

［参考文献］香川県『香川県史』一四巻　資料編民俗

専立寺の妖怪たち［せんりゅうじのようかいたち］

筆者命名。香川県綾歌《あやうた》郡綾歌町（現・丸亀市綾歌町）の専立寺の話。

『綾歌町史』には三つの話が記されている。

①ある人が栗熊まで菜種油を買いに行く途中、向こうからチハイ（詳細不明）みたいなものを着た**七人童子**がやって来た。その人は恐ろしくなってコジキイズミのそばの橋の下に隠れたが、七人童子の一人が「人くさい、人くさい」と言い始めた。しかしもう一人が「専立寺の阿弥陀《あみだ》が見よるけに、こらえてやれ」と言ったので、通り過ぎていったのだという。

②昔、ある男が専立寺の下を通っていると、狸が人足《にんそく》に化けてこちらに向かってきた。男が木陰に隠れていると、最初の人

足が「人間のにおいがする」と言い、二番目が「捕って食え」と言ったが、三番目が「専立寺の仏が見よる」と言ったので、そのまま行き去った。しかし、その男はそれから二、三日して死んでしまったという。

③ウッサンマイという所のそばを流れている向川に石橋が架かっていた。そこをある人が通った時、**オジョモ**がやって来たので、恐ろしくなって橋の下に隠れた。オジョモがその橋の上を通った時、前のオジョモが後ろのオジョモに「人くさい、人くさい」と言った。隠れた人は専立寺の信仰者だったので、一生懸命お祈りをした。すると前のオジョモが「専立寺の阿弥陀がにらんみょる（睨《にら》んでいる）からマンセーマンセー」と後ろのオジョモに言って、通り去ったのだという。

［参考文献］綾歌郡綾歌町教育委員会『綾歌町史』

千両箱［せんりょうばこ］

香川県三豊市豊中町の話。もとは『豊中町誌』に掲載されている。

大晦日の夜、村一番の正直者とされる男が伊勢の宮の坂道を上っていると、向こう側から千両箱が歩いてきた。化け物だと思った男は千両箱を抱きかかえて家に帰り「おばあさん、狸を捕まえたぞ」と言った。しかしおばあさんは驚いて「これは狸じゃないよ、これは千両箱だよ、神様が恵んでくださったんだよ」と言った。この村では、大晦日の晩にはゲンシャ（分限者、金持ちのこと）の倉の中から千両箱が外に出歩くと昔から伝えられていたという。正直者の男が千両箱を拾ったという話はたちまち評判になり、あるずる賢い男が「今年こそは」と考えた。やがてまた大晦日の晩になり、男が伊勢の宮の坂で待ち受けていると、やはり千両箱が歩いてきた。しかし男が飛びかかると、千両箱は消えて狸が現れた。男は狸を捕まえて帰り、檻《おり》の中に閉じ込めて千両箱に戻るのを待ったが、狸はとうとう死んでしまったのだという。

［参考文献］岸上真士（編）『ぶらり讃岐の民話とむかし話』

素麺川の怪物［そうめんがわのかいぶつ］

香川県香川郡直島町の話。

直島の崇徳《すとく》天皇宮から一町（約一〇九メートル）ほど手前に長さ二間（約三・六メートル）、幅七、八寸（約二一～二四センチ）の鉤形《かぎがた》の川がある。昔、南のほうの寺（南寺のことか）に素麺が好きな院家（貴族出身の僧侶《そうりょ》）がいた。ある時、院家が法事の後の食事で、山のような素麺を一人で食った。その帰り道に崇徳天皇宮の前を通った時、一人の僧を見かけた。僧は院家の後をついてきて、院家が立ち止まると同じように立ち止まり、走ると同じく走ってきた。そのうち風もないのに提灯《ちょうちん》の火が消えたかと思うと、恐ろしい爪の生えた、毛だらけの獣の手が院家を摑《つか》んだ。怪物はそのまま院家の腹に爪を立て、食べたばかりの素麺を取り出して、近くの川ですすいでから食べてしまった。翌日、寺男が院家を探しに行くと、川に院家の死体と食べ残しの素麺だけが残っていたという。それからこの川を素麺川と呼ぶようになり、誰も夜遅くはその辺りを通らなくなった。また素麺を食べた後は必ず湯茶を飲むようになった。湯茶を飲めば腹の素麺を溶かすことができるからだという。

［参考文献］三宅勝太郎『島の伝説』

そうれんかき

香川県の琴南の辺り（現・仲多度郡まんのう町辺り）の話。

山の尾が寄り合っていて、谷川の流れが渕《ふち》になっているような所には、アカシャグマ（四国広域の**赤しゃぐま**）の他にそうれんかきというのもよく出る。これは黄昏時《たそがれどき》に二人の男が輿《こし》を担いで続々と通りかかるもので、他の者はそこを通るゆとりがなくなってしまうという。死霊の仕業《しわざ》と考えられ、こうした悪霊を鎮めるために茶堂（峠などに建てられた小さなお堂）に粉ひき地蔵を祀《まつ》るようになったのだという。

粉ひき地蔵を祀った茶堂とは、琴南地区の四つ足茶堂のことと思われる。また「そうれん」とは葬斂《そうれん》、つまり葬列のことであると思われる。他の用例として、棺《ひつぎ》や輿をソウレンと呼ぶ（「菅沢村の民俗ノート」）。葬式のことをソウレンと呼ぶ（「仲多度郡多度津町高見島の葬送について」）。

［参考文献］谷原博信「讃岐山村の伝説と昔話」（『あしなか』通巻二二一号）、市原輝士「菅沢村の民俗ノート」（『香川の民俗』通巻五九号）、西山市朗「仲多度郡多度津町高見島の葬送について」（『香川の民俗』通巻五九号）

ソーレンウシ、ソーレンネコ

香川県綾歌《あやうた》郡綾歌町（現・丸亀市綾歌町）の専立寺の俗信。

ソーレンウシとはテンガイウシとも呼ぶ。頭がテンガイマダラといって葬列に使う天蓋《てんがい》のようにまだらになっている牛のことを指し、忌むのだという。

ソーレンネコは足が黒くて指の所が白い猫のことを指し、これもまた忌むのだという。

そうれんかきと同様、葬斂《そうれん》が由来の呼び方であり、葬列を連想させるとして忌避されたのだと思われる。

［参考文献］綾歌郡綾歌町教育委員会『綾歌町史』

袖モヂキ［そでもぢき］

香川県三豊郡麻村（現・三豊市高瀬町地区）の、上栂《かみつが》から椛ノ木《かばのき》へ下る境に木折神というものが祀《まつ》られている。道端に立つ細長い三尺（約九〇センチ）ばかりの自然石が御正体で、土地の人はキウリガミと呼ぶが、袖モヂキと呼ぶこともある。ここで出し抜けに風が起こり、袖を吹きちぎられてしまうことがあるのだという。咳《せき》の神ともされていて、夜中にオチラシ（麦を焦がしたもの）を供えて平癒を祈願する。また行路の平安を祈念して草履《ぞうり》や足半《あしなか》を供えることもある。

観音寺市の高室村《たかむろそん》高屋（現・高屋町）と一の谷村吉岡（現・吉岡町）にも、同じような袖モギキの話が伝わっているという。「大川郡多和の妖怪」によると、大窪寺《おおくぼじ》の手前にオンバトウゲという所があり、ソデモギトウゲとも呼ばれている。ここで転ぶと袖をもがれるとされ、これは峠の辻《つじ》に祀っているショウヅカの婆（正塚婆。奪衣婆《だつえば》のこと）が袖を取るのだという。

『ぶらり讃岐《さぬき》の民話とむかし話』には、仲多度郡仲南町（現・仲多度郡まんのう町）の例が記されている（もとは『仲南町誌』に掲載）。村境の道端には袖もぎ様を祀っている所がある。この神様は衣や袖を欲しがるので、この前で転んだら片袖をもぎ取られるのだという。本町でも、山脇の旧箸《はし》蔵《くら》道に「左衛門坂」という坂があり、ここでは昔、左衛門という人が転んで片袖をもぎ取られたと伝えられている。

徳島県の**袖もぎ様**も参照。

［参考文献］細川敏太郎「麻の木折神」（『香川の民俗』通巻一号）、武田明「大川郡多和の妖怪」（『香川の民俗』四巻二号）、岸上真士（編）『ぶらり讃岐の民話とむかし話』

【た】

大学二号館の怪異
［だいがくにごうかんのかいい］

筆者命名。香川県善通寺市の話。

善通寺市の某大学は、太平洋戦争の時に兵舎か軍の病院があったといい、そのせいか霊体験をする人が非常に多かったらしい。

なかでも二号館と呼ばれる古い建物では「首のない患者の車椅子を押す看護師がいた」「首のない馬（**首切れ馬**。四国広域参照）が廊下を走っていた」「昼間に二号館の教室で授業中に怪現象が起きた」といった話があったという。この二号館は国から立て直しの許可が下りず、それはまだ地下に人骨がゴロゴロしているからだとされた。その地下に下りる階段の入り口はコンクリートで固められ、入ることができないのだという。

また、大学と道を挟んだ反対側には神社があり、そこの手水鉢《ちょうずばち》の側面には人の顔が浮かび上がることがある。これを見た時にその顔が笑っているように見えたら、見た人には災いが起きるのだという。

［参考文献］山岸和彦（編著）『最新　日本の心霊恐怖スポット100』

大蛇と大蛸［だいじゃとおおたこ］

香川県坂出市王越町の話。

昔、大崎ノ鼻（五色台の北端である、瀬戸内海の海峡）に大蛇が棲んでいた。ある日、大蛇が大崎ノ鼻から海を見ていると、大きな蛸を見つけた。大蛸のほうも大蛇を見つけ、互いに餌食《えじき》にしてやろうと考えた。そこで大蛇は大きな松に尾を巻き付けて海上に顔を出したが、大蛸も足を大蛇に巻き付け、とうとう大蛇は松ごと海の中に引き込まれてしまった。それから一〇年ほどが経った頃、米をたくさん積んだ千石船が近くの海を通り、船頭が海に油が多く浮かんでいるのを見つけた。船頭はこの海の下に蛇骨があると考え、若い衆を海に潜らせると、例の大蛇の骨がそのまま沈んでいるのを見つけた。船頭は米を捨てさせ、大蛇の骨を引き揚げて大阪へと持っていき、そのまま成金になったのだという。

［参考文献］内藤敏典「王越の聞書」（『香川の民俗』七巻一号）

高壁［たかかべ］

香川県大川郡白鳥町（現・東かがわ市白鳥）の話。

夜遅くに高壁にぶつかって肝を潰《つぶ》した人がいた。夜まで囲碁《いご》をしていたその人が帰る途中、突然前に真っ黒い高壁が立ち塞《ふさ》がり、身動きができなくなった。驚いて振り返ると、後ろは明かりが灯って道もよくわかった。その人は震え上がって打ち伏せ、しばらくして前方を見るとようやく道が見えていたので、這《は》うようにして家に帰ったのだという。

［参考文献］白鳥町史編集委員会『白鳥町史』

タカニュウドウ

香川県大川郡多和（現・さぬき市多和）や木田郡三木町奥山広野などの話。

「大川郡多和の妖怪」によると、タカニュウドウは背の高い化け物なのだという。タカニュウドウを見れば見るほど高く見えてくるが、これは狸が来てその人の肩に止まっているから上を向いてはならないとされている。こういう時は「負けた、見越した」と言ってお辞儀をすれば、すぐに消えるのだという。

「三木町南部の聞書」によると、お墓の所から今の道まで、オオナワスジ（四国広域の**ナワスジ**を参照）という道が延びていて、そこは怪しげなものがよく出たのだという。夏にこの道筋にあるもうそう藪《やぶ》（孟宗竹の竹藪という意味か）でタナ（竹を合わせて括《くく》って、上に板を並べたもの）を作って蚊帳《かや》を吊《つ》って寝ていたら、上から大きな人に覗かれた。これはタカニュウドウだったという。

四国広域の**高坊主**も参照。

［参考文献］武田明「大川郡多和の妖怪」（『香川の民俗』四巻二号）、水野一典「三木町南部の聞書」（『香川の民俗』通巻六六号）

竹の子童子［たけのこどうじ］

香川県高松市付近で語られていた昔話。

昔、貧しい爺《じじい》がいた。爺はいつものように家の裏の竹藪《たけやぶ》へ筍《たけのこ》を掘りに行き、その日は三つの筍を掘り出して縄で結んでおいた。しかししばらく目を離していたら筍が消えていたので、誰かに盗まれたかと思って家に帰ると、後ろから筍が声を掛けてきた。筍は土の中から出してくれた礼を言い、先頭に立って爺を案内して立派な町へと連れて行った。町では殿様の姫君が病気で、筍を食べれば治るとして筍を求めていた。筍は爺に「早く私を殿様の所へ持っていってくれ」と頼み、爺がその通りにすると姫君の病気が全快した。爺は殿様から多くの褒美やお金を貰《もら》って帰ったのだという。

［参考文献］武田明「東讃岐昔話十話」（『讃岐民俗』通巻三・四号）

章魚のようなもの［たこのようなもの］

香川県仲多度郡白方《しらかた》村（現・仲多度郡多度津町）の話。

ある人が弥谷山《いやだにやま》の池の畔《ほとり》で休んでいると、天から章魚のようなものが降ってきて、長くなったり短くなったりした。驚いて寺へ駆け込むと、堂守が「そんなにびっくりするな、ちょいちょいあんなにして見せるんだ」と言ったのだという。

［参考文献］和気周一「白方聞書」（『讃岐民俗』通巻三・四号）

タゴマクリ

香川県大川郡長尾町多和（現・さぬき市多和）に伝わる。

多和の菅峠という所にタゴマクリが出る。ザレ（崖）をタゴ（肥桶《こえおけ》のようなもの）が転がってくるとされ、ざりざりと音がするのだという。

［参考文献］武田明「大川郡多和の妖怪」（『香川の妖怪』四巻二号）

太三郎狸［たさぶろうだぬき］

香川県高松市屋島に伝わる。

屋島東町の屋島寺で「蓑山《みのやま》大明神」として祀《まつ》られている化け狸。一般に「屋島の禿《はげ》狸《だぬき》」として知られるさまざまな話は、基本的にこの太三郎狸の話とされることが多い。

『讃岐高松名勝図絵　新版』によると、屋島の狸は阿波（徳島県）の狸と同様に四国の狸の親分格であり、太三郎は屋島寺の開基以来守護神として祀られ、寺内で異変のある前には必ず住職に夢告《ゆめつげ》をするのだという。また住職が代替わりするごとに、幻術を用いて源平合戦の実演を見せて祝ったのだという。『全国狸集』という書籍（詳細不明）によると、屋島は諸国の狸の修行所・狸の最高学府であり、太三郎はその総長格であり、また高松の白禿狸（**浄願寺の禿狸**）の最も良き相談相手なのだという。

「阿波に於ける狸伝説十八則」によると、屋島の禿狸は源平合戦の屋島の戦いを高い木の上から見物していたので、その一部始終を知っているのだという。後に禿狸は香川県木田郡牟礼《むれ》村（現・高松市牟礼町）の八栗寺に移り、希望があれば屋島の戦いを再演してみせた。これを見物する時は終始無言でいなければならず、私語をしたり笑ったりすると直ちに中止したのだという。

禿狸は四国の狸大将として暮らしていたが、ある時旅から帰り、盥《たらい》で足を洗っているところを狩人に殺されてしまったのだという。その後、どういう理由か阿波国に行って方々の人に乗り移り、他の狸憑《つ》きから憑き物を落としたり、身の上話や屋島の戦いの話を語って聞かせたりしたのだという。

『弓矢の偉人那須余一宗隆』には、著者が幼少期に郷里の伊予（愛媛県）で聞いた話が記されている。それによると、屋島には源平の頃から禿げた古狸が棲んでいて、それが老人などの姿に化けて四国各地でお灸《きゅう》を施すのだという。この狸は毎年一度必ずやって来るので、毎年顔を合わせていると自然に狸だとわかってくる。狸のほうも正体を悟られたと思うと、さらに慣れ親しんで懇意の間柄になってきて「ぜひ屋島に遊びに来い」と誘ってくる。そこで実際に訪ねていくと、さまざまな歓待をしてくれた後に余興として屋島の戦いを演じて見せてくれる。その面白さや不思議さは言語に絶するのだという。

『香川県民俗誌』には、屋島寺に立っていた高松市観光協会の立て札について記されている。それによると、屋島の禿狸は「佐渡国三郎狸（団三郎狸か。『日本怪異妖怪事典　中部』新潟県の「二ツ岩の団三郎」を参照）」と「淡路国芝衛門狸（『日本怪異妖怪事典　近畿』兵庫県の「柴右衛門狸」を参照）」に並ぶ「日本三名狸」の一つであるとしている。禿狸は屋島寺本尊の千手観世音菩薩の御用狸として善行を積んだので、四国狸の総大将と崇《あが》められるようになり、その法名は蓑山大明神、または小八大明神なのだという。

なお『香川県民俗誌』には蓑山明神が蓑彦大明神とも呼ばれ、かつては天狗を祀っていたのだとも記されている。昔、官使の物部乙嗣という人が里人に命じて屋島の樹木を伐採したところ、蓑彦の祠がたちまち震動し、乙嗣をはじめとした一三人が立ちどころに震死してしまった。そこでこの辺りの樹木は決して伐採してはいけないということになったという。これは藤沢衛彦が『日本伝説叢書　讃岐の巻』に記した「簑彦明神」の話とほぼ一致しており、藤沢は口碑であると示すと同時に、傍例として『全讃志（全讃史）』の記述を提示している。『全讃史』の屋島寺の項には物部乙嗣の逸話が貞治二年（一三六三）の出来事であり、簑彦大明神は屋島山の鎮守であるとしているが、天狗であるとは書かれていない。屋島寺および屋島山の守護神については**屋島山の馬蘇《ばす》仙人**も参照。

〔参考文献〕荒井とみ三『讃岐高松名勝図絵　新版』、後藤捷一「阿波に於ける狸伝説十八則」（『民族と歴史』八巻一号）、森本樵作『弓矢の偉人那須余一宗隆』、福家惣衛（編著）『香川県民俗誌』、藤沢衛彦（編）『日本伝説叢書　讃岐の巻』、中山城山（原著）・青井常太郎（校訂）『標註国訳　全讃史』

タヌキ地［たぬきじ］

香川県高松市東植田町に伝わる。

東植田町の山裾に巨大な岩が二つあり、岩神と呼ばれている。かつては道を通る人たちが必ず拝んでいた岩で、何らかの祭祀《さいし》もあったというが、現在はただの岩となっている。この岩神さんの東に、二反（約一九八三平方メートル）ばかりの田がある。この田は「タヌキ地」と呼ばれ、この田で作付けをすると必ず良くないことが起きるとされた。これは岩神さんの狸がさわるのだとされ、そこからタヌキ地という名が付いたのだという。

〔参考文献〕北條令子「古道　高松市東植田町聞書」（『香川の民俗』通巻四〇号）

チマ

香川県大川郡長尾町多和（現・さぬき市多和）に伝わる。

槙川《まきがわ》から菅へ越える途中に比害谷という所がある。この比害谷の奥の山の辻《つじ》では、チマが踊っていることがある。チマとは三毛猫のことだという。

〔参考文献〕武田明「大川郡多和の妖怪」（『香川の民俗』四巻二号）

茶袋［ちゃぶくろ］

香川県丸亀市葭町《かやまち》の話。

葭町の正玄寺には槐《えんじゅ》の大木があった。幹の太さが三抱えか四抱えもあるという大木で、寺の塀を破って道いっぱいに覆いかぶさるほどであったが、夜になるとこの木から茶袋が下がるとされ、狸の仕業《しわざ》であるという。この木は暴風で倒れてしまい、それから茶袋の話も聞かれなくなったという。

畳屋町（富屋町のことか）の会所の松の木も茶袋が下がるという話があった。ある人がこれを見て、恐怖のあまり四、五日も床に就いたのだという。

〔参考文献〕立花正一「讃岐丸亀地方の伝承（続）」（『郷土研究』七巻二号）

椿の木のタイコツチ［つばきのきのたいこつち］

香川県大川郡長尾町前山（現・さぬき市前山）の話。『ダムに沈む　香川県長尾町前山地区民俗誌』に記されている。

昔、ある家を建てた時、大工がタイコツチ（頭の部分が太鼓のようになっている木槌《きづち》）を家の棟木《むなぎ》の所に忘れてしまい、そのまま屋根を葺《ふ》いて完成させてしまった。それからその家はマノモン（魔物か）が出るようになり、やがて家は滅んでしまったのだという。

ギンヅチも参照。

［参考文献］大島暁雄他（編）『日本民俗調査報告書集成　四国の民俗　香川県編』

つまようじさんとみきようじさん

香川県坂出市の小学生から投稿された話。

学校につまようじさんとみきようじさんというものが出る。つまようじさんは爪楊《つまよう》枝《じ》を投げてきて、みきようじさんは追いかけて来るのだという。

［参考文献］学校の怪談編集委員会『学校の怪談一三　幽霊によばれた校長先生』

デコ神さん［でこがみさん］

香川県高松市東植田町に伝わる。

東植田町の久保田という所は、大庄屋の久保家の田圃《たんぼ》があった所だという。この久保家の祖先はもともと阿波（徳島県）の者で、阿波国からデコを使いながら東植田まで来たという（デコとは木偶《でく》人形のこと。人形回しを生業《なりわい》としていたのだろう）。デコを使いながらだいぶ儲《もう》けたので、この地に住み着いてから屋敷を広げ、田畑も増やしていったが、住み着いてから何年も経ったある時、家中の者が屋敷で古ぼけたデコ人形を見つけた。見つけた者は「こんな古くて汚いデコ人形を置いておくなんて」と思って、双子山の端のほうに投げ捨ててしまった。しばらくして、双子山の麓《ふもと》の城という地域に住む人たちが、城池の下のほうで泣き声が聞こえると騒ぎ始めた。城池の辺りから、いるはずのない赤子が泣くような細い声が聞こえてくるのだという。噂《うわさ》を聞いた久保の大庄屋が確かめると、泣き声がする辺りに古ぼけたデコ人形が捨てられていた。大庄屋はそのデコ人形を持ち帰り、久保の新家（本家から独立した分家のこと）である遠藤家にお祀《まつ》りした。遠藤家の門先にあった樫《かし》の木を玉垣で囲み、そこにデコ人形をお祀りしてデコ神さんとすると、赤子の泣き声は聞こえなくなったが、しばらくして久保家は没落してしまった。遠藤家の屋敷も取り壊しとなり、デコ神さんは東植田八幡の境内に移転されたのだという。

デコ人形の泣き声が聞こえたという辺りの岳はデコダケとも呼ばれ、出具岳という字を当てている。この呼び名は、阿波から来たデコ使いがここで落ち込んで死んだことから名付けられたという話も伝わっている。

［参考文献］北條令子「古道　高松市東植田町聞書」（『香川の民俗』通巻四〇号）

天狗の良薬［てんぐのりょうやく］

香川県高松市の辺りの話。

寛永年間（一六二四～四四）の頃、高松の隣村に三吉という正直な男がいて、天狗の使いをしていた。三吉は六〇歳近くになって病を患い、これまでの命だから天狗に暇乞《いとまご》いをしようと考えて、いつも天狗と出会う場所へと向かった。天狗は遥《はる》か向こうの白峰（坂出市の白峰山か）から来て、三吉の話を聞いて非常に気の毒がった。そして「お前の命はあと一週間もないが、これまでの縁故もあるから薬の製法を教える。この薬を服用すれば命が延びるが、今から三年目の何月何日にはいよいよ死ななければならない」と言って、薬の製法を教えて立ち去った。三吉が帰宅してから教わった通りに薬を調合して服用したら、八日目になると臍《へそ》から美しい蝶《ちょう》が飛んでいき、病は全治した。そこで三吉は天狗のために社《やしろ》を建て、高戸の神として祀《まつ》った。それから三年が経ち、天狗に言われた日が来た。その日の三吉は体の具合が変わらないので予言が外れたかと思っていたが、夕方になって痛みを感じることもなく息を引き取った。三吉の一人娘のお菊はこの薬の秘法で同じ病に悩む大勢を救ったが、年を取った後に後継がいなかったので、神職の斎藤氏に伝え残した。それは樟脳《しょうのう》・枳椇《けなおし》（ケンポナシ）・三稜《さんりょう》・黄檗《おうばく》を等分にし、酒・醤油《しょうゆ》・酢を五合ずつ混ぜたものに五日ばかり漬けておいたものを、七日間服用し続けるのだという。

［参考文献］小寺融吉「天狗の話」（『旅と伝説』五年四号）

豆腐屋の声 ［とうふやのこえ］

筆者命名。香川県丸亀市の丸亀城の話。

丸亀城は山崎甲斐守《かいのかみ》（山崎家治）が築城したものだが、築城中に通りかかった豆腐屋を捕らえ、人柱として生き埋めにした。それから、雨のしとしと降る寂しい晩などに「豆腐、豆腐」と悲しげな売り声が聞こえてくるのだという。

［参考文献］立花正一「讃岐丸亀地方の伝承（続）」（『郷土研究』七巻二号）

トックリコロガリ

香川県仲多度郡多度津町の話。

徳利廻しともいい、二升徳利を回すような音を立てて転がってくる化け物なのだという。

徳島県の**徳利ころがし**も参照。

［参考文献］三宅周一「妖怪語彙」（『民間伝承』四巻一一号）

とりけ

香川県の丸亀地方に伝わる。

鉄道の踏切や川・池など、よく変死人が出る場所について、丸亀地方では「あそこはとりけが居る」などと言う。先に死んだ人の亡魂が離れずに残り、通りかかった人を誘い込むのだという。

『ぶらり讃岐《さぬき》の民話とむかし話』には香川県坂出市の「とりきの沼」について記されている（もとは『坂出の昔ばなし』に掲載）。ある夕方、水売りが帰り道に「とりきのぬま」という古池の近くを通ると、向こう岸に女の人が立っていた。女は「こっちへこい、こっちへこい」と手招きをしてきたので、水売りは呼ばれるままに歩いていき、池の中に入ろうとした。しかしちょうど通りかかった人が助けてくれたので、水売りは池で死なずに済んだ。ここではそのようにして、多くの人が死んだのだという。

ガータロも参照。

〔参考文献〕立花正一「讃岐丸亀地方の伝承（続）」（『郷土研究』七巻二号）、岸上真士（編）『ぶらり讃岐の民話とむかし話』

ドンドロサン

香川県香川郡直島町の方言。

雷のことをドンドロサンといい、「一つドンドロ大風のもと」と言って一つの雷が台風になると考えていた。

〔参考文献〕谷原博信「香川郡直島町積での聞き書き」（『香川の民俗』通巻三五号）

【な】

泣き獅子［なきしし］

香川県大川郡大川町の旧富田中村（現・さぬき市大川町富田中）の富田八幡（富多神社）に伝わる。

富田八幡の祭礼の行列に、欅《けやき》で造られた大きな獅子頭も並ぶが、これは泣き獅子とも呼ばれている。昔、富田八幡は川向こうにあったので、橋を渡って行かなければならなかった。しかしある年、何日も雨が降り続いて洪水となり、二頭あった獅子頭の一頭が流されて、渕《ふち》の中に沈んでしまった。そのため残された獅子頭は悲しんで泣いたのだという。獅子頭が沈んだ渕は獅子渕と呼ばれていたが、埋め立てられて畑になってしまったのだという。

〔参考文献〕武田明「大川町富田八幡の祭礼」（『香川の民俗』通巻三六号）

鯰塚［なまずづか］

讃岐国《さぬきのくに》三野郡大野郷上之村（香川県三豊郡財田大野村、現・三豊市山本町大野）に伝わる。『西讃府志』巻之四六に記されている。

黒川（現・三豊市財田町財田上黒川か）に鯰塚という塚がある。昔、ここに鯰淵とも亀淵ともいう淵があり、人を害する大きな鯰が棲んでいた。ある時、この鯰が阿波（徳島県）の人を害したので、里の人々はこれを殺そうと考え、山脇の峰に向かった。そこに一人の僧が現れて食事を乞《こ》うたので、人々は粟飯《あわめし》を食わせた。その後、人々は淵に至り、例の大鯰を引き出して寸刻みに斬り殺した。すると大鯰の腹から粟飯が出てきたので、先ほどの僧が鯰の化したものだとわかり、この地に埋めた。その時、淵の水が黒い血に変わって流れたので、この川を黒川と呼ぶようになったのだという。

［参考文献］柳田國男「魚の飯食う話」（『民間伝承』八巻三号）、京極家（編）『西讃府志』

縄目筋 ［なわめすじ］

縄筋道《なわすじみち》とも。香川県木田郡三木町に伝わる。

三木町の白山の山頂に龍王神社があり、そこから山田町の由良山（現・高松市由良町）の麓《ふもと》にある由良八幡宮へ通じる道を縄目筋と呼んで、里人は恐れていた。古老の話によると、雨が降る夜の丑三《うしみ》つ時に「ひいんしゃんしゃん」と、馬のいななきや鈴の音が東から西へと通っていくのだという。また、この時に家の中で小豆を洗うと、その音に和して馬のいななきも鈴の音も一層高くなるのだという。戸の隙間から覗いても音がするだけで何も見えないが、人々は首を斬られた馬が通るのだろうと信じている。

四国広域の**ナワスジ**や**首切れ馬**も参照。

［参考文献］三木町『三木町史』

ヌケクビ

香川県大川郡多和（現・さぬき市多和）の話。

ある男が朝起きてから嫁の顔を見ると、真っ黒けになっていた。これはヌケクビの化け物で、二階のネズミを探して真っ黒になってしまったのだという。ヌケクビは首周りに輪が入っているように見えるので「首に輪が入った女は嫁に貰《もら》うな」とされている。

抜け首やろくろ首の類型と思われる。『古今百物語評判』巻之一に記された轆轤《ろくろ》首《くび》も、首の周りに筋があるとされている。また『甲子夜話』巻之八においても、世間の評判として「轆轤首は必ず喉に紫の筋がある」としている。

［参考文献］武田明「大川郡多和の妖怪」（『香川の民俗』四巻二号）

猫だぬき ［ねこだぬき］

香川県綾歌《あやうた》郡宇多津町の話。

宇多津の水門には猫だぬきというものが棲んでいた。猫に化けるのが得意な狸で、人が「かわいい猫が遊んでいるな」と追いかけると、どこまでも逃げて捕まりそうで捕まらない。そのうち、追うほうは夢中になって田畑も構わず駆け回ってしまう。そういう人を見かけた時は、背中をどんと一つ叩いてやると正気づくのだという。

徳島県の**兎狸**も参照。

［参考文献］立花正一「讃岐丸亀地方の伝承（続）」（『郷土研究』七巻二号）

猫の足跡 ［ねこのあしあと］

香川県小豆《しょうず》郡池田町（現・小豆郡小豆島

町池田）の話。

ある男が畑へ芋《いも》掘《ほ》りに行ったきり、帰ってこなくなった。家族が心配して行ってみると、男は畑の三筋目で寝ていた。家に連れ帰って訳を訊いても、泣き出してものも言わなかった。それから男は一日寝て、起きたので体を調べると、背中に猫の足跡のようなものが点々と付いていていて、所々に掻きむしったような跡もあったのだという。


［参考文献］桂又三郎「香川県小豆郡池田町奇聞」（『岡山文化資料』二巻三号）

ネコバケ

香川県丸亀市の手島に伝わる。『民俗資料緊急調査報告書　塩飽《しわく》諸島のうち広島・手島・小手島』に記されている。

手島の北側の浦にはネコバケと呼ばれる所があり、ここは船の錨《いかり》を下ろしても、魚が釣れないという。これは船の中で猫の鳴き声がするからだとされ、どこで鳴いているかと思ってトモ（船尾）のほうに行けばオモテ（船首）のほうで「ニャオニャオ」と鳴き、逆にオモテへ行くとまたトモのほうで鳴くといった様子で、一晩中鳴き続けるのだという。


［参考文献］大島暁雄他（編）『日本民俗調査報告書集成　四国の民俗　香川県編』

根香寺の牛鬼［ねごろじのうしおに］

香川県高松市中山町の根香寺に伝わる。『塩江《しおのえ》町史』には次のように記されている。

昔、青峰山に牛鬼という怪物が棲み、人畜を害することが多かった。人々は藩主に害を除くことを願い、藩主は弓の名人である香川郡井原郷安原の山田蔵人高清に討伐を命じた。高清はすぐに青峰山に行って探し回ったが、牛鬼は出没自在でどうすることもできなかった。そこで一七日の間、根香寺の千手観音に祈願し、断食苦行をした。そして満願の夜明けに千尋が嶽の下にある鬼が原で、眼光鋭い怪物・牛鬼に出会い、見事に射殺した。高清は牛鬼の祟りを恐れ、その二本の角を切り取って禄米六石を添えて根香寺に納めたという。根香寺には今もその角と牛鬼の姿とされる絵が残っている。

香川県立ミュージアムの「根香寺総合調査報告」によると、高松藩家老の木村黙老《もくろう》が記した『聞くまゝの記』には根香寺の伝説とは別の話が記されている。文化年間（一八〇四～一八）の末頃、香西村の猟師・徳兵衛が根香山の谷側で眠っていた怪獣を鉄砲で撃ち殺した。これは海中にも棲んでいたもののようで、角には牡蠣《かき》の殻などが付いていたのだという。

根香寺に所蔵されている牛鬼図は二枚あり、一枚は文化五年（一八〇八）に石田雪帍という人物が描いた作品で、もう一枚はこれを参考に大正時代末に桃舟という人物が描いた作品である。また根香寺の境内には牛鬼図を参考にデザインされた牛鬼の銅像も立っている。


［参考文献］塩江町史編集委員会『塩江町史』、香川県立ミュージアム「根香寺総合調査報告」（『ミュージアム調

査研究報告』通巻四号）

ノタウチバ

猟師のしきたりとして、旧暦一二月の決まった日から七日間、ヒモノダチ（火で調理した食物を禁じること）をして、山野のある地点に祭壇を設け、毎夜その壇上で銃を構え、目に触れたものは何であれ撃ち取らなければならないというものがあった。この祭壇を設ける地点をノタウチバと呼び、ここは猪《いのしし》など獣のオチ（通り道）であるが、同時に妖怪・魔物の類いが通るのだという。ノタウチバを通る魔物は、その猟師の親兄弟の姿に化けて通るので、たとえ肉親の姿が見えても必ず射殺しなければならないとされた。このノタウチバでの所業は、猟師が殺生した動物への供養であり、同時に村に妖怪・魔物が横行するのを退治して防ぐという猟師の務めでもあり、鉄砲以前の弓矢を用いて狩りをしていた時代から続けられていた。多和（現・さぬき市多和）には額《がく》のウドン谷と槙川《まきがわ》のトイシ谷の二カ所にノタウチバがあるという。ノタウチ供養はよほどの胆力が必要だったため、毎年行われる慣習は廃れたが、猟師が歳を取って辞める時には必ず行って、獣の亡霊から逃れられるようにしたのだという。

もともとのノタウチバとは、おそらく獣が泥浴びや砂浴びのために転げ回る（のたうち回る）場所のことであり、そういった場所の近くに待ち受けて狩りをする手法は各地に存在した。

［参考文献］藤井洋一「大川郡西南部の話」（『香川の民俗』通巻二一号）

【は】

ハシヒロイボウズ

愛媛県丸亀市の手島に伝わる。

手島の八幡神社では、祭りの後に頭家（祭礼や神事の時に中心となる人物や家）や世話人などは、全員すぐに一の鳥居まで振り向かずに急いで帰らなければならない。また、祭事などに用いた箸《はし》はすべて縁の下に投げ込んでおく。これらは、その日の夜にハシヒロイボウズというものが出てきて、その箸を拾っていくからなのだという。

讃岐《さぬき》（香川県）の金刀比羅宮《ことひらぐう》でも、祭礼の後の箸を天狗が片付けていくという話がある（**こんこう坊**と徳島県の**箸蔵山の霊異**を参照）が、これも同様のものだろう。

［参考文献］武田明『日本人の死霊観　四国民俗誌』

ハタオリバサマ

香川県高松市香南町由佐の辺りの話。

昔、ある子だくさんの家に由佐に住むというお婆さんが養子を貰《もら》いに来た。子供の一人を養子に出した母親が、気がかりになってお婆さんの後をついていくと、イショノ坂という所で子供の泣き声が聞こえてきた。自分の子供に違いないと思った母親は駆け寄り、お婆さんに子供を返してくれと叫んだ。するとお婆さんの姿は消えてしまい、赤ちゃんの手首だけが落ちていた。悲しんだ母親は子供のために地蔵尊を建てたという。このお婆さんの正体は**山姥**《やまうば》（四国広域も参照）で、この辺りの山姥は「いとまきざこ」という所で糸を繰り、焼尾の「ぬのはえば」という所で機《はた》を織る。このように機を織る山姥のことをハタオリバサマと呼ぶのだという。

『伝説と名勝旧蹟に富める美合村』には、焼尾峠の機織婆について記されている。綾《あや》歌《うた》郡美合村（現・仲多度郡まんのう町）から西分村（現・綾歌郡綾川町西分）への道にある焼尾峠は、国有林が鬱蒼《うっそう》と茂っていて昼でも暗かった。ここで機織婆が機を織っていると言い伝えられ、人々は魔物が出る所として恐れていた。後にその場所に石仏を安置したのだという。

また、阿波国（徳島県）の畑恒信（俗称・甲瀬左衛門）という人が焼尾峠に来た時の話もある。左衛門が焼尾峠を通っていると、老婆の姿に化けた魔物が機を織っていた。左衛門が近付いて追いかけると、魔物は谷底へとかき消すように逃げ去ってしまった。左衛門が谷底を覗くと、鴨《かも》が淵《ふち》という所の岩の上に一人の美人がいて、髪を梳《す》いていた。左衛門はこれも先ほどの魔物だろうと考えて鉄砲を撃ったが、美人はその弾を摑《つか》んで投げ捨ててしまった。何度撃っても弾を摑まれてしまうので、左衛門は仕方なく金銀の弾を込めて撃った。すると今度は魔物の胴に命中し、魔物は淵の中に落ちてしまった。それからこの魔物が出た所を「ぬのはえ場」と呼ぶようになり、石仏を安置したのだという。

［参考文献］谷原博信「讃岐山村の伝説と昔話」（『あしなか』通巻二二一号）、堀川保行『伝説と名勝旧蹟に富める美合村』

光る顔［ひかるかお］

香川県高松市亀水町《たるみちょう》の大槌島《おおづちじま》辺りの話。

昔、大槌島の西側の海で船が風待ちをしていた。陽射しは強かったが気持ちよかったので、水夫たちはみな船の上で昼寝をしていた。その中でも炊夫だけは、船のヨコガキで菰《こも》（むしろのこと）を被って寝転がっていたが、ふと大槌島のほうを見ると、山上で光るものを見つけた。光るものは山から船の上まで飛んできて帆柱に止まり、丸く人の顔となってするすると下りてきた。船の上に来た光る顔は、ぴょんぴょんと跳ねるように動きながら、ごろごろと昼寝している水夫たちの顔に順番に覆いかぶさり、恐ろしくて身動きのできなかった炊夫を残して飛び去っていった。しばらくしてやっと動けるようになった炊夫が寝ている水夫たちを調べると、全員が喉を食いちぎられていた。それから、船の上で寝る時は必ず菰などを被るようになったのだという。

［参考文献］北條令子「海と山の妖怪話」（『香川の民俗』通巻四四号）

ヒキウスバァサマ

香川県高松市菅沢町に伝わる。

菅沢では、土用の日に池で泳いでいるとヒキウスバァサマが出てきて池に引っ張り込まれるという。ヒキウスバァサマは池の主なのだという。

［参考文献］香川県教育委員会『新編香川叢書　民俗編』

蟇［ひきがえる］

香川県仲多度郡まんのう町真野の話。

山小屋に若衆が数人でいると、綺麗《きれい》な娘が来て「道に迷ったから一晩泊めてくれ」と言うので泊めてやった。その夜、若衆の一人が娘を怪しんで眠ったふりをして注意していると、娘は別の若衆の所へと這《は》っていき、口から血を吸い始めたので、その頭を木割で打つと姿を消した。夜明けになって見ると、血を吸われた若衆は死んでいて、残された血の跡を追うと巣の前で蟇が死んでいたのだという。

［参考文献］和気周一「眞野聞書」（『讃岐民俗』通巻二号）

ヒトツメ

香川県仲多度郡多度津町の佐柳島《さなぎじま》の習俗。

佐柳島では節分をオホトシヨリコトシといい、ヒトツメが来る。これを防ぐためにオニヨケといって、ニガキ（トベラ。トベラ科トベラ属の常緑低木）と鰯《いわし》の頭を門口に掛けておく。

高知県の**聞鼻**《かぎはな》も参照。

［参考文献］香川県民俗調査会『高見・佐柳島民俗調査報告』

一つ目大入道と三つ目小僧［ひとつめおおにゅうどうとみつめこぞう］

香川県坂出市王越町の話。

昔、浜田条から乃田条にかけては深い熊《くま》笹《ざさ》が生えていて、小雨交じりの夜などになると、そこには誰も近付かなかった。そしてその辺りに住む塚守が死んでから、そこは恐ろしい所になったという。ある日、力自慢の松吉という人が、雨が降りそうな夕暮れになって友人の家に遊びに行き、そのまま真夜中を過ぎても帰ってこなかった。家族が近所の人々と手分けして探すと、松吉は塚守の家の下で目を回したのか、竦《すく》んで足も口も動かない状態でいた。そこで松吉を連れ帰ろうとすると、一つ目の大入道が飯蔵川を跨《また》いで立っていたので、村人たちも恐ろしくて、足も口も震えて竦んでしまったという。後日、村人たちはそこに小さな祠《ほこら》を建てたので、それからは一度も一つ目大入道は出なかった。しかし、祠へのお参りを粗末にした時期があり、それ以後、三つ目の小僧が昭和の初めまで出るようになったのだという。

〔参考文献〕大西隆雄「王越町の民話」（『香川の民俗』通巻五九号）

一つ目小僧〔ひとつめこぞう〕

香川県小豆《しょうず》郡土庄町《とのしょうちょう》の話。

昔、土庄町の琴塚に「おん坂」という峠があり、その近くに勘平という医学に優れた力持ちが住んでいた。その頃、おん坂の峠には一つ目小僧が毎夜現れて、大入道や綺麗《きれい》な娘、時には乳母の姿になって人々を騒がせていた。ある日、勘平がおん坂を通ると一つ目小僧が現れて「どちらが力持ちか、綱引きしよう」と言った。そこで綱引きで勝負すると、勘平が難なく勝った。すると一つ目小僧は悔しがって大入道の姿になったが、それを見た勘平は素早く自分の体を杉の大木に縛り付けた。そのため、大入道がいくら引っ張っても勘平はびくともしなかった。それから一つ目小僧は心を入れ替え、農作業の手伝いをする善人になったのだという。

〔参考文献〕片岡敏子「ふるさとの伝説」（『香川の民俗』通巻五九号）

飛鉢上人〔ひはつしょうにん〕

香川県仲多度郡まんのう町の話。

大川山《だいせんざん》の北西の谷に、中寺という場所があり、かつては修験の道場として七つの坊舎があった。この中寺に飛鉢の法を使う上人がいて、瀬戸内海を通る船めがけて鉢を飛ばしたという。飛んできた鉢は船をどこまでも追いかけ、船頭がその鉢に白米を入れれば帰っていく。しかし何も入れないと鉢が燃え、火を吹きながらどこまでも船を追いかけるのだという。

〔参考文献〕谷原博信「讃岐山村の伝説と昔話」（『あしなか』通巻二二一号）

ヒヒ

香川県仲多度郡琴南町美合（現・仲多度郡まんのう町美合地区）の話。

ある人がネゴヤ（寝小屋。山仕事をする人が寝泊まりする小屋）で火を焚いていると、ヒヒがやって来た。ヒヒは火のそばに来ると、自分の金玉をこれでもかと広げてきた。しかしそこへ白髪の神様が入ってきたので、ヒヒは「今夜のことにはならん」と言って帰っていった。次の日、同じようにヒヒが来て大きな箕《み》のように金玉を広げてきたので、そこへ真っ赤に焼けた石を投げ込んだ。するとヒヒは悲鳴を上げて逃げ出し、後を追うと山で死んでいたという。

〔参考文献〕香川県『香川県史』一四巻　資料編民俗

フウライミサキ

香川県仲多度郡多度津町の高見島に伝わる。

高見島では水死した迷い仏（無縁仏）をフーライミサキと呼ぶ。これは体の上がらない（遺体が引き揚げられていない、という意味か）ミサキ（大きい主神に仕える小神）であり、これが憑《つ》いた時は出雲《いずも》様（出雲大社のことか）に拝んでもらったり、村の墓の傍らに卒塔婆《そとば》を立ててやったりすると、ミサキが落ちるのだという。

「死霊の行方　塩飽《しわく》諸島を中心として」によると、水死をした迷い仏、または身元不明の魂をフウライミサキとかミサキと呼ぶという。高見島ではこれを供養するためにシキビ（シキミのことか）の葉を流して流れ灌頂《かんじょう》をする。フウライミサキは誰にでも取り憑きやすく、取り憑かれると体がゾクゾクして寒くなり、拝み屋さんに拝んでもらわないと元通りにならないという。

［参考文献］西尾牧夫『海の伝説　瀬戸内海を中心として』、中原耕男「死霊の行方　塩飽諸島を中心として」（『香川の民俗』通巻五九号）

ふるいつこうか

香川県大川郡長尾町前山（現・さぬき市前山）の昔話。『ダムに沈む　香川県長尾町前山地区民俗誌』に記されている。

昔、お爺《じい》さんとお婆さんが暮らしていて、お爺さんが町へ買い物に行った。その帰り道、どうしても焼き場（火葬場）を通らなければいけなかったので、お爺さんは恐ろしいと思いながらも焼き場を通った。すると「フルイツコウカ　フルイツコウカ」（「震い付く」とは、感情を抑えられず、思わず抱きつくという意味）という声が聞こえてきた。お爺さんは「ふるいつけ」と答えることもできずに家に帰ったが、お婆さんに「度胸がない人じゃ。もういっぺんいて（行って）ふるいついてみいと言ってきなされ」と言われ、家を追い出された。お爺さんが仕方なくまた焼き場まで戻ると、また声が聞こえたので今度は「負えるもんならふるいついてみよ」と応えた。すると急に体がだるく重くなり、これはどうしたことかと思って急いで家に帰った。帰ったお爺さんの背中を見ると、死人に持たせた六文銭が塊になってくっついていたので、「これは大したお金じゃ」と言って、二人は気楽に暮らしたのだという。

［参考文献］大島暁雄他（編）『日本民俗調査報告書集成　四国の民俗　香川県編』

フロシキ

オオフロシキとも。香川県仲多度郡琴南町美合（現・仲多度郡まんのう町美合地区）の話。

日暮れになると、大きいフロシキ（風呂敷）がどこからともなく飛んでくるのだという。

「阿讃山地の民俗（大川山の周辺）」によると、日暮れになって大きな風呂敷のようなものがふわりと飛んでくることがあり、それがある所は**マショウミチ**なのだという。

［参考文献］武田明「仲多度郡琴南町美合の妖怪と怪談」（『香川の民俗』通巻四一号）、武田明「阿讃山地の民俗（大川山の周辺）」（『香川の民俗』通巻四三号）

【ま】

マクラコゾウ

香川県大川郡多和（現・さぬき市多和）の話。

多和の大窪寺《おおくぼじ》では、寺務所にマクラコゾウという化け物が出るという。ある晩、寺務所で寝ていて目が覚めると、小さい子供が足の上に乗って立っていた。目が開いているのにいがろう（叫ぼう）としてもできなかった。それから、寺務所では寝てはいけないとされたのだという。

［参考文献］武田明「大川郡多和の妖怪」（『香川の民俗』四巻二一号）

孫太郎さん ［まごたろうさん］

香川県の二子山（高松市）と飯野山（丸亀市・坂出市）の話。

昔、孫太郎さんという大男が、二子山と飯野山を一跨《ひとまた》ぎに跨いだ。それぞれの山の頂上にはその足跡が残っているのだという。

［参考文献］立花正一「讃岐丸亀地方の伝承」（『郷土研究』五巻七号）

マショウミチ

マドノミチとも。仲多度郡琴南町美合（現・仲多度郡まんのう町美合地区）の話。

マショウミチはお化けの通る道とされ、通るのを忌む。そこは生臭い風が吹いていて、道の中で牛が寝ているのだという。

「阿讃山地の民俗（大川山の周辺）」によると、マショウノミチに建てた地蔵は決まって袈裟《けさ》懸《が》けに割れるのだという。

四国広域の**ナワスジ**も参照。呼び名はいずれも「魔性の道」「魔道の道」という意味なのだろう。

［参考文献］武田明「仲多度郡琴南町美合の妖怪と怪談」（『香川の民俗』通巻四一号）、武田明「阿讃山地の民俗（大川山の周辺）」（『香川の民俗』通巻四三号）

マショウモンミチ

香川県高松市一宮町の俗信。

家を建てる時、四隅に笹《ささ》を立てて注連縄《しめなわ》を張り、一晩のうちに倒れていたらマショウモンミチがあるとして、そこに家を建てるのをやめるのだという。

四国広域の**ナワスジ**と同様、魔性のものが通る道と考えて忌む習俗と考えられる。

［参考文献］水野一典「高松市一宮近在の聞書」（『香川の民俗』通巻六五号）

まりつき小僧［まりつきこぞう］

岡山県浅口市金光町の人が、香川県高松市中山町の根香寺《ねごろじ》について語った話。

夜に五色台の根香寺に行くと、まりつき小僧というものがいて「まりをつくのか、ひとーつ、ふたーつ……」と数えて後からついてくる。後ろから足音も聞こえるが、振り向いても誰もおらず、歩きだすとまた聴こえてくるのだという。

［参考文献］立石憲利（編著）『岡山県金光町の民話・資料編』

満濃池の龍王［まんのういけのりゅうおう］

香川県仲多度郡まんのう町の満濃池の話。『今昔物語集』巻二〇第一一に「龍王天狗の為に取らるる語（竜王為天狗被取語）」として記されている。

讃岐国《さぬきのくに》（香川県）には、萬能の池（満濃池）という極めて大きな池があった。これは弘法大師が衆生のために築いた池であり、龍の棲家でもあった。ある時、池に棲む龍は日に当たろうとでも思ったのか、小蛇の姿になって堤の辺りで蟠《わだかま》っていた。するとそこに近江国比良山（滋賀県の比良山地）に棲む天狗が鳶《とび》の姿で飛んできて、小蛇を摑《つか》み上げて飛び去ってしまった。天狗は小蛇の姿の龍を食べようとしたが、龍の力が強くて叶わず、結局比良山まで行って狭い洞穴の中に閉じ込めてしまった。龍は一滴の水もないので空を飛ぶこともできず、死を待つしかないまま、四、五日を過ごした。天狗は次に比叡山《ひえいざん》まで行き、貴い僧を捕まえようと東塔の北谷にある高い木に止まって様子をうかがっていた。夜になり、近くの僧房にいた僧が小便のために出てきて、水瓶《みずがめ》を持って手を洗おうとした。そこで天狗はこの僧を摑み上げて比良山まで飛び、また洞穴の中に閉じ込めてしまった。僧がこれで最期かと考えていると、洞穴の暗がりから「お前は何者だ、どこから来た」と問う声がしたので「私は比叡山の僧だ。手を洗おうと僧房の縁に立っていたら、天狗に摑まれて水瓶を持ったままここに来た」と答えた。すると「私は讃岐国萬能の池に棲む龍である。堤に這《は》い出ていた所を天狗に摑まれてここに来た。狭くて仕方ないのだが、一滴の水もないので空を飛ぶこともできない」と言ったので、僧は「この水瓶にまだ水が残っているかもしれない」と言った。これを聞いた龍は「もし水があるなら、必ずお前を元の場所へと連れて行こう」と約束したので、僧は水瓶に残っていた一滴の水を授けた。喜んだ龍は「怖れることなく、目を塞《ふさ》いで私に負われよ。この恩は忘れがたい」と言って小童《こわらわ》の姿となり、僧を背負って洞穴を蹴破《けやぶ》って外に出た。そして雷鳴や大雨とともに空を飛び、一瞬のうちに比叡山の僧房に至り、僧を置いて飛び去った。龍はその後、京で荒法師の姿になっている天狗を見つけ、これを蹴り殺した。僧はその後も龍の恩に報いるため常に経を読み、善行を修めたという。

［参考文献］国民図書（編）『日本文学大系』九巻

三つ目小僧［みつめこぞう］

香川県仲多度郡琴南町美合（現・仲多度郡まんのう町美合地区）に伝わる。

炭焼きをする人はネゴヤという小屋を作って、炭が焼き終わるまでそこで寝泊まりする。この時、必ず手斧《ちょうな》を入り口に立てかけておく。手斧には四本の筋が入っているので、三つ目小僧のお化けが来ても、四つ目がいるからとして退散するのだという。

手斧に付けられた三本筋と四本筋は、魔除けの印として知られている。高知県の**子を抱いた女**も参照。

［参考文献］武田明「仲多度郡琴南町美合の妖怪と怪談」（『香川の民俗』通巻四一号）

モンツキタヌキ

香川県三豊郡山本町（現・三豊市山本町地区）の話。

昔、ある人がちゅうれん寺（中蓮寺峰にかつてあった中蓮寺のことか）のそばで炭を焼いていた。そして昼寝をしていると、白黒のモンツキタヌキに頭を押さえつけられて身動きができなくなった。光明真言を唱えたら、いつの間にかいなくなっていたという。

［参考文献］大西浩子「三豊郡山本町の聞書（二）」（『香川の民俗』通巻三八号）

【や】

ヤザイモン蛸［やざいもんたこ］

香川県の話。

瀬戸内海を見下ろす「おおその岩」という大岩の上で、大蛸が考えごとをしながら昼寝をしていた。八左兵門という者がそれを見つけ、捕まえようとしたが、大蛸はあまりにも大きすぎた。仲間を呼んで獲物を分け合うのも惜しくなった八左兵門は、大蛸の足を一日に一本切って持ち帰ることにした。大蛸は毎日足を一本切られていったが、最後の一本だけ残された日に「明日も出かけていって何もしてこなかったら許してやるが、もしもこの一本の足も切るようなら、こらえるわけにはいくまい」と考えた。そして翌日、八左兵門が刃物を持って岩の上の大蛸に近付くと、大蛸は一本だけの足で八左兵門を巻き取り、海の底へ引き込んでしまった。それからもその大蛸が岩の上で昼寝をしていることがあったが、その足はすべて元通りに生え揃《そろ》っていた。人々はヤザイモン蛸と呼び、恐れて近付かなかった。おおその岩の辺りは蛸がよく寝ていて、人々がよく捕まえていたが、このヤザイモン蛸だけは捕まえなかったのだという。

［参考文献］北條令子「海と山の妖怪話」（『香川の民俗』通巻四四号）

屋島山の馬蘇仙人［やしまやまのばすせんにん］

香川県高松市の屋島寺に伝わる守護神。婆蘇仙人とも。

『全讃史』の屋島寺の項によると、天平宝字四年（七六〇）に鑑真が屋島山に入った時、馬蘇仙人（婆藪仙《ばすせん》・婆藪仙人。仏教の護法善神であり、千手観音の眷属《けんぞく》である二十八部衆の一員）がこれを迎え入れた。仙人は「ここに錫杖《しゃくじょう》を掛けて衆生を救え」と言ったので、鑑真はここに仏堂を建てて千光院と号した。後に弘仁元年（八一〇）に弘法大師が寺を現在の地に移し、屋島寺と号したのだという。また貞治二年（一三六三）に朝廷の官使である物部乙嗣がこの山に来て木を伐らせた時、鎮守である蓑彦《みのひこ》大明神の祠《ほこら》が震動して風雨が起こり、乙嗣とその従者の一三人が震死したという。

屋島寺の住職・性純が治安元年（一〇二一）に記した『讃岐《さぬき》屋嶋千光院縁起』によると、天平宝字六年（七六二）に鑑真が屋島山を登ると、鳩杖《きゅうじょう》を持つ老人（婆藪仙も杖を持つ老人の姿で描写される）が現れ、この山が七仏説法の地であると伝えた。これを聞いた鑑真は普賢堂を建立した。そして弘仁元年に弘法大師が千手観音像を彫って安置し、蓑山大明神を鎮護の神と定めたのだという。物部乙嗣の逸話についても記されており、ここでは山を害した乙嗣らを守護神である二十八部衆が罰したのだとしている。

『遍路図会』によると、天平勝宝六年（七五四）に鑑真が来訪する途中、屋島の沖で難風に苦しんだが、島の守護神である蓑山明神が現れて鑑真を救ったという。

『四国霊場巡拝日誌』によると、天平勝宝六年に鑑真が来訪した時、八島（屋島）の沖で難風に遭ったが、八島の守護神である蓑山明神が出現して風を鎮め、八島が霊場であることを告げた。そして鑑真が船を寄せて屋島山を登ると、婆蘇仙人が現れたのだという。

『木田郡誌』の屋島寺の由緒には、鑑真が来訪した時に船から屋島山に瑞光《ずいこう》が立つのを見たと記されている。鑑真が屋島山を登ると一人の老翁（婆藪仙人）が鳩の杖を突いて現れ、この地で仏法を広めるよう命じた。後にこの地で仏教を学んだ弘法大師が千手観音を本尊とした千光院を建て、蓑山明神を鎮護の神と定めたのだという。

以上のように、屋島寺の縁起については古典資料や後世の書籍による紹介によって登場する神や仙人が混交しており、一定ではない。『日本伝説叢書　讃岐の巻』や『香川県民俗誌』においては、蓑彦大明神は天狗を祀《まつ》ったものだと記しており、また現在では蓑山大明神は**太三郎狸**（屋島の禿狸）のことであり、弘法大師を助けた蓑姿の老人の正体も狸であるという説話が一般化している。

〔参考文献〕中山城山（原著）・青井常太郎（校訂）『標註国訳　全讃史』、峡雨生「四国見聞記（五）」（『六大新報』通巻二七四号）、性純『讃岐屋嶋千光院縁起』（新日本古典籍総合データベース）、荒井とみ三『遍路図会』、尾関行応『四国霊場巡拝日誌』、香川県教育会木田郡部会郡誌編纂部『木田郡誌』、藤沢衛彦（編）『日本伝説叢書　讃岐の巻』、福家惣衛（編著）『香川県民俗誌』

八つ尾のヤドシ［やつおのやどし］

筆者命名。香川県高松市東植田町に伝わる。

東植田町に妙見屋敷と呼ばれる田圃《たんぼ》があり、そのすぐ近くに一つの塚があった。椋《むく》の巨木なども茂る大きな塚だったが、高松・東植田線のバス運行通路にあったため、道路の改修工事で消失してしまった。昔、この塚には大きなヤドシ（蛇、なかでもアオダイショウのこと）が棲んでいたが、このヤドシはただものではなく、尾が八つに裂けていた。この塚の付近に田圃を持っていた地主たちは、一生のうちに一度だけその姿を見せてもらっていたという。その姿を見られるのは大変ありがたいことで、地主たちは感激の涙を流していたのだという。

〔参考文献〕北條令子「古道　高松市東植田町聞書」（『香川の民俗』通巻四〇号）

山大寺池のヌシ［やまだいじいけのぬし］

香川県木田郡三木町の山大寺池に伝わる。

昔から、山大寺池のヌシは大きな箕《み》ほどもある緋鯉《ひごい》だとされている。ヌシは神通自在の力を得ていて、ときどき池の上に出て高坊主となって通行人を脅かしたり、美しい女に化けて悪戯《いたずら》をしたりした。また暴風雨の時には大きな頭を振り立てて荒れ狂い、日照りの時には巧みに変身して上空に昇るのだという。ある年の大日照りの時、池の水をさらい、発動機を使って渕《ふち》から水をかき出したが、ヌシらしい緋鯉はついに見つからなかったのだという。

［参考文献］岩部撓「山大寺池の主」（『香川の民俗』通巻三二号）

山の大男［やまのおおおとこ］

筆者命名。香川県大川郡相生《あいおい》村坂元（現・東かがわ市坂元）の話。

坂元では五月一三日には誰も山に入ってはいけないとされている。昔、ある人が山に行く途中に大男と出会った。その人は大男に「相撲《すもう》を取らないか」と言い、二人は相撲を取ったがすべてその人が勝った。すると大男はその人の持っている煙草入れに目をつけ「おい、君、その煙草入れをのけよ（取れ）」と言ったので、その人は何の気なしに煙草入れを取った。そして再び相撲を取ると、今度は大男が勝った。その後、別の人がそこを通りかかると、相撲を取っていた人が体に大きな石を乗せられて死んでいた。その人の煙草入れの中には、たくさんの御守りが入れてあったのだという。それから五月一三日は「山日」といって、誰一人として山に行かないという。

［参考文献］三木春露「讃岐郷土異聞（一）」（『ひだびと』一一年一二号）

【ら】

竜王山の怪［りゅうおうざんのかい］

香川県仲多度郡多度津町の高見島の話。

高見島の竜王山（龍王山）に登ってから帰ってくると、誰もいないのにガヤガヤと子供の声が聞こえたりゲラゲラと笑い声がしたり、山で大きな音が響いたりする。また、竜王山で拝んでいたら大きな坊主が出てきたこともある。高見の沖で漁をしていると、竜王山に灯が点《つ》いているのを見た人も多い。「竜王山の神様が出て遊んでいるのだろう」と言う人もいるが、大きな火に追いかけられた人もいる。板持のほうの沖で、父と息子の二人が夜に漁に出た。すると父は沖に向かって一生懸命に漕《こ》ぐので、息子は網を投げられなかった。息子が「どうしてそんなにとんでもないほうへ船を向けるんだ」と聞くと、父は島のほうを指差した。見ると、大きな火が山からコロコロと転がって、船を追いかけてきていた。そのため、二人は急いで網を取り込んで帰ったのだという。

また、竜王さんの日である一七日は、竜王さんが遊びに行く日なので山に入ってはいけないとされている。ある人が丸亀に行っている時、その人の爺《じい》ちゃんが木を伐りに出かけた。その人が帰ってくると爺ちゃんの目と目の間が黒くなっていた。訳を訊くと、爺ちゃんが木を伐っていた上のほうから「来てくれ、来てくれ」という声が聞こえたので、行こうとしたら伐った木が目と目の間に当たってしまった。そして痛かったので一時じっとして弁当を食べていたら、天気が良かったのに曇って雨が降ってきたのだという。後で聞いた話では、「来てくれ」と言っていた人は山に入ってはいけない日に山に入り、爺ちゃんよりも上のほうで木を伐っていたのだという。板持のほうに住む人が助けに行ったが、その人は木と木の間に足を挟まれて、骨折していたのだという。

［参考文献］石崎洋司・敬子「高見島の伝承」（『香川の民俗』通巻五四号）

【わ】

鰐［わに］

香川県木田郡三木町の話。

昔、下氷上《しもひかみ》にある蓮成寺に山門を建立することになった。大霜の朝、大工の棟梁がその弟子と一緒に寺の向かいの河原で木を組んでいたが、棟梁は川岸にあった太い木の根に腰掛けて休み、煙管《きせる》で煙草を吸った。そして煙管の頭で何気なく木の根をぽんと叩いたのだが、それは木の根ではなく大きな鰐だった。鰐はがばっと跳ね起き、生臭い毒気を棟梁に吹きかけて川下のほうへのそりのそりと逃げ去っていった。鰐の背から振り落とされ毒気を吹きかけられた棟梁は気絶してしまい、それから二、三日の間、何も食べずにうわ言を言い続け、間もなく死んでしまったという。

ここから二キロ余り上流のほうには鰐河神社がある。ここの祭神は豊玉姫命《とよたまひめのみこと》で、社記によると豊玉姫命が鵜《う》草葺不合命《がやふきあえずのみこと》を産んでから、鰐魚《がくぎょ》に乗って川を遡ってこの地に来て、祠《ほこら》を建てて鎮座したので鰐河神社と号したのだという。そのため、河原に現れたのもこの鰐なのではないかと伝えられている。

[参考文献] 三木町『三木町史』

COLUMN

いざなぎ流に見えたる魔群魔性 02

「いざなぎ流」とは、高知県の物部村（現・香美市物部町地区）で伝承されてきた民間信仰である。いざなぎ流の祭儀を継承する人々は「太夫」と呼ばれ、神社だけでなく旧家の屋敷神に捧げる祭りや、山川を鎮める祈禱《きとう》、そして憑《つ》き物のような霊的な病に対する祈禱などを執り行う、呪術師のような側面も持っている。

いざなぎ流の祭儀において最も重要なものは「祭文《さいもん》」というテキストであり、執り行う祭祀《さいし》や祈禱、神楽によって多数の祭文が存在する。それらの中には、今日では妖怪として認知されているものたちの名前も挙げられている。いざなぎ流で祀《まつ》られる「山の神」には山ミサキ・川ミサキ・スソ・**四足**《しそく》・道六神《どうろくじん》・六道神《ろくどうじん》に代表される数多くの眷属《けんぞく》がいるとされ、その中には「魔群魔性」などと総称される山に棲む魔物や獣の霊も含まれる。**八面**《やつら》**王**《おう》・六面王《むつらおう》・**山姥**《やまうば》・**山爺**・山犬・山猫などの魔群魔性は、山の神の眷属として山を守護し、山を乱した人に対して祟りを成すという。

太夫たちは祭祀の時、本祭の前に必ず「取り分け」という儀礼を行う。祟りを成す霊は、祖先の死霊や魔群魔性などの山の眷属たちが寄り集まり、絡み合ったような状態にあるとされる。太夫たちは絡み合った霊をそのままにせず、祭文と「りかん」（読み分けとも。祭文に付加される特別なコトバ）によって「ミテグラ」（藁《わら》で作られた台に幣を立てた祭壇）に集め、種類ごとに文字通り「取り分け」る。こうすることで山の神の怒りをなだめ、祟りを成す眷属たちをそれぞれの棲家へと送り返すのだという。いざなぎ流において、魔群魔性は単なる悪しきものではなく、山の神と同じく適切に祀る必要のある存在なのである。

『日本怪異妖怪事典』シリーズでは、いざなぎ流に限らず古い祭儀や神楽などにおける存在に関する項目がいくつも記述されているので、ぜひとも読み込んでいただきたい。

愛媛県

【あ】

アカエル

愛媛県越智《おち》郡吉海町津島（現・今治《いまばり》市津島）の話。

昔、津島の領主・田房隼人正《たぶさはやとのかみ》の妻が、落城の際に子供と一緒に海に身を投げて死んだ。それが後に「アカエル」になったという、今でもその付近の海にはおんぶ（おんぶのことか）をしたアカエがいるのだという。

アカエルやアカエというのは、おそらくアカエイのことと思われる。「概説「愛媛の民話」（二）」にも、吉海町津島（原文には津倉とあるが、誤植と思われる）の城主・田房隼人正が秀吉軍に攻められて討ち死にし、その妻が幼子を連れて海中に没したので、子背負いのアカエイになったと記されている。

〔参考文献〕森正史「探訪記（一）　越智郡吉海町津島」（『伊予路』通巻一号）、秋田忠俊「概説「愛媛の民話」（二）」（『伊予の民俗』通巻三八号）

赤毛の狸〔あかしゃぐまのたぬき〕

愛媛県周桑《しゅうそう》郡周布村久枝《さえだ》（現・西条市周布久枝《しゅうさいだ》）の話。

久枝の地主神社のおつかい神は赤毛の狸だという。この狸は地主様のお祭りである「上の十五日」には首のない馬に乗って石《いし》鎚山《づちさん》に使いに行く。これを見た人は目が潰《つぶ》れてしまうとされた。また、地主様はあら神さん（荒神）なので、神社の木を伐って持ち帰り、薪にして焚くと腹が痛くなるとされた。

四国広域の**首切れ馬**も参照。

〔参考文献〕周布村誌編集委員会『周布村誌』

赤大婆〔あかだいば〕

読みは筆者による。愛媛県松山市の中島に伝わる。『忽那《くつな》諸島の民俗』に記されている。

昔、神浦《こうのうら》の庄屋が西中島から帰る途中、ミミズク谷まで来かかった。すると眼前に赤大婆が現れ「わしは、杉田一衛門だ。月の五日にはここを通るな」と言ったので、庄屋は恐ろしくなって命からがら逃げ帰ったのだという。

〔参考文献〕大島暁雄他（編）『日本民俗調査報告書集成　四国の民俗　愛媛県編』

赤坊主〔あかぼうず〕

愛媛県南宇和郡城辺町中玉（現・南宇和郡愛南町中玉）の話。

昔、ある爺《じい》さんが漁に出て沖から帰る途中、磯《いそ》に明かりが灯っているのを見つけた。近寄ってみると、背の高さが六尺（約一・

八メートル）以上もある坊さんが片手に火の点《つ》いたものを持って立っていた。この坊さんは沖に向かって歩いていったので、爺さんは急いで舟を浜辺に引き揚げた。次の日、人々に「何も言わずに舟を引き揚げたのはどげんこっちゃ」と訊かれ、爺さんは坊さんのことを話して聞かせた。坊さんは特に悪さはしなかったが、今でもそこを通るのは恐ろしいのだという。

［参考文献］中央大学民俗研究会『常民』通巻二八号

あくぎの婆さん［あくぎのばあさん］

愛媛県宇和島市蒋淵宿《こもぶちしゃく》の浦の話。

昔、あくぎの木（正式名あこう）の前の、地蔵がある場所に老婆の幽霊が出たという。

あこうとは、クワ科の赤榕《あこう》のことだろうか。

［参考文献］中央大学民俗研究会『常民』通巻二一号

雨傘［あまがさ］

愛媛県東宇和郡（現・西予市）の話。『現行全国妖怪辞典』に記されている。

雨の降る晩に夜道を行くと、谷間を横切る所に大きな雨傘がある。これを見ると震えて先に行けなくなるという。

［参考文献］佐藤清明資料保存会『博物学者佐藤清明の世界』

アマブラコサン

愛媛県南宇和郡に伝わる。

大歳（大晦日のこと）の晩に、アマブラコサンが来る。アマブラコサンは竹のそっぺら（ヘラのことか）を持っていて、アマブラコをこさぎ（こそぎ）に来る。だから日頃から囲炉裏《いろり》で膝《ひざ》をあぶらないようにするのだという。

おそらく、アマブラコとは長い間囲炉裏に当たることで膝にできる火斑《ひだこ》のことで、これを削ぎに来るアマブラコサンは青森県の火斑剝《ひかたは》ぎや秋田県のナマハゲなど（いずれも『日本怪異妖怪事典　東北』に記載）と同類のものと思われる。

［参考文献］和田正洲「伊予の怪異談　愛媛県南宇和郡」（『女性と経験』二巻二号）

石鎚山の神と天狗［いしづちさんのかみとてんぐ］

筆者命名。愛媛県の石鎚山（西条市・上《かみ》浮穴《うけな》郡久万《くま》高原町）の話。

石鎚山は一から三の鎖（鎖場。山の難所に取り付けられた鎖や、それがある場所のこと）まである険しい山であるが、一日の一番登頂は絶対にできないとされている。ある男がそれを聞いて「ではわしが今日の一番乗りをしよう」と言って、午前二時に起きて山頂へと登り始めた。午前三時頃には頂上直下の最後の鎖まで届き、今日は一番乗りができたと喜びながら登っていると、突然上から五歳くらいの男の子を肩に乗せた若い白装束の美男子が下りてきた。

男はがっかりして、美男子と「お早うございます。お上りさんで」「お早うございます。さよう、もうお下りさんで」と山での習慣の挨拶をしてから上下に別れた。しかし男は「いくらなんでもこんなに早く、不思議なことだ」と思ってすぐ下を見ると、自分の足元を下っているはずの若い男の姿はどこにもなかったという。これは絶対に人間の一番乗りを許さない山の神が、家来の天狗を連れて必ず一番乗りを邪魔してくるのだという。

　石鎚山の神はものすごい美男だという。ある女神から迫られたが険しい山に立てこもり、多くの天狗を家来にして山を守っているのだという。

［参考文献］末広昌雄「伊予路の天狗噺」（『あしなか』通巻一一六号）

一升五合しゃりしゃり ［いっしょうごごうしゃりしゃり］

　愛媛県温泉郡重信町（現・東温市）の話。

　新村の相原秀利方の裏道に、昔は自然石の小橋が架かっていた。この橋の下から、雨の晩には小豆を研ぐ音がした。「一升ごん合シャーリシャリ」と言っているようにも聞こえ、村人に大変怖がられていたという。また、志津川の寺橋の下にも、同じような小豆洗いが出たという。

［参考文献］重信町誌編纂委員会『重信町誌』

一本角の牛 ［いっぽんづののうし］

　愛媛県伊予郡中山町（現・伊予市中山町地区）の昔話。

　若者がある村から牛を一頭買ってきたが、その牛は不思議にも角が一本しかなかった。若者は牛を小屋に追い込んだが、翌朝に行ってみると牛は小屋いっぱいになるほど太っていた。そこで小屋を大きなものに建て替えたが、また翌日には小屋いっぱいに大きくなっていた。そんなことを繰り返すうちに、若者は「もうお前はわしの腕に合わんから、どこか山にでも行って棲んでくれ」と言って、牛を山へと連れて行って「大きなって成長してくれ」と逃した。それから何カ月か経ち、若者が牛を逃した山へ行き「姿をいっぺん見せてくれんか」と言うと、ガラガラと山鳴りがして、とても大きくなった牛が姿を見せた。それで若者も「お前の姿を見たらわしも安心したぞ」と言って帰ったのだという。

［参考文献］北九州大学民俗研究会『中山の民俗　昭和五四年度調査報告書』

一本角の馬 ［いっぽんづののうま］

　愛媛県北宇和郡日吉村（現・北宇和郡鬼《き》北町《ほくちょう》）の話。

　宝暦元年（一七五一）の頃、宗楽寺（鬼北町父野川下《ちちのかわしも》の寺院）の近くに一頭の野馬が現れた。この馬は一本角を持ち、田畑を荒らして家畜を襲うという、がいな（巨大な）荒馬だった。人々はなんとか捕まえようとしたが、馬は風のように速く走り、今ここを通ったかと思うとパッと姿を消し、向こうの山の畝《うね》を走っているのが見えたのだという。そのうちに馬の害は広がり、ついには人間まで食おうとしたので、人々は相談して宗楽寺の白元和尚にお願いすることにした。和尚は願いを聞き届けてすぐに仏前に入り、秘仏本尊の前で二夜三回の回《え》向《こう》をした。すると、満願の日の午《うま》の刻に宗楽寺の裏山に馬が現れ、寺のほうを向いて足を揃《そろ》えた。そして天に向かって一声叫び、全身を震わせて草むらに倒れ伏した。こうして馬は退治され、その角は今でも宗楽寺に祀《まつ》られているのだという。

［参考文献］三好豊「日吉村の民俗」（『伊予の民俗』通巻二六号）

鰯荒れ［いわしあれ］

愛媛県新居浜市別子山草原に伝わる。

草原に「いわし荒れ」と呼ぶ場所がある。

昔、ここに古い大木があり、一人の樵《きこり》がこれを伐採しようとした。しかし斧《おの》を打ち込むと、その切り口から何百匹もの鰯が飛び出してきたので、樵は驚いて家に帰った。翌日また大木の所に行ってみると、切り口は消えて元の通りになっていた。そこでまた斧を打ち込んでみると、やはり鰯が飛び出してきたので、樵は恐ろしくなって家に逃げ帰った。その後樵は何日も大熱を出したので、大木を伐るのを諦めてお詫《わ》びしたのだという。

四国広域の**マケアレ**も参照。

［参考文献］別子山村史編纂委員会『別子山村史』

鵜島の入道［うしまのにゅうどう］

愛媛県今治《いまばり》市の鵜島の話。

鵜島の入道鼻（鼻とは海に突き出た岬のこと）は目一つ鼻とも呼ばれているが、昔はここにお化けが出た。夜遅くにこの鼻の沖を船で通ると「船を着けてくれ、着けてくれ」と言ってきたり、相撲《すもう》を挑んできたりする。ある時、力自慢の人が船を寄せると、入道が出てきてその人を船もろともに陸へ引き揚げてしまった。その人はそれでも屈せず、相撲で入道を何度も叩きつけたが、そのうちに鶏が鳴くと、入道が「今夜はよそう」と言って止めた。その人の体には毛がたくさんくっついていたのだという。その後、その人は三日ほどして死んでしまったが、入道も出なくなったのだという。

［参考文献］柳田國男（編）『海村生活の研究』

うぶめ

愛媛県越智《おち》郡清水村（現・今治《いまばり》市）の話。

昔、清水村の面川《おもがわ》では、うぶめが声を上げて泣くことがあった。面川はかつて私生児の捨て場とされていたこともあり、川のあちこちで嬰児《えいじ》の魂魄《こんぱく》が泣き迷って生みの親を探すオワーオワーという声が聞こえてきたという。付近の高僧が施餓鬼《せがき》をしたり、神官がお祓《はら》い清めをしたりしても効果がなく、大正八年（一九一九）に京都の東福寺の和尚が三日三晩の供養をすると、その供養中だけは泣き止んだがその後はまた泣くようになったという。近くに住む農家たちは夜更けにここを通り、うぶめが両足に纏《まつ》わりつくように感じた時は「ソレソレこれがお前の親だ」と、履いている草履《ぞうり》を川の中に投げ入れる。すると一時は泣き止むのだという。

対策として草履を与えるという話は四国広域の**ノツゴ**などと類似している。

［参考文献］高橋米策「うぶめの伝説」（『旅と伝説』二年九号）

馬鬼「うまおに」

愛媛県喜多郡大川村蔵川（現・大洲市蔵川）の話。

蔵川の正願寺の上のほうに、元亀・天正年間（一五七〇～九二）の頃まで小さな城があった。城主の左京之介は乗馬の名人だったが、ある夜に一人で白毛の名馬に跨《また》がって付近を乗り回していて、深い谷底に落ちて死んでしまった。それからこの付近では黄昏時《たそがれどき》になると、どこからともなく鈴の音と馬のいなきが聞こえてくるようになり、里人は「日が暮れると馬鬼が出歩く」として、通る者はなかった。ある男が夜更けに通りかかると、鈴の音と馬のいななきとともに激しい山鳴りがして、行く手に二間（約三・六メートル）ばかりもある白い馬鬼が現れた。男はひどく驚いて家へと飛んで帰ったが、ひどい熱を出して長い間患ったという。これは左京之介の霊魂が迷っているのだろうと法会を営んで六地蔵を建立すると、出てこなくなったのだという。

鈴の音や馬のいななきが聞こえるという話は、**首切れ馬**や**夜行さん**（ともに四国広域）と共通している。

［参考文献］横田伝松「伊予の伝説」（『旅と伝説』四年一号）

海坊主「うみぼうず」

船幽霊とも。愛媛県の各地に伝わる。

いくら櫓《ろ》を漕《こ》いでも船が少しも前進しない時は、海坊主が憑《つ》いたためだという。海坊主は火の玉となって海上を飛び回ったり、女の姿になって現れたりする。そして「エナガ（杓子《しゃくし》）を貸せ」と言ってくるが、底を抜いて渡さないと海水を注ぎ込まれて水船にされてしまうという。

南宇和郡御荘町猿鳴《さるなぎ》（現・南宇和郡愛南町猿鳴）では、普通の船と同じような帆巻船（帆曳船《はびきぶね》のこと）の形でやって来ることがあるが、よく見ると帆柱のセミ（滑車）が付いてないので、すぐに見破ることができる。また、普通の船はシモテ（風下のことか）で走るのが常識だが、海坊主の船はカミテ（風上のことか）でもどんどん走っていくのだという。

北宇和郡宇和海村戸島（現・宇和島市戸島）では、こういった船と競争してはならないとしている。どんなに力を入れて漕いでも勝ち目はなく、無理をすると船を岩にぶつけたり、岩礁に乗り上げてしまうのだという。また、赤火・黒火（身近に出産や葬式があること）の不浄な者が船に乗り込んでいると、必ず海坊主に憑《つ》かれるから注意しなければならない。もし憑かれたら金《こん》毘羅《びら》様を念じ申すと、海坊主はその神威に恐れをなして退散するという。

〔参考文献〕和歌森太郎（編）『宇和地帯の民俗』

烏帽子を被ったお姫さん〔えぼしをかぶったおひめさん〕

愛媛県伊予郡松前町《まさきちょう》神崎に伝わる。

神崎には昔、三王原という昼でも暗い広大な大藪《おおやぶ》があった。現在は宅地になっているが小堂が一つあり、この前を通ると烏帽子を被ったお姫さんが現れ、蚊帳《かや》を被せてくるのだという。

〔参考文献〕森正史「夏の風物と民俗」（『伊予の民俗』通巻二〇号）

エンコ婆あ〔えんこばばあ〕

愛媛県南宇和郡城辺町緑（現・南宇和郡愛南町緑地区）に伝わる。

一人、三人、五人といった半端な人数で川に行くとエンコ婆あが来るという。そのため、二で割り切れる人数で川に行かなければならないとされた。

同じく御荘、僧都《そうず》、豊田、当時、岩永などで「エンコばあさん」の話が伝わっているが、これは捕らえられたエンコ（河童《かっぱ》）を助けた婆さんが、それから毎日家の軒先に吊《つ》るした鈎《かぎ》に魚を届けてもらったという内容であり、前述のエンコ婆あとの関連性は不明である。

高知県の**猿猴《えんこう》**も参照。

〔参考文献〕中央大学民俗研究会『常民』通巻二八号

大きな相撲取り〔おおきなすもうとり〕

愛媛県温泉郡中島町野忽那《のぐつな》（現・松山市野忽那）に伝わる。

二十日正月（一月二〇日）には農家の人々で山の神祭りを行うが、この日は山に入ることを禁じる地域が多い。野忽那島では大きな相撲取りが出てきて、人を捕るので山に入るのを禁じるとしている。

他の地域でも類似の禁忌がある。西条市丹原町高松では、この日は山に神々が集まって雑煮を炊きながら会合をしているので、山に入ると罰が当たって体が弱くなるとしている。松山市和気地区でもこの日は山の神がご馳走を煮ていて、その煙が目に入ると目が潰《つぶ》れるとしている。温泉郡中島町（現・松山市中島）では、ブレに当たって病気になるとしている。

〔参考文献〕愛媛県史編さん委員会『愛媛県史』民俗　下

奥山の乙姫〔おくやまのおとひめ〕

愛媛県上浮穴郡《かみうけな》久万《くま》町の上直瀬（現・久万高原町直瀬）では、マムシ除けの呪文として「この山に錦まだらの虫おらば、奥山の乙姫に言い聞かすぞよ　アビラウンケンソワカ」と唱える。この中で言う「乙姫」とは猪《いのしし》のことだという。

同様に、伊予三島市富郷《とみさと》（現・四国中央市富郷町地区）では「この山に錦まだら虫おらば、山たつ姫に知らすぞや　アビラウンケンソワカ」と唱える。この「山たつ姫」はナメクジのことだという。また喜多郡肱《ひじ》川《かわ》村（現・大洲市肱川町地区）では「この山に錦まだら虫おれど、朝立つ姫に逢うてかなわんがな　アブラオンケンソワカ」と唱える。

高知県の**隼人《はやと》様**も参照。

［参考文献］森正史「夏の風物と民俗」（『伊予の民俗』通巻二〇号）

オコンジョ

愛媛県上浮穴《かみうけな》郡小田町（現・喜多郡内子町）の話。

昔、小田町のおこんという女が、男に捨てられた末に水中に身を投じて自殺した。その怨霊が口髭《くちひげ》八本、長さ二寸（約六センチ）ばかり、赤褐色の小魚となった。この魚は毒があり、触れると刺してくる。これをオコンジョと呼んだのだという。

［参考文献］秋田忠俊「概説「愛媛の民話」（二）」（『伊予の民俗』通巻三八号）

オサン渕［おさんぶち］

愛媛県喜多郡長浜町戒川《かいかわ》（現・大洲市戒川）の話。

昔、戒川の庄屋で大切な皿が割れてしまった。女中たちを集めて詮議すると、オサンという女中が誤って割ってしまったことがわかった。そのためオサンは戒川四辻から長尾へ行く道にある谷川に身を投じて死んでしまった。それからその渕にオサンの亡霊が現れ、一つ二つと数えて九つまで数えると、ドブンと水音を立てて渕に飛び込むようになった。ある日粟津《あわづ》村の人がこの噂《うわさ》を聞き、本当かどうか確かめようと渕に行ってみると、やはり亡霊が現れて一つ二つと数え始めた。そこで、その人は九つと数え終わるか終わらないかの時に大きな石を渕に投げ込んだ。すると亡霊はいきなりその人を追いかけてきた。一目散に逃げて三島神社の鳥居で振り向くと、亡霊は消えていたという。

［参考文献］長浜町誌編纂会『長浜町誌』

オソ

愛媛県松山市の中島に伝わる。『忽那《くつな》諸島の民俗』に記されている。

オソという、人を化かす妖怪がいると信じられていた。粟井《あわい》や神浦《こうのうら》では、オソは島やその周囲の海に棲んで魚を食べるもので、前足は短く、体長が五〇センチくらいの動物だという。粟井では人を化かして山へ連れて行ったり、床下に誘い込んだりするという。

これはおそらくカワウソを指すものだろう。

［参考文献］大島暁雄他（編）『日本民俗調査報告書集成　四国の民俗　愛媛県編』

お袖狸［おそでたぬき］

愛媛県松山市堀之内に八股榎《やつまたえのき》お袖大明神として祀《まつ》られている。

昔は松山城の社に棲んでいたが、弘化年間（一八四四～四八）に松山城のお堀に立つ榎の巨木「八股榎」に移ったのだという。明治の初め頃、当時の石鉄《いしづち》県（愛媛県の前身）の参事が伐り倒させ、お袖は伊予市の郡中の古寺に引き籠もったが、後にそばに生えていた榎が大きくなり、お袖は戻ってきたという。松山市の芸妓など、花柳界の女性たちを中心に信仰されていたが、明治四〇年（一九〇七）頃に伊予鉄道の電化に際し、電線架設の邪魔になるとして二度目の伐採が行われた。大正七年（一九一八）頃に三代目となる八股榎への信仰が復活したようだが、昭和五年（一九三〇）頃に松山城のお堀を埋め立てる計画が実行され、道路拡張工事に巻き込まれる形で三度目の伐採が計画された。しかし榎を傷付けた者が病気になったなどの風聞が流れ、最終的に温泉郡石井村（現・松山市東石井町）の喜福寺に移植されたが、移植後の旱魃《かんばつ》もあって枯れてしまったという。

昭和九年（一九三四）頃、越智《おち》郡大井村（現・今治《いまばり》市大西町）の国鉄大井駅（現在は大西駅）で、見慣れない女学生が汽車を降りて山のほうへ走っていったのが目撃され、後に大井村の明堂（現在は明堂院）にお袖が移ったと噂《うわさ》され、信仰が集まるようになった。明堂にお参りすると体の悪い所に灸点《きゅうてん》が降り、帰ってからそこに灸を据えると、どんな病気も癒えるという「一点灸」が信じられ、一時期は店が連なるほど大流行した。しかし昭和一〇年（一九三五）頃に明堂の縁起が整理され、国からも公認の仏堂とされたことで流行神であった狸信仰は衰亡した。昭和二〇年代に元の場所に榎が植えられ、再び祠《ほこら》が建てられてお袖もそこに戻り、現在も信仰が続いている。

八股榎については、愛媛県出身の歌人・正岡子規が「小幟《このぼり》や　狸を祭る　枯榎」や「百とせの　狸住むてふ　八つまたの　ちまたの榎　いまありやなしや」といった句歌を詠んでいる。

［参考文献］富田狸通『たぬきざんまい』、玉井葵『お袖狸、汽車に乗る』、『正岡子規全集』二巻・三巻

お大師様の石臼［おだいしさまのいしうす］

愛媛県宇和島市蒋淵《こもぶち》の話。

蒋淵はかつて、お遍路（四国八十八箇所巡礼）の通り道であった。霊場はなかったが、お大師様（弘法大師）の臼と呼ばれる不思議な石臼があったためである。石臼は三つあり、一年に二度、ひとりでに臼の目が切られているのだという。

大島にある石臼は現在は空き家に祀《まつ》られている。この家の三代前のオコマとジンエモン夫妻は、ある晩にお大師様の夢を一緒に見て、その翌日に二人とも急死した。この時から、三月二〇日から二一日と一一月二〇日から二一日の年二回、家にあった臼の目がひとりでに切られるようになった。これらの日はお大師様の日だったので、人々はお大師様が夜に来て臼の目を切っていくのだと考えた。大正三年（一九一四）の頃、宇和島の龍光院（宇和島市天神町の寺院）の人たちが臼を借りて持って帰った。

すると龍光院の和尚の夢枕に弘法大師が立ち「ここに、おられん」と言ったので、大島に返されたのだという。また、この臼でハッタイ（大麦を焦がしたもの）を挽《ひ》いて痛い所に付けると治るのだという。

　横浦にある石臼は直径が約二九センチ、高さは約二四センチある。臼を安置している家の姑《しゅうとめ》さんが、この臼を機織《はたおり》の重しとして使っていたが、ある朝に臼の目がひとりでに切られていたという。この臼で挽いたハッタイの粉を痛い所に貼るとよく効き、子供が魚の骨を喉に引っ掛けた時に食べると骨が取れ、腫《は》れ物に付けるとすぐに腫れが引いたという。かつてはお遍路さんがこの臼でハッタイ粉を挽いて持ち帰り、粉を売り歩く人もいたという。

　高助の萬吉寺にもかつては石臼があり、信仰している人もいたが、現在は誰もいないのだという。

［参考文献］中央大学民俗研究会『常民』通巻二一号

踊庭の濡れ女 ［おどりばのぬれおんな］

愛媛県大洲市菅田《すげた》の辺りの話。

　菅田の天貢《てんぐ》から峠を越えて蔵川に出る途中に踊庭という駄場（平坦な土地）があり、ここに夜になると濡れ女が現れて踊りをした。これは青ざめた顔に眼光だけがぎらぎら光り、全身がびっしょりと水に濡れていた。そして着物ではなく木の葉を身にまとい、髪を振り乱して踊るのだという。ときどき、この踊庭では夕暮れになると不気味な山鳴りがして、ずっと昔には周囲六〇メートルほどの岩が踊庭から集落まで転げ落ち、人が歩くようにごとりごとりと転げてきたこともあったが、これらも濡れ女の仕《し》業《わざ》だと人々に恐れられていた。

　幕末の頃、蔵川の日野平という所にお百合という美しい娘が住んでいたが、ある時当時御法度だった堂島下駄を履いて歩いていたとして、三日間の閉門を申し付けられた。このお百合に惚《ほ》れていた男が菅田の大竹に住んでいたが、お百合に会うために毎晩家へと忍んでいた。ある晩、男がいつものようにお百合の家へ行く途中に踊庭を通ると、不意に襟首を摑《つか》まれて宙へと引き上げられた。見ると恐ろしい顔の濡れ女が食い付いてこようとしていたので、男は脇差しを抜いて斬り付けた。濡れ女は怪しげな声を上げて夕霧の中に消えていったが、その夜からお百合が高熱で苦しみ始めた。そしてお百合はうわ言で「私は濡れ女だ。お百合に通う男が羨《うらや》ましくて殺してやろうと思ったが、反対に斬り付けられてしもうた。危ういところだったが脇差しの刃が欠けて、ようよう逃げてきた」と口走った。村人たちは可哀想に思って濡れ女に念仏を唱えてやったので、お百合の熱も下がり、濡れ女が踊庭に姿を現すこともなくなったのだという。

［参考文献］大洲市誌編纂会『大洲市誌』

音羽御前 ［おとわごぜん］

愛媛県北宇和郡三間町古藤田（現・宇和島市三間町古藤田）の話。

古藤田では雨乞《あまご》いの時、野村（現・西予市野村町地区）の慈眼堂淵（音羽御前淵）へ詣でる。昔、初夏の頃にある農家の家に身分の高そうな上臈《じょうろう》と侍女の二人組が来て「これは旅の者でございますが、歩き続けて疲れ果て、難渋しております。一夜の宿をお貸しいただけないでしょうか」と言ったので、快く受け入れて二人を泊まらせた。翌朝、この地方では珍しく、家の周りに濃い霧が立ち込めていた。上臈は「妾《わらわ》は野村慈眼堂淵に棲む竜王の女で音羽御前といいます。一〇日ばかり前、野村の領主が大勢を引き連れて淵へ鯉狩《こいが》りをすることになったので、父母や侍女たちとともにしばらく身を避けていました。その間に人の世の様を見たいとあちこちを旅していましたが、疲れていたところを休ませていただき誠にありがとうございました。もしこれから雨が降らないで困ることがあれば、慈眼堂淵に立って申されれば必ず雨を降らせましょう」と言い、侍女を連れて深い霧の中を歩み去った。それから、古藤田では雨乞いの時は野村に代表を立て、慈眼堂淵で祈るようになったという。

［参考文献］三間町『三間町誌』

おなつ蛸 ［おなつたこ］

愛媛県東宇和郡明浜町俵津（現・西予市明浜町俵津）の話。

俵津の脇におなつという娘がいた。ある日、おなつが父親に芋掘《いもほ》りを命じられてクブラ（窪浦）に行って芋を掘っていると、海から縄のように長く大きなものが伸びてきて、掘った芋をさらっていった。よく見るとそれは大蛸の足だったので、おなつは持っていた鎌で根本から切り取り、家に持ち帰って家族と食べた。次の日も芋を掘っていたら蛸の足が伸びてきたので、また同じように切り取り、その次の日も同じようなことがあって、とうとう足を七本まで取ってしまった。おなつが「明日は残った蛸を全部取ってやろう」と考えて、いつもの場所で待っていると、やはり大蛸が来たので捕まえようとその頭を抱え込んだ。しかし大蛸は残っていた一本足でおなつの体を巻き取り、海中深くへ沈んでいってしまった。その後おなつの姿を見た人はなく、大蛸も姿を消してしまった。それからこの辺りで蛸が捕れた時は「おなつ蛸じゃ」と言うようになったという。

［参考文献］明浜町誌編纂委員会『明浜町誌』

鬼王サイケン ［おにおうさいけん］

愛媛県喜多郡内子町北表北浦に伝わる。

北浦にはジューラク台と呼ばれる所があり、昔はそこに城があった。そこの城主は鬼王サイケンという者だったが、長宗我部《ちょうそかべ》元親《もとちか》に滅ぼされた。鬼王サイケンは首を斬られたが、それ以来、夜な夜な首のない武士が馬に乗ってその辺りに出たのだという。また、その通り道をナワメと呼んだのだという。

長宗我部元親に攻められた時、鬼王サイケンはジューラク台の上の畝《うね》から「鬼王サイケン上がれ」という声が聞こえたので、そこまで登った。するとそこに長宗我部が待ち受けていて、首を斬られてしまった。その畝の所には、今も五輪サン（五輪塔か）が祀《まつ》ってあるのだという。

四国広域の**首切れ馬**と**ナワスジ**も参照。

［参考文献］北九州大学民俗研究会『内子の民俗　昭和五七年度調査報告書』

鬼の金剛［おにのこんごう］

愛媛県各地などで行われる習俗。

『えひめ昔ばなし』によると、正月一六日は「真言始め」とか「念仏始め」といって、その年に初めて村人たちが集まって鉦《かね》を叩きながら念仏を奉唱する習わしがある。この日、集落の境に縄を張り渡し、大きな草《ぞう》履《り》を吊り下げる。また「鬼の弁当」といって藁《わら》すぼ（藁を束ねて作る筒）に飯を入れ、箸《はし》を添えておく例もある。これらの風習は、疫病など平和を乱すものが他から侵入してくるのを防ぐためのものであるという。

『内子町誌』によると、喜多郡内子町では一月一六日が「念仏の口あけ日」であり、この日から念仏を唱えてもよいことになっていた。そこで組の者が集まって念仏を唱え、大きな草鞋《わらじ》を作って集落の入口に当たる所に門のように吊るす。これはその年の組中の安全を祈り、災難や疫病などが組の中に入らないようにという祈願なのだという。また『内子の民俗』によると、内子町の五百木《いよき》や下和田では、旧暦一一月頃に「念仏の口止め」として人々が集まって念仏を唱え、同時に外から悪いものが入ってこないように組境に大きな草鞋で作った「鬼の金剛」を吊るしておくのだという。

『面河《おもご》村誌』によると、上浮穴《かみうけな》郡面河村（現・久万高原町）では一月一六日を「鬼の金剛」としている。この日は組の人々が集まって、竹の骨を入れた大きな長円形の藁草履と弁当に箸を添えたものを用意し、集落の入口や組の要所、川や道路などに長い縄で高く吊るす。もし鬼や悪魔が来ても、こんな大きな草履を履く人がいては到底敵わないと考えて引き返すのだという

『美川の民俗』によると、上浮穴郡美川村（現・久万高原町）でも一月一六日を「鬼の金剛」としている。この日は大きな草鞋を作って寺で念仏を唱え、村の端に吊るしておき、その後に数珠《じゅず》を一〇八回繰《く》る。これをしなかった年は必ず疫病が流行ったのだという。またこの行事を終えると「念仏の口あけ」として、念仏をしてもよくなるのだという。

『惣川《そうがわ》の民俗』によると、東宇和郡野村町惣川（現・西予市野村町惣川）では六月一六日に「鬼の金剛」を行う。この日は大草履を作って道筋の上に吊るし、念仏を唱える。これはエンマ様（閻魔《えんま》様か）に供えるのだという。またこの日は地獄の釜の蓋《ふた》が開くので、仏（先祖）を祀《まつ》り、また村の初

寄りをする。そうすると厄病《やくびょう》よけになるのだという。
『土佐民間年中行事に関する調査』によると、高知県幡多郡伊豆田村（現・土佐清水市下ノ加江）でも一月一一日に「鬼の金剛」として大きな草履を作り、集落の境に置いて祈禱《きとう》するのだという。また幡多郡昭和村（現・高岡郡四万十町《しまんとちょう》昭和）では、同日に集落の人々が集まって「百万兵」と称する草履を作り、集落の境に注連縄《しめなわ》を張って吊るして祀るのだという。この「百万兵」は「百《ひゃく》万遍《まんべん》」が転訛《てんか》したものと思われる。

〔参考文献〕森正史『えひめ昔ばなし』、内子町誌編纂委員会『内子町誌』、北九州大学民俗研究会『内子の民俗昭和五七年度調査報告書』、面河村『面河村誌』、北九州大学民俗研究会『美川の民俗　昭和五二年度調査報告書』、愛媛大学農学部付属農業高等学校郷土研究部『惣川の民俗　東宇和郡野村町』、高知県女子師範学校郷土室『土佐民間年中行事に関する調査』

オリカボーズノ祠〔おりかぼーずのほこら〕

愛媛県北宇和郡御槙《みまき》村（現・宇和島市津島町辺り）に伝わる。

昔、オリカという女に坊主が恋い焦がれ、ついに殺してしまった。その場所に祠が建てられ、オリカボーズノ祠と呼ばれた。そこでは亡霊がよく祟ったり取り憑《つ》いたりしたのだという。

〔参考文献〕大間知篤三「南予の狩り・俗信　愛媛県北宇和郡御槙村（その三）」（『民間伝承』二二巻八号）

女の歌声〔おんなのうたごえ〕

愛媛県北宇和郡御槙《みまき》村（現・宇和島市津島町辺り）に伝わる。

エタバシ山に、かつて木地屋がいたという所がある。その一族のムショ場（仕事場のことか）も付近にあり、正月の一六日と月々の七日には、可愛い女の声で歌を歌うのが聞こえてくる。以前はその辺りで狩りをしないようにしていたのだという。

キジクリ（木地屋のこと）がいた場所が他にもある。お條の麓《ふもと》の木地小屋と呼ぶ所と、影平山がそこであるが、ここも正月二八日に行くと歌声が聞こえてきて、それを聞いて帰ると病気になるとされた。

木地屋（木地師）は木を加工して器などの生活用品を作る職人たちのことで、彼らに対する差別的・忌避的な意識から語られたものと思われる。

〔参考文献〕大間知篤三「南予の狩り・俗信　愛媛県北宇和郡御槙村（その三）」（『民間伝承』二二巻八号）

【か】

楓の大樹［かえでのたいじゅ］

長承元年（一一三二）、京都に得長寿院を建てるため、平忠盛が良木を求めて全国を調べた。すると、伊予国宇摩郡水波山（現・愛媛県四国中央市の翠波峰《すいはみね》のことか）の麓《ふもと》に楓の大樹があることがわかった。この木は高さが三〇丈（約九〇メートル）もあり、夕日が差すと木の影が讃岐国《さぬきのくに》（香川県）の山々まで届くほどの大きさだった。忠盛は地元の樵《きこり》に命じて楓を伐らせようとしたが、人々は神木だと恐れて手を出そうとしなかったので、他国から樵を呼び寄せて伐り倒させた。倒した楓を海まで引いていき、数十隻《せき》の小舟で都を目指して漕《こ》ぎ出していったが、讃岐国七宝山御崎（荘内半島の先、現・香川県三豊市詫間《たくま》町）に近付いた辺りで、海の底から轟々《ごうごう》と海鳴りが起こった。そして暴風と雷鳴で海が荒れ、楓の大木が徐々に頭を持ち上げ、身を震わせながら海上に起き上がっていった。これを見た舟人たちが肝を潰《つぶ》して神仏に祈り続けると、やがて海は静まり、辺り一面が裂けた楓の木の破片で埋まっていた。忠盛はこの神木の破片を集めさせ、楓の立っていた跡地に神社を建立してこれを祀《まつ》ったのだという。

［参考文献］伊予三島市史編纂委員会『伊予三島市史』上巻

ガガモ

愛媛県北条市九川（現・松山市九川）に伝わる。

昔、九川の里のある家で正月の餅を搗《つ》いていたら、子供がくじをくる（ぐずる）ようになった。そこで親が「そないにくじをくりよったらガガモ（お化け）にやるぞ」と脅かしたら、本当にガガモが出てきた。ガガモは「ほじゃその子もらおうか」と言ったので、驚いた父親は「そりゃやるぞよ」と言って搗いていた餅を投げたのだという。それから、この辺りでは節季（年の暮れ）に餅を搗くとガガモが来るといって、正月に餅を搗かなくなったという。

［参考文献］北条市誌編纂会『北条市誌』

傘に被さるもの［かさにかぶさるもの］

筆者命名。愛媛県伊予市の話。

伊予のある寺への参道で山崩れによって一人の女性が亡くなった。その後、ある団体がその寺への参詣の途中、事故があった場所を通りかかった時、そのことを思い出した婦人が話題にして「ほんとうに可哀想な……」と言った。その途端、雨の中で差していた傘の上に、何かが被さって重くなった。不思議に思って杖でトンと突き上げると軽くなったが、またすぐに重くなった。

そんなことを繰り返すうちに、婦人は気味悪さと疲労で気分が悪くなったという。その晩に泊まった宿で、同室の人たちが婦人を囲んで般若心経を唱えていると、気分が良くなって巡礼を続けられたのだという。

［参考文献］堤富美「伊予の妖怪変化　不思議な話」（『伊予の民俗』通巻三九号）

刀を探す火［かたなをさがすひ］

愛媛県温泉郡重信町（現・東温市）の話。

昔、松山城（松山市）と別の城が戦争をした時、松山家の家来に足立重信という武士がいた。重信は殿様から立派な刀を貰《もら》ったが、ある日それをどこかで落としてしまった。重信は必死に刀の行方を探し回ったが、見つけられなかったので殿様から謹慎を命ぜられた。そしてある日、重信がまた刀を探していると、運悪く敵の矢が飛んできて死んでしまった。重信が刀を落としたとされるのは下林の別府渡りから三奈良《みなら》神社の裏辺りまでの間で、雨が降る晩にはその間を赤い火が行ったり来たりするようになった。人々は重信の亡霊が刀を探しているのだと考え、近くの川を重信川と呼ぶようになったという。

「松山河川国道事務所」のホームページでは、重信川は松山城主・加藤嘉明の家臣・足立重信が治水工事を成功させ、その功績によって重信川と名付けられたと紹介している。

［参考文献］重信町誌編纂委員会『重信町誌』、松山河川国道事務所ＨＰ「重信川とは」

カッパ狸［かっぱたぬき］

愛媛県越智《おち》郡上島町の生名島《いきなじま》の話。

昔、島に船が仮泊すると、必ずと言っていいほど錨綱《いかりづな》が切られ、船が流された。これは水泳や潜水が得意な狸が、頭に藻を被って桟俵《さんだわら》を載せ、流れ藻と一緒になって泳ぎ回って綱を切っていたのだという。ある船頭が綱に鈴を付けておけば大丈夫だろうと考えついたが、カッパ狸は潮の流れを利用して藻や藁《わら》を少しずつ流して綱に絡め、鈴が鳴らないようにして綱を切ってしまったのだという。

［参考文献］森本正勝「伊予の妖怪変化　生名島というところ」（『伊予の民俗』通巻三九号）

カネノカミノヒ

愛媛県松山市の怒和島《ぬわじま》に伝わる。『綜合日本民俗語彙』では「金の神の火」ともしている。

怒和島では大晦日の夜更けになると、氏神様の後ろに提灯《ちょうちん》のような火が下がるといい、喚《わめ》くような声を聞く者もいるという。土地の老人はこれを「歳徳神《としとくじん》が来られる」としている。

［参考文献］柳田國男「妖怪名彙（六）」（『民間伝承』四巻六号）、柳田國男（著）・小松和彦（校注）『新訂　妖怪談義』、民俗学研究所『綜合日本民俗語彙』

カミカグラ

愛媛県西条市丹原町田滝の黒滝神社に伝

わる。

　この社に宿泊すると、夜半に必ず笛や太鼓の音を間近に聞くのだという。これをカミカグラと呼ぶ。

　山梨県のオノウ（『日本怪異妖怪事典　中部』を参照）などと類似のものだろう。


［参考文献］愛媛県史編さん委員会『愛媛県史』民俗　下

カミナリの子供［かみなりのこども］

愛媛県宇摩郡土居町長津野田（現・四国中央市土居町野田）に伝わる。

　野田に雷神社という社がある。昔、悪戯《いたずら》者《もの》のカミナリの子供がいたが、ある年の雷鳴が轟《とどろ》いた時、うっかり家の前の古井戸に落ちてしまった。駆けつけた農家の人が古井戸の蓋《ふた》を閉めてしまったので、子供は中から「こらえてくれ（堪忍してくれ）」と散々に詫《わ》び言を言った。そこで蓋を開けてやったら、子供は空へ飛んでいってしまった。そこでお宮を建て、毎年春になるとお供えをして、雷の害を受けないよう無事を祈ったのだという。


［参考文献］近藤日出男「愛媛県東予にみる民間小祠　第二報　里村の民間小祠」（『四国民俗』通巻三四号）

蚊帳に化ける高坊主［かやにばけるたかぼうず］

筆者命名。愛媛県越智《おち》郡玉川町（現・今《いま》治《ばり》市玉川町地区）に伝わる。

　玉川町の別所と小鴨部《こかんべ》の境にウトと呼ばれる所があり、明治初年頃、人がここを通ると下の川から**高坊主**（四国広域）が出てきて、その人が持っている食物を取ったという。またこの高坊主は蚊帳に化けることもあった。蚊帳に化けた高坊主は道の右か左に人が通れる程度の隙間を残して塞《ふさ》がり、通行の邪魔をする。しかし食物をやると、蚊帳がすぐ消えてなくなるのだという。

　通行の邪魔をする蚊帳という点は、徳島県の**蚊帳つり狸**と類似している。


［参考文献］森正史「夏の風物と民俗」（『伊予の民俗』通巻二〇号）

ガラガラ

筆者命名。愛媛県南宇和郡城辺町僧都《そうず》（現・南宇和郡愛南町僧都）の話。

　昔、僧都神社の付近に古い杉の木があり、その木の穴に古狸が棲んでいた。この狸は青年団の泊まり屋の前で、車を引くようなガラガラという大きな音を出すという悪さをしばしばしていた。そこで青年団の人々が杉の木の穴に鉄砲を突きつけて脅したら、狸は通りがかったバクロ（馬喰《ばくろう》のことか）の連れていた牛の背に乗って、逃げてしまった。その姿は全身真っ白だったという。


［参考文献］中央大学民俗研究会『常民』通巻二八号

烏天狗［からすてんぐ］

愛媛県の石鎚山《いしづちさん》（西条市・上浮穴《かみうけな》郡久万《くま》高原町）の話。

　ある夏、西条（現・西条市）の人が六歳

になる男の子を連れて石鎚山を登ったが、山頂でその子を背から降ろして休んでいるうちに、その子の姿が見えなくなってしまった。人手を借りてあちこち探したが見つからず、仕方なく我が家に帰ると、不思議にもいなくなったはずの子供が先に帰っていた。驚き喜んで様子を訊くと、山頂で休んでいる時に祠《ほこら》の裏で小便をしていると、真っ黒い顔の大男が来て「坊や、こんな所で小便をしちゃいけないよ、おうちはどこかね、おじさんが送って行ってあげるから目をつぶっておいで」と優しく言ってきた。そして言われた通りにしていると、気がついたら自分の家の裏庭に一人で立っていたのだという。これは烏天狗の仕業《しわざ》だろうとされた。

〔参考文献〕末広昌雄「伊予路の天狗噺」（『あしなか』通巻一一六号）

喜左衛門狸〔きざえもんだぬき〕

愛媛県東予市北条（現・西条市北条）の大気味神社に伝わる。

大気味神社の楠《くす》の大木の根本に棲む狸で「喜の宮さん（喜宮明神）」として祀《まつ》られている。もとは同地にある長福寺の住職・南明和尚に師事していて、和尚から囲碁《いご》を教わっていたのだという。喜左衛門は暇さえあれば田畑に出かけて蝗《いなご》などの害虫を捕らえるとして、農家の守護神として広く信仰された。夏の喜の宮祭りに詣でて火縄を買って帰り、その火縄を田の中で振り回せば虫が死滅するのだという。また踊りが好きな狸であり、豊年盆踊りの時は必ず踊りの輪の中に加わっている。盆踊りの晩に「もういのや（もう帰ろうか）」と言うと、必ず帰り道で異変があるとされたので、夜が更けたら踊っていた人々は黙って散会していたのだという。

ある時、喜左衛門は荒廃した大気味神社に屋根瓦を寄進しようと考え、南明和尚の名前を借りて菊間町（現・今治《いまばり》市菊間町地区）の瓦屋へ一〇〇〇枚の瓦を注文した。しかしそれを請求しに行った時、窯《かま》の前で居眠りをして八畳敷（金玉のことか）と尻尾を出したところを見つかり、窯の中で焼き殺されてしまったのだという。

屋島の禿狸《はげだぬき》（香川県の**太三郎狸**を参照）と化け競《くら》べをした話や、日露戦争に出征して活躍した話なども語られている。日露戦争においては、ロシア軍の総司令官であったアレクセイ・クロパトキンが手記で「日本軍の中に赤い服を着た兵隊がいて、これはいくら射撃しても前進してくる、その赤い服には○の中に喜の印があった」と書いているのだという。ただし、近代の戦争に神様などが出征したという逸話は数多く語られており、『〈怪異〉とナショナリズム』の「出征する〈異類〉と〈異端〉のナショナリズム　「軍隊狸」を中心に」において詳しく論じられている。特に喜左衛門狸の逸話については、翻訳されたクロパトキンの日記などを検証しても、前述のような記述は確認できなかったとしている。

〔参考文献〕富田狸通『たぬきざんまい』、秋田忠俊「概説「愛媛の民話」（二）」（『伊予の民俗』通巻三八号）、乾英治郎「出征する〈異類〉と〈異端〉のナショナリズム――「軍隊狸」を中心に」（『〈怪異〉とナショナリズム』）

吸血玉藻前［きゅうけつたまものまえ］

筆者命名。愛媛県の久万山《くまやま》地域（現・上《かみ》浮穴《うけな》郡久万高原町辺り）で流れた噂話《うわさばなし》。「辛未《かのとひつじ》久万山動揺略記」によると、明治時代初期に行われた戸籍登録や徴兵令、種痘《しゅとう》施術などの施策に対する動揺が、久万山地域のみならず各郡の人々の間で広がっていた。この時「太政官が人や牛を外国人に渡し、外国人はそれから生き血を搾り取っている」とか、「今のお后《きさき》（皇后）は昔話に出てきた玉藻前の同類で、毎日数升もの生き血を吸っている。その生き血を集めるために、我々の生年月日や人数を調べている」といった噂話が流行したのだという。

『愛媛県の百年』においては、これらの噂話は明治初期の版籍奉還や王土王民などのお触れによって人々が混乱しているなか、戸籍や種痘などへの誤解が広まっていくとともに語られたものだと解説している。こういった明治維新後の施策に対する混乱や反発は全国的に見られ、香川県の**子取婆**、中国地方の血取りなども同様の例である（『日本怪異妖怪事典　中国』の「中国広域」の章を参照）。

［参考文献］近代史文庫『愛媛近代史料』一巻、島津豊幸『愛媛県の百年』

久美さん［きゅうびさん］

九尾さんとも。愛媛県伊予市稲荷の伊豫《いよ》稲荷神社に伝わる。

『伊予市誌』（一九八六年版）には以下のように記されている。江戸時代末期頃、九州から来た浪人風の旅人が、郡中湊町《ぐんちゅうみなとまち》（現・伊予市湊町）の旅人宿「門文」に泊まっていた。しかし旅人は病気にかかり、宿代を払うのも難しくなったので、持っていた桐の箱を宿の主人に渡して「これは日本に二つとない珍しい品で、私の命と同様に手放せないものだ。しかし今日までの親切に報いるために預けるから、お金に代えてほしい」と言ってどこかへと立ち去っていった。主人が桐の箱を開けてみると、古代錦の包みの中に見事な狐の尾が入っていた。その尾は付け根から九つに枝分かれして、黄金色に輝く美しいものだった。この話を聞いたある人が、主人から尾を譲り受けて一儲《ひともう》けしようと考えたが、その霊気によって持て余し、結局稲荷神社に奉納した。それから、稲荷神社の裏山に久美社（九尾社）が建立されたのだという。

愛媛県生涯学習センターのデータベース『えひめの記憶』には、『伊予市誌』（二〇〇五年版）に記された久美さんの異なる話が掲載されている。明治時代の初め頃、九州から来た浪人風の旅人が、郡中湊町の旅人宿「門茂」に泊まっていたが、旅人は病気になってしまい宿で長く寝付いてしまった。そこで旅人は大切に持っていた桐の箱を宿の主人に差し出して「この箱の中の品は日本に二つとない不思議な品で、私の命と同様に手放せない品である。しかし今日までの親切に報いるため、これを預けるから宿賃としてほしい」と言って、どこへともなく立ち去ってしまった。主人が箱を開けると、中には支那緞子《しなどんす》に包まれた狐の尾が入っていた。その尾の付け根はミイラ化していて、九つに枝分かれしており、黄金色に輝いていた。尾の噂《うわさ》は町に広がり、ある五人組がこれを見世物にして儲けようと考えて、主人から大金と引き換えに譲り受けた。しかし不思議な力が籠もった品だったので持て余してしまい、結局稲荷神社の氏子たち五〇人が買い取って、明治一一年（一八七八）に稲荷神社に奉納された。それから神社の宝物殿に納められていたが、ある夜に宮司の夢枕に立ったので、昭和三七年（一九六二）に境内に久美社を建立して祀《まつ》ったのだという。言い伝えによると、この九尾の狐の尾は九州の佐賀藩鍋島家に代々伝わる秘宝であったが、蔵番をしていた家臣によって密かに持ち出されたものなのだという。

［参考文献］伊予市誌編纂委員会『伊予市誌』、愛媛県生涯学習センターHP「データベース『えひめの記憶』」（『伊予市誌』第七編民俗〈第五章　民俗と伝説「一七、久美さん（稲荷）」〉）

清姫［きよひめ］

愛媛県南宇和郡御荘町長月（現・南宇和郡愛南町御荘長月）辺りの話。

天正一二年（一五八四）、御荘守護の勧修寺氏は土佐（高知県）の長宗我部《ちょうそかべ》氏に攻められ、常盤《ときわ》城主の勧修寺基詮は死に、娘の清姫は城から逃げた。清姫と少数の召使いは長宗我部の兵から逃れるため、山中に隠れて数日を過ごしていたが、庄八という欲深い猟師が恩賞目当てに長宗我部側に協力し、猟犬数匹を放って山を探した。そして追い詰められた清姫一行は全員自害してしまった。褒美を貰《もら》った庄八が家に帰ると、囲炉裏《いろり》に吊《つ》るした自在鉤《じざいかぎ》を伝って小さな白い蛇が下りてきた。家の者がその蛇を何度捨てたり殺したりしても、再びやって来た。それから庄八の家では子供が何人できても死んでしまうか、体が不自由な子ばかりになった。法印（位の高い僧侶《そうりょ》）を呼んで見てもらうと清姫の祟りだと言われたので、祟りを封じるために笹山《ささやま》（篠山のことか）からお笹権現を迎えて屋敷神として祀《まつ》り、姫の命日に親類や近所の者が集まってお祭りをするのだという。また、清姫の墓は長月の安住寺にあるという。

［参考文献］藤田儲三「城辺町の民話と伝説」（『伊予の民俗』通巻二九号）

金平狸［きんぺいだぬき］

愛媛県松山市の大宮八幡神社に伝わる。

大宮神社境内の大柏《おおがしわ》に鎮座している狸で、金森大明神とも呼ばれている。**隠神刑部**《いぬがみぎょうぶ》（その他）の直系とされ、**お袖狸**の亭主だともされている。読み書きや算盤《そろばん》が得意な学者狸として、また大宮神社の宮司のお使い狸として知られている。昔、宮司が松山中学に通っていた頃、帰宅が遅れて日が暮れてから森松を歩いていると、必ず神社の定紋付きの提灯《ちょうちん》が現れて、狭い田圃道《たんぼ》を案内してくれたという。

また、文政年間（一八一八～三〇）の頃の伝説も残されている。大阪に恵原屋という大きな宿があり、ある日一人の修験者がここに泊まった。すると修験者は宿の主人・金十郎を怪しみ、金十郎が入浴しているところを覗いて、その正体が狸であることを見破った。そこで金十郎は修験者に「あなたに知られた通り、自分は人間ではなく、伊予国（愛媛県）の大宮八幡の大柏に棲む金平という古狸である。千里四方でこのことを他人に話したら、命はないと思ってくれ。そして、もし伊予に行ったら郷里の人に、金平は元気でいるから、大阪に来たら恵原屋に寄るようにと伝えてほしい」と言った。修験者はその後、恵原に行ってこれを伝えたのだという。

［参考文献］富田狸通『たぬきざんまい』、愛媛県商工労働部観光課・愛媛県観光協会『愛媛の観光』

櫛をくわえた女［くしをくわえたおんな］

筆者命名。愛媛県南宇和郡城辺町中玉（現・南宇和郡愛南町中玉）の話。

猟師が丑《うし》三《み》つ時に遠くに行くために道を歩いていると、向こうからさばい髪（長く垂らした髪）で口に櫛をくわえた女が来た。猟師は「これはさっぱり幽霊が出た」と思ったが、近付いてみると普通の人だった。その人は離婚して里へ帰る途中だったが、山の中で迷ってしまい、魔物に会わずに行くために櫛をくわえていたのだという。

［参考文献］中央大学民俗研究会『常民』二八号

果物に取り憑く悪魔［くだものにとりつくあくま］

筆者命名。愛媛県伊予郡中山町（現・伊予市中山町地区）の俗信。

中山町では半夏生《はんげしょう》の禁忌として、山にある果物には悪魔が取り憑《つ》いているから食べてはならないとしている。

他にも、上浮穴《かみうけな》郡や温泉郡重信町（現・東温市）などでは、半夏生の時は穴の空いた食べ物を食べてはならないとしている。これは中に虫が入っているからなのだという。また、東宇和郡宇和町（現・西予市宇和町）では、半夏生に梅を食べると頭が禿《は》げるとしている。

これらはいずれも「半夏の毒（『日本怪異妖怪事典　関東』関東広域を参照）」のように、半夏生の時の水や植物に気を付けるという考え方の類例だと思われる。

［参考文献］愛媛県史編さん委員会『愛媛県史』民俗　下

首刈り鳥［くびかりどり］

愛媛県南宇和郡城辺町緑（現・南宇和郡愛南町緑地区）の話。

首狩り鳥というのが出たのだという。どういったものなのか、詳細は不明。

［参考文献］中央大学民俗研究会『常民』通巻二八号

首なしラガーマン〔くびなしらがーまん〕

愛媛県松山市文京町の松山大学に「松大七不思議」として語られた種々の怪談のうちの一つ。この話自体にもさまざまなパターンが存在する。

ラグビー場のゴールポストの下には、練習中の事故や病気で死んだラグビー部員の骨または死体が埋められていて、夜になるとその幽霊が出るという。この部員は首の骨を骨折して死んだので、首なしのラガーマンの幽霊が出るとか、自分の頭を抱えてトライするといった話もある。また、ラグビー部の部室にはこの部員の生前の写真とされるものが飾られていて、部員たちはこの先輩を守り神だと考えているという。

〔参考文献〕近藤雅樹『霊感少女論』

首抜け女〔くびぬけおんな〕

愛媛県北宇和郡松野町目黒辺りの話。

首の抜け出る女がいて、屋根の破風《はふ》の間から首が抜け出したのだという。北宇和の若衆の話によると、目黒に髪の長い綺麗《きれい》な姉妹がいて、それが首抜け女だった。寝ていると知らない間に首が三尺（約九〇センチ）も伸びるのだという。また、その家は憑《つ》き物があるのだという。

〔参考文献〕和田正洲「伊予の怪異談　愛媛県南宇和郡」（『女性と経験』二巻二号）

黒島の鼠〔くろじまのねずみ〕

愛媛県西宇和郡伊方町の黒島の話。『古今著聞集』巻第二〇の「魚蟲禽獣《ぎょちゅうきんじゅう》」に記されている。

安貞年間（一二二七〜二九）の頃、黒島に「かつらはざまの大工」という漁師がいた。彼が魚を捕ろうと夜に出て、海中の魚が光る所を探していると、島のほとりの磯に、おびただしく光る場所があった。喜んで網を下ろしてみたが、魚ではなく多数の鼠が網にかかって引き揚げられてきて、散り散りに逃げ失せてしまった。この黒島にはもともと鼠が多く生息しており、畑のものなどを食ってしまうので、農作をすることがなかったのだという。

〔参考文献〕国民図書『日本文学体系』一〇巻

現十ビタ〔げんじゅうびた〕

愛媛県南宇和郡西海町（現・南宇和郡愛南町）の横島の話。

横島の南面を現十ビタと呼ぶ。昔、現十という漁師が横島の南の崖でイカ釣りをしていた。すると崖の中ほどにある大きな洞穴から真っ黒いものが体を乗り出して「現十食うた、現十食うた」と、怪しげに囃《はや》し立ててきた。驚いた現十はすぐに家に帰った。それから横島の南にある好漁場を「現十ビタ」と呼ぶようになったのだという。

〔参考文献〕鈴木泰助「伊予の妖怪変化　妖怪変化の話など」（『伊予の民俗』通巻三九号）

ごぜさんの火［ごぜさんのひ］

愛媛県温泉郡重信町（現・東温市）の話。

昔、ごぜさん（瞽女《ごぜ》のことか）の死んだ魂が、上林《かみはやし》の瞽女童《わらべ》から重信川までの間を薄赤色の火になって降りるのだという。志津川辺りから毎晩見えたそうだが、その火は盲人が手探りで歩くようにゆっくり動いていて、重信川まで降りるのに朝までかかったのだという。

［参考文献］重信町誌編纂委員会『重信町誌』

小坊主［こぼうず］

愛媛県北宇和郡広見町深田（現・北宇和郡鬼北町《きほくちょう》内深田）や三間町音地《おんじ》（現・宇和島市三間町音地）の話。

山仕事から帰ってきた人が家の中を見ると、薄暗い中でユルイ（囲炉裏《いろり》）に四、五人の子供がいて、手を火にかざして当たっているようだった。不思議に思って家の中に入っていくと、子供たちはこそこそと床下へ潜って見えなくなってしまったのだという。

［参考文献］和歌森太郎（編）『宇和地帯の民俗』

【さ】

サクラギ姫［さくらぎひめ］

愛媛県北条市下難波（現・松山市下難波）の話。

下難波の中の谷組に「サクラギ姫様」という祠《ほこら》がある。昔はここに大きな桜の木があったが、ある時伐り倒されてしまった。それから「お祟り」があって村で火事がよく起こるようになり、白狸がローソクをくわえて家に火を付けると噂《うわさ》された。そこで越智《おち》郡清水町（現・今治市《いまばり》清水地区）の祈《き》禱師《とうし》に拝んでもらったら、白狸がローソクをくわえて出てきて「わしはサクラギ姫じゃが、桜の木を伐っとろが。そじゃけん、村中を焼いてしもうちゃる」とすごい剣幕で言った。そこで村人たちは「今後、大切にお祀《まつ》りしますけん」と謝り、毎年旧八月九日に子供角力《ずもう》などをして祀《まつ》るようになったら、お祟りはなくなったという。土地の人は河野家か来島家のお姫様の霊だろうとも言っている。

［参考文献］北条市誌編纂会『北条市誌』

さつき神さん［さつきがみさん］

愛媛県八幡浜市の日土《ひづち》（現・八幡浜市日土）に伝わる。

日土に一軒の分限者（大金持ち）がいて、大勢の使用人がいた。ある日、その家の妻の銀のかんざしがなくなってしまい、意地の悪い女中頭がさつきという新人の女中が盗んだと言いふらした。さつきは調べられて折檻《せっかん》を受けたが、全く身に覚えがないと否定して、とうとう庭の古井戸に飛び込んで自殺してしまった。翌年、家の者が大掃除をしていると銀のかんざしが畳の下から出てきた。その後、家で女中が変死するなど妙なことが続いたので、占い師に占ってもらうと、それは無実の罪で死んださつきの祟りだとされた。そこで妻は庭のサツキの木の枝を地面に刺し「もし本当にお前がかんざしを隠したのでないなら、このサツキの枝に花を咲かせてみなさい」と言った。すると毎日水をやっているうちに見事な花が咲いたので、家の者たちはさつきに詫《わ》びて、小さな祠《ほこら》を作って祀《まつ》った。これが日土のさつき神さんの起こりなのだという。

［参考文献］八幡浜市誌編纂会『八幡浜市誌』

ジキトリ

愛媛県北宇和郡御槙《みまき》村（現・宇和島市津島町辺り）に伝わる。

山ではジキトリの出る場所が定まっている。ジキトリは山路に出る亡霊の一種で、これに会うとたちまちひどい空腹を覚え、動けなくなってしまう。これを防ぐために必ず弁当を少し残しておく。万が一自分の弁当を食べ尽くしていたら、人からわずかでも譲ってもらっておかないと、ジキトリが逃げないのだという。

御内《みうち》（現・宇和島市津島町御内）の刈端にもジキトリがいるという所がある。話者は実体験としてその場所で足が震えて止まらなくなり、お茶を貰《もら》ってやっと助かったのだという。

『愛媛県史　民俗上』によると、ジキトリの話は重信町から皿ヶ嶺に登る上林《かんばやし》峠、犬寄峠、城川町の土居から下相《おりあい》へ抜ける祓川《はらいがわ》の所、法華津《ほけつ》峠の卯之町側下り口、野村町内場奥から鉢ヶ森に登る峠、津島町御内集落上組の刈端などで確認されている。三崎町正野では、海上で働いている最中に漁師がジキトリに憑《つ》かれたという。ジキトリから逃れるためには、太夫や法師にオハライ（お祓いのことか）をしてもらうとか、山で弁当を食べる時に一番箸《いちばんばし》で取った飯粒を山の神であるジキトリに供えて空腹を満たしてやるとよいとされている。

「伊予の妖怪変化」によると、高い山などに登った時、空腹で動けなくなることがあり、これをジキトリ、**ガキボトケ**（徳島県）やヒダルガミに憑かれたという。弁当箱の隅に一粒でもご飯が残っていれば、それを口に入れるとすぐに治る。あるいは手のひらに米という字を書いて舐《な》めてもよいとされている。

ヒダリガミも参照。

〔参考文献〕大間知篤三「南予の狩り・俗信　愛媛県北宇和郡御槙村（その三）」（『民間伝承』一二巻八号）、佐々木正興「伊予の妖怪変化」（『伊予の民俗』通巻三七号）

シシミサキ

愛媛県南宇和郡城辺町僧都《そうず》（現・南宇和郡愛南町僧都）の話。

御荘町長代のホバシロ山（地域不明）に、畳を敷き詰めて寝られるくらい大きなガマ（洞穴のことか）があった。昔、比叡山《ひえいざん》の焼討があった時、上岡道近の供の人が子を連れてそこに隠れていた。これについて僧都のある人が訴え出て「犬を連れて猪狩《いのししが》りをすれば、子が泣くから見つかる」と言ったので、それによって供の人は捕らえられてしまった。この時連れられた犬は供の人が飼っていた犬でクモンゴジロウ（九紋五次郎？）という名前だった。供の人は殺される時に仇《あだ》を討つと言って死に、間もなく山の神の姿となって訴え出た人の家に猪を差し向けたのだという。その場所をシシミサキと呼ぶようになり、それ以来、旧正月の二〇日には集落全体でお籠りをして山の神を祀《まつ》るようになった。この日は菱餅《ひしもち》を細かくしたものを串に刺してシシのミキレ（身切れ、猪の肉ということか）として、「クモンゴジロウにやる」といってシシミサキに供えるのだという。

〔参考文献〕和田正洲「ミサキ　愛媛県南宇和郡採訪録（二）」（『民俗』通巻二四号）

死者を襲う悪鬼〔ししゃをおそうあっき〕

筆者命名。愛媛県の松山地方の習俗。

葬儀で出棺の時、棺《ひつぎ》を担ぐ人は喪主を除いた死者に最も身近な者たちであり、葬儀の後は棺を担ぐ時に履いていた草履《ぞうり》の緒を切って捨てる。また葬列の途中に橋を渡る時は、僧侶が銅鑼《どら》を鳴らす。これは悪鬼が死者を襲うのを駆逐するための脅しなのだという。

想定されているのは全国的に語られる火《か》車《しゃ》などと同様の類いであろうが、草履の緒を捨てるのは**ノツゴ**（四国広域）などに通じる習俗である。

〔参考文献〕和田孤村「愛媛県松山市地方」（『旅と伝説』六年七号）

七人坊主〔しちにんぼうず〕

愛媛県上浮穴《かみうけな》郡久万町二名《にみょう》（現・久万高原町二名）に伝わる。

二名公民館のそばにある二名川のほとりは白い砂浜で、昔はそこに七人坊主が出たという。この妖怪は七人の坊さんの姿をしていて、ゲラゲラと笑っている。その姿を見た人は頭が痛くなって困ったのだという。

［参考文献］北九州大学民俗研究会『久万の民俗　昭和五六年度調査報告書』

紫電改之霊［しでんかいのれい］

愛媛県南宇和郡愛南町の話。

昭和五四年（一九七九）、城辺町（現・愛南町）沖の宇和海に沈んでいた旧海軍の戦闘機・紫電改が引き揚げられた。引き揚げられた機体には搭乗員の姿は見当たらなかったが、城辺町で慰霊祭が挙行された。この慰霊祭の記念写真を撮影した人がいたが、猛暑の中でシャッターを切った一瞬に冷気を感じ、現像してみると「紫電改之霊」と大きく書かれた看板の「電」の字だけが変色して写っていたのだという。

［参考文献］藤田武明「伊予の妖怪変化　霊感写真」（『伊予の民俗』通巻三九号）

下直瀬の牛鬼［しもなおせのうしおに］

愛媛県上浮穴《かみうけな》郡久万町下直瀬（現・久万高原町直瀬）の話。

下直瀬の直瀬川にはウシノミドウまたは牛鬼淵《うしおにぶち》という所があり、ここに牛鬼が棲んでいた。ある時、その近くにあった家に住む七人の子供が、一人ずつ牛鬼に食べられてしまい、とうとう全員いなくなってしまった。そこでこの七人の子供を供養して七人塚が建てられたのだという。体にホロセ（蕁麻疹《じんましん》）ができたらこの七人塚にお参りし、治してくださいとお願いしてから後ろを振り返らずに家まで帰れば、ホロセが治るとされた。

昔、直瀬川から用水を引くために関（堰《せき》）を作ることにしたが、なかなか完成しなかった。そこでナルという家の人が関を保たせるため、刀を淵に入れたが、その刀で牛鬼の子供が怪我をしてしまった。怒った牛鬼はタチウス（臼《うす》のことか？　詳細不明）の陰に隠れてナルの家の子供を一人ずつ取ってしまい、とうとう七人全員を取ってしまった。そうしてこの七人を祀《まつ》ったものが七人塚なのだという。

［参考文献］北九州大学民俗研究会『久万の民俗　昭和五六年度調査報告書』

状さがし［じょうさがし］

愛媛県温泉郡重信町（現・東温市）の話。

ある森の中で、小雨の夜などに提灯《ちょうちん》のような火が出て、森の南北の端を行き来するという。昔、松山のある武家屋敷に勤めていた仲間《ちゅうげん》が、主人から大事な使いを命じられた。仲間は松山からの夜道を走っていたが、途中で泉の水を飲んで休息したところ、その間に運んでいた文箱をなくしてしまった。仲間が主人の所に戻ると、主人は厳しく叱《しか》りつけて「見つかるまで探せ。もし手に入らぬ時は、お前の命はないものと思え」と命じた。それから仲間は提灯を手に文箱を探し続け、その四、五日後に森の川底から死体が見つかった。そして仲間の執念がその後も森に残り、提灯の火をかざして付近を探して歩くようになったという。

［参考文献］武智成彬「伊予の妖怪変化　重信郷村昔話」

（『伊予の民俗』通巻三九号）

生石八幡の魔女［しょうせきはちまんのまじょ］

筆者命名。愛媛県松山市生石（現・松山市高岡町）の生石八幡神社の話。

生石八幡神社の御神体には、拳大の濃い鼠色《ねずみいろ》で鈍い光沢のある平たい石が神像と一緒に合祀《ごうし》されていて、妊婦が参拝すれば安産になると信仰されていた。この神社では大晦日の晩から六日までの間は日没から日の出まで参拝することを禁じ、またすべての祭事で太鼓を打つことも固く禁じられ、これらを破ると祟りがあるとされていた。昔、この習慣を怪しんだ神官が、一月六日の夜に大小の刀を帯びて神前で松明《たいまつ》を焚《た》いていると、白髪の老女が現れた。老女は「我が魔界を侵す者は何奴だ、目にもの見せてくれよう」と神官に躍《おど》りかかったので、神官は太刀を抜いて立ち向かった。魔女が刀をバリバリと噛み砕こうとすると、刀の目貫き金に彫られた鶏が突然鳴き声を上げたので、魔女は驚いて「ああ残念、ワシの領分の時刻は過ぎた」と言って宙に飛び去ったのだという。

また、この社《やしろ》では毎年大晦日に若い女を人身御供《ひとみごくう》にする風習があり、村人は悲嘆に暮れていた。ある年、京都の薬行商人である熊太郎が六蔵という猛犬を連れて生石に来て、この話を聞いた。熊太郎は娘の代わりに猛犬を箱に入れて神前に供えたところ、その夜に猛犬は怪神と戦い噛み合って、両方とも死んでしまった。それから人身御供をしなくても祟りは起きなくなったといい、この時死んだ怪神はかつて神官と戦った魔女だったのだとされている。

猛犬に助けられた娘はその精に感じて懐妊し、子供ではなく石を産んだ。この石を八幡神社に合祀したので、この土地も「生石」と呼ぶようになったのだという。

［参考文献］久保田福太郎「生石八幡のタブー」（『伊予路』通巻二号）

ショボショボ谷の濡れ女［しょぼしょぼだにのぬれおんな］

愛媛県南宇和郡西海町（現・南宇和郡愛南町西海地域）の話。

ショボショボ谷は難所であり、常に水が流れている。ここに髪を振り乱した白衣の女が現れて、必ず持ち物を「持ってくれ」と言ってくる。これを持ってしまうと次第に重くなっていき、最後は気を失って倒れてしまうという。この女に会ったら決して声をかけてはならないとしている。

［参考文献］鈴木泰助「伊予の妖怪変化　妖怪変化の話など」（『伊予の民俗』通巻三九号）

シラミ

愛媛県宇和島市宇和海地区に伝わる。

シラミとは水難者の亡霊を指す。水難者の命日やお盆、雨の夜などにその現場付近を航行すると、海中に人体のような白いものが現れて船に取りすがり、喫水が深くなったり船足が遅くなったりすることがある。漁師はシラミを馬鹿とも呼ぶが、これをシラミに聞かれると、櫓《ろ》にすがり付いてきて離れなくなる。大般若経を唱えたり金《こん》毘羅《ぴら》様に念ずれば助かるのだという。

『常民』二一号には、宇和島市蒋淵《こもぶち》の宮市や宿《しゃく》の浦の話が記されている。シラミという集まって白く見える化け物が船の後をついてくる。シラミは夜に現れるが、火を点《つ》けたり焦げた貝殻を突っ込んだりすると、逃げていってしまうという。

[参考文献] 佐々木正興「伊予の妖怪変化」（『伊予の民俗』通巻三七号）、中央大学民俗研究会『常民』通巻二一号

新城ヶ森の大男 [しんじょうがもりのおおおとこ]

愛媛県周桑《しゅうそう》郡丹原町川根（現・西条市丹原町川根）に伝わる。

川根では五月の節句になっても五月幟《ごがつのぼり》（鯉幟《こいのぼり》など、端午の節句に飾る幟旗）を飾らない。昔、新城ヶ森に大男がいて、時折里に来て村人に相撲《すもう》を挑んできた。村人は困っていたが、ある時不思議な男が現れて、その大男と相撲を取ってやっつけてしまった。大男は村人に詫《わ》びて「村に幟を立てさえしなければ、もう出てこない」と言って姿を消した。それ以来、幟を立てたら大男が新城ヶ森に赤幟を立てるとして恐れられ、誰も幟を立てなくなったという。

別の話では、ある村人が新城ヶ森の大男に「どうして人を見ると相撲を挑むのか」と尋ねたら、大男は「村に幟さえ立てなければその訳を言ってやろう」と答えた。そこで村人は幟を立てないこととしたが、ある年に新出《しんで》という所で禁を破って幟を立てた者がいた。すると幟から大蛇が下がってきたので、村人はますます恐れをなして幟を立てなくなったという。

他の地域でも幟を立てることを忌み、禁忌とする地域がいくつかある。また幟に蛇が出る話は、徳島県の**幟竿の小蛇**と共通している。

[参考文献] 愛媛県史編さん委員会『愛媛県史』民俗 下

杉之瀬の蛇王様 [すぎのせのへびおうさま]

愛媛県東宇和郡城川町土居（現・西予市城川町土居）の話。

元亨年間（一三二一～二四）の頃、杉之瀬に金衛門という人が住んでいた。金衛門は独り身の貧しい暮らしだったので、龍天寺に祀《まつ》られている弁天様の祠《ほこら》に参り、どうぞよい妻を世話してくださいと一心に拝んだ。すると突然、美しい女の姿が目に映ったので、その女に「どうか嫁に来ていただけないか」と思いを打ち明けたが、答えもなくその姿は消えてしまった。家に帰った金衛門は床に就いたが、夜の二時頃にふわりふわりと体が浮くような感覚になり、手《て》燭《しょく》に火を点《つ》けて家の外に出た。すると家がとぐろを巻いた大蛇の上に乗って空中に持ち上げられ、ぐるりぐるりと回っていたのだった。大蛇は「昼にあなたがあまりに無理を言うから、夜になって来たのです」と言い、美しい姫の姿に変身して「ここに置

いてください」と正座して言った。困ってしまった金衛門は「許してください、帰ってください」と一点張りを続けたので、姫は涙ながらに「仕方ない、せっかく来てほしいと願う人を見込んで来たものを」「どうぞ私を妻と思って、一生男やもめで暮らしてください。そうなさるのなら、妻としてあなたをお護りいたします。そして私を家の近くに蛇王大権現として祀ってください」と言った。そして一枚の大きな鱗《うろこ》を剥《は》ぎ取って「私の姿を見たい時は、これを鏡代わりにお使いになれば必ず姿をお見せいたします」と言って金衛門に渡した。それから金衛門は家のそばの高い所に祠を建て、鱗を御神体として蛇王大権現として祀った。そして朝昼夜と一日三回必ずお参りし、鱗に映る蛇王の姫と対面し生涯を男やもめで暮らしたのだという。

［参考文献］土居郷土誌発刊委員会「愛媛県東宇和郡城川町土居の民俗」（『伊予の民俗』通巻二七号）

すもとり岩［すもとりいわ］

愛媛県宇和島市蒋渕《こもぶち》に伝わる。

二つの岩が相撲《すもう》を取っているような形でくっついているものがあり、これをすもとり岩と呼んでいる。畑を作る時にこの岩を引き離そうとしたところ、火が出たのだという。

［参考文献］中央大学民俗研究会『常民』通巻二一号

世田山鎮護の魔神［せたやまちんごのまじん］

愛媛県西条市の世田山の話。

今治《いまばり》市の綱敷天満神社から峠を一つ一つ登っていくと、世田山の峠道に出るが、その辺りは蛇越と呼ばれている。そして世田山の麓《ふもと》には蛇の池という深く青い淵《ふち》がある。この池に棲む大蛇は世田城（世田山城）の草分けの頃からの大王で、世田山鎮護の魔神であるという。

建武の新政（一三三三～三六）の頃、この辺りは南朝の功臣たちが城を築いていたが、南朝の勢いが衰えてくると細川氏の軍勢によって城が次々と陥落していき、世田城も危うくなった。城の名将・篠塚伊賀守（篠塚重広）は最後の決戦で敵の首を数多く取ったが、それでも多勢に無勢であった。そこで篠塚は取った首を鉄の棒に添えて蛇の池に投げ込み、今治の浦から沖の島へと渡り、世田山城から煙が上がるのを見てから切腹した。すると蛇の池から竜巻が起こり、凄《すさ》まじい暴風雨の中で大蛇が姿を見せ、ウヨリウヨリと峠を越えて河原津の浜へ這《は》い出てきた。そして池のそばの岩が崩れ、岩陰で暴風雨を避けていた敵の大将や軍兵は一人残らず潰《つぶ》されてしまったという。

大蛇が這った赤土山の上には幾筋も跡が残っていて、晴れた日にはその跡が湿り、雨の日にはそれが乾いて大蛇のような長い跡がはっきりと見えるという。池を這い出た大蛇は平市島《へいちじま》と小平市島の間を往来する。地元の漁師たちは「その頭には耳が生え、鱗《うろこ》には牡蠣《かき》がついている」と見たように語ったという。

[参考文献] 高木敏雄『日本伝説集』

僧都の牛鬼 [そうずのうしおに]

筆者命名。愛媛県南宇和郡城辺町僧都（現・南宇和郡愛南町僧都）の話。

ある日、僧都の猟師が山にいると雨が降り出したので、岩の下で雨宿りをしていた。すると上からポタリポタリと雨が落ちてきたので、上を向いてみると牛鬼がよだれを垂らしていた。猟師は驚いて逃げたが、後ろからジャンジャンジャンジャンと針金のような毛をすり合わせる音がしてきたので、鉄砲に弾を込めては撃ち、込めては撃ちながら逃げた。そして家に逃げ込んで障子を閉め、さらに雨戸も引いておくと、牛鬼は毛を戸袋に打ちかけてきたのだという。

針金のような毛を戸に打ちかけてくるという話は、**ヌレオナゴ**と類似している。

[参考文献] 中央大学民俗研究会『常民』通巻二八号

底無池 [そこなしいけ]

愛媛県喜多郡大洲町の田の口（現・大洲市田口）と本誓寺の中間に、底無しとされる池があった。この池に轟々《ごうごう》と渦が立つ時は、池の主が龍宮へと通っているのだとして人々は恐れていたという。この池の主は一つ目の龍で、池の中の魚や虫はすべてこの主の眷属《けんぞく》で、いずれも片目なのだという。池の水はどんな旱魃《かんばつ》や洪水でも増減しなかったが、旧藩時代に埋め立てられてしまったという。

[参考文献] 横田伝松「伊予の伝説」（『旅と伝説』三年一一号）

袖もぎ坂と夜泣き石 [そでもぎざかとよなきいし]

愛媛県温泉郡重信町西岡《にしのおか》（現・東温市西岡）の話。

西岡の法寿院の西から西北に向かって上る坂を袖もぎ坂と呼ぶ。この坂を通る時に誤って転んでしまったら、着物の袖を一つちぎって置いていかなければならない。そうしないと、恐ろしいことが起こるとされた。

この袖もぎ坂を上がりきった所の北に庵《いおり》があり、そこの入り口に左右一対の大石が据えてある。上林《かみはやし》のほうから見ると、この石が光って見えたのだという。また、昔、ある庄屋がこの石を屋敷に運んで庭石にしたことがあった。すると小雨が降る晩に、庭石から悲しげにしくしく泣く声が聞こえてきて、よく聞くと「早よいにたい（早く行きたい）、早よいにたい」と言っているようだった。それが毎晩のように続いたので、庄屋は石を元の所に戻した。それからこの石を「夜泣き石」と呼ぶようになったという。

「伊予の妖怪変化　重信郷村昔話」にも「光る夜泣き石」として同じものが紹介されている。天気が良い日には、上林から西岡の夜泣き石を見るときらきらと光り輝くように見えたのだという。

徳島県の**袖もぎ様**や、香川県の**袖モヂキ**も参照。

〔参考文献〕重信町誌編纂委員会『重信町誌』、武智成彬「伊予の妖怪変化　重信郷村昔話」(『伊予の民俗』通巻三九号)

【た】

ダーダラボウシ

愛媛県喜多郡長浜町青島(現・大洲市長浜町青島)の話。

太古の昔、この地方にダーダラボウシという魔物がいた。ある時、ダーダラボウシが出石山《いずしさん》と坪神山(壺神山のことか)に両足を掛けて、大洲と新谷の湖水を飲んでいたら、奥歯に何かが挟まった。これをポッと吐き出したら、海に飛んでいって青島になったのだという。

香川県の**オジョモ**などと同様の巨人伝説の一つと思われる。

〔参考文献〕森正史「民俗採訪記　喜多郡長浜町青島」(『伊予路』通巻三三号)

ダイバ

愛媛県伊予郡中山町(現・伊予市中山町地区)の話。

昔、長沢に住んでいた金持ちが自分の持つたくさんのお金を埋めるため、高岡の人を七人使った。しかし金持ちは金の在《あ》り処《か》を知られないように、その七人を殺してしまった。その墓が七人塚として長沢に残っているという。この七人塚のそばにも金を埋めたのだが、誰も掘り起こさなかったためダイバという金の精になって人に悪さをした。そこで三年に一回、七人塚で般若経を唱えて金の精をなだめていたが、ある時ダイバが出てきて「高い塔婆《とうば》を建ててくれ」と頼んできた。そこで塔婆を立ててやると、それからダイバは出てこなくなったのだという。

『久万の民俗』には、上浮穴《かみうけな》郡久万町露峰

（現・久万高原町露峰）の昔話が記されている。昔、ある家で小判を地面に埋めておいたが、誰も使わずにいたので小判がダイバになって出てきた。ダイバは人間を食い殺すと言って出たので、家は無住となってしまったが、ある時ある人がこの家に泊まった。夜になると死んだ女中がダイバにお酌《しゃく》をしていたが、泊まった人がダイバに化けて出る理由を尋ねると、ダイバは「ここには金がいけとるのに使わんけん、こうして出るのよ」と答えた。そこでその人が家を買って地面を掘ると、言葉通りに小判が出てきたので、その人は出世したのだという。

〔参考文献〕北九州大学民俗研究会『中山の民俗　昭和五四年度調査報告書』、北九州大学民俗研究会『久万の民俗　昭和五六年度調査報告書』

ダイバン

愛媛県上浮穴《かみうけな》郡美川村栄重上（現・久万高原町）の話。

昔、御三戸《みみど》に宮柱神社があり、神楽を行うとダイバンという鬼が現れては二才（年齢の二歳か、若者を意味する二才《にせ》かは不明）の子供をさらっていた。しかし、ある時洪水が起きて神社が流され、柱も八ヶ所に流れていった。柱が流れ着いた所で一社から八社までそれぞれ神社が建てられ、氏神を祀《まつ》るようになったが、それからダイバンは現れなくなったのだという。

これは愛媛の古い神楽や祭礼に登場する**大蕃**《だいばん》（その他）に由来するものだろう。

〔参考文献〕北九州大学民俗研究会『美川の民俗　昭和五二年度調査報告書』

立石狸［たていしだぬき］

愛媛県温泉郡重信町（現・東温市）の話。

昔、東温高校の門前の道端に「こんぴら道（金毘羅《こんぴら》街道。金刀比羅宮《ことひらぐう》への参詣道のこと）」を示す石の道標が立っていた。土地の人はこの付近のことを立石と呼んでいるが、昭和の初め頃までは雑木林に囲まれた寂しい原野であった。立石狸はここを根城にした頭領格の古狸で、よく人を化かしていた。ある日、松前《まさき》（伊予郡松前町のことか）から行商に来たおたたという人がこの付近を通りかかると、途中で道がわからなくなってしまい、大きな川に出た。おたたは濡れないように裾《すそ》をたくし上げ、櫃《ひつ》を頭に載せて川を渡り始めた。しかしそこへ「おばさん、何しよるんぞな」と、顔見知りの村人が話しかけてきたので、おたたが「川が深いもんじゃけん」と答えると、村人は「川て、ここは畑じゃが」と言った。おたたがよく見ると、川だと思っていたのは白い花の咲いた蕎麦《そば》畑で、櫃の中の魚がなくなっていた。立石狸に化かされて魚を取られたのだという。

〔参考文献〕重信町誌編纂委員会『重信町誌』

タテクリカエシ

愛媛県北宇和郡松野町目黒西ノ川の猟師の伝承によると、エンコ（**猿猴**《えんこう》（高知県））は冬になると山に入ってセコになるという。セコは一本足で雪の上に一つの足跡を残しながらタテクリかえって（縦向きに回転して）歩くので、タテクリカエシとも呼ばれる。これはホイホイと声を出して呼ばわるという。昔、ある猟師が月の照る夜に野井坂の付近の山を歩いていると、山腹に広がる一面の茅原《ちはら》の中を、無数の手杵《てぎね》のようなものが山鳴りとともにタテクリかえりつつ走り下《くだ》るのを見たといい、これもタテクリカエシの類いだろうか、と伝えている。

テギヌガエシや高知県の**立繰返**も参照。

［参考文献］和歌森太郎（編）『宇和地帯の民俗』

袂雀［たもとすずめ］

愛媛県の南予地方に伝わる。

喜多郡内子町大瀬の成留屋付近で、夜に「チチ、チチ」と鳴いてついてくるものがあり、これを袂雀と呼ぶ。これは鶯《うぐいす》に似た褐色の小さい鳥だという人もいる。上浮穴《かみうけな》郡小田町桜原（現・喜多郡内子町）でもタモトスズメといい、東宇和郡城川町上川地区（現・西予市城川）でもタモトスズメが袂の付近でチュチュと鳴くが、人家が近くなるとぴたりと止むのだという。

『久万の民俗』には上浮穴郡久万町（現・久万高原町）の馬之地《うまのじ》の例が記されている。馬之地では、夜に道を歩いていると雀が袂に入ってきて、チーチーと鳴く声が聞こえてくる。明かりで袂を照らしても何もいないが、また歩きだすと鳴くのだという。これは水子の霊だとされている。

袂雀は**夜雀**（高知県）の一種とされている。南宇和郡城辺町僧都《そうず》（現・南宇和郡愛南町僧都）では、ヨスズメは一種の蛾《が》のようなものとされている。また南宇和郡一本松町小山（現・南宇和郡愛南町小山）ではヨスズメに憑《つ》かれると続いて山犬が現れるので、ヨスズメは山犬の先触れだとしている。これに憑かれた時は「ちっちっと鳴くものは、しちぎの棒が恋しいか、恋しいならばぱんとひと撃ち、アビラウンケンソワカ」と呪文を唱えれば、歩いているうちに鳴き声が止むのだという。

『三間町誌』には北宇和郡三間町（現・宇和島市三間町地区）の夜雀の例が記されている。夜中に山中を歩いていると、急に「チュッ、チュッ」という雀の鳴き声がついてくる。すると行く先が見えなくなって歩けなくなってしまう。このような状態を「夜雀がついた」といって、凶事の前兆として非常に嫌ったという。

［参考文献］佐々木正興「伊予の妖怪変化」（『伊予の民俗』通巻三七号）、北九州大学民俗研究会『久万の民俗　昭和五六年度調査報告書』、和歌森太郎（編）『宇和地帯の民俗』、三間町『三間町誌』

垂水の滝の鬼［たるみのたきのおに］

愛媛県上浮穴《かみうけな》郡久万町遅越《おそごし》（現・久万高原町）の話。

遅越にある垂水の滝に、立て石と呼ばれる石があり、昔はここを通ると鬼が小坊主に化けて相撲《すもう》を挑んできたという。ある時、力持ちのヨジロウという人がここを通って小坊主に相撲を挑まれたが、ヨジロウは小坊主の手を引き抜いてしまった。その後、ヨジロウが関山で仕事をしていると、鬼が仕返しに来てヨジロウを山から突き落としてしまった。そのままヨジロウは死んでしまい、葬式をしていると隣の山に天狗がいっぱい現れて笑っていたのだという。

［参考文献］北九州大学民俗研究会『久万の民俗　昭和五六年度調査報告書』

長狐［ちょうこ］

『本朝故事因縁集』に「八十七　四国狐不住由来」として記されている話。

享禄年中（一五二八～三二）、伊予国（愛媛県）の大名・河野通直（河野弾正少弼《しょうひつ》通直のことか）の妻が二人になり、同じ姿で同じ衣装を着て同じように座っていた。通直は驚いて詮議《せんぎ》し、いずれか片方は化け物であろうと考えた。二人の妻は互いに相手こそ化け物だと争い、医師や禅僧が来てもどうすることもできなかった。そこで通直は二人の妻を閉じ込めて様子を調べ、食事の仕方が異なる片方を拷問《ごうもん》すると、たちまち狐の姿となった。通直はすぐにこの狐を殺そうとしたが、同じ時、門前に僧俗男女を問わず四、五〇〇〇人もの人々が集まってきた。彼らは四国中から集まってきた狐で、今回の一件について訴えに来たのだった。それによると「今回捕らえられた狐は貴狐明神の末、稲荷の使者である長狐というもので、日本の狐の王であり、これを害すれば、国に大きな災いが起こる。長狐は我ら狐たちの師匠であり、教わった化けの神変もこれより断絶するので、どうか助けて欲しい」ということだった。そこで通直は「四国中の狐が船に乗って中国（中国地方のことか）に渡るというなら、この長狐も助けよう」と言ったので、狐たちは皆誓紙を書き、船に乗って四国から離れた。これ以降、四国から狐がいなくなったが、狐たちが書いた誓紙が失われればまた住み始めるであろうとされ、今も河野氏の家に遺されているのだという。

「貴狐明神」は荼枳尼天《だきにてん》の別名である貴狐天王を思わせるが、同じ『本朝故事因縁集』の「七十九　狐教訓」において、狐が「吾《われ》神通を得て貴狐明神と神位を賜り、稲荷大明神の使者たり」と語っている。貴狐明神はあくまで授けられる神位のことであり、貴狐天王そのものと同義というわけではないのだろう。

［参考文献］新日本古典籍総合データベース『本朝故事因縁集』

つけ火［つけび］

愛媛県越智《おち》郡関前村岡村（現・今治《いまばり》市関前岡村）に伝わる。

航海中に、海で山や家が見えることがある。これはつけ火といって、仏（死者）が迷っているのだという。このような場合は焚き火を振ると消えて見えなくなるのだという。

［参考文献］國學院大學民俗学研究会『民俗採訪』昭和四一年度号

テギヌガエシ

　愛媛県南宇和郡愛南町の山出《やまいだし》地区の話。雪が降ると一本足のテギヌガエシが出るとされ、子供が雪の時に外へ出ると叱《しか》られた。センミツというトッポイ人（とぼけた人という意味か）によると、大雪の時にポンポンと音がしたので、見るとテギヌガエシが椿《つばき》の木の股にテギヌ（手杵《てぎね》のことか）のような頭を入れてしまい、動けなくなっていた。木を伐って助けてあげたら、お礼のつもりか手杵のような頭の太いほうを振り振りしながら歩いていったのだという。
　高知県の**手杵返し**や徳島県の**手杵**と同類と思われる。ただし原文の末尾には「この部分はトッポ話」と書かれており、センミツが語った話については笑い話や馬鹿話の一種とみるべきだろう。

［参考文献］和田正洲「伊予の怪異談　愛媛県南宇和郡」（『女性と経験』二巻二号）

鉄人［てつじん］

　伊予国（愛媛県）の河野氏の来歴について記された『予章記』に登場する。
　推古天皇の御代に、三韓（当時の朝鮮半島に存在した高句麗《こうくり》・百済《くだら》・新羅《しらぎ》の三国）から八〇〇〇人の軍勢が襲来した（他の資料では新羅の軍勢とされることが多い）。これを率いる大将は鉄人であり、斬ることも射ることもできず、また人食いであった。この時、越智益躬《おちのますみ》（越智氏は河野氏の祖）が勅命を受けて九州に向かったが、味方は一人もいなかった。そこで益躬は智謀を巡らせ、鉄人の所に行って降伏し「日本は山は険しく水は深いので、私が案内をいたしましょう」と言ったので、鉄人はすぐに益躬を許して案内をさせた。案内している間、益躬が鉄人の様子をうかがってみると、鉄でできた全身だが、どこかに生身の肉体があるようだった。軍勢はやがて播磨国（兵庫県）の明石浦に着き、蟹坂《かにがさか》（現・兵庫県明石市和坂の辺り）に至り、鉄人は足を上げて馬上から周囲の景色を観察し始めた。益躬が鉄人の質問に答えながら見ると、鉄人の足の裏に眼があったので、益躬は隠し持っていた「掃鬼《おにはらい》」という名の綿繰《わたくり》の鏃《やじり》の矢を取り出して、弓を使わず手で投げ付けた。すると矢は鉄人の足裏から頭上まで突き抜け、鉄人は馬から転げ落ちて死んだ。そして軍勢の兵は、大将が死んだことで皆自害してしまったという。
　全身が鉄でできた体、あるいは鉄のように固い体の英雄・怪人の伝説は日本に限らず世界に点在している。日本各地の例については「本朝鉄人伝奇」や「日本中世鉄人退治譚補綴」に詳しい。また異国から襲来する鬼については塵輪《じんりん》（『日本怪異妖怪事典　中国』中国広域を参照）などがある。

［参考文献］佐伯真一・山内譲（校注）『予章記』、大林太良「本朝鉄人伝奇」（『季刊民話』通巻二号）、佐々木紀一「日本中世鉄人退治譚補綴」（『山形県立米沢女子短期大学紀要』通巻五〇号）

トオタテボウズ

愛媛県伊予郡中山町（現・伊予市中山町地区）の話。

道を歩いていると、道が見えなくなることがある。「こっちから来たのだからこっちへ行こう」と思っても、思った通りに進めず山の中に嵌《はま》ってしまう。これはトオタテボウズに会ったからであり、道が見えなくなるのはトオタテボウズが戸を立てているからなのだという。

［参考文献］北九州大学民俗研究会『中山の民俗　昭和五四年度調査報告書』

ドンコ

愛媛県伊予郡砥《と》部町《べちょう》田ノ浦の話。

田ノ浦には底なし沼のドンコが池という所があった。ある日、岸の近くで大きな魚のドンコが、背中を出して休んでいるのを男が見つけた。男はドンコを捕まえ、背負って峠の道を急いでいたが、人のいる気配もないのに「ドンコさん、ドンコさんどこい行くんぞな」と人の声がした。すると背中のドンコが「余戸《ようご》割木（小麦藁《わら》）で背焙《せあぶ》りに行くのよ」と答えたので、男は驚いてドンコを放り捨てて逃げたという。

他の地域でも同様の話が語られている。小田町上田渡《かみたど》（現・喜多郡内子町上田渡）では、ドンコは「わしは臼杵《うすき》の畝々《うねうね》に背焙りに行くぞえ」と言い、肱川《ひじかわ》町嘉城《かじろ》（現・大洲市）の魔の淵《ふち》のドンコは「おらあ、中居谷へ背を焙ってもらいに行くぞ」と言ったのだという。

［参考文献］愛媛県史編さん委員会『愛媛県史』民俗　下

【な】

長瀬様［ながせさま］

愛媛県東宇和郡城川町土居（現・西予市城川町土居）の話。

嘉応元年（一一六九）の頃、光谷の光滝山（現・三滝山のことか）には大蛇の巣窟があり、木が林立する昼でも暗い大森林であった。鍵浦で生活する人々は、山の奥から聞こえる何かの悲鳴や、バッサバッサと恐ろしい奇妙な音によって安眠できなかったが、これは光滝山の主として二〇〇〇年も昔から棲息する大蛇の仕業《しわざ》であった。ある時、都から偉い殿様が家来を大勢連れて来て、甲ヶ森に城を築いた。連れてきた家来の中には鍛冶屋《かじや》や学問のある人、尼僧などもいて、それぞれがこの地を開拓して田畑を作り、神社や寺院を建てていった。しかし光滝山の大蛇だけは何も変わらず、夜の騒がしさも続いたので、高研山《たかとぎやま》に尼寺を建てた尼僧が祈禱《きとう》をして封じ込めてしまった。しかしその後、天正一一年（一五八三）に土佐の長宗我部《ちょうそかべ》氏によって甲ヶ森の城は攻め落とされ、殿様も侍も戦死した。すると封じ込められて眠っていた大蛇が目を覚まし、死んだ殿様に化けてその妻を渕《ふち》に誘い込んで殺したり、自身を封じ込めた尼僧の姿に化けて子守娘を渕の中に誘い込んで殺したりした。尼僧は再び祈禱をしようとしたが、大蛇は怒り狂って夜に光滝の頂上で頭をもたげ、家のほうを睨《にら》みつけて木々の間から色とりどりの七色の光を放った。そこで本村丘ノ堂の高僧を迎えて尼僧とともに大蛇死滅の大祈禱を七日七晩行った。すると大蛇はのたうち回って岩に向かって真正面に突っ込み、そのまま地中深くに潜り込んで姿を消し、再び出てくることはなかった。しかしその霊魂は残ったとされ、光滝山から一〇メートルほど下のほうの岩に割れ目ができて、ながせ（長雨。梅雨のこと）になると初め頃は頭を見せ、中頃に胴腹を見せ、終わり頃に尻尾を見せるという小さな蛇に化けたのだという。この蛇は長さ四〇センチくらいで、赤縞《あかじま》の模様に首に白い輪が入っている。ながせには必ず姿を見せるので長瀬様と呼び、これを突くと祟りによって病気になるとされた。

　梅雨の時期に岩の割れ目から姿を見せる蛇というのは、石川県の梅雨蛇（『日本怪異妖怪事典　中部』に掲載）や、中国地方の梅雨左衛門（『日本怪異妖怪事典　中国』中国広域に掲載）と同様である。

［参考文献］土居郷土誌発刊委員会「愛媛県東宇和郡城川町土居の民俗」（『伊予の民俗』通巻二七号）

灘沖の時化火［なだおきのしけび］

愛媛県喜多郡櫛生《くしゅう》村（現・大洲市長浜町櫛生《くしゅう》）に伝わる。

　櫛生から見える硫黄灘（伊予灘）の沖合に、毎年二、三月になると不知火《しらぬい》のような火が現れる。火は深夜に不意に現れて二晩くらい続くこともあれば、長く現れないこともある。その怪光が数里にわたって長く続いたかと思えば、たちまち珠玉を散らしたようになって高く昇ったり低く走ったりする。そして消えたかと思ったら美しく光り輝くのだという。口碑では灘沖で溺死《できし》した船人の怨霊であるとしており、この怪火が現れたら大時化になるので、灘沖の時化火と呼ぶのだという。

［参考文献］横田伝松「伊予の伝説」（『旅と伝説』三巻一一号）

新谷の怪樹［にいやのかいじゅ］

愛媛県大洲市新谷の話。

　昔、新谷藩にある身分の高い武士の屋敷があり、その庭には数百年も経ったような大きな竹柏樹（なぎの木）があった。ある年の暮れ、屋敷で正月用の餅搗《もちつ》きをしていたら、ある下女が餅をつまみ食いしてしまい、それを見つけた主人によって竹柏樹の下で斬り殺されてしまった。それから雨が降る夜更けには、殺された下女の亡霊が木の下に現れ、鬼火が飛ぶ中で悲しそうに泣き声を上げるようになった。また木を伐ろうとしても伐り口から真っ赤な血が流れるので、枝を払うこともできなくなった。その後、火災によって木が枯れたので、根本から伐ってしまった。しかしその後も、この屋敷で正月に餅を搗くと白い餅に血の色が混ざり、真っ赤な血の餅になってしまったという。そして下女を斬った主人も晩年には全く足が立たなくなり、気の毒な死に方をしたのだという。

［参考文献］大洲市誌編纂会『大洲市誌』

鵺［ぬえ］

愛媛県上浮穴《かみうけな》郡の久万山《くまやま》（現・上浮穴郡久万高原町）の話。

源頼政が京都の紫宸殿《ししんでん》に現れた鵼《ぬえ》（鵺）を退治した話は有名であるが（『日本怪異妖怪事典　近畿』京都府を参照）、久万山の辺りでは頼政の母が鵺に化したという話を伝えている。

「伊予における頼政の鵼退治伝説」には、『予陽《よよう》河野盛衰記』に記された話が紹介されている。頼政の母は平氏全盛の世を厭《いと》い、伊予国（愛媛県）に赴いて久万の奥に籠もった。初めは菩提心《ぼだいしん》を発して欣求浄土《ごんぐじょうど》の思いが強かったが、いつしか都に残した頼政への思いが募り、狂乱の振る舞いをするようになった。ある時、自ら竹を伐って頼政のもとに送り、その竹で矢を作らせた。そして自身は近くの池で頼政のことを昼夜祈り続けた。そして満願の時が過ぎ、都で頼政は母から送られた竹による矢で鵼を射止めたが、その夜に母は死んだのだという。

「伊予温泉郡より」によると、頼政の母が我が子を出世させるため、鵺と化して毎夜久万山から都の紫宸殿へと通い、退治されることで頼政の弓の腕を世に知らしめたのだという。温泉郡荏原《えばら》村上野（現・松山市上野町）の大宮八幡神社の前にある「夜明《よあけ》の松」という松は、都に近いとしてその鵺が宿っていたのだという。また、鵺がこの松に止まって休んでいるうちに夜明けとなり、三坂峠から奥へ飛ぶには人目に掛かるとして、霧を吹いて姿をくらませた。この霧が久万の朝霧の元なのだという。

「父二峰《ふじみね》村の民俗記」によると、上浮穴郡中津村（現・久万高原町中津）の二箆《ふたつの》（現在の二箆山辺りか）には昔、源頼政の親子が住んでいたのだという。頼政は職について都に移ったが、その母親は我が子の出世を祈って二箆の池で水行をして、とうとう頭は猿・体は龍・八本の尾の鵺になってしまった。そして鵺は都へ行き、頼政の主人の屋敷に夜ごとに出たので、頼政はこれを退治して出世したとされている。鵺が父二峰（現・久万高原町露峰辺り）を通って都へ行く途中、息を吐くと霧となった。父二峰の霧はここから生じたのだという。

今治《いまばり》藩（現・今治市）の庄屋が編纂《へんさん》した

『国府叢書』巻三六にも「源頼政鵺ヲ射ル事」として、同様の話を記している。久万山の奥に籠もった頼政の母は菩薩心《ぼさつしん》を発して祈念を凝らし、小竹を伐って都の頼政に送り、頼政はこれで矢を作った。その後、頼政が鵺を射て退治したが、それと時を同じくして母は世を去ったのだという。その鵺は久万山の奥にある赤蔵ヶ池から出たとされ、また鵺を射た矢の小竹はその池のほとりに生えていたのだという。

〔参考文献〕田村憲治「伊予における頼政の鵼退治伝説」(『伊予の民俗』通巻三八号)、相原熊太郎「伊予温泉郡より」(『郷土研究』三巻二号)、武田明「父二峰村の民俗記」(『ひだびと』九年五号)、今治市立図書館HP「国府叢書・文化財絵はがき」

ヌレオナゴ

笑い女子《おなご》とも。愛媛県の各地に伝わる。

『宇和地帯の民俗』によると、髪の毛を洗いざらしにして出るので濡れ女子というとか、人を呪い苦しめるからノロイ女子《おなご》だとか、いろいろな説明がされるという。北宇和郡の広見町(現・鬼北町《きほくちょう》)や三間町(現・宇和島市)では、道を通る男ににたりと笑いかけてくる女だという。このヌレオナゴに出会った時に笑顔を示すことは禁物で、もしそうすると執念深く付き纏《まと》ってくる。そういう時は「やかましい」と大声で怒鳴ると消えてしまうという。

南宇和郡城辺町桜岡(現・南宇和郡愛南町)にもヌレオナゴが出て若い男を苦しめた。ある夜、山出《やまいだし》の青年が一人で桜岡を通ると、美しい娘に出会ってその美貌に魅入られてしまい、娘に笑い返してしまった。すると娘は長い髪を振り乱して襲いかかってきたので、青年は我が家に逃げ帰って板戸の大戸を閉ざして難を逃れた。ヌレオナゴに追われた時に障子戸を閉めると、髪の毛の先で引っかかれて開けられてしまうとされ、必ず板の大戸を閉めるようにといわれている。

「伊予の妖怪変化」によると、東宇和郡野村町富野川(現・西予市野村町富野川)の駄場川にヌレオナゴがいたという。千眼寺《せんげんじ》の修験者・徳善院が夜に駄場川の飛び石を渡ろうとすると、ヌレオナゴが洗濯をしていた。ヌレオナゴは徳善院に「赤子をしばらく抱いてくれ」と言ったので、赤子を抱いてみると石のように重かった。洗濯を終えたヌレオナゴは、お礼に徳善院に大力を与えたので、徳善院は松や竹を握り砕くほどになったのだという。

南宇和郡御荘町長洲(現・南宇和郡愛南町御荘長洲)の越の尻の山沿いの道で、飛脚がヌレオナゴに出会って赤ん坊を抱かされた。しかし赤ん坊が重い石に変じたので、その石を投げ捨てて逃げたところ、ヌレオナゴが追いかけてきた。ヌレオナゴの髪の毛先はすべて釣り針のようになっていて、飛脚が逃げ込んだ家の板戸には、その髪の毛で引っ掻いた跡が残っていたのだという。

『常民』二八号には南宇和郡城辺町中玉(現・南宇和郡愛南町中玉)の話が記されている。たかなご坂の上にある、水が出ている所に行くと、女が赤ん坊を抱いている。

ある男がそこを通ると、女は「子を抱いてくれ」と言ったので、男は赤ん坊を抱いてやった。すると赤ん坊は次第に重くなっていき、男が気味悪くなって赤ん坊を放り出して逃げ出すと、女は髪を振り乱して追いかけてきた。男が家に辿《たど》り着いて中に逃げ込むと、女は先が鉤《かぎ》のようになった髪をバラーッと投げ付けてきた。翌日になって見ると、釣針のような髪が戸に残っていた。男の家には戸が二枚あったので助かったのだとされ、それから「二枚戸は祟られん」と言われるようになったという。

水木しげるはこれらヌレオナゴの話、特に城辺町桜岡の話を元にして「**針女**」として絵を描いて紹介している（針女についてはその他も参照）。また**僧都《そうず》の牛鬼**も参照。

〔参考文献〕和歌森太郎（編）『宇和地帯の民俗』、佐々木正興「伊予の妖怪変化」（『伊予の民俗』通巻三七号）、中央大学民俗研究会『常民』通巻二八号

ノビノビ

愛媛県喜多郡内子町に伝わる。

旧内子では、ノビノビという化け物が出るといわれていた。これは、人が「大きくなれ、大きくなれ」と言うと、どんどん大きくなって見上げるほどになるのだという。これは獺《かわうそ》が人を化かしているのだという。

四国広域の**ノビアガリ**も参照。

〔参考文献〕北九州大学民俗研究会『内子の民俗　昭和五七年度調査報告書』

【は】

花賀〔はなが〕

愛媛県南宇和郡一本松村正木（現・南宇和郡愛南町正木）に伝わる。

昔、篠山《ささやま》に「はなが」という化け物がいて人々を苦しめた。村人たちは戦術を編み出してこれを退治したが、その後祟りがあるというので、戦術を元に踊りを考案し、はなとり踊りとして毎年踊るようになったのだという。

はなとり踊りは九月一八日の篠山神社の祭礼の時の踊りで、太刀や鎌を振って切り合うように踊る。前述の話の他に、花賀と

いう凶賊を討ち、その祟りを恐れて供養のために始めたので「はながおどり」となり、そこから転じてはなとり踊りとなった、という話も残されている。

［参考文献］和歌森太郎（編）『宇和地帯の民俗』

ババヤシキ

愛媛県北宇和郡成妙《なるたえ》村（現・宇和島市）に伝わる。

成妙村にババヤシキと呼ばれる田圃《たんぼ》がある。ここに馬を引き入れると、片目が見えなくなったり片足が不自由になったりする。牛なら引き入れても問題ないのだという。

四国広域の**マケアレ**のような忌地の一種なのだろう。

［参考文献］大間知篤三「南予の狩り・俗信　愛媛県北宇和郡御槙村（その三）」（『民間伝承』二二巻八号）

ヒカルさんの絵［ひかるさんのえ］

愛媛県松山市文京町の松山大学に「松大七不思議」として語られた種々の怪談のうちの一つ。この話自体にもさまざまなパターンが存在する。

松山大学には加藤会館という古い建物があり、この建物の階段の踊り場には、学生によって描かれた大きな油彩画が飾られていた。それは椅子に腰掛けた若い女性の肖像画で、学生からは「ヒカルさんの絵」として恐れられていた。この絵の前を通ると、絵の女性の目がギョロッとこちらを向くとか、この絵を指差すと必ず事故にあって怪我をするなどとされた。また、絵が掛かっている壁の奥には、戦時中に死体置き場として使われた部屋があるとも噂《うわさ》された。

加藤会館は現在は取り壊され、飾られていた絵も撤去されたが、その後もこの絵に関する怪談は学生たちの間で語り継がれた。何度絵を外しても必ず元の場所に掛かっていたとか、絵の女性がよく椅子から立って学内を動き回ったなどの怪談が語られたという。

『霊感少女論』によると、この絵はまだ大学の倉庫に保管されており、キャンバスの裏面には「佐藤光」という署名と、昭和四五年暮れに制作という年記も記されていたという。どうやら「ヒカルさん」というのは絵の女性の名前ではなく、実際は制作者の名前だったようである。

［参考文献］近藤雅樹『霊感少女論』

火衣を着たお坊さん［ひごろもをきたおぼうさん］

愛媛県上浮穴《かみうけな》郡久万町露峰（現・久万高原町露峰）の話。

昔、若宮の村のある人が家を建てるために木を伐りに行った。ある木を半分ぐらいまで伐って、翌日に続きを伐ろうとしたら、木の伐れ目や木《こ》っ端《ぱ》が元通りになっていた。その人は「木っ端を火で焼けば元通りにはならないだろう」と考えてそのようにしたが、次の日にはまた元通りの木に戻っていた。そこで今度は不浄の物をその木に置いておくと、次の日には元通りにならなかった。こうしてその木を伐り倒して家を建てたが、棟上《むねあ》げの日に酒樽《さかだる》を屋根の上に置いたら、そこから火事になってしまった。他の人が見ていた話では、家の上と下から火衣を着たお坊さんが中に入っていき、その瞬間に火事になったように見えたのだという。

同じく久万町の馬酔谷《あせぶだに》にも類似の話がある。二名《にみょう》の庄屋さんが家を建てるために馬酔谷の山の木を伐り倒したが、次の日には元通りになって立っていた。そこでその木に月経のある女を跨《また》がせてから持ち帰り、その木で家を建てた。すると真っ赤な「火ごろも」が出て、その家は焼けてしまったのだという。

［参考文献］北九州大学民俗研究会『久万の民俗　昭和五六年度調査報告書』

ヒジリ様［ひじりさま］

愛媛県北宇和郡御槙《みまき》村（現・宇和島市津島町辺り）に伝わる。

ヒジリ様と呼ばれる古い墓があり、この付近で木を伐ったり柴《しば》を刈ったりすると、取り憑《つ》いてきて病気にするのだという。

［参考文献］大間知篤三「南予の狩り・俗信　愛媛県北宇和郡御槙村（その三）」（『民間伝承』二二巻八号）

ヒダリガミ

ダリガミ、ダリとも。愛媛県北宇和郡三間町（現・宇和島市）や広見町（現・北宇和郡鬼北《きほくちょう》町）、南宇和郡城辺町や一本松村（ともに現・南宇和郡愛南町）などの山間部に伝わる。

山中の道で空腹を感じたり、冷や汗が出てきて歩けなくなることがあり、こういった状態をヒダルくなるという。これはダリやヒダリガミといった怪物が憑《つ》いたためだとされている。これに憑かれた時は何でも一口食べると治るので、日頃から弁当を食べ尽くさず、米を一粒でも二粒でも残しておくのだという。また一本松村では、身に着けている手拭いや前掛け、草履《ぞうり》など何でもいいので後ろに投げつけるとよいとしている。

ジキトリも参照。

［参考文献］和歌森太郎（編）『宇和地帯の民俗』

ヒビセキさん

愛媛県伊予郡中山町（現・伊予市中山町地区）の話。

鎌稲にヒビセキさんという塚がある。昔は七月七日にはヒビセキさんに、そして一四日には阿弥陀《あみだ》様に念仏をあげて祀《まつ》っていたが、ある時、この二つを一四日にまとめて、一度に念仏をあげてしまおうという話になった。しかしこれを発案した者の家が火事で丸焼けになり、賛成した者の家もボヤにあった。これはヒビセキさんの祟りだとして、念仏をまとめることはやめたのだという。

［参考文献］北九州大学民俗研究会『中山の民俗　昭和五四年度調査報告書』

火をぴかぴか光らすもの ［ひをぴかぴかひからすもの］

愛媛県北宇和郡下波《したば》村（現・宇和島市下波）の話。

平爺という人が御伊勢宮（神明神社のことか）の下へ夜磯に行く（夜の磯で漁をすることか）と、石を投げるものがいた。上を見ると、木にぶらりとなって（ぶら下がって）火をぴかぴか光らすものがいたのだという。

［参考文献］山口常助「復刻『南予民俗』北宇和郡下波村聞書」（『伊予の民俗』通巻一一号）

貧乏神 ［びんぼうがみ］

愛媛県北宇和郡の話。

高丘村（詳細不明）では、炉（囲炉裏《いろり》のことか）の火をやたらに掘ると貧乏神が出てくるとされた。

おそらく、囲炉裏の灰を掘ることを戒めたものと思われる。岩手県の**ボコ**なども同類だろう（『日本怪異妖怪事典　東北』を参照）。

［参考文献］郷田洋文「家の神の水神的性格」（『西郊民俗』通巻九号）

深谷の祟り犬 ［ふかやのたたりいぬ］

愛媛県喜多郡内子町の話。

深谷のある山の所で、ある人が白い犬を叩き殺した。するとそれ以来、その人の家で毎晩「ワンワでござる、ワンワでござる」という声が聞こえて、犬が化けて出るようになったのだという。

［参考文献］北九州大学民俗研究会『内子の民俗　昭和五七年度調査報告書』

フルジロ

愛媛県越智《おち》郡上浦町甘崎（現・今治《いまばり》市上浦町甘崎）に伝わる。

甘崎の城（古城島の甘崎城のことか）はフルジロといって、ここに「皿を貸してください」と頼んでおけば、一〇人前を揃《そろ》えて出してくれる。しかし、返す時に皿が足りないと、必ず祟りがあるとされた。

［参考文献］佐々木正興「伊予の妖怪変化」（『伊予の民俗』通巻三七号）

平家大明神 ［へいけだいみょうじん］

愛媛県西宇和郡宮内村（現・八幡浜市保内町宮内）に伝わる。

源平合戦で死んだとされている平有盛が伊予国（愛媛県）に落ち延び、西伊予の宮内村で暮らしていたが、文治元年（一一八五）に源氏の軍に襲われて自刃してしまった。その後、夕方に杣《そま》（樵《きこり》）が白手拭いの頬被《ほおかむ》りをして歩いていると、人影が行く手を塞《ふさ》いで「白布を頭に頂くからは源家の家人に決まった、平左少将有盛主従ここに在り、恨刃受けてみよや」と叫んだ。杣は驚いて逃げ帰ったが、その後もうわ言ばかり言ったという。そのようなことがたびたびあって有盛の名も広まったので、その地に平家大明神として祀《まつ》った。そして有盛が隠れ家で始終琵琶《びわ》を弾いていたことにちなんで、地名も琵琶谷（現・枇杷谷《びわだに》）としたのだという。

［参考文献］淀江國三「土俗伝説聞書集（一）」（『郷土趣味』三巻一一号）

平家だおし［へいけだおし］

愛媛県今治《いまばり》市の大島に伝わる。

源平合戦の時、大島の水軍は河野氏の命によって源氏方について戦った。戦の後、島の人が帰ろうとすると急に暴風雨になり、なかなか帰ることができなかった。ようやく島の近くに辿《たど》り着くと、島の周りでオーイオーイと哀れな声で泣く者が何人もいたので、これは平家の侍の泣き声だろうとして供養をした。これを平家だおしと呼び、その後もときどきそのような声を聞いたのだという。また、島には平家の兜《かぶと》の錣《しころ》に似た貝が棲み着くようになったという。

アビ目アビ科の渡り鳥・アビは平家鳥や平家倒しとも称される。これはかつての源平の屋島の戦いの時、アビの鳴き声を聞き間違えた平家が敗北してしまったという伝説があるためである。瀬戸内海ではこのアビが小魚を狙って群がる所で漁をする「イカリ漁業」という漁法が行われてきた。漁師はアビを神の使徒として祠《ほこら》を建て、その祭りの時はアビに「平家だおし、オーイ、オーイ」と呼びかけて集まるのを祈願したのだという。

［参考文献］武田明『日本人の死霊観　四国民俗誌』、中国新聞社『瀬戸内海　上巻』

蛇石［へびいし］

愛媛県喜多郡立川《たつかわ》村（現・喜多郡内子町）に伝わる。

立川村の中山川に蟹瀬という淀みがあり、ここに蛇石という珍しい石がある。石の高さは四尺五寸（約一三五センチ）、幅は八尺（約二・四メートル）と四尺（約一・二メートル）くらいで、水をかけると蛇の鱗《うろこ》が現れる。昔、大洲藩の藩主が庭石に所望し数百人がかりで城内へと運び入れたが、一夜のうちに元の所へと戻ってしまい、再び動かすことはできなくなったという。

また、ここの一町（約一〇九メートル）上手には巫ヶ淵という所があり、大洲の臥龍の淵に通じているとされ、大蛇が棲んでいるともされた。蛇石はこの大蛇の玩具《がんぐ》であり、大蛇は西岸の鎌倉山の頂上まで蛇石を運んで人畜を害していた。しかし雲峰山天龍院の名僧が大蛇を封じて災いを根絶したという。また、今でも蛇虱《じゃしらみ》という、鰻《うなぎ》に似たものがいるのだという。

［参考文献］横田伝松「伊予の伝説」（『旅と伝説』三年一一号）

変化の道［へんげのみち］

愛媛県伊予郡中山町（現・伊予市中山町地区）の話。

栗田には変化の道と呼ばれる道がある。この道を通るとスナマキという妖怪に砂を撒《ま》かれたり、何かにコツンと当たって倒されたりする。また、変化の道に沿って建っている屋敷は変化の屋敷と呼ばれ、人が住み着きにくいとされている。

四国広域の**ナワスジ**や香川県の**マショウモンミチ**も参照。

［参考文献］北九州大学民俗研究会『中山の民俗　昭和五四年度調査報告書』

棒ふり田［ぼうふりだ］

愛媛県周桑《しゅうそう》郡周布村（現・西条市周布）の話。

周布村の中城に作り手のない田圃《たんぼ》があり、棒ふり田と呼ばれていた。天正年間（一五七三～九二）の初め頃、剣山城主・黒川美濃守道博（通博）が鷺《さぎ》ノ森城主・壬生川《にゅうがわ》摂津守道国（通国）を攻めた。田圃のある辺りはその古戦場で、武者の霊が夕方になるとヒューヒューと棒を振るような音をさせたのだという。

高知県の**棒振り**や**鞭**《むち》も参照。

［参考文献］周布村誌編集委員会『周布村誌』

ほごつり

愛媛県温泉郡重信町（現・東温市）に伝わる。

夜道を歩いているとほごつりが空から降りてきて、人をほご（籠の一種）に乗せて天に引き上げてしまう。そのため、夜道の一人歩きは恐れられていたという。牛渕《うしぶち》の浮嶋神社の裏道や、新居《にい》村の竹藪《たけやぶ》などは、よくほごつりが出たという。

「伊予の妖怪変化　タカタカ坊主とお山女郎など」にも、重信町の田窪《たのくぼ》（現・東温市田窪）の話が記されている。田窪の真ん中にお山塚という所があり、そこに杉の古木が二本生えている。夜に子供がこの木の下の道を通るとホゴつりが出るとされ、どうしてもそこを通らなければいけない時は一目散に走り抜けていたのだという。

［参考文献］重信町誌編纂委員会『重信町誌』、森本真澄「伊予の妖怪変化　タカタカ坊主とお山女郎など」（『伊予の民俗』通巻三九号）

ホタ

香川県北宇和郡吉田町（現・宇和島市吉田地区）などの祭礼に登場する練り物。

吉田町の産土神《うぶすながみ》の祭礼には牛鬼が練り物の一つとして出る（四国広域の**宇和島の牛鬼**を参照）が、同じ祭礼の練り物の中にホタというものも登場する。男子は夜の一二時頃からこのホタを被って鎮守様にお参りをしてから、町内をカツンカツンと音を立てて歩き回る。その形は牛鬼とよく似ていて角が一本で、後ろのほうに紙を長く切って垂らし、前には前掛けをつけている。大きさは一尺（約三〇センチ）四方から四尺（約一・二メートル）四方ぐらいまである。「愛媛の祭礼風流誌」によると、ホタは吉田町をはじめ、北宇和郡や東宇和郡宇和町（現・西予市宇和町）の祭礼に見られるという。獅子舞《ししまい》の頭に似ていて、特に定形はないが、基本的に額に一本の短い角があり、鼻は「ホタ鼻」と言われる大きい形をしている。吉田町のホタは天保六年（一八三五）成立の「吉田祭礼絵巻」にも描かれているので、江戸時代後期以前から登場していると考えられている。またホタは「宝多」と書くともされていて、招福の練り物とされていたのかもしれない。

［参考文献］長山源雄「伊予吉田より」（『郷土研究』二巻一〇号）、大本敬久「愛媛の祭礼風流誌」（『愛媛県歴史文化博物館　研究紀要』六号）

ホラ

愛媛県上浮穴《かみうけな》郡父二峰《ふじみね》村の真弓峠（現・上浮穴郡久万《くま》高原町父野川）の話。

父二峰村と小田（現・喜多郡内子町）の境にある峠を真弓峠と呼ぶが、昔この谷にホラという怪物が棲んでいた。峠の上から弓の名人である真弓堂という人がホラを射殺したので、それから峠を真弓峠と呼ぶようになったのだという。

［参考文献］武田明「父二峰村の民俗記」（『ひだびと』九年五号）

【や】

ヤギョウミサキ

愛媛県伊予郡中山町（現・伊予市中山町地区）の話。

ヤギョウミサキは永木の西御堂から出て陣ヶ森へ行き、夜中にまた西御堂に戻ってくるとされた。また、ヤギョウミサキが現れる時はジャラジャラと金が鳴るような音をさせるという。ある日、旅人が梅原でヤギョウミサキと出会い、その金の鳴るような音を聞いて金を盗もうと考えた。そして待ち伏せをして刀で斬りつけると、ヤギョウミサキは慌てて逃げていった。しかし次の日にその場所へ行っても、小判ではなく小銭が落ちていただけだった。一方、正直者が山へ行く途中に西御堂の前を通ると、御光が差していた。そこで覗いてみると小判がたくさんあったのだという。

　四国広域の**夜行さん**も参照。

［参考文献］北九州大学民俗研究会『中山の民俗　昭和五四年度調査報告書』

山オンバ様［やまおんばさま］

　愛媛県東宇和郡城川町土居（現・西予市城川町土居）に伝わる。

　上高地の開拓地にあるテンムキという田圃《たんぼ》の中に、上が平らになった大きな岩が何枚か連なっている場所があり、昼食の場や子供の遊び場として利用されていた。その一番下の岩は板取川の山オンバ様が遊びに来られる所とされ、山オンバ様が来られた時は大きい山鳴りがするという。また、この岩の下は何人も雨宿りできるくらい広い所があり、その奥には真っ白い蛇がいるとされ、山オンバ様のお使いをする蛇として誰も手を出さないのだという。

［参考文献］土居郷土誌発刊委員会「愛媛県東宇和郡城川町土居の民俗」（『伊予の民俗』通巻二七号）

闇の神［やみのかみ］

　愛媛県上浮穴《かみうけな》郡久万町（現・久万高原町）の俗信。

　山中で魔物に会わないための唱言として「よけて通れよ、闇の神、我れ姿あらんかぎり、アブラオンケンソアカ」と唱えればよいのだという。

［参考文献］北九州大学民俗研究会『久万の民俗　昭和五六年度調査報告書』

闇の中の呼び声［やみのなかのよびごえ］

　愛媛県越智《おち》郡魚島《うおしま》村（現・越智郡上島町の魚島）の話。

　明治の頃、海から漁港のある恵比寿の鼻（岬のこと）へ行こうとしたら、井ノ頭山下崖を飛び石伝いに行ってから、岸に船を繋《つな》ぐ必要があった。ある時、藤本という人が夜に港の船に泊まって寝ていると、崖下のほうから人を呼ぶような声が聞こえてきた。耳を澄まして聞くと「藤本ヨーイ、藤本ヨーイ、上がって来いやー」と聞こえてきて、船の生簀《いけす》を開けようとするような音も聞こえてきた。夜闇の中を見ると、村内の知人のような姿が見えたので声に応えようとしたが「こんな夜更けに知人が来るわけがない」と思い直して船の中に戻った。それからもしばらく呼び声が続いていたが、やがて諦めたのか聞こえなくなった。翌朝になって兄弟にこのことを相談すると、その日の夜は兄弟が船の番をすることになった。そして夜更けになると、昨夜と同じように呼び声がして「藤本ヨーイ、船を着けいや、上がって来いやー」と聞こえてきた。兄弟は水竿を手に構えながら「お前が来いや、船を着けるけん」と答えて、船を岸に近付けた。すると声の主は「ヨー、行くぞー」と言って、二間（約三・六メートル）くらいの間を身軽に飛び移って船に乗り込んできた。しかし待ち構えていた兄弟が水竿でその黒い影を思いっきり殴りつけたので、影は「ギャアー……」と言って逃げてしまった。それからは、この魔物は現れなかったのだという。

［参考文献］村上和馬（編）『魚島村誌　民俗・民話編』

山家清兵衛の怨霊 ［やんべせいべえのおんりょう］

愛媛県宇和島市和霊町《われいちょう》の和霊神社にまつわる話。

慶長一九年（一六一四）に伊達政宗の子・秀宗が伊予国（愛媛県）に入り、宇和島藩が成立した。山家清兵衛公頼《きんより》は総奉行として政務を行い、領民に農耕を奨励して税を軽くし、逆に武家の俸禄《ほうろく》を減らして藩の費用を節約した。領民は山家を敬慕したが、侍大将・桜田玄蕃《げんば》元親を筆頭に藩の武士たちは不満を抱えていた。そこで桜田は主君の秀宗に讒言《ざんげん》し、山家を閉門に追い込んだ。そして元和六年（一六二〇）六月に、桜田は兵を使って山家の屋敷を襲撃し、蚊帳《かや》の四つ手を切り落として家族もろともに殺してしまった。その後、桜田が暴風によって倒れた柱によって圧死するなど災いが相次いだので、桧皮社《ひわだしゃ》に山家の霊を祀《まつ》った山頼和霊神社を建立した。現在は山家の屋敷のあった土地に和霊神社として祀られている。

「夏の風物と民俗」によると、和霊信仰のある地域では旧暦六月二三日の和霊祭の晩には、蚊帳に入らずお通夜をすると願いが叶うと信じられ、蚊帳を吊《つ》らない。松山市三津浜では、この日の夜は山家清兵衛が蚊帳の中で殺されたので、蚊帳を吊らずに過ごすという。また温泉郡重信町下村（現・東温市）にも和霊神社があり、和霊祭の晩には必ず余興の奉納と蚊帳待ち（蚊帳に入らずに一晩明かすこと）があったという。

後に、この事件を元にした歌舞伎『君臣《くんしん》船浪宇和島《ぶねなみのうわじま》』が河竹能進によって作られた。この中では山辺清兵衛という忠臣が御家騒動に巻き込まれて殺され、亡霊となって主君の前に現れる。

［参考文献］三間町『三間町誌』、和歌森太郎（編）『宇和地帯の民俗』、森正史「夏の風物と民俗」（『伊予の民俗』通巻二〇号）

雪婆 ［ゆきんば］

愛媛県北宇和郡吉田町（現・宇和島市吉田地区）に伝わる。

「伊予吉田より」によると、冬の雪が積もっている晩などに、子供が屋外に出ようとすると「ユキンバが来る」と言って外に出さないのだという。

この雪婆の話は『近古小説解題』の中の「雪女物語」とよく似ている、と原文で紹介されている。「雪女物語」は御伽草子《おとぎぞうし》の一つとして書かれた話で、平安時代の京の都に化生のものが美しい女となって現れ、人を取り殺したという話である。この化生は雪の夜にしか現れなかったので、人々は雪女と呼んだ。帝が多田満仲に退治を命じたがなかなか果たせず、やがて雪女は上臈《じょうろう》となって平兼盛の子・かねのぶの寵愛《ちょうあい》を受けた。

しかし上臈の正体に気付いたかねのぶは三条宗近の名刀・小狐丸を借り受けて雪女を退治した。その正体は三尺（約九〇センチ）ばかりの古狸だったという。

吉田町の雪婆の話は全国的に見られる雪女の例の一つであり「雪女物語」と直接関係があるわけではない。長山源雄が参考として言及しているだけであることは留意する必要がある。

［参考文献］長山源雄「伊予吉田より」（『郷土研究』二巻一〇号）、平出鏗二郎『近古小説解題』

妖怪の三調［ようかいのさんちょう］

愛媛県喜多郡上須戒《かみすがい》村（現・大洲市上須《かみす》戒《がい》）の話。

上須戒村の向居《むかい》城は向居氏の城だが、その子孫の一人が城を出て代々村の庄屋となった。ある時の庄屋が夜更けに森の中を通っていると、賑《にぎ》やかなわめき声が聞こえてきた。足音を忍ばせてうかがうと、天狗《てんぐ》のような鼻の高い怪物が大勢集まり、車座になって管弦を奏していた。庄屋は胆力のある人だったので、これは狐狸《こり》の類いだろうと考え、大声で呼ばわりながら一団に躍り込むと、怪物たちはたちまち消えてしまった。翌朝になってその場所に行ってみると、ひとえ切り（一節切《ひとよぎり》のことか）の笛、横笛、唐木《からき》の三味線が残されていたので、これを「妖怪の三調」として向居家代々の宝物としたのだという。

［参考文献］横川伝松「伊予の伝説」（『旅と伝説』四年一号）

洋傘［ようがさ］

愛媛県南宇和郡一本松村中ノ川（現・南宇和郡愛南町中川）の話。

中ノ川の地蔵の近くにハゼの木があり、そこに洋傘がぶら下がり、バッチ（傘の留具のことか）のぶらぶらしたものが下がって飛んだのだという。

［参考文献］和田正洲「伊予の怪異談　愛媛県南宇和郡」（『女性と経験』二巻二号）

横槌蛇［よこづちへび］

伊予三島市の豊坂（現・四国中央市富郷町豊坂）に伝わる。

豊坂の岩原瀬《いはらぜ》に、かつて明剣さまという神社があり、ここのお使いは藁《わら》を打つのに使う横槌のような姿の蛇だった。この蛇は人の姿を見ると、必ず上から下に向かって転げてくるのだが、これを見た人も決まって転んでしまう。転んでもすぐに跳ね起きて平気な顔で歩けば、幸せが訪れて金持ちになるが、ぐずぐずしているとだめになって貧乏になるのだという。

［参考文献］伊予三島市史編纂委員会『伊予三島市史』上巻

吉田の白狸［よしだのしろたぬき］

愛媛県東予市吉田（現・西条市吉田）の徳威神社にあった杉の大木には、銀白に輝く狸が棲んでいて、狸仲間からは王とされていた。

ある五月頃、神社の東にある庄屋の屋敷で下男が薪割りをしていた。すると向こうのほうで白狸の親子が楠《くすのき》の落ち葉を拾って遊んでいるのが見えたので、下男は「化けるつもりだな、見届けてやろう」と考えた。白狸が頭に葉を乗せると頭巾姿の庄屋の隠居となり、肩に乗せると羽織となり、足に乗せると雪駄《せった》になったので、下男は「ご隠居に化けて俺を化かす気だな」と考えて待ち受けていた。すると案の定、雪駄の音がして裏門から隠居が現れたので、下男は飛びかかって打ち据えようとした。しかし騒ぎを聞いた庄屋の家族が飛び出してきて下男を押さえ込んだ。下男から話を聞いた隠居は笑い出し、「あの狸は良い狸で、狸仲間の王なのだから化かしたりしない。お前が自分で自分を化かしたのだ」と言ったので、下男は赤恥をかいたのだという。

［参考文献］周布村誌編集委員会『周布村誌』

ヨヤマギョウ

愛媛県伊予郡中山町（現・伊予市中山町地区）の話。

毎年一回、小池のほうから中野中・仁川《にご》登《と》の方面へ、ヨヤマギョウという妖怪が歩いていく。ヨヤマギョウが歩いていく時、チリンチリンと音がして、その空気に触れた者は全員死ぬとされている。このため、その音が聞こえてきた時は、村人は皆家の外には出ないようにする。ある時、中野中にいた七人家族がその空気に触れてしまい、全員が死んでしまった。その家族の墓は中野中に七人塚として祀《まつ》られているという。

この他にも、ヨヤマギョウが家の前を通る時、その前触れとして「シャコシャコ」と小豆を洗うような音がするともされている。

［参考文献］北九州大学民俗研究会『中山の民俗　昭和五四年度調査報告書』

【わ】

若宮神社の河童［わかみやじんじゃのかっぱ］

愛媛県西予市明浜町高山の若宮神社（大松若宮八幡社）にまつわる話。

若宮神社の祭神は高山城主だった宇都宮正綱だが、河童（エンコ）と縁の深い神社でもある。

若宮神社には河童の狛犬《こまいぬ》とされる石像が一対置かれており、これを撫《な》でると願いが叶うとされている。明治一〇年（一八七七）頃には河童の絵馬が多く掲げられており、また木彫りの河童像が一対奉納されていた。現在の河童狛犬はこの木彫り像の型のまま石造りにしたのだという。

高山の海ではいくら泳いでもエンコにキモ（肝）を取られる心配はないという。これは大松さま（正綱のことか）がエンコを家来にしたので、エンコが守ってくれるからだという。『宇和旧記』によると、昔は牛の頭に「高山牛」と書いた札を付けておく習慣があった。かつて宇都宮正綱が夜半に城に帰る途中に小坊主に出会ったので、何者かと取り押さえた。すると小坊主は「私は河童です。助けてくださればここで飼われている牛をお守りします。飼っている牛に『高山牛』と記した札を付ければ、それをお守りします」と約束し、命を助けられたという。

正綱と河童については、土地の人が以下のような話を伝えている。ある夜、正綱が金剛寺からの帰る途中、河童が前や後ろでちょろちょろと邪魔をしてきた。河童はやがて背中に飛びついてきたが、正綱は背負ったままそれを引き締めて離さなかったので、河童は泣き声を上げながら詫《わ》びを入れ、許してもらった。その翌朝から城の門前に鯛が置かれるようになったが、家来の一人が地面に置かずに掛けてくれるようにと鹿の角を下げておいたら、それから鯛が置かれることはなくなったという。また河童たちは豊後《ぶんご》勢（大友氏など豊後国（大分県）の大名勢力）が宇和海沿岸を荒らしていた時も、海や川で大いに働いていたが、天正七年（一五七九）に長宗我部《ちょうそかべ》氏との戦で正綱は討ち死にしてしまい、正綱を祀《まつ》る若宮神社が建てられたという。

高知県の**猿猴**《えんこう》の項目も参照。

［参考文献］明浜町誌編纂委員会『明浜町誌』

湧ヶ淵の大蛇［わきがふちのだいじゃ］

愛媛県松山市末町の話。

末の石手川上流にある湧ヶ淵には、大蛇が棲んでいた。大蛇は夜になると美麗な女の姿になって湯山の往来に現れるので、人々は通ることができなかった。そこで三好長門守秀吉の長男・蔵人助秀勝という鉄砲の熟練者が、大蛇を討ち取ろうと考えた。元和年間（一六一五～二四）に秀勝は夜な夜な大蛇が現れる場所で待ち受け、七夜目についに大蛇が化けた女と出会った。秀勝が「お前は如何《いか》なる者か、ここに現れて諸人を悩ませているのだから、覚悟せよ」と鉄砲を向けると、女は「我が身は湧ヶ淵に棲むものなり。早々に帰るべし」と言ったので、秀勝はそのまま鉄砲を撃った。すると天が崩れるかというほどの震動が起きたので、秀勝はそのまま帰宅し、翌日に湧ヶ淵に行ってみると、討ち取られた大蛇がいた。秀勝は家来に命じて大蛇の体を持ち帰り、今もその蛇骨が家に残されているのだという。

この蛇骨は秀勝の子孫である庄屋の三好家に伝えられ、大正の末まで毎年蛇骨まつりが行われていたのだという。

［参考文献］湯山小学校ＰＴＡ『湯山誌稿　一山村の歩み』

高知県

【あ】

赤い蛇［あかいへび］

高知県土佐郡鏡村吉原（現・高知市鏡吉原）の話。

鏡村の奥のほうに吉原という所があるが、昔の人は山に沿った川の縁を歩いて行商に出ていた。しかしこの道は雨も降らないのにいつも水が溢《あふ》れていて、雨の日は通れるはずもないという状態だった。ある日、茂吉という村の男が炭を担いで水の中の道を進んでいると、向こうのほうで赤い蛇が何匹も群れになって川を泳いでいるのを見た。茂吉は恐ろしくなって炭を放り投げ、やっとのことで家に帰り着いたが、そのまま倒れ込んで寝付いてしまった。この赤い蛇は村では知られた存在で、この蛇を見た者は一生重病人になるか死んでしまうとされていて、その噂《うわさ》通り、茂吉は数日も経たずに死んでしまった。茂吉が死んでから、村では赤い蛇だけでなく青い蛇まで見て、病気になったり自殺したりする者が出るようになった。村人たちは集まって相談し、蛇を神様として祀《まつ》って道を作り直すことにした。話が決まり、お宮を建て始めてからも蛇を見て死んだり病気になった者は続出したが、やっとのことでお宮を完成させ、一同で懸命に祈った。すると道の水がさあっと引き、残された魚が飛び跳ねたので、これを捕まえて神前に供え、お宮を地蔵堂、小さくなった川を蛇道《じゃどう》と呼んだ。それから蛇がどうなったのかわからないが、道は安心して通れるようになったのだという。

［参考文献］市原麟一郎（編）『土佐の怪談　土佐お化けばなし　二』

赤せみ刺しちゃろ［あかせみさしちゃろ］

高知県香美《かみ》郡東川村羽尾《はお》（現・香南市夜須町羽尾）の話。

昔、七歳の子供が山へ一人で遊びに行き、行方不明になった。村総出で三日三晩鉦《かね》を叩いて名前を呼びながら探し回り、三日目に見つけた時には半死半生となっていて、家に連れ帰ってから死んでしまったという。この辺りでは、子供が山に入るとその子と同い年くらいの子供が現れて「こう来てこう来い、赤せみ刺しちゃろ」と呼んで、だんだんと山奥のほうへ誘っていくのだという。

「赤せみ」とはアブラゼミのことだろうか。「赤せみ刺しちゃろ」の詳細は不明。

［参考文献］桂井和雄『土佐の伝説』二巻

赤ぼうれ［あかぼうれ］

高知県土佐市高岡町の話。

高岡町の清滝山の麓《ふもと》にある鳴川《なるかわ》に、清造といういられ（せっかち）で臆病だが殺生好きの男がいた。清造は友人の権助とともに、清滝山に鴨猟《かもりょう》に行く約束をしていたが、清造が朝の早すぎる時分に権助の家を訪ねたので、一人で山に入ることになった。清造が暗い山道を進んでいると、竹藪《たけやぶ》から身長三メートルはあろうかという、真っ赤な大入道が現れた。清造はあまりの恐ろしさに悲鳴を上げながら山を駆け下り、こちらにやって来た権助と出会った。清造は権助を連れて元の場所に戻り、赤ぼうれ（大きな赤い坊主）に会った話をすると、権助が「赤ぼうれとは、こんなもんか」と言って大入道の姿になったのだという。

［参考文献］市原麟一郎（編）『土佐の民話』第一集

灯取り墓［あかりとりばか］

高知県高知市種崎の話。

種崎の古桑野《こくわの》に、明治の頃まで壽仙院《じゅせんいん》という寺院があった。この寺の西のほうに田所丹波守の墓というものがあり、この墓の付近を夜間に提灯《ちょうちん》を灯して通ると、何かがその灯りを取りに来るので、必ず灯りが消えるとされていた。また、この辺りに畑を作ると病気になるとか、墓の木に触ると体のどこかが痛むようになるとされていたという。

灯りを取られるという話は**ヒタタキ**や、石川県の火取魔（『日本怪異妖怪事典 中部』を参照）などと共通している。

［参考文献］桂井和雄『土佐の伝説』二巻

安芸川原の祭り囃子［あきかわらのまつりばやし］

高知県安芸市土居《どい》の話。

昔、武家屋敷町の土居廓中《かちゅう》の近くを流れる安芸川の川原に、夏になると何ものかが奏でる祭り囃子《ばやし》が毎夜聞こえてくるようになった。ある年の夏の夜、廓中に住む若侍が涼を求めて川原に出てその囃子を聴いていたが、そこに美しい娘が現れて若侍の手を握ってきた。その器量にすっかり魅せられた若侍は、娘に誘われるままに連れて行かれて、ともにひと時を過ごした。その後、娘に見送られて帰路についた若侍は、股間がうずくので調べると、自分の一物《いちもつ》が切り取られて血だらけになっているのに気が付いた。この話は廓中に広まり、肝っ玉と武芸に優れた侍が功名を立てようと夜に安芸川原へと出かけた。しかし、囃子とともに現れた娘の美しさによってなすがままにされてしまい、結局同じように一物を完全に切り取られてしまった。それからしばらくして、体は偉丈夫だが普段あまり目立たず、小馬鹿にされていた若侍が川原に行くと言い出し、皆が止めるのも聞かずに夜になって出かけていった。川原で若侍が待っていると、やはり囃子とともに娘が現れ、若侍に抱きついてきた。囃子はだんだんと急拍子になっていき「ソーレ噛《か》め、ヤーレ切れ」と言葉の囃子も入るようになり、娘は懸命に締め付けてきた。しかし娘はついに「太くて噛も噛めん」と言ってぐんなりと伸びてしまい、囃子や拍子が聞こえなくなるとともに娘の姿も消えてしまった。それから、川原で祭り囃子が聞こえることはなくなったのだという。

　これは昔話の中でも艶笑譚《えんしょうたん》に分類されるようなものなのだろう。

［参考文献］市原麟一郎『土佐の妖怪』

アスカイ様［あすかいさま］

　高知県長岡郡大津村（現・高知市大津）の話。もとは『土陽渕岳志』に記されている。

　春や秋の夕方頃、山端《やまべり》に官女の姿があるのを遠く見かけることがある。土地の者はこれをアスカイ様と呼ぶ。この官女の姿を近くで見た者はなく、一町（約一〇九メートル）あるいは半町も離れた所から、稀《まれ》に遭遇することがあるという。


［参考文献］広江清（編）『近世土佐妖怪資料』

アナグチサン

　高知県吾川郡池川町（現・吾川郡仁淀川《によどがわ》町《ちょう》）に伝わる。

　土俗神の一種と思われる。

　アナグチサンは舟形に入る所の手前の川端にある。七月一日の縁日には瓜を差し上げるが、この瓜をアナグチサンの穴の中に投げ入れると、下のほうに流れていってから穴に戻ってきて、岩の下に隠れてしまう。

　戦後にアナグチサンで三日三晩の雨乞《あまご》いをしたら、ケチガン（しまい。願掛けが結願する最終日のことか）の日に雨が降ってきたという。また、アナグチサンの穴ざらいといって、何年かに一回は濁った水が穴から出てくるという。

　ある人がアナグチサンの近くの大木を伐って木炭を焼いたことがあった。火を点《つ》けてから一度家に帰り、火を止めるために戻ってきたら大きな蛇が出てきた。その人は帰ってから病気になってしまったので、アナグチサンが気に入らなかったのだろうとされたという。

　また別の人がアナグチサンの近くで魚を捕ろうとしたら、ジャ（蛇のことか）が出てきて「何しに来た」と言ってきた。その人は「もう来ません」と言って帰ったが、その後に「アワハッ」と言って死んでしまった。これは「アナグチサンの穴の中が粟《あわ》八斗《はっと》まけるくらい広い」と人に言いたかったのだという。それから、今でもアナグチサンの近くで魚は捕らないのだという。

　これらの話を総合するに、アナグチサンは川端の穴の中に棲む蛇の神様なのだと思われる。


［参考文献］成城大学民俗学研究所「昭和四五年度　高知県吾川郡池川町、狩山・日浦地区、用居地区、安居・土居地区、坂本地区調査報告」（『伝承文化』通巻九号）

油ちょうづ［あぶらちょうづ］

　高知県幡多《はた》郡大方町加持《かもち》（現・幡多郡黒潮町加持）の話。

　加持の田村では、昔から夜遅くにここを

通ると、木の上から油ぎょうづ（油壺《あぶらつぼ》）が下がってきて、青い火が燃えるとして恐れられていたという。この村では木の茂った所ではこういう話がよく語られ、油ぎょうづを油ちょうちんと言ったりもするのだという。

［参考文献］桂井和雄『土佐の伝説』二巻

硫黄坊主［いおうぼうず］

高知県高岡郡佐川町の話。

土佐藩（高知県）の藩政の頃、佐川家の家中に堀田権太夫という武芸に優れた武士がいた。ある夏の夜、寝ていた権太夫がふと目を覚まして蚊帳《かや》の外を見ると、小さい坊主が一人座っていた。その姿はとてもやせ衰え、頭は長く鼻も高く、肌の色は青漆《せいしつ》を塗ったようであった。権太夫が何者か問うても一言も答えず、ただにこにこと笑って座っているだけだった。権太夫はこの怪物を切り捨てようと考えたが、このことを家の者に知られても厄介だし、血こぼれなどあっても困ると思いとどまり、夜が明けても誰にもこのことを話さなかった。その後も、夜になると坊主がやって来て座り続け、鶏の鳴く頃になると音もなく帰っていくということが続いた。そして七日目の夜、坊主が帰ろうとするところを権太夫が厳しく咎《とが》めると、坊主は泣くような声で「硫黄坊主でございます」と言って帰っていった。そして翌日、権太夫の屋敷から火が出て、残らず焼けてしまったのだという。

この話は文化年間（一八〇四～一八）に書かれたという『佐川昔噺』に記されたものだという。

［参考文献］桂井和雄『土佐の伝説』二巻

乳母御前さま［うばごぜんさま］

高知県幡《はた》多郡西土佐村江川崎（現・四万《しまん》十《と》市西土佐江川崎）の話。

江川崎の東に野稲尻《のいねじり》という所があり、その東詰に乳母ん谷という小谷がある。ここには乳母御前さまという小祠《しょうし》があり、夜な夜な人の声がしたり、戸を叩く音や馬の蹄《ひづめ》の音がしたり、白装束の女が現れて「御子様を頼む、御子様を頼む」と繰り返したりした。太平洋戦争の終戦後、薪作りの男がここに小屋を建てたが、いたたまれずに小屋を移した。その弟も小屋を建てて寝てみたが、夜中に兄の家に飛び込んだという。

昔、源平合戦の後に高貴な身分らしい年配の女が、幼児を抱いて数人の武士を連れて来て、乳母ん谷に住み着いた。しかし一、二年もすると源氏方の武士が来て、平家の残党として乳母も幼児も殺してしまった。それからここを通行する人は変化に悩まされるようになったので、野稲尻と江川崎の人々がお宮を建てて乳母御前さまとして祀《まつ》った。しかし後に江川崎の五社神社に合祀《ごうし》されると、再び変化に悩まされるようになった。野稲尻の人々が占ってもらうと、乳母御前さまが「乳母ん谷を離れるのは嫌だ。私を元へ返さないなら野稲尻の人々を皆殺しにする」とのことだった。野稲尻の人々がこれを信じずに放置していると、次々と不幸が続いて土地を離れる人が相次いだので「乳母御前さまの怨念の祟りだ」と伝えられたという。

［参考文献］嶋原茂「怨念の民話」（『季刊民話』通巻三号）

馬に災いするもの ［うまにわざわいするもの］

高知県吾川郡春野町仁ノ《にの》（現・高知市春野町仁ノ）では、荷車を引く馬が夜道で何かに驚いて動かなくなった時、手綱の先のコグチという輪から覗き見れば馬に災いするものの本性がわかるとしている。

高岡郡檮原《ゆすはら》町《ちょう》四万川《しまがわ》では、馬の手綱を棕《しゅ》櫚縄《ろなわ》で作り、その先端にワゴ（輪）を作っておく。荷車引きの馬が突然歩かなくなったりした時は、このワゴを通して見れば災いの本性がわかるとしている。またクラ掛けや尻がい（しりがい（尻繋・鞦）のことか）に輪切りにした鹿の角を吊《つ》るしておけば、エンコー（**猿猴**を参照）によって川に引き込まれないのだという。

幡多《はた》郡三原村宮ノ川では、牛馬が暴れたり急に立ち止まって動かなくなったりしたら、魔物に出会ったと判断し、手のひらを逆手にしてかざす（通常は手のひらを下にして額につけるが、この場合は手のひらを上に向け、親指を前にする形で額につける）。こうして見れば、その魔物の本性がわかるのだという。

［参考文献］桂井和雄「妖怪の本性」（『土佐民俗』通巻二六号）

猿猴 ［えんこう］

土佐では河童のことを猿猴と呼ぶ。水中に棲み、頭に水皿、手に水掻きがあり、子供を取って食うとされている。

昔、高知城下の鏡川で猿猴が人を捕らえようとして逆に捕まり、天神（潮江《うしおえ》天満宮）の氏子《うじこ》であれば、今後は捕らえないと約束して許された。また、下田村（現・四万十《しまんと》市下田）でも馬の手綱を引っ張って、逆に捕らえられた猿猴がいて、これも下田村生まれの者には危害を加えないと約束して許された。そのため、高知近傍の子供たちは夏に水泳をする時「下田生まれで天神氏子」と叫んで水に飛び込むのだという。

昔、高岡郡檮原《ゆすはら》村（現・高岡郡梼原町）の山中で庄屋の下男が馬を小川に連れていき、柳の木に繋《つな》ぎ止めておいた。すると小川から一匹の小猿のような怪物が現れ、馬の綱を解いて川の中に引き込もうとした。しかし馬が驚いて躍り上がったので、怪物は引きずられて庄屋の家まで来てしまった。捕らえられた怪物の体は猿のように茶褐色で皮膚は滑らか、左手が非常に長くて頭の鉢がへこんでいて、目が光っていた。庄屋は怒って斬り殺そうとしたが、怪物は人語を話して平謝りし「自分はこの川に棲む猿猴だが、今後は決して悪さをしない」と言ったので、詫《わ》び証文を書かせて放してやった。翌朝、庄屋の家の門の鈎《かぎ》に、たくさんの川魚が掛けられていた。それからも毎朝川魚が届けられ、ある日魚の重さで鈎が折れてしまった。庄屋は怪物の謝恩だろうと考え、今度は鹿角で作った鈎を門前に掛けておいたが、それから魚は一匹も届かなくなったのだという。

　また高知市では、毎年旧暦六月一六日に猿猴祭を行っていた。明和六年（一七六九）、井上某という武士の妻が怪病に罹《かか》ったので、五台山竹林寺の満慶和尚が祈禱《きとう》したところ、猿猴の祟りだということになった。そこで六月一六日に鏡川で胡瓜《きゅうり》を供えて祀《まつ》ったところ、たちまち全快したのだという。それを伝え聞いた人々が同月同日に胡瓜を川に流して猿猴を祀るようになった。祭りの日は子供たちが川上に竹を立てて縄を張り、赤い提灯《ちょうちん》を吊《つ》って祭壇に胡瓜を供えて太鼓などを叩く。人々は胡瓜に墨で「辰年《たつどし》男」とか「丑年《うしどし》女」とか各自の干支《えと》を記し、家族の数と同じだけの胡瓜を川に投げて猿猴に供えて災難除けを祈ったという。


［参考文献］寺石正路（編）『炉辺叢書一九　土佐風俗と伝説』

大きな女の頭［おおきなおんなのかしら］

　筆者命名。土佐国（高知県）の話。『醍醐随筆』上巻に記されている。

　土佐国のある人が、奥山に入って鹿を狩ろうとして鹿笛を吹いた。すると、山鳴りがして何ものかが草むらを掻き分けて近付いてきた。木々の間に隠れて鉄砲を構えていると、木の上に色白で綺麗《きれい》な髪の美しい女が頭だけを出してきたが、その大きさは普通の女の頭の三、四個分はあるかというほどに大きく、頭から下は出てこなかったので見えなかった。その凄《すさ》まじさに鉄砲を撃とうと思っても、もし外してしまったら大ごとになると考えて動けなかったが、女の頭はしばらく周囲を見回してから引っ込み、再び草むらを掻き分けて帰っていったという。

　原文では、これは山海経《せんがいきょう》に書かれた鴞（狍鴞《ほうきょう》か）や馬腸《ばちょう》、奢尸（奢比屍《しゃひし》か）や燭陰《しょくいん》の一種なのだろうとしている。これらはいずれも人面の怪物であるという。


［参考文献］森銑三・北川博邦（編）『続日本随筆大成』一〇

大鹿の蛇［おおしかのへび］

　筆者命名。

　昔、高知県高岡郡の佐川（現・佐川町）に篠原助蔵という足軽がいて、猟を好んでいたのでよく付近の山々で獲物を追っていた。ある時、助蔵が尾川の遅越《おそごえ》の山に入り、日陰の岩に腰掛けて休んでいると。次々といろいろな獣が現れて目の前の清水で水を飲み始めた。助蔵が様子を見ていると、やがて一匹の今まで見たこともないほど大きな鹿が現れ、辺りの獣を片端から踏みつけては食っていった。そこで助蔵は用意していた伊勢の黒金弾を鉄砲に込めて「お前はただの大鹿とは思えぬ、正体を現さねば撃つぞ」と怒鳴りつけると、大鹿は角を振り立てて飛びかかってきた。しかし狙いを定めて鉄砲を放つと、確かに手応えがあり、煙の中を透かしてみると金色に輝く怪物が一目散に麓《ふもと》へ駆け下りていくのが見えた。助蔵が後を追うと、柳瀬川上流の落合の淵《ふち》の水が血を流したように真っ赤に濁っていた。しかしそこには何もいなかったので、帰路の途中にある越知分の大樽《おおだる》の滝（現・高岡郡越知町山室）の上にある囲炉裡《いろり》ヶ淵に来ると、ここもやはり血色に濁っていて、その水面に金色のお盆ほどある蛇の鱗《うろこ》が三枚浮かんでいた。助蔵は記念にその鱗を持ち帰ったが、後に助蔵が留守の日、家の辺りに赤い不思議な雲が漂ってきたかと思うと、家から火が出てあっという間に焼け落ちてしまった。これは助蔵が蛇を殺した祟りだろうとされ、それから篠原の一族は大樽の滝には近寄らないようにしたのだという。

［参考文献］桂井和雄『土佐の伝説』二巻

大谷風［おおたにかぜ］

高知県土佐郡一宮《いっく》村大谷（現・高知市大谷）の話。もとは『老圃奇談』に記されている。

大谷の白岩という所から、幅一間（約一・八メートル）ばかり山上より麓《ふもと》まで、風が吹き通ることがある。この風に当たった者は必ず病気になるという。風は申《さる》の刻（午後四時頃）に必ず吹き、一通り吹くと二度吹くことはないとされている。

『近世土佐妖怪資料』の原文には「大谷の内白岩といふ処、幅壱間計山上より麓迄風吹通る事有」と書かれている。この「幅壱間計」が「白岩で風が通る幅」なのか「風そのものの幅」なのか「山上から麓までの幅」なのか、判別しにくい点がある。

［参考文献］広江清（編）『近世土佐妖怪資料』

織田信長になった鬼［おだのぶながになったおに］

筆者命名。高知県の昔話。

ある山寺に一人の和尚《おしょう》さんが住んでいて、山寺の後ろにある奥山には一匹の鬼が棲んでいた。この鬼はなかなかの大金持ちだったが、ある時、山寺の和尚さんが寺の修理などで大金が必要になり、鬼に頼み込んで借金をすることになった。和尚さんから事情を聞いた鬼は快く金を貸し、証文には「十年後に返す」と書いた。それから一〇年後、鬼は金を返してもらおうと寺にやって来たが、和尚さんは金を返す目処《めど》がなくて困ってしまった。そこで和尚さんは証文の「十年後に返す」の十の字の上に「ノ」を書き加え、「千年」にしてしまった。そして鬼に対して「そりゃ約束が違うじゃないかよ。まだ早いぜよ、この証文にゃほら一〇〇〇年後に返すと書いてあるろうがよ」と言い、鬼はがっかりしてトボトボと山に帰っていった。山に帰った鬼は和尚さんに騙《だま》されたような気がして口惜しくなり、今度生まれ変わってくる時は和尚さんより偉い人間になって仇討《あだう》ちしようと考えながら死んでしまった。それを知った和尚さんは慌てて、仕返しされないような人間に生まれ変わるために死んでしまった。

それから何百年か経ち、鬼は思い通り人間に生まれ変わって、織田信長になった。

そして和尚さんは明智光秀に生まれ変わった。織田信長になった鬼は明智光秀になった和尚さんを家来にして「こりゃ、キンカン頭、何をボヤボヤしよる」とさんざんいじめて仕返ししたが、後に明智光秀は本能寺で織田信長を殺してしまった。

［参考文献］市原麟一郎『土佐の妖怪』

踊り岩の狸 ［おどりいわのたぬき］

高知県長岡郡本山の葛原《くずはら》（現・長岡郡大豊町葛原）の話。

天保年間（一八三〇～四四）の頃、葛原ではいろいろな怪事があった。ある里人が夕暮れにここを通りかかると、大入道が木の葉の衣を着て、一本歯の高下駄を履いて睨《にら》みつけてきた。その人は恐れて帰り、大熱を病んでしまった。またある旅人がここを通ると、美人が病に悩んでいるのを見つけた。介抱してやって一緒に山を下りていると、その美人の鼻が欠けて目が消えて、のっぺり坊主の姿となって噛み付いてきた。旅人はきゃっと驚いて気絶したが、目覚めると墓場の中で泥だらけになっていた。こうした噂《うわさ》が広がったので、誰も葛原の辺りを通らなくなったが、白助という勇敢な猟師が、これらの怪事は古狸の仕業《しわざ》と考えて、鉄砲を担いで夜な夜な葛原に通い始めた。しかしこれを察したのか、怪物はいっこうに姿を見せず、時節が過ぎて大晦日となった。大晦日の夜も白助は変わらず鉄砲を担いで葛原へと来たが、岩陰から「今晩は晦日、晦日の夜には如何《いか》な白助さんもよも来まい」という妙な歌声が聞こえてきた。見ると、白綾の衣に緋色《ひいろ》の袴《はかま》という、官女姿の美人が扇を持って踊っていた。白助はこれぞ古狸と鉄砲を撃つと、弾丸が命中した官女はたちまち姿を消した。翌朝になってその辺りの草をかき分けてみると、身長が約五尺（約一・五メートル）もあるかという大狸が、体中に木の葉や川藻を付着させた姿で死んでいた。それから葛原にはなんの怪事も起こらなくなり、その岩は踊り岩と呼ばれるようになったという。

［参考文献］寺石正路（編）『炉辺叢書一九　土佐風俗と伝説』

オラビ

高知県幡多《はた》郡富山村常六《じょうろく》（現・四万十《しまんと》市）に伝わる。

オラビとは叫びを意味する。姿の見えないものが叫び、辺りの生木の葉が散るのだという。

「山の怪異伝承」には、高岡郡四万十町大正辺りの話が記されている。二人の男が葛《つづ》籠川《らがわ》村の奥、地吉《じよし》川（現・四万十町地吉か）の三輪で炭焼きをしていると、一匹の獣がいた。片方の男が「あれ、ウサギがいるねや」と言うと、もう片方の男が「いやウサギではない、オラビであるぞよ」と答えた。オラビは初めのうちは「ジィー」と鳴くが、次第に「オーッ」と大きな声になり、ついには全山を揺るがすばかりの雄叫《おたけ》びになる。オラビのある時は変事の前兆ともされている。

木の葉が散るほどの叫び声を上げるのは、四国広域の**山爺**の特徴と類似している。

［参考文献］桂井和雄「土佐の山村の「妖物と怪異」」（『旅と伝説』一五年六号）、伊予木定「山の怪異伝承」（『季刊民話』通巻三号）

【か】

カアカア様［かあかあさま］

高知県高知市五台山に伝わる。

カアカア様という岩があり、五月の節句の日にシバ餅（柏餅《かしわもち》のこと）を供えた。供えた餅を頂く時には「カアカア」と唱えながら食べなければいけないとされた。また、岩の端に柏餅を供えて「牛の節句（同じく五月の端午の節句を指すと思われる）」といって祀《まつ》っていたこともあるという。戦後には廃れてしまった。

［参考文献］大野康雄「五台山むかし物語」（『土佐民俗』通巻五二号）

海上の女の首［かいじょうのおんなのくび］

高知県土佐清水市津呂の話。もとは『怪談抄』に記されている。

元文年間（一七三六〜四一）の頃、和田彦左衛門の次男が江戸へ行く船に乗り、津呂の沖合を通った時、海の上に女の首があるのを見た。その髪の長さは四、五間（約七・二〜九メートル）もあり、船の脇から一〇間（約一八メートル）ほど離れた所を、一文字に走り去っていった。昼の四つ時分（午前一〇時頃）の出来事だったが、「あれは何か」と船中の者たちに問いかけても、誰も答える者はいなかったという。

［参考文献］広江清（編）『近世土佐妖怪資料』

改田関の美女［かいだせきのびじょ］

『土佐化物絵本』下巻に絵とともに記されている。

昔、香美《かみ》郡山田野地町（現・高知県香美

市土佐山田町）に新兵衛という風雅人がいた。新兵衛は八月一五日の月が冴え渡っているのに浮かれ、改田関という所まで鰻《うなぎ》釣りに行ったが、二時ばかりしても何も釣ることができなかった。するとそこへトマ（イタチのこと。四国広域の**トマコ**を参照）がちょこちょことやって来て、石の上に立ち上がって口から美女を吹き出した。美女はゆらゆらと新兵衛を見て「得もなく只《ただ》ひんつりて止ぬべし　あたま改田て帰れ笑わん」と歌を詠んだ。新兵衛はこれに対して「うなぎこそ何のものかは空釣《からつ》りを　つけて今宵の水の月見ん」と歌を返した。すると美女はからからと笑って消え去ったという。

〔参考文献〕高知県立歴史民俗資料館『あの世・妖怪・陰陽師　異界万華鏡・高知編』

聞鼻〔かざはな〕

高知県の各地に伝わる。

昔、聞鼻という悪鬼が年越しの夜に現れ、家々を回って人を奪い去り食っていたという伝説がある。そのため、節分の夜はその侵入を防ぐために柊《ひいらぎ》と鰯《いわし》の頭を門口に立てるのだという。

室町時代に編纂《へんさん》された『壒嚢鈔《あいのうしょう》』巻第一の八三は節分についての項目だが、ここに「聞鼻ト云フ鬼、人喰ントスルヲハ鯉《こい》ヲ炙《やき》串《くし》ト名付テ家々ノ門ニ指スヘシ。然ラハ鬼ハ人ヲ取ル可《べ》カラスト云フ」と記されている。これは節分に鰯の頭などを焼いて戸口に刺す「焼臭《やいかがし》」の古い形式であり、聞鼻という名もこれに由来するものだと思われる。

〔参考文献〕高知県女子師範学校郷土室『土佐民間年中行事に関する調査』、行誉ほか（撰）・浜田敦ほか（共編）『塵添壒嚢鈔・壒嚢鈔』

カゼフケ

カゼウテとも。高知県高岡郡下半山《しもはやま》村（現・高岡郡津野町）、黒岩村（現・高岡郡佐川町および越知町《おちちょう》）、須崎町（現・須崎市）などに伝わる。

山で急に病気になって高熱を出したりすることを「カゼフケに会った」とか「カゼフケに当たる」などと言う。須崎町では「悪い風にうてた」といい、これに対する呪い《まじない》として、箕《み》を使って扇ぐのだという。箕で扇ぐという呪いは平野の村では多く見られ、**七人ミサキ**（四国広域）や**ガンドー**といった怪異に憑《つ》かれた時にも実行されるのだという。

幡多《はた》郡富山村常六《じょうろく》（現・四万十《しまんと》市常六）では、野山で急にゾンゾンと寒気がして原因不明の熱病に冒されることを「カゼウテ」あるいは「フウジャ（風邪）」などと呼ぶ。常六の中ヶ市に住むある人が、鋤《すき》の先を買ってから夜の山道を帰っている途中、突然風が起こってチーンと何かが鋤の先に当たった。鋤の先は破れてしまったが、本人は病気などにならずに済んだのだという。

土佐郡森村（現・土佐郡土佐町）や高岡郡高岡町（現・土佐市）、高知市などでは「悪い風に当たった」と言う。また高岡郡東津野村芳生野《よしうの》（現・高岡郡津野町）では「神風に吹かれた」と言い、土佐山村（現・高知市土佐山地区）では「山の神の眷属《けんぞく》に出会った」などと言い、祈禱師《きとうし》に呪《まじな》ってもらったりする。香美《かみ》郡上韮生《かみにろう》村（現・香美市）などでは「イキヤイケ（行逢い気）」とか「ユキアイ」「イキアイ」などと言う。

「山の怪異伝承」によると、山仕事に出た者が人知れず崖から落ちて死んだとか、倒木の下敷きになったなど「不意死」をした者の霊が成仏もできず、水の一杯も供えてもらえずにさまよううちに、人に取り憑《つ》いて「わざ（災いのことか）」をすることを「風うて」と呼ぶという。憑かれた人は急な熱病でうなされるが、そういう時は生の大豆を一、二個噛んでみて、くさみ（くしゃみ）が出なければ風うてであり、くさみが出れば別の熱病であるとされた。

『俗信の民俗』には、幡多郡大正町（現・高岡郡四万十《しまんと》町大正）の例が記されている。風ウテに罹《かか》ると、高熱が出て訳がわからなくなる。水に漬けた大豆を食べさせても、何とも感じないようになるので、そのような時は豆腐を六一（六等分という意味か）に切って祀《まつ》り、川にあます（流すか）と治るのだという。

〔参考文献〕桂井和雄「土佐の山村の「妖物と怪異」」（『旅と伝説』一五年六号）、伊与木定「山の怪異伝承」（『季刊民話』通巻三号）、桂井和雄『俗信の民俗』

カマイタチ

高知県吾川郡池川郷椿山《つばきやま》（現・吾川郡仁《に》淀川町《よどがわちょう》椿山）の話。『三安漫筆』に記されている。

椿山の山中にカマイタチというものがある。襦袢《じゅばん》に脚絆《きゃはん》の姿でいると、とつぜん風が吹いてきて気絶してしまう。すぐに目覚めるが、襦袢と脚絆の間にある隙間から、骨まで刀で斬られたような深い傷を付けられていた。しかし、この傷からは血も流れず痛みもないのだという。これはカマイタチの仕業《しわざ》であるが、その姿を見ることはできない。傷は多くの場合、治癒するまで放置しておくが、古い暦を黒焼きにして傷に付ける場合もある。俗説には、鎌を一〇〇〇挺《ちょう》も失うと、その霊魂が獣となるとされ、これをノガマ（四国広域の**野鎌**も参照）と呼ぶのだという。

『信物語』にもカマイタチについて記されている。秋から先の時期になると、時雨《しぐれ》とともに黒雲が起こり、何かが落ちてくる音がしたかと思うと、人の体を縦横に鎌で斬ったような切り傷ができる。これは古い暦を焼き、ごま油で傷に塗りつければすぐに治るのだという。

カマイタチによる傷に古い暦を付けて治すという方法は、新潟県の「鎌鼬《かまいたち》」と同様である（『日本怪異妖怪事典　中部』を参照）。

〔参考文献〕広江清（編）『近世土佐妖怪資料』

かもか

もとは桂井和雄『土佐子守唄集』に記されている。

高知県高岡郡宇佐町（現・土佐市高岡町）では、子守唄に「ねたらお母さんへ　連れてゆく　起きるとかもかが取って噛む」という部分がある。この「かもか」は「噛もか」という意味で、子供を追いかけて噛みに来るという恐ろしい化け物だという。

［参考文献］宮良當壮「恐ろしきもの」（『方言と民俗』通巻四号）

鴨姫［かもひめ］

高知県幡多《はた》郡沖ノ島村（現・宿毛《すくも》市沖ノ島）に伝わる。

昔、沖ノ島の海岸にウツロギ船（くい船。丸太船のことか）が流れ着き、人々が中を改めてみると、美しい服を着た若い姫君が、蒼然《そうぜん》とした顔色で入っていた。姫は「私は今の帝の王女の、わきや御前である。不幸にも悪病に冒され、こうして流されてきた。どうか助けてほしい」と語った。しかし人々は後の災いを恐れ、当時の権力者が船の蓋《ふた》を閉じ、そのまま海へ戻してしまった。すると流される船に一羽の鴨が飛んできて止まり、そのまま船は見えなくなった。数日後、漁師が投げた網に姫の遺骸が掛かって引き揚げられたので、南部のほうに葬られたが、その後は不漁が続き、全島で飢餓《きが》となってしまった。占いをしてみると、例の姫が「北部に祀《まつ》られている白皇《しらおう》神社は帝の皇子である（白皇神社には、沖ノ島に配流された後醍醐天皇の皇子が所持していた神鏡が祀られている）。女である私がそれよりも上にいるのは畏《おそ》れ多いので、下にせよ」と伝えたので、言われた通りに墓所を変え、また御堂を建立して鴨姫神社として祀った。それから再び魚が捕れるようになったのだという。

［参考文献］高知県幡多郡『幡多郡誌』

掃部様の火［かもんさまのひ］

高知県南国市比江《ひえ》の辺りに伝わる。

戦国時代の武将・比江山親興《ひえやまちかおき》は掃部介《かもんのすけ》（掃部助）と名乗っていたが、従兄弟《いとこ》にして主君の長宗我部元親《ちょうそかべもとちか》の後継者争いの時に切腹を命じられた。親興の妻子三人は逃れたが、追手に見つかって殺された。その後、比江山の東麓《とうろく》に怪火が出るようになり、これを「掃部様の火」と呼んで恐れたのだという。

［参考文献］長岡郡国府村『高知県長岡郡国府村誌』

カラ

高知県幡多《はた》郡大方町田野浦（現・幡多郡黒潮町田野浦）に伝わる。

カラとは生霊・死霊などの祟りである。家内で病人が続いたり、不幸な出来事があった時などに、占い師に見てもらうと大抵の場合「カラのためだ」と言われるという。

［参考文献］浜田数義「田の浦民俗語彙集」（『土佐民俗』通巻二九号）

川狸と山狸［かわたぬきとやまたぬき］

高知県幡多《はた》郡十和村《とおわそん》川口（現・高岡郡四万十町《しまんとちょう》）に伝わる。

川狸という獣がいた。猫に似た感じで一メートルぐらいの太さで、水掻きがあったという。人に悪さをするわけではないが、夜川（夜に川漁をすること）をしている人を見て、驚いて水の中に飛び込んで逃げる。この時の水音で夜川をしている人も驚いて、思いもよらないほうへ逃げて気が付くと妙な所に立っていた、ということはよくあったという。

山狸はたくさんの火を点《とも》して山を行くものだという。井崎の後ろの西土佐へと越える道に、わいわいぞろぞろと何十提という火が山を登っていくのを見た人がいた。それら狸火は普通の火と違い、青くてぼーうとして、一杯に広がって何重にも重なって見えるのだという。

［参考文献］十和村史編纂委員会『十和村史』

川姫［かわひめ］

高知県高岡郡檮原《ゆすはら》村上成《うわなろ》（現・高岡郡梼《ゆす》原町《はらちょう》上成）の話。

昔、上成に白王《しらおう》神社という社《やしろ》があり、そのそばに草木が茂って暗い谷があった。ある時、四万川村の弘瀬某という人が雨の中でこの谷まで来ると、一人の見慣れない美しい女が水際に立って、糸枠《いとわく》（紡いだ糸を巻き取るための枠）を巻いているのを見た。弘瀬は怪しく思って叱りつけたが、女は振り返ってにっこりと笑うだけであった。そこで刀を抜いて糸枠を断ってしまうと、女は大口を開いて笑い、淵《ふち》の中に身を投げて隠れてしまった。弘瀬は不思議に思って友人にこのことを話すと、友人は「昔から刀というものは糸を斬るとその威力がなくなるものだと聞いているが、私の家には代々伝わる家宝の名刀があるので、これを持っていけ」と言って刀を貸した。弘瀬が名刀を持って帰路につき、先ほどの淵まで来ると、再び例の女が現れた。女は「糸切刀じゃ斬れやせん」と言ったが、弘瀬が名刀で抜き打ちに斬りつけると、女はその場にばったりと倒れたという。これは川姫というものであったとしている。

また別の話だが、白王神社では昔から神楽の舞をしないことになっていた。これは、神楽をすると白兎《しろうさぎ》が出てきて一緒に舞うからなのだという。

［参考文献］桂井和雄『土佐の伝説　第一巻』

かんすころばし

高知県高知市五台山の話。

鑵子《かんす》（茶釜）に手足がついた化け物で、これが音を立てながら坂を転がってくるという。子供が泣いていたら「かんすころばしが来る」と脅かされたという。

［参考文献］大野康雄「五台山むかし物語」（『土佐民俗』通巻五二号）

ガンドー

高知県長岡郡大津村（現・高知市大津）や高須村（現・高知市高須）に伝わる。

田仕事の途中や子供が水遊びをしている途中に、急に寒気を感じて発熱するのをガンドーとか「悪い風にうたれた」と言い、一種の悪霊が憑《つ》いたものとしていた。これに対する呪《まじな》いとして、夜闇に病人を背負って松の木の下などに連れていき、先に行って待っていた人が伏せてあった龕灯提灯《がんどうちょうちん》を不意に病人に照らすことで、邪気を払うのだという。

ガンドーは高知市や香長《かちょう》平野ではヌマネツ（沼熱）やショーキ（沼気または瘴気か）とも言い、土佐熱（かつて流行していた風土病）やマラリアなどについてもこれの一種と捉えていた。また**七人ミサキ**（四国広域）だと言う患者もいたという。

カゼフケも参照。

［参考文献］桂井和雄「七人みさきに就て（一）」（『旅と伝説』一六年二号）

ガンモ、ガンモウ

高知県幡多《はた》郡十和村《とおわそん》（現・高岡郡四万十《しまんと》町《ちょう》）で使われる、オバケの呼称。「滅多に行ったことのない所へ行くとガンモウが出るぞ」と子供に言う。また、子供が外で遊んでいるのを止めさせるために「早う《はよ》帰らにゃガンモが来るぞ」と言ったり、泣く子を黙らせるのに「泣きよるとガンモが来るぞ」と脅したりしたという。ただし「ガンモにやる」というふうには脅さない。ある人の子供が死んで、祈祷師《きとうし》に見てもらったところ「ガンモにやる、ガンモにやる言うもんじゃけに、ガンモに取って行かれた」という見立てが出たことがあるからだという。

［参考文献］十和村史編纂委員会『十和村史』

消えた料理屋［きえたりょうりや］

筆者命名。高知県高岡郡梼原町《ゆすはらちょう》の話。

昔、トヨゴという人が山子《やまご》の親戚に招かれた帰り道、日が暮れてしまったので途中の仲間《なかいだ》という所で泊まろうと考えながら歩いていると、川の向こう側に大きな料理屋があるのが見えた。料理屋では三味線や太鼓で大歌いをしているようだったが、トヨゴは「こんな所に料理屋はなかったが」と思いながら歩いていた。すると仲間の人家が見える所まで来ると、料理屋の灯りがポッと消え、三味線や太鼓の音も消えてしまったという。

［参考文献］津野幸右「異常を経験した人たちの譚」（『土佐民俗』通巻四五号）

楠の精霊の使い［くすのせいれいのつかい］

高知県香美《かみ》郡夜須町出口《いでぐち》（現・香南市夜須町出口）の話。

慶長年間（一五九六～一六一五）の頃、夜須町の宝田のお宮（宝田神社のことか）に、びっくりするほど大きな楠の木があった。その幹回りは六人の大人が手を繋《つな》いだほどもあり、高さもすぐ横の大峰山の頂上を一番下の枝が撫《な》でるほど高かったという。ある時、藩主の乗る船の材料にするという理由で楠が伐られることになった。近くに住む樵《きこり》たちは祟りを恐れて集まらなかったので、遠く西のほうから樵たちを集めて伐り始めたが、一日で伐採できずに途中で仕事を終えた。すると翌日、伐ったはずの伐り口が塞《ふさ》がって元通りになっていた。

このようなことが続いたので、役人たちは腕の立つ者に夜の見張り番を命じた。真夜中に見張りが見ていると、楠の上のほうがボーッと青白く光り始め、そろそろと木を滑るように光が降りてきた。やがて青白い光に包まれた六人の小坊主たちが次々と現れ、楠の伐り口を手で撫でてから、またゆっくりと木の上に去った。青白い光が消えてから見張りが近付くと、楠の伐り口は元通りに塞がっていたので、あの小坊主たちは楠の精霊の使いだとわかった。そこで翌日から、火を燃やして夜でも昼のように明るくしながら七日七夜も交代で伐り続け、やがて八日目の朝になってようやく伐採できた。この時、倒れた楠の枝が突風を起こし、何百軒もの家の屋根瓦が飛んだ。また、楠が倒れた晩に一番下の枝が突き刺さった所で、小坊主たちが楠に別れを惜しんだ後、夜空へ消えていったという。そこでその場所に地蔵を建てて六地蔵と呼んだが、今は一基の石が置かれているだけだという。

［参考文献］市原麟一郎（編）『土佐の民話』第二集

首のない牛 ［くびのないうし］

高知県安芸《あき》郡田野町の話。

戦国時代の頃、田野の笛ヶ谷に一人の落ち武者が逃れてきて、杣《そま》（樵《きこり》）小屋で一飯を乞《こ》うた。しかし杣もちょうど残り物で昼飯を終えたところで、出せる食べ物がなかった。すると落ち武者は杣に何を食べたのかと問い、杣が海藻の菜で麦飯を食べたと答えると、一刀のもとに杣の首を斬ってしまった。そして落ち武者は杣の腹を割いて、中に残っていた海藻を洗って食べ、どこかへと立ち去っていった。その後、近くの河合の小路に首のない牛が出るようになり、首を斬られた杣の化身だろうと噂《うわさ》された。旧暦の一二月の末、餅食い闇と呼ばれる闇夜に笛ヶ谷から首のない牛が現れ、首筋から血を流しながら海の潮水を恋うように浜辺へと行くのだという。

［参考文献］市原麟一郎（編著）『芸西伝説散歩』

クモの魔物 ［くものまもの］

高知県吾川郡池川町（現・吾川郡仁淀川《によどがわ》町《ちょう》）の俗信。

魔物がクモに乗り移って、じざい（自在《じざい》鉤《かぎ》。囲炉裏《いろり》で鍋を吊《つ》るす鉤付き棒）から降りてくることがある。ヒビ（ヒイラギ）、ネムの木、タラの木などを人差し指ほどの大きさに切って、ミカンの皮やジャコを挟んで吊るしておけば、魔物は降りてこないのだという。

［参考文献］成城大学民俗学研究所「昭和四五年度　高知県吾川郡池川町、狩山・日浦地区、用居地区、安居・土居地区、坂本地区調査報告」（『伝承文化』通巻九号）

クワン

高知県高知市土佐山地区に伝わる。

亡魂の一種で、これに憑《つ》かれると山の中で急に冷や汗が出て、激しい空腹を覚える。クワンは「食わん」が名詞化したものとされ、飢餓《きが》で野垂れ死にした亡魂が人に食いついてくるのだという。これに憑かれた時は、何か食べ物を一口だけ口に入れるか、路傍にある柴折様《しばおりさま》（土佐（高知県）の山村の旧道によく見られる小祠《しょうし》）に柴を供えればよいとされている。網川（現・高知市土佐山都網《つあみ》網川）には「コジの墓」というものがあり、かつてお遍路が餓死したので小祠を建てて祀《まつ》ったとされている。クワンに食いつかれた時、これを拝むと治るとされたのだという。

［参考文献］桂井和雄『土佐山民俗誌』

高知城の怪物［こうちじょうのかいぶつ］

高知県高知市の高知城の話。

昔、高知城では大晦日の晩になると宿直《とのい》の侍が消えてしまい、死体も見つからないということが続いた。ある年には剣術の腕の立つ侍を数人泊まらせたが、それも朝になると全員消えてしまった。その次の年の大晦日、腕に自信のある若者が怪物の正体を突き止めようと、宿直の役目を引き受けて二人の仲間とともに城に泊まった。三人は夜食を食べてから交代で眠ることになり、若者が仲間たちの寝ている間に待ち受けていると、丑三《うしみ》つ時になって不意に眠気に襲われた。若者は小柄《こづか》（日本刀の鞘《さや》に添えられた小刀）で自分の太腿を斬り付けたり、その傷へ膳《ぜん》に残った醤油《しょうゆ》をかけたりして目を覚ましていたが、やがて遠くのほうから襖《ふすま》を開く音がしてきた。襖を開く音は次第に近付いてきたので、若者は刀を引き寄せて寝たふりをした。すると部屋の襖が静かに開いて、腰元のような女が覗き込んで、寝ているのを確認して去った。しばらくしてまた襖が開いたので、若者は入ってきた何かに刀で斬り付けた。夜明けになって残された血の跡を辿《たど》って床下を見ると、頭に刀傷を受けたひひざる（狒々猿か）がいた。これにとどめを刺して床下を探すと、血の付いた着物や人骨が転がっていたという。

［参考文献］市原麟一郎（編）『土佐の民話』第一集

黄金の幣帛［こがねのへいはく］

高知県土佐郡本川村（現・吾川郡いの町）に伝わる。

本川村の奥の山にヘイケという谷があり、ここに黄金の幣帛が立っていることがある。これを見ることは死の予告なのだという。

［参考文献］早川孝太郎「山の彼方　他界のことなど」（『旅と伝説』八年三号）

ゴギャナキ

高知県高岡郡新居《にい》村（現・土佐市新居）や幡多《はた》郡の宿毛《すくも》郷の坂の下（現・宿毛市坂ノ下）、切抜の溝の辺りなどに伝わる。もとは『三安漫筆』に記されている。

ゴギャナキというものは、形は赤子のようで色が白い。夜陰に赤子の泣く声を上げて通行人の足に纏《まつ》わりついて離れない。このような時は、足に履いている草履《ぞうり》を脱げば去るのだという。鳥の中にはゴギァゴギァと鳴くものがあるが、それとは異なるとされている。

『日本人の死霊観』によると、香美《かみ》郡香北町美良布《びらふ》（現・香美市香北町美良布）では、妊婦が亡くなった時は着物やコモリバンテン（子守半纏）、スキ（子負い帯）やオシメなども一緒に納棺する。これをしないと、魂がゴンギャナキになったり、女の幽霊になったりして出てくるのだとされた。

徳島県の**ゴンギャナキ**や**オンギャ泣き**も参照。また四国広域の**ノツゴ**も参照。


［参考文献］広江清（編）『近世土佐妖怪資料』、武田明『日本人の死霊観　四国民俗誌』

小八木の畳叩き［こやぎのたたみたたき］

高知県高知市の中島町（現・高知市本町辺りか）の話。

昔、中島町に小八木某という大身《たいしん》の侍が住んでいた。その屋敷の西表には巨大な榎《えのき》の木があり、根本で祖先の神を祀《まつ》っていたが、ここにいつからか歳経た古狸が棲み着き始めた。この狸は夜更けになると畳の塵《ちり》を打ち払うような音を立てるので、人々は「小八木の畳叩き」と呼んでいた。この音は屋敷の中だけでなく近隣の家の人々も聞くことができず、逆に二、三町（約二一八～三二七メートル）も離れた所の人にはよく聞こえたのだという。子供が泣き止まない時は「そら畳叩きが聞こえるぞ」と言って脅かせば、泣き止まない子はいなかったのだという。

また、この狸については別の話もある。ある時、山田某という武士が夜更けにこの榎の近くに来て、立ち小便をした。するとたちまち、何か大きなものが押し付けられて、体中が竦《すく》んで立ち上がることができなくなってしまった。どうしようもないので、しばらくそのままでいると、町を巡回する廻番の男が拍子木を打ちながらやって来た。山田某は廻番に声を掛けて助けてもらい、ようやく立ち上がることができたのだという。


［参考文献］寺石正路（編）『炉辺叢書一九　土佐風俗と伝説』

子を抱いた女［こをだいたおんな］

高知県に伝わる話。

山中郷の猟師が常六《じょうろく》村（現・四万十《しまんと》市常六か）から葛籠川《つづらがわ》村を越えて行く途中、ある家が火事になっていたので鎮火の手伝いをした。それを終えた後、一人で木地川原まで行くと、向こうから子を抱いた若い娘がやって来た。「こんなものに取り合ってはいかん」と考えた猟師は、逃げるように道をそれ、市の又山（現・高岡郡四万十町市ノ又か）の奥まで登ってシガキ（罠《わな》の一種）に辿《たど》り着いた。猟師がそこでシガキマチをしていると、谷いっぱいに口を開けた魔物が恐ろしい勢いで迫ってきたので、一目散に走って木地川原まで逃げたが、先ほどと同じように子を抱いた娘が近付いてきた。猟師は娘に火縄銃を一発撃ち、なんとか家に戻ったが、その夜から熱病に罹《かか》り、一週間で死んでしまった。その遺言に「山猟師は火事場に立ち会うとけがれるから、その日は山へ行かれん」「魔物には決して銃を撃ちかけてはならん」と言い残したのだという。

川登村《かわのぼり》（現・四万十市川登か）の奥の山で仕事をしていた山師が、雨の降る日に仕事を休んで、山小屋で手斧《ちょうな》の柄を削っていた。そこへ子を抱いた女が現れ、山師のそばで盛んに子を泣かせた。山師が「なぜその子は泣くや」と訊くと、女は「この子はお前が削りよる鉋刃《かんなば》が喰いたいというて泣くがじゃ」と答えた。そこで山師が鉋刃を差し出すと、子はあっという間に鉄の鉋刃を喰ってしまい、また泣き出した。別の鉋を与えても、むしゃむしゃと平らげてまた泣き出したので、女は「この子は手斧も喰いたいと言うとるがじゃ」と言った。山師が手斧を渡すと、子はかぶりついたが「堅くて喰えん」と投げ出した。そこへ忽然《こつぜん》と坊主が現れ、女を叱《しか》りつけて小屋の外へ追いやってしまった。そして山師に「恐ろしいことであった。手斧の次はお前が喰われる番であったが、お前の手斧には七つ目の切り返し（斧の刃の片面に三本、もう片面に四本の筋を入れておくもの）があるけに、それが魔おどしになったお陰で助かったのじゃ」と教えた。昔から、手斧の七つ目の切り返しは大切な魔除けであると伝わっているのだという。

［参考文献］伊与木定「山の怪異伝承」（『季刊民話』通巻三号）

【さ】

佐竹の火［さたけのひ］

高知県香美郡土佐山田町佐竹（現・香美市土佐山田町佐竹）の話。

大正年間（一九一二〜二六）に電灯が設置される頃まで、佐竹の踊り場（雑草の密集した所）には曇りの夜に必ず天火が出た。ある時、石川銀之進という人が下野尻（現・香北町下野尻か）から、草履《ぞうり》の裏に唾《つば》を付けて佐竹の火を招いた。すると火が飛んで来て、すぐ近くの野ぜんち（詳細不明）の中に入って舞いだした。銀之進は怖くなって刀をぶんぶん振り回したが、後で見たら刀の先が折れていたのだという。

草履を使って招くと飛んでくる火という特徴は、**法華経堂の怪火**などと共通する。


［参考文献］松本実『韮生雑記　むかしまっこう』

サメ

高知県に伝わる。

船を持ち上げたり、大きくなったり小さくなったり、箕《み》になったり船底に穴を空けたりするという妖怪。船に穴を空けられたら、釣っていた魚を竹簀《たけす》で巻き、海中に投じてサメに与えてその間に逃げればよいのだという。またサメが網に入った時は米と酒を振りかけ、小さくなって逃げてくれと祈念するのだという。

これはもともと、鰹《かつお》の群れについてくるサメツキと呼ばれる鮫《さめ》を指すものであり、これらに遭遇することで小型の櫓舟《やぐらぶね》が危険に晒《さら》されたことから、妖怪として捉えられるようになったのだろうと推測されている。

［参考文献］高知県『高知県史　民俗編』

三目八面［さんめやづら］

高知県土佐郡土佐山村高川（現・高知市土佐山高川）の話。

昔、高川の申山《もうし》に、三目八面という目が三つに顔の八つある怪物が棲んでいて、隣の森村（現・土佐郡土佐町）へ行く人を捕らえては食っていた。ある時、土佐山の豪族・永野若狭守の弟である注連太夫《しめだゆう》という者がこの話を聞き、退治しようと考えた。注連太夫は山鎮めをしてから山に火を放って追い立てたので、怪物は大暴れしてから地響きとともに死んでしまった。この時、山は焼けてしまったが鎮めに用いた幣《ぬさ》だけは残ったといい、また怪物の死骸は隣村に跨《また》がるほど大きかったのだという。それから高川には「鎮め石」「鎮め所」という小字《こあざ》名ができたとされている。

『むかしむかし、あるところに』には異なる話が語られている。高川の申山に、三目《さんめ》八面《やつら》という八つの顔に三つの目がある怪物が眷属《けんぞく》を多数従えて棲み、人を欺《あざむ》いたり農作物に被害をもたらしたりした。そこで付近の住民が面太夫という人に怪物退治を依頼したので、面太夫は遅越（土佐山梶谷の小字）に行って二一日間も祈り続けた。しかし怪物は崖の上にいてびくともしなかったので、面太夫は「ここから先は焼けるな」という火止めの法をかけた幣《へい》を切って（作って）要所に立てて回った。そして山の下から火を放つと、ものすごい旋風が巻き起こり、どす黒い火炎の中から巨大な塊が飛び出して石と化し、渡瀬に落ちて怪物を封じ込めた。三目八面を封じ込めた石は今も遅越渡瀬に鎮座しており、崖を「八面の崖」、面太夫が祈りながら様子を見に行った所を「ヒョト出岩」と呼ぶようになったという。

これも**八面王**の一種なのだろう
なお子供向けの妖怪図鑑・妖怪解説にはこれを参考にしたと思われる**三目八面**《みつめやづら》（または三目八鬼《みつめはっき》）があるが、これについては

「その他」の章に記している。

［参考文献］桂井和雄『土佐の伝説　第一巻』、和田書房・月刊「土佐」編集室『むかしむかし、あるところに』

七人御先［しちにんみさき］

天正一六年（一五八八）、長宗我部元親《ちょうそかべもとちか》の家督相続問題に異論を唱えたことで、蓮池城（土佐市）の城主・吉良《きら》左京進親実《ちかざね》が切腹することになった。その切腹に際し、親実の同志従臣であった宗安寺真西堂、永吉飛騨守、勝賀野次郎兵衛、吉良彦太夫、城内太守坊、日和興三左衛門、小島甚四郎の七人も死ぬこととなった。それ以来、夜な夜な七人の亡霊が白装束で刀槍《とうそう》を携え、仁《に》淀川《よどがわ》の渡しを呼び渡って元親の居城である岡豊《おこう》城（南国市）に赴くという噂《うわさ》が流れた。これを七人御先と呼び、遭遇するとたちまち大熱を発し、あるいは大病となって死ぬとされた。後に宮を建てて神として祀《まつ》ったので災いは止んだが、それからも人が不意に熱病に罹《かか》ると、「御先の行逢《いきあい》」と称して陰陽師が祈禱《きとう》する習いがあった。

『南路志』巻三七の「神威　怪異　奇談（下）」には詳細が記述されている。左京進親実が切腹した後、その墓から怪火が出たのを皮切りに各所でさまざまな怪異が現れるようになった。家督問題で親実と対立していた久武内蔵助親直の子供たちも次々と乱心し、自害する者も出た。元親は人々が怨霊を恐れる様子を知っても取り合わなかったが、大高城（後の高知城）においても怪異が続発したので、親実を供養することにした。しかし法事の最中に並べていた位《い》牌《はい》が動き出し、親実の位牌を先頭に他の位牌や供え物まで次々と行列をなして仏壇から下り、山のほうへと去って行方知れずになってしまった。このようなことが続いたので、親実は吾川郡木塚に建立した社《やしろ》（現・高知市春野町西分の吉良神社）に神として祀られた。また親実と同じくして死んだ七人は「七人三才記《しちにんみさき》」と呼ばれて恐れられた。親実を加えると八人なのだが、親実の恨みを恐れて数に入れなかったのだという。

四国広域の**七人ミサキ**も参照。

［参考文献］寺石正路（編）『炉辺叢書一九　土佐風俗と伝説』、武藤致和（著）・高知県立図書館（編）『土佐国史料集成　南路志　四巻』

しばえもん狸［しばえもんだぬき］

高知県香美郡物部村岡ノ内（現・香美市物部町岡ノ内）の話。

岡ノ内にある誓渡寺《せいどじ》の和尚《おしょう》さんは、庫裏《くり》の片隅に小さな箱を置いて、日々の食べ残したご飯やおかず、野菜漬物の切れ端などを入れていた。しかし、毎晩何ものかがやって来て、箱の中の残り物を食べてしまうことが続いた。和尚さんは「食べ残した物でも、誰かが食べて命を繋《つな》いでくれるならありがたい」と考えていた。ある夜、「和尚さんゴテでございますか」という声が聞こえてきたので、和尚さんが「ええ」と返事をすると、また「和尚さんゴテでございますか」と言ってきた。こんな時間に人が来るはずがないと思った和尚さんが「誰なら」と言うと、「私はこの向こうの山に棲む、しばえもん狸というものですが、近いうちに讃岐《さぬき》の屋島（現・香川県高松市屋島）へ宿替えをしようと思っております。長い間、和尚さんにご馳走になったお礼に、源平合戦の模様をお目にかけたいと思います」と返ってきた。和尚さんが「ぜひ見せてもらおう」と言って、寺の後ろの池近くへ行くと、三坪くらいの池がみるみるうちに大海となり、船に乗った平家の侍と源氏の騎馬武者が激しく斬り合いを始めた。和尚さんが驚き呆れて見ていると、夜が明けて鶏が鳴き始めたので、狸は「もう屋島へ行きます」と言って帰っていった。池の水面を見ると木の葉がいっぱい浮いていたのだという。しばえもん狸は賢い狸で、屋島へ行っても「屋島のハゲ狸（香川県の**太三郎狸**を参照）」として可愛がられ、いろいろな物に化けて人々を喜ばせたのだという。

おそらく、淡路島の狸として有名な柴右衛門狸（『日本怪異妖怪事典　近畿』兵庫県を参照）から派生した名前なのだろう。

［参考文献］松本実『村のあれこれ』

芝天狗［しばてんぐ］

芝天《しばてん》とも。高知県の各地に伝わる。

河岸の堤の上に棲み、芝生の上に成長したもので、空中を飛翔する大天狗よりも河童に近いものだという。その身長は小さいが力強く、人を化かすことはないがよく相撲《すもう》を挑んでくる。夜に堤の上に行くと、小男のような芝天が現れて相撲を挑んでくるが、これを受けると何番やっても投げつけられ、衣服は破れ体は傷つき、這々《ほうほう》の体《てい》で逃げ帰ることになるという。

芝天がいるのは人里遠い川の堤で、高知市近傍では下田川や下知《しもぢ》堤、幡多《はた》郡では後《うしろ》川《がわ》の堤などである。ある人が後川の堤で、三尺（約九〇センチ）ばかりの芝天が立って水中の魚を摑《つか》んでは食っているのを見たのだという。

「土佐の山村の「妖物と怪異」」によると、土佐の山村に出る妖物を指す諺《ことわざ》に「山で芝天狗、川では**猿猴**《えんこう》、道では**道碌神**《どうろくじん》（四国広域を参照）」というものがあるという。芝天は小童《こわらわ》の姿で何十四も現れて相撲を挑んでくるが、相手になると化かされて一晩中一人相撲を取らされる。土佐郡土佐山村（現・高知市土佐山地区）では、芝天は旧暦六月六日の祇園《ぎおん》様の日に川へ行って猿猴になるとされ、この日川に胡瓜《きゅうり》を流すのはこれに食べさせるためだという。

『俗信の民俗』によると、土佐郡本川村桑《くわ》瀬《ぜ》（現・吾川郡いの町桑瀬）や土佐郡土佐町田井では、シバテンは春の社日《しゃにち》（春分の日に最も近い戊《いぬ》の日）から山を下り、川に入って猿猴になる。その時は山いっぱいに音がして、激しい風が吹くのだという。

［参考文献］寺石正路（編）『炉辺叢書一九　土佐風俗と伝説』、桂井和雄「土佐の山村の「妖物と怪異」」（『旅と伝説』一五年六号）、桂井和雄『俗信の民俗』

ジャコウ

高知県幡多《はた》郡佐賀町鈴（現・幡多郡黒潮町鈴）の話。

久兵衛という猟師が鈴のトウ（峠）でヌ

タマチ（夜に水たまりのそばなどで待ち受け、水浴び・泥浴びに来た獲物を仕留める猟法）をしていたら、獲物が来たので確かに撃ち殺した。その獲物はヤマアラシのように体中に角があった。しかし猟縄でギリギリ巻きにしてミカンの木に掛け、酒を呑んでいたらいつの間にか縄を抜けて消えていた。これはジャコウというもので、そこら中が臭くなっていたのだという。

ジャコウとは麝香《じゃこう》を意味するものと思われる。

［参考文献］島内吉康「山の怪異と狩人　幡多郡佐賀町の狩猟」（『土佐民俗』通巻二二号）

蛇動丸［じゃどうまる］

高知県幡多《はた》郡山奈村芳奈《よしな》（現・宿毛《すくも》市山奈町芳奈）に伝わる。

芳奈の妙本寺に、棒鞘《ぼうざや》に入った長さ二尺五寸（約七五センチ）ばかりの無銘の刀があった。これは鶴ヶ城（宿毛市）の城主・十市備後守の子息である細川弥四郎の刀だったという。ある時、妙本寺に盗賊が忍び込み、この刀を盗み出してしまった。盗賊が夜闇に紛れて、寺の前の田の中を横切っていると、刀がクチナワ（蛇）の姿になって手に巻き付き、喉元に噛みつこうとしてきた。驚いた盗賊が蛇を田の中に投げ捨てると、蛇は元の刀に戻っていた。しかし刀を拾い上げると、やはり蛇となって腕を巻き上がってきたので、恐れた盗賊は刀を捨てて逃げ出してしまった。それからこの刀は蛇動丸と呼ばれて大切に保管されていたが、紛失してしまったのだという。また、盗賊が刀を捨てた田はクチナワダ（蛇田）と呼ばれたのだという。

［参考文献］桂井和雄『土佐の伝説』二巻

ジャン

孕《はらみ》のジャンとも。高知県高知市の浦戸湾の話。

『綜合日本民俗語彙』には高知県の海上の怪とされ、夜中にこの音がすると漁で魚が捕れなくなるという。

『日本之少年』二巻九号の「地理談　土佐の地響」では「土佐に三不思議あり」として、その中でも最も奇異なものがジャンであると紹介している。ジャンは土佐国（高知県）吾川郡浦戸港の高森という所から、土佐郡の西孕と長岡郡の東孕の山脈が西岸に突出して海が狭くなっている所（孕の門《と》合《あい》と呼ばれていた）までの、約二里（約七・八キロ）の間で聞かれた不思議な音響である。夜に孕の門合で釣りや漁をしていると、小銃の音を遠くから聞いたような「ジャン」という響きが、一度だけ聞こえるという、これに邂逅《かいこう》した夜は明朝まで魚を捕ることができなくなるとされた。またこの土地の俗語で、物事が中止になったことを「ジャンになった」と言うのは、このジャンに由来するのだという。

寺田寅彦は「怪異考」においてこれを取り上げ、『土佐史壇』一七号の「郷土史断片」に記された話を引用している。それによると、孕の海には「ジャン」と唱える奇妙なものがいて、その姿を見た者はいないが夜半に「ジャーン」と響かせながら海上を過ぎ行くのだという。これが海上を過ぎると魚が騒いで去ってしまい、その夜は漁や釣りをしても魚が捕れなくなる。そのため物事が破談になることを「ジャンになった」と言うようになったのだという。

『土佐史壇』でこれを記した寺石正路は、ジャンについて「なにか微妙な地の震動に関したことではあるまいか」と記述している。寺田は自身も郷里で同じような話をたびたび聞き、その時に「ジャンの音響とともに水面にさざ波が立つ」と聞いたとして、孕の地形や断層などの影響により、小規模な地すべりによる地鳴りが発生しているのではないか、と推察している。

［参考文献］民俗学研究所『綜合日本民俗語彙』、「地理談土佐の地響」（『日本之少年』二巻九号）、小宮豊隆（編）『寺田寅彦随筆集』二巻

朱盆［しゅぼん］

高知県南国市の物部川の話。

明治の初め頃、物部川では渡し船が行き来していたが、その辺りの堤に朱盆が出ると評判になっていた。ある人がこの渡し船に乗ってから帰る途中、後ろからパタパタと足音がするので振り返ると、自分と同じような男がやって来た。二人は肩を並べて歩いていて、そのうちに朱盆の話になった。ここは気味の悪い所だから急ごうと高知のほうに歩いていると、並んで歩いていた男が急に顔を突き出して「朱盆とは、こんなに赤いもんか」と言ったので、見るとその顔は真っ赤な目も口もない、大きな盆のようになっていたという。

［参考文献］市原麟一郎（編）『土佐の民話』第一集

勝賀瀬の赤頭［しょうがせのあかがしら］

高知県吾川郡いの町勝賀瀬の話。

『土佐化物絵本』上巻には「土佐国（高知県）三ツの妖魔（俗に言う「土佐の三大妖魔」）」として絵とともに紹介されている。

ある人が勝賀瀬で行き逢ったが、朝日に向かったようで再び見ることができなかった。その人は一目散に逃げたが眼病になってしまい、後に失明しかけたが市原某という医者にかかって快復したという。

『土陽淵岳志』には「生賀瀬の赤頭」として記されている。吾川郡の生賀瀬（勝賀瀬）に赤頭というものがいて、山の中でたまに見かけることがある。何か害を成すことはないが、頭髪が朝日影（朝日の光）を鏡に映したかのように眩《まぶ》しく、二目と見ることができない。人のように立って歩くが、その足は笹原《ささはら》や萱《かや》の中にあるので見えないのだという。

なお『土佐化物絵本』『土陽淵岳志』のいずれにも「赤頭」の振り仮名はなく、項目名の「あかがしら」という読みは『妖怪事典』などに準拠している。

「土佐国三ツの妖魔」には、他に**山北の笑男**（山北の笑女）と**本山の白姥《しろうば》**がいる。

［参考文献］高知県立歴史民俗資料館『あの世・妖怪・陰陽師　異界万華鏡・高知編』、広江清（編）『近世土佐妖怪資料』

ジラカイの女 ［じらかいのおんな］

高知県香美郡大宮町古井《こい》（現・香美市香北町古井）の話。

昔、古井に住む覚馬という人が、日暮れ時にジラカイという所を通っていると、女が二人出てきて「一緒に行こう」と言ってついて来た。覚馬は「来るな、ついてくな」と何度も言ったが、女たちは聞かずについて来たので、持っていた唐傘で一人を叩き殺してしまった。もう一人の女は姿を消したので、覚馬は家に帰って「今、戻りに女を一人叩き殺した。人殺しをしたのでもう生きてはおれん」と家族に話した。家族の者は覚馬が自殺してしまうかもしれないと心配し、隣に住む人にも来てもらって寝ずの番をした。明くる日に皆で連れ立ってジラカイまで行ってみると、人を殺したような跡は少しもなく、道端の茨《いばら》がめちゃくちゃに叩き折られていただけだったという。

［参考文献］松本実『韮生雑記　むかしまっこう』

尻切れ馬 ［しりきれうま］

高知県安芸《あき》市辺りの話。

安芸の八王子という所で、夜が更けると尻切れ馬が出ると恐れられていた。闇の中から尻のない真っ白な馬がぼーっと現れ、蹄《ひづめ》の音を立てながら海辺のほうへと走っていく。そして首に吊《つ》った鈴を鳴らしながら、元の道を北へと走っていく。そうして何度も行ったり来たりして、夜が明け始めると消えてしまうという。昔、安芸の土居に安芸国虎という殿様がいたが、西のほうの長《ちょう》宗我部元親《そかべもとちか》と戦になり、大敗して降参してしまった。国虎は切腹することになり、先祖を祀《まつ》った浄貞寺へと向かっていたが、その途中で馬が立ち止まって動かなくなってしまった。無理に動かそうとしても暴れ回り、とうとう泥田の中に突っ込んでしまったので、怒った国虎は馬の腰を斬って殺してしまった。その後、その馬の魂が主人を慕ってか、あるいは恨んでか、八王子に出るようになったのだという。

馬が蹄の音や鈴の音とともに駆けるという話は**夜行さん**や**首切れ馬**（ともに四国広域）と類似している。

［参考文献］市原麟一郎（編著）『芸西伝説散歩』

白い蝶 ［しろいちょう］

高知県高岡郡平野村（現・高岡郡四万十《しまんと》町）や吾川郡神谷《こうのたに》村（現・吾川郡いの町神谷）、香美《かみ》郡富家《ふけ》村（現・香南市野市町）などの話。

夜更けの道で白い蝶が雪のようにひらひらと飛んできて、目や口を覆ってくる。いくら払っても後から後から飛んできて、呼吸が詰まるようになってしまうといい、これに遭うと病気になって死ぬとされていた。富家村では、これは昔に何かの事件で横死した人の亡霊であるとしている。

［参考文献］桂井和雄「土佐の山村の「妖物と怪異」」（『旅と伝説』一五年六号）

白いもの［しろいもの］

昔、漁師の兄弟が七月一四日に小才角《こさいつの》（現・高知県幡《は》多《た》郡大月町小才角）で漁をしていたが、潮が速くなって網も投げられなくなったので、盆行事のためにも家に帰ることにした。夜の一〇時頃に小才角を出て清水までの山道を歩いていると、一本足の下駄を履いた、見上げるように大きい白装束の六部（行脚する僧）や、蝙蝠傘《こうもりがさ》を抱えた一人歩きの女と出会ったりした。それから松崎の浜へ出ると白いものが二ついて、二人が近付くと向こうへ逃げていった。その後も養老の浜や越の浜でも同じような二つの白いものを見て、同じように逃げていった。当時は幽霊だと感じていたが、兄が死の間際の時に「あの時見た白いものは、よく考えたら恋人同士で逢引していたのを見たのかもしれない」と話し合ったのだという。

［参考文献］浜田数義「海村漁老聞書」（『土佐民俗』通巻二六号）

志和の怪魚［しわのかいぎょ］

昔、高知県高岡郡東又村志和（現・高岡郡四万十町《しまんとちょう》志和）と上《かみ》ノ加《か》江《え》（現・高岡郡中土佐町上ノ加江）の間の海岸近くに、ときどき巨大な怪魚が現れて漁師の船を襲うということがあった。その怪魚の頭は鯱《しゃち》のようで尾は龍の形をしていて、全身が瓦のような硬い鱗《うろこ》で覆われていたという。怪魚のせいで、この方面は漁をする者がいなくなるほどだったが、この話を聞いた高岡郡日下《くさか》（現・高岡郡日高村）の前田六郎という者が、漁師たちの難儀を救おうと考えた。六郎は人々が止めるのも聞かず、海岸の礁《はえ》に立って怪魚を待ち受け、怪魚が現れると刀を片手に海に飛び込んだ。六郎は激闘の果てに怪魚を突き殺したが、自身も怪魚の毒気に打たれて死んでしまった。その後、土地の漁民はこの礁を六郎礁と呼ぶようになり、旧暦七月一三日には香花を手向けて一〇〇本の灯火を焚き、供養するようになったのだという。

［参考文献］桂井和雄『土佐の伝説』二巻

シンジロウ円札［しんじろうえんさつ］

高知県幡《は》多《た》郡十《とお》和《わ》村《そん》古城（現・高岡郡四《し》万十町《まんとちょう》古城）の話。

昔、シンジロウという炭焼きがいて、ある晩に炭焼き小屋で泊まっていた。シンジロウは金に困っていて「早《はよ》う帰って返済の工面をせにゃいかん」と思いながら寝ていたら、夜中になって「これも円札、これも円札」と言ってたくさんの円札を持ってきてくれたものがあった。シンジロウは喜んだが、朝になって見てみると円札はすべて朴《ほお》の木の葉であった。それから、この辺りでは朴の木の葉をシンジロウ円札と呼ぶようになったという。

［参考文献］十和村史編纂委員会『十和村史』

すりつぶし源斎［すりつぶしげんさい］

高知県の昔話。

昔、鉄砲職人の二代目源斎という男がいたが、父であり師匠である源助は、源斎が仏心を持たずに鉄砲を作り続けているのを危惧《きぐ》していた。しかし源斎は父の諫《いさ》めも聞かず、自分の命が残り少ないことを感じてもいた源斎は鉄砲を作り続け、やがて最後の鉄砲を作り上げてから死んでしまった。父はその最後の鉄砲に刻まれた「二代目源斎」という銘をヤスリですり潰《つぶ》そうとしたが、どうしても字の形がかすかに残ってしまった。これが後世に「すりつぶし源斎」と呼ばれた呪われた鉄砲であった。

源助はこのすりつぶし源斎を決して売らなかったが、源助の死後、何も知らない家族が売ってしまった。大正の初め頃、ドラ息子の充平という人が母親の財布からくすねた五〇〇円で買い、来る日も来る日も鉄砲を担いで歩き回り、何でもかんでも見境なく撃ちまくった。やがて弟の田次郎が家を建てたのを知った充平は怒り狂い、棟上《むねあ》げに集まった人々を殺そうと鉄砲を構えたが、叔父に押さえられて暴発し、鬼門の方向に向けられた矢を撃ち抜いた。充平は組み伏せられて村から追い出されたが、持っていたすりつぶし源斎はどこかに行ってしまったのだという。

浅次という男は、鉄砲を担いで一日中何も撃たずにいてもいっぱしの猟師面をするような男だった。年の瀬の二八日、浅次はシダ原で鳥笛を吹いていたが、向こうのほうからピピーピピーと声が返ってきた。浅次は獲物が来たと考え、担いでいた鉄砲を構えながら鳥笛を吹き続け、やがて近付いてきた声のほうに鉄砲を撃った。しかしそこにいたのは鳥ではなく人間で、そちらも浅次の鳥笛を鳥の声と思って鳥笛を吹きながら近付いていたのだった。その人は軽傷で済んだが、浅次はすっかり冷え込んで（熱が冷めて）しまい、鉄砲を撃つのをやめてしまった。この時使われた鉄砲もすりつぶし源斎だったという。

「すりつぶし源斎は、恐ろしい荒れ銃だぞ」と噂《うわさ》されたが、猪《いのしし》猟師の甚八はそんな世間の声をせせら笑ってすりつぶし源斎を買い求めた。甚八は三匹の犬を連れて奥山に入り、猪を撃とうとした。しかし猪がこちらに突っ走ってきたので、慌てて逃げ出して茨《いばら》の下をくぐり抜けた。その時すりつぶし源斎が茨に引っかかり、暴発して甚八の背中から胸を貫いてしまったのだという。

それから、この鉄砲がどこに行ったのか、知る人はいないのだという。

［参考文献］市原麟一郎（編）『土佐の怪談　土佐お化けばなし　二』

背の高い魔神［せのたかいまじん］

高知県香美郡物部村別役《べっちゃく》（現・香美市物部町別役）に伝わる。

別役では、年の夜（大晦日の夜）には夜通し火を焚いておく。その日の夜には「かんぢょう山」から、深山の木を突き抜けるほど背が高い魔神がやっかん（薬缶《やかん》のことか）を引きずって下りてくる。これを見ると良くないことが起こるから火を焚いて近寄らないようにするのだという。

　また、この日の夜（小浜《こはま》（現・物部町小浜）では節分の夜とされる）には「病の神が（家々を）回って帳面を付けていく」ともされ、指先に鍋炭を付けて額へ押し、印を残す習わしがあった。額に大きな印を付けておくと、病の神が恐れて近寄らなくなるのだという。

　物を引きずって通るという特徴は、**首切れ馬**や**夜行さん**（ともに四国広域）にも共通する部分がある。

［参考文献］松本実『韮生雑記　むかしまっこう』

善之進風［ぜんのしんかぜ］

　高知県高岡郡東津野村高野（現・高岡郡津野町北川高野）に伝わる。

　高野には、宝暦五年（一七五五）に起きた農民一揆《いっき》を指導した中平善之進を祀《まつ》った風神鎮塚というものがある。善之進が処刑されてから、毎年その命日の前後に暴風雨が起こるようになり、人々は「善之進の怒りが起こす善之進風だ」と恐れたという。

　また、昭和になって国道を改修する際、この塚を移転することになったため、入念に祈願してから工事に入った。しかし塚をショベルカーで掘り起こしたところ、中から壺《つぼ》が出てきて約二〇メートルの石段を転げ落ちたが、壺は不思議にも無傷だった。工事の関係者は「まるで首が飛び出したようだった」と言って祟りを恐れ、実際にショベルカーは修理不能の故障を起こしたのだという。

　農民一揆と中平善之進については『東津野村史　上巻』や「土佐の義民伝承」に詳しく記されている。善之進が処刑された時に起きた暴風雨は七日七晩も荒れ続けたので、人々は「善之進時化《しけ》」と呼んだという。また斬首された善之進の首が一〇〇間（約一八〇メートル）も空を飛び、落ちた先の岩に噛みついたとか、夜に高知城の天守閣に首が飛んで、鯱瓦《しゃちがわら》に噛みついたので瓦が落ちたなどの伝説も伝わっている。風神鎮塚については、明治一九年（一八八六）に大暴風が起きた際、善之進の怨霊の仕業《しわざ》と考えた津野山村の人々によって建てられたのだという。また「土佐の義民伝承」では昭和の風神鎮塚の異変についても触れており、これについては『高知新聞』の昭和五四年（一九七九）四月二八日付に記事が掲載されているという。

［参考文献］中岡俊哉『日本全国　恐怖の心霊地図帖』、東津野村教育委員会『東津野村史』上巻、広谷喜十郎「土佐の義民伝承」（『土佐史談』通巻一七八号）

そうれん火［そうれんび］

　高知県土佐郡潮江《うしおえ》村（現・高知市の潮江地区）の話。

　昔は潮江の高見山や内野山などは怪火が出ることがあり、そうれん火と呼ばれていた。江村表泉（江村老泉のことと思われる）は若い頃、吾川郡長浜（現・高知市長浜）に住み、いつも高知に出て内野山を越えて高見の縄手を通っていた。ある雨が静かに降る夕方頃、江村が潮江を通っていると、行く先の道に火の玉が飛んできて道よりも太く燃え始めた。江村は傘を前にかざし、目を閉じて歩みを進めて通り過ぎたが、振り返って見ると四、五間（約七・二～九メートル）ほど後ろで火はまだ燃えていた。また別の雨夜に同じ道を行くと、今度は差していく雨傘の上に飛んできて燃え始めた。江村は傘にかかる重さに堪《こら》えきれず、傘を肩に打ち担ぐと、火は鏡川の大橋（天神橋）のほうに飛び去っていった。江村は二度も同じ道で火に会ったことを怪しみ、雨が降るのを待ってまた同じ道を通ったが、再び火を見ることはなかったのだという。

［参考文献］寺石正路（編）『炉辺叢書一九　土佐風俗と伝説』

空の人［そらのひと］

高知県安芸《あき》郡芸西《げいせい》村の話。

ある夜、三太夫という人が焼畑に蕎麦《そば》を蒔《ま》こうと考え、妻の婆に「空の人を手伝いに雇うちょるきに、夜明けまでに弁当をこしらえちょいてくれ」と頼んだ。婆が朝早くに弁当を用意して三太夫に渡すと、三太夫は「ばんば、今日、おんしゃあ（お前は）、屋敷から出んようにしておれよ」と注意して山へと出かけていった。しかし、婆は三太夫のことが気にかかって、こっそりと山の中の焼畑へと行って、藪《やぶ》の中に隠れて覗き見した。畑から鍬《くわ》の音はするが、見通しが悪くてどんな人が仕事をしているかわからないので、藪から顔を出して見回すと、黒い服装をした数人が三太夫とともに鍬を振っていた。婆がさらに体を乗り出すと、一人が異様な顔を婆に向け、途端に三太夫以外の全員がカラスに変じて、空高く飛び去ってしまったという。

三太夫は芸西村の白髪《しれげ》に住んでいたので「白髪の三太夫」と呼ばれていた。また有名な太夫（神職、あるいはまじない師）であり、術比べに来た七人の太夫を「不動のかなしばり」という術で縛り付けて殺してしまったという話もある。

［参考文献］芸西民話の会『芸西ふるさと民話』第二集

【た】

ダイダラ坊［だいだらぼう］

「土佐のダイダラ坊」に、筆者が高知県長岡郡本山村（現・長岡郡本山町）に住む祖母から聞いた話として記されている。

土佐の某所には狼を使者としている神様を祀《まつ》るお宮があり、そのお宮の篤信者に害を加えるものがあれば、必ず狼《おおかみ》が出現して救ってくれるとされた。ある時、ある人が夜に峠を越えようとしてその頂上に差し掛かると、突然一匹の狼が現れた。狼は前から後から右から左から、その人の頭上を飛び越えるので、一歩も動けなくなってしまった。その人は狼に狙われたものと思い、生きた心地もせず地面に伏せて念仏を唱えていた。すると狼は害を加えることもなく伏せた人を跨《また》ぐようにしていた。それからしばらくすると、山を揺るがすようなものすごい地響きとともに、雲をつくような大きさの山伏が通りかかった。山伏は人を跨ぐ狼を見て「ううかみ殿（ううかみは土佐で狼を指す言葉）は餌食《えじき》を取ってござるなあ」と言い、呵々大笑《かかたいしょう》してどこかへと去っていった。無事に村へと帰ったその人がこの出来事を語ると、一人の古老が狼を使う神様の御利益を説き、お宮にお酒と刀剣を献納したのだという。

［参考文献］栄寿信吉「土佐のダイダラ坊」（『民間伝承』九巻一号）

大捻屎［だいねんし］

読みは筆者による（「おおねじぐそ」の可能性もある）。高知県長岡郡新改《しんかい》村（現・香美市土佐山田町）の話。『絵本集艸《あつめぐさ》』に絵とともに記されている。

ある日、新改村の谷に住む人が「土俵が谷」という所で大捻屎（巨大な巻き糞《ぐそ》という意味か）を見たのだという。原本の絵では、頭に手を当てて驚く人の隣に、それと同じくらい大きなとぐろを巻いた大便が描かれている。

原文では「誠かはいざしらず」とした上で、これはおそらく山大人（山の巨人か、あるいは**山爺**や**山父**（ともに四国広域）のような存在か）がひり捨てたものなのだろう、と結んでいる。

［参考文献］高知県立歴史民俗資料館『あの世・妖怪・陰陽師　異界万華鏡・高知編』

ダイバ

高知県土佐郡土佐山村（現・高知市土佐山地区）などで伝わる。

馬が山道を行く時に付き纏《まと》ってくる妖物で、突然砲音のように鳴り渡ると同時に馬の肛門《こうもん》が抜け、役に立たなくなってしまうのだという。高岡郡黒岩村ではこれをユキアイとも言い、仕事をしている馬が急に動かなくなったり後退《あとずさ》りをしたりして、病気になってしまうという。これらは**カゼフケ**の一種と考えられ、吾川郡大崎村（現・吾川郡仁淀川町《によどがわちょう》）では、牛馬が山道でこういった病気になることを「カゼフケになる」と言っている。『俗信の民俗』によると、ダイバの災いを避けるためには葬式の棺《ひつぎ》の棒に巻いた布や、棺の日覆いで口縄を作るとよいとしている。

馬が突然病気になったり死んでしまう現象については『日本怪異妖怪事典　中部』中部広域の「ギバ」にも詳しく解説されている。

［参考文献］桂井和雄「土佐の山村の「妖物と怪異」」（『旅と伝説』一五年六号）、桂井和雄『俗信の民俗』

大八がつえ ［だいはちがつえ］

高知県香美郡《かみ》（現・香南市、香美市）の話。

藩政時代の頃、山奥に久保村という集落があり、ここに久保大八という大男がいて、殿様のように久保村を支配していた。ある時、大八がサンショウ流し（サンショウの木の皮や葉を臼《うす》で搗《つ》き、川上から流して魚を捕る川狩り）をすると言い出し、山のサンショウを全部伐採して準備した。すると大八の枕元に一人の美人が立ち「私はこの川の渕《ふち》に古くから棲む蛇《じゃ》でございます。今、子をかやして（産んで）いる最中ですので、どうぞサンショウ流しだけは見合わせてくだされ」と、手を合わせて拝んできた。しかし大八は余計にサンショウ流しをしたくなって、それからも準備を進めた。するとその日から遠くのほうで「ソラ、イクゾー、ソラ、イクゾー」というかすかな声が聞こえるようになり、それが日ごとに近付いてくるようになった。そしてサンショウ流しの前夜、地の底から混ぜ繰り返すような音響とともに「ソロヤイタレ、ソロヤイタレ」という大声が響き、山崩れが起きた。この山崩れで久保村だけが地の底に埋まり、家も人も残らなかった。物部村（現・香美市物部町）ではこの「つえ（潰）」を大八がつえと呼んでいるのだという。

［参考文献］市原麟一郎（編）『土佐の民話』第一集

立繰返 ［たてくりかえし］

高知県幡多《はた》郡田ノ口村下田ノ口（現・幡多郡黒潮町下田の口）に伝わる。

『高知県幡多郡田ノ口村下田ノ口の俗信』によると、大きな手杵《てぎね》のようなものが転倒しながら驀進《ばくしん》してくるものだという。これは猪《いのしし》のように方向転換ができないので、もう少しでぶつかるという時に脇に避《よ》ければよいのだという。

「タテクリカエシ」によると、手杵のような形のものが、向こうからスットンスットンともんどり打ちながらやって来るのだという。人間を出合い頭にひっくり返してくるが、猪のようにすぐに方向転換ができない性質なので、こちらがそれと気付いて寸前で身をかわせばよいのだという。

徳島県の**立て返し**も参照。

［参考文献］中平悦磨「高知県幡多郡田ノ口村下田ノ口の俗信」（『民俗学』三巻五号）、中平悦磨「タテクリカエシ」（『民間伝承』四巻二号）

チマタの風［ちまたのかぜ］

高知県高岡郡檮原《ゆすはら》村の宮野々（現・高岡郡梼原町宮野々）の話。

宮野々から伊予（愛媛県）に入る辺りに、九十九曲峠《くじゅうくまがりとうげ》という難所がある。ある時、檮原村のある人の妻が産気づいたが、主人は伊予のほうに仕事に出ていた。電報で知らせを受けた主人は急いで帰路についたが、九十九曲を通る頃には夜更けになってしまった。すると、カサカサと何かの音がしてきて、主人は「昔から山犬がついて来る時は、姿を現さず音だけがするものだ」ということを思い出した。また「山犬がついて来た時は『山犬よ、わしを守ってくれるのか、どうぞ夜が明けるまで守ってくれ』と言えば、歩いている間カチカチと音を立てながら守ってくれて、決して危害は加えてこない」ということも聞いていたので、その通りに言うと、山犬は姿を現さず、音だけ立てながらついて来る様子だった。それからしばらく歩いていると、急に着物の袖を引っ張られるような感じがして、不思議に思いながらも進んでいると、一層激しく袖を引っ張られた。そこで引っ張られるほうへ飛び下りると、その瞬間に大きな音とともに真っ赤な炎がさっと飛んでいった。これは「チマタの風」といい、赤ん坊が産まれたり人が死んだりした時、その肉親の者が出会う風だとされている。これに触れるとその部分が赤くなってしまうのだという。

［参考文献］桂井和雄「土佐の山村の「妖物と怪異」」（『旅と伝説』一五年六号）

チャブクロ

高知県幡多《はた》郡奥内村（現・幡多郡大月町）に伝わる。

道の薄気味悪い所にチャブクロ（茶袋か）が下がるという。これに当てられると種々の病気に罹《かか》ってしまうとされている。

［参考文献］牧田茂「妖怪」（『民間伝承』四巻二号）

ちんからおばけ

高知県で語られている昔話。

昔、おじやん（爺《じじい》）とおばやん（婆《ばばあ》）が住んでいて、おじやんが山へ柴《しば》刈り、おばやんが川へ洗濯に行った。おばやんが着物を洗っていると、川上から大きな卵のようなものが流れてきたので、おばやんが「こっちへこい、こっちへこい」と呼ぶとおばやんのほうへ流れてきた。おばやんは喜んで卵を家に持ち帰って割ってみると、中から目が一つ、口が二つの化け物が出てきたので、おばやんは桶《おけ》を転がしながら逃げ出した。すると化け物は桶が引っかかったので、とても綺麗《きれい》な声で「こっから降りたいちんころり、こっから降りたいちんころり」と歌った。おばやんが降ろしてやると、今度は「下駄をはきたいちんころり」とか「鍬《くわ》を持ちたいちんころり」とか「裏へ行きたいちんころり」と歌ったので、言われた通りにして家の裏に連れて行った。すると化け物は「ここを掘りたいちんころりん、ここを掘りたいちんころりん」と歌ったので、おばやんは「掘りたけりゃ、掘ってみたや」と言った。そこで化け物が喜んで家の裏を掘り出すと、そこから大判小判が出てきて、おじやんとおばやんは大金持ちになったという。

『土佐の民話　第二集』には高知県幡多《はた》郡の「ちんころりん」として、同様の話について記されている。

［参考文献］市原麟一郎（編著）『芸西伝説散歩』、市原麟一郎（編）『土佐の民話』第二集

杖突［つえつき］

高知県の蓮池村（現・土佐市蓮池）の話。もとは『老圃奇談』に記されている。

蓮池村には杖突ということがある。夜に杖を突く音をさせながら通るものがあり、これに遭遇するとたちまち死んでしまうのだという。

［参考文献］広江清（編）『近世土佐妖怪資料』

ヅシヅシ

佐岡の西後入《にしごうにゅう》（現・高知県香美《かみ》市土佐山田町西後入）から新改村（現・香美市土佐山田町新改）へ越す峠にホージガオカと呼ばれる所がある。ここには昔、ヅシヅシという怪物がいた。ヅシヅシは身の丈一丈（約三メートル）余りもあるかという大坊主で、丸い頭に一本足、大きな目が一つだけあり、その眼光は遠方まで届くほど光っていた。ヅシヅシは毎晩北に向かってヅッシヅッシと山を越え、一跨《ひとまた》ぎに八町（約八七二メートル）も走っていって讃岐国《さぬきのくに》（香川県）のマンノガ池（香川県仲多度郡まんのう町の満濃池）で水を飲んだのだという。

［参考文献］市原麟一郎（編著）『芸西伝説散歩』

都積の白猪［つづみのしらい］

高知県土佐郡土佐山郷都積（現・高知市土佐山都網都積）の話。

昔、都積の山奥に年を経て牛のように大きくなった白猪が現れるようになった。この猪《いのしし》は尻尾が二股に分かれていて、猟師たちが狙い撃ちしても弾を弾き返してしまった。そして村人たちはこの猪に出会うと、病気になるとか不吉なことが起きるとか言い、大変恐れていた。その頃、この村に豊《ぶん》後国《ごのくに》（大分県）から来たという六郎右衛門という大男が住んでいたが、この白猪の話を聞いて、退治してやろうと決心した。六郎右衛門は鉄砲を持って毎夜のようにヌタ（いつもじめじめしている山間の湿地）に行き、そこで獲物を待ち受けるヌタ待ちという猟法を続けた。ある夜、ついに白猪がヌタに現れたので、六郎右衛門は持っていた伊勢の黒金弾を急所に撃ち込んで仕留めた。夜が明けてから村人たちを集めて白猪

を担ぎ出し、肉を捌《さば》くことになったが、六郎右衛門が矢開き（猟師たちが獲物を処理すること）の祝いに鉄砲を撃つことになり、火薬を一杯に詰めた鉄砲を空に向けて撃つと、鉄砲の筒が破裂して六郎右衛門は死んでしまった。村人たちが驚いていると、死んだはずの白猪の背中の皮が、生きているかのようにピクピクと動いた。そこで村人たちは話し合い、後日祟りがあってはいけないということで、白猪の五体を切り分けて「この集落の山が崩れて一つになるまでは祟るな」と言い聞かせてから、集落の五カ所に分けて埋めた。白猪の体を埋めた場所は猪頭《いのかしら》、中ゴーロ、猪《い》の尻《しり》、オツジ、白《しら》尾《お》という、それぞれ頭、胴体二つ、尻尾の元、二股の尻尾にちなんだ小字名になったのだという。

［参考文献］桂井和雄『土佐の伝説』二巻

吊り上げもっこう［つりあげもっこう］

高知県安芸《あき》郡芸西《げいせい》村の話。

日が暮れたら、馬ノ上にある「かすが様」という小さな社《やしろ》の下を通ってはいけないとされた。かすが様の木の上には吊り上げもっこうがいて、暗くなったら木の上からもっこう（畚《もっこ》。綱を編んで網状にした、土や石を入れて運ぶ道具）を下ろして、通りかかった子供を木の上へ吊り上げて、頭から塩を付けてガリガリ食ってしまうのだという。

［参考文献］芸西民話の会『芸西ふるさと民話』第二集

ツルベに乗れ［つるべにのれ］

高知県安芸《あき》郡の佐喜ノ浜（現・室戸市佐喜浜町）の話。

佐喜ノ浜港の堀詰の西側にある古い石段を登ると、昔は大きなアオギ（青木）の木があって、その下には冷たい清水の湧き出る泉があり、昼でも寂しいほど樹木の生い茂った所だった。夜中にここを通ると「ツルベに乗れ、ツルベに乗れ」という声がして、空からツルベ（釣瓶）が降ってくるといわれた。村人たちの間では「青木通ればツルベが下がる、しかも黄金の緒のついた」という唄が歌われ、怖がられていたという。

［参考文献］桂井和雄『土佐の伝説』二巻

手杵返し［てぎのがえし］

高知県幡《は》多《た》郡橋上《はしがみ》村（現・宿毛《すくも》市橋上町）や十川《とおかわ》村（現・高岡郡四万十町《しまんとちょう》十川）に伝わる。

橋上村の楠山《くすやま》では足跡が一つしかないという妖怪とされ、雪の山道などに一つ一つの足跡を残していくのだという。十川村広瀬では手杵棒（テギノボー）と呼び、杵《きね》のような形をしていて、夜の川原で錫杖《しゃくじょう》の音をさせながら蜻蛉返《とんぼがえ》りをして歩いてくるのだという。

「山の怪異伝承」には幡多郡大奈路村（現・高岡郡四万十町大正大奈路）の話が記されている。大奈路村の徳之助という人が松原の親戚の家に行ったところ、ちょうどその家で子供が生まれたので、産火《さんび》（出産にまつわる忌み）が一緒になるから泊まっていけと誘われた。しかし徳之助は肝の据わった男だったので、そのまま夜の九時頃に帰路についた。すると途中で後ろからばさばさと音がして、見ると大きな青い目玉が四つほど光っていた。これは山犬が守って送ってくれていると考えた徳之助は「おらを送ってくれるか」と言ってまた歩き始めると、今度は大きな地響きを立てて「手ぎの返し」の化け物が来た。手ぎの返しは頭も足も同じ形の手杵《てぎね》に似た山の魔物で、手杵を立て返すようにぐるぐると回りながら通り、その足跡は一つであると言われていた。徳之助は山犬のお陰で魔物の難を逃れたので、家に帰ってから小豆飯を炊いて団子にして、門口に供えた。すると小豆飯は一時間ほどでなくなっていたのだという。

徳島県の**手杵**も参照。

［参考文献］桂井和雄「土佐の山村の「妖物と怪異」」（『旅と伝説』一五年六号）、伊与木定「山の怪異伝承」（『季刊民話』通巻三号）

テナチサマ

高知県吾川郡池川町（現・吾川郡仁淀川《によどがわ》町《ちょう》）に伝わる。

用居《もちい》の下のほうでテナチサマという神様が祀《まつ》られている。昔、一揆《いっき》があった時に侍がここで飯を食べようとした。「尊い神様の前だから食べてはいけない」と言われていたのに食べてしまったら、濡れ髪の幽霊が出てきた。それで侍はびっくりして谷に下りてから飯を食べたのだという。

［参考文献］成城大学民俗学研究所「昭和四五年度　高知県吾川郡池川町、狩山・日浦地区、用居地区、安居・土居地区、坂本地区調査報告」（『伝承文化』通巻九号）

トージ

トウジとも。

高知県の方言の一つで、暴風雨の中で起きる怪光のことをこう呼ぶのだという。『妖怪談義』の「妖怪名彙」では「トウジ」として紹介している。

［参考文献］高知県女子師範学校郷土室『土佐方言の研究』、柳田國男『妖怪談義』

トンベ

高知県土佐郡本川村（現・吾川《あがわ》郡いの町本川地区）や土佐郡大川村に伝わる。

トンベは七五匹が連れ立って来るもので、**犬神**（四国広域）よりも困る存在だという。男女にかかわらずついてくるもので、オーゼキ（大晦日）の晩にカメ（壺《つぼ》）の中に入る。この時に熱湯を入れて殺せばよいとされている。また、トンベが来るとわかったら門にオーゴ（詳細不明）を置くとよいが、その代わり、「他へ行け」と言った家の主人には憑《つ》きやすいのだという。

［参考文献］保仙純剛「高知県本川、大川両村探訪報告（後編）」（『近畿民俗』一七号（通巻二五号））

【な】

流れイチマ［ながれいちま］

筆者命名。高知県長岡郡吉野村（現・長岡郡本山町吉野）に伝わる。

『土佐の伝説　第二巻』の巻末付録「土佐の妖怪の話」に記されている。夜間に川で船に乗り、漁火《いさりび》を灯《とも》して川底の鰻《うなぎ》やアサガラ（カマツカという魚のことか）を突いて捕っていると、上流からイチマ（女子の人形。市松人形のことか）の姿をしたものが流れてくる。これを金突き（魚を突いて捕る道具）で突き刺すと、にっこりと笑いながら音もなく流れていくのだという。

右記よりも以前に「土佐の山村の「妖物と怪異」」で同じ話が報告されているが、こちらでは長岡郡の吉野川流域の話であり、**猿猴**《えんこう》がイチマの姿になって流れてくるとしている。

［参考文献］桂井和雄『土佐の伝説　第二巻』、同「土佐の山村の「妖物と怪異」」（『旅と伝説』一五年六号）

ナガレカンジャ

高知県室戸市室戸岬町の話。

昔、東寺（室戸岬町の最御崎寺《ほつみさきじ》か）の住職が春の彼岸の夜に海を眺めていると沖のほうから青白い火の玉が出たのを見た。青白い火は次第に陸に寄ってきて、二つ三つと分かれてあちこちの港に入っていった。住職はそれが精霊のみたまのように感じ、彼岸になってナガレカンジャ（水死人）のみたまが港に帰ってきたのだろうと考えた。そこで住職は祭りをしようと考え、岬のハナ（先端）の石に飾り物をして、藁葺《わらぶ》き小屋を建ててナガレカンジャの位牌《いはい》を作ってお経を唱えた。するとその夜にナガレカンジャの霊がやって来て、小屋を夜通しぐるりと回ったのだった。そこで住職は自分ひとりでは難しいと考え、各檀家に話して一緒に祭りをしようとしたが、その中の一人にあまのじゃく（ひねくれ者）がいて「別に岬にそんなものがあるか」と断ってきた。住職はその人を一晩小屋に泊まらせ、様子を見るように言ったので、その人は酒を持って小屋に泊まった。夜になって酒を飲みきったその人は寝ていたが、沖のほうから潮騒のような音がして、やがて櫓《ろ》を漕《こ》ぐようなギィーギィーという音がした。こんな時間に船があるはずないと思っていたら、ドシーンと船が岩に当たったような音と、誰かが助けを呼ぶ声が聞こえてきた。やがて声が小屋に近付いてきて、何十人という人々の足音が小屋の周りをぐるぐる回りだした。その声の中には、以前海で死んだ知り合いの声もしたので、その人は住職の話は本当だったかと恐ろしくなった。やがて潮が引くように物音が消えて静かになったが、少ししてまた大勢の群衆が小屋を取り囲む音と声がした。それによると、今集まっているのは海の向こうの常世《とこよ》の国に行った人々で、年に一度は水が欲しいと思って岬のハナへ行くが、岬の海にいる亡者の餓鬼が邪魔で近寄れなかったのだという。しかし今晩はどうしたことか亡者たちの姿が見えないので岬に来ることができたが、これは小屋の中に徳の高いひじり（聖人）がいて、お経を唱えてくれて亡者が成仏したに違いない、ということだった。やがて夜が明け、その人が小屋に来た住職に夜の出来事を話すと、住職は「私もナガレカンジャに会ったことはあるが、常世の国のみたまには会ったことがない。あんたは死んだ人の霊を導く純粋さがある」と言ってその人を拝んだ。それから、その人は檀家を回って浄財を集め、ナガレカンジャや常世の国の人のために「水かけ地蔵」を岬に立てたのだという。

［参考文献］市川麟一郎『土佐の妖怪』

にのき

高知県高知市五台山に伝わる。

化け物の一種で、蓑《みの》を着たようなカサカサという音を立てて来るのだという。子供が泣いていると「にのきが来るよ」と脅かしたのだという。

［参考文献］大野康雄「五台山むかし物語」（『土佐民俗』通巻五二号）

猫が嶽の猫王 ［ねこがたけのねこおう］

高知県香美《かみ》郡奥西川村（現・香南市香我《かが》美町《みちょう》奥西川）の話。

昔、奥西川村には猫が嶽という難所があった。ここには猫王という三歳の馬ぐらいの大きさの大猫が棲息し、数多《あまた》の小猫が部下として属していた。明和九年（一七七二）、隣村の富家《ふけ》村に住む興三右衛門という若者がこの嶽の下を通った。興三右衛門が仰ぎ見ると、近くの岩角に梟《ふくろう》が一羽止まっていたので、狩猟好きだった興三右衛門は携えていた猟銃で撃ち落とした。しかし、調べるとそれは梟ではなく蝦菜（おそらく海老草《えびぐさ》。イブキトラノオのことか）を束ねた小丸（小さい球）だった。合点のいかない興三右衛門が見上げると、梟はそばの木の枝にいたので、再び撃ち落とした。しかしこれも鞠《まり》のような木片だったので、不審に思った興三右衛門がもと来た道を顧みると、梟は元の岩角に佇《たたず》んでいた。人々はこの話を聞いて「これは猫王配下の若猫たちが退屈紛れの悪戯《いたずら》をしていたのだろう」と語った。

［参考文献］寺石正路（編）『炉辺叢書一九　土佐風俗と伝説』

野地陣山の火 ［のじじんやまのひ］

『土佐化物絵本』下巻に絵とともに記されている。

昔、新改村（現・高知県香美《かみ》市土佐山田町新改）の助蔵という男が高知市まで買い物に行った。その帰りに野地陣山を通ると、道の真ん中に提灯《ちょうちん》のような火がボンボンと燃えていた。それをよく見ると、火の中に目口があり、にこにこと笑っていた。助蔵は「斯様《かよう》なものには手出しをしないのが肝要だ」と考え、そっとまたぎ越して一〇町（約一・一キロ）ばかり進んで振り返ってみると、火はまだその場で転がっていたのだという。

［参考文献］高知県立歴史民俗資料館『あの世・妖怪・陰陽師　異界万華鏡・高知編』

野竹大蔵［のたけおおくら］

高知県香美郡物部村別役《べっちゃく》（現・香美市物部町別役）の話。

昔、別役に野竹大蔵という呪術師がいた。今は学校がある所のすぐ上に、往来の人が休む広場があり、ヤスバと呼ばれていた。大蔵はときどきこのヤスバに来て、金の箸《はし》ではるか向こうの人の作っておいた麦や黍《きび》を挟み取って食い、毎朝決まった時刻に抹香を焚いて祈念をしていた。大蔵の弟子にも法のきく者（呪術を扱える者）がいて、法力で鍬《くわ》の柄を折ったり、上のほうに登っていく人を反対に下のほうへ下らせたり、昼を真っ暗い夜にしてみせたりした。しかしある日、大蔵はいつになく立派なご馳走を作って膳一杯に並べ、それを食べてから膳も飯鉢も叩き割ってどこかへと立ち去ってしまったのだという。

［参考文献］松本実『村のあれこれ』

野火［のび］

高知県長岡郡国府村（現・南国市国分辺り）に伝わる。

野火は怪火であり、傘ほどの大きさの火がたちまち砕けて数十の星のようになり、地上四、五尺（約一・二〜一・五メートル）を数百間も走る。草履《ぞうり》に唾を付けてからこれを招くと、たちまち消えて頭上に飛んできて煌々《こうこう》と空中を舞うのだという。

高村日羊は「妖怪」という題で冒頭に「土佐の中央なる長岡郡国府村あたりの風習伝説などは『国府村誌』に掲げてあるが、ここに妖怪に関する概略を報告しよう」と記し、野火の他に**笑い女**や**古杣**《ふるそま》、**猿猴**《えんこう》などを紹介している。しかし『国府村誌』にはこれらの妖怪についての同様の記述は確認できないため、『国府村誌』から抜粋して紹介したのではなく、あくまで高村の有していた情報の報告ということなのだろう。

［参考文献］高村日羊「妖怪」（『民間伝承』一巻一二号）

野襖［のぶすま］

高知県幡多《はた》郡田ノ口村下田ノ口（現・幡多郡黒潮町下田の口）に伝わる。

「高知県幡多郡田ノ口村下田ノ口の俗信」によると、野襖は前面に壁を立てたように立ち、上下左右に尽きる所がなく、斬っても撃っても意味がないのだという。これに遭遇した時は、腰を下ろして煙草を吸っていれば、数服する間に消え去るのだという。

「ノブスマ」によると、夜の道で襖や壁の

ように立つもので、上下を撫《な》でても左右を探っても果てる所がない。ノブスマだと驚いた途端に気を失わされるが、その前に落ち着いて煙草でも二、三服していれば、消失するのだという。

〔参考文献〕中平悦磨「高知県幡多郡田ノ口村下田ノ口の俗信」（『民俗学』三巻五号）、中平悦磨「ノブスマ」（『民間伝承』四巻二号）

野道の死神 ［のみちのしにがみ］

香川県高岡郡佐川町の話。

昔、佐川に棚橋精庵という名医がいて、その名は近在に知れ渡っていた。ある夜更け、精庵のもとに斗賀野《とがの》の川ノ内という所から重病人の知らせが来たので、駕籠《かご》に乗って出かけて鳥ノ巣村を通りかかった。そこの道は人里離れた寂しい所で左右が山になっていたが、その道の傍らに四、五人の女が腰を下ろして並んでいた。女たちは白装束に菅笠《すげがさ》を着けた服装だったが、深夜にこんな所にいるのを不思議に思った精庵が何者か問うても、返事をしなかった。そこでそのまま通り過ぎると、その後ろから「今から出かけてもどうにもならんじゃろう」という女たちの声が聞こえた。しかし駕籠を返して女たちに訊こうとすると、一同は一斉にケタケタと笑って跡形もなく消えてしまった。ぞっとしながら重病人の家に到着すると、その病人は今しがた死んだと聞かされたのだという。

この話は文化年間（一八〇四～一八）に書かれたという『佐川昔噺』という本に記されたもの、と紹介されている。

〔参考文献〕桂井和雄『土佐の伝説』二巻

【は】

ハカゼ

『常民』三号には高知県幡多《はた》郡三原村皆尾の例が記されている。ハカゼは生暖かい風で、これに当たると病気になったり死んだりする。冬期に山や川で凍え死んだ者の霊によるものとされ、これに当たった時は家に入る前に箕《み》を逆さにして「ハカゼおとし、ハカゼおとし、ハカゼおとし」と三度繰り返す。またこれに当たって気持ち悪くなったり異常を感じたりしたのが治ったら「まんまる桶《おけ》に四角蓋《ぶた》、おうてもあわぬアビラオンケン」というまじないを唱えるのだという。ハカゼとは墓風のことではないか、と推測もされている。

［参考文献］中央大学民俗研究会『常民』通巻三三号

機織声［はたおりこえ］

高知県香美《かみ》郡槙山《まきやま》郷大栃《おおどち》（現・香美市物部町大栃）の話。

昔、大栃におせんという二五、六歳の婦人がいた。ある時、おせんは機織《はたお》り道具を頭上に戴《いただ》き、川に架かった蔓橋《かずらばし》を渡っていたが、橋の中ほどで板を踏み外して道具もろともに川の中に落ちてしまった。おせんはそのまま溺死《できし》してしまったが、彼女の死体と機織り道具は浮かんでこなかった。その後、夜にこの橋を渡る人は婦女の声と機を織る音を聞くようになった。また、橋の下の深淵《しんえん》に二尋《ひろ》（約三・六メートル）余りもある婦女用の帯が漂っているのを見ることもあったのだという。

［参考文献］寺石正路（編）『炉辺叢書一九　土佐風俗と伝説』

隼人様［はやとさま］

はいとうさまとも。

香長《かちょう》平野を中心に、高知県の各地で蛇や蝮《まむし》よけのおまじないとして「蛇もはみ（蝮）もあっちいけ、はいとうさまのお通り」とか「蛇もはめもさきょのけ、隼人様のお通りぞ」などと言う。

隼人様とは長宗我部《ちょうそかべ》元親《もとちか》に仕えた武将・福留隼人儀重《よししげ》のことである。隼人は武勇に優れていたが、俗説によると領地であった長岡郡大津村田辺島（現・高知市大津田辺島）の畦道《あぜみち》で、蝮に噛まれて死んだ。そのため、夏草の中を歩く時などにその名を唱えてまじないにするようになり、また田辺島は蝮が一匹も棲まなくなったという。

隼人は田辺島の山上に葬られ、隼人神社が建立された。この神社を参拝した人は、拝殿床下の土を持って帰り、自分の家の庭や畑などに撒《ま》けば蛇や蝮の災害を免れるとされた。

［参考文献］宮地美彦『土佐方言集』、赤岡町史編集委員会『赤岡町史』

ハルウララ

高知県高知市の高知競馬場に平成一〇年（一九九八）から平成一八年（二〇〇六）まで所属し、活躍した競走馬。重賞を七勝したニッポーテイオーの産駒《さんく》として平成八年（一九九六）に産まれたが、現役中に一度もレースで勝利することができず、その公式成績は一一三戦〇勝だった。

デビューから連敗を続けているうちに全国的な知名度を獲得し、平成一五年（二〇〇三）には新聞やテレビなどさまざまなメディアで取り上げられるようになった。メディアはハルウララを「負け組の星」と呼び、成績が悪くても現役を続けられる「リストラ除け」の縁起物と考える人や、ハルウララの単勝馬券を「走っても当たらない」ことから交通安全の御守りとして買い求める人が続出した。高知競馬場もＰＲや地元活性のためにハルウララを積極的に取り上げるようになり、交通安全の御守りなどのグッズを販売した。この御守りは高知競馬場内の馬頭観音の名を冠し、「走っても当たらない、無事に走り切る」ための御守りとして、ブラッシングで抜けたハルウララの尻尾や鬣《たてがみ》の毛を包んでから寺院でお祓《はら》いをしたものだった。

現役引退後のハルウララは紆余曲折《うよきょくせつ》を経て千葉県御宿町の預託牧場へと移り、二〇二三年三月現在も存命である。

実在の動物が縁起物として扱われた例は『日本怪異妖怪事典 中国』中国広域のレッサーパンダなどがある。

［参考文献］岩合光昭（写真）・櫻井忍（文）『土佐の高知はハルウララ』、重松清『走って、負けて、愛されて。ハルウララ物語』、吉川良『高知競馬のハルウララ』

日浦坂の巨蟹［ひうらさかのきょかい］

高知県高岡郡の佐川領（現・土佐市高岡町辺り）の話。

高岡郡の佐川領の長野から戸波《へわ》村へ越す日浦坂に、「ほど落」という深い淵《ふち》があり、ここには昔から主がいると伝えられていた。ある時、長野のある農家の娘が谷川へ洗濯に行くと、どこからか自分の名を呼ぶ声がして、見ると美しい稚児《ちご》姿の少年であった。それから同じようなことが続き、ある日娘は洗濯に行ったまま行方知れずになってしまった。村人は手分けして娘を探したがいっこうに見つからず、そのうちに谷川の上流にあるほど落の淵に娘の履物が浮かんでいるのが見つかった。若衆の一人が淵に入って潜ってみたが、やがて水面が紅色に染まり、片腕を根本から切断された若衆の死体が浮かんできた。そして水面から大きな蟹の鋏《はさみ》が現れたので、人々は驚いて後退《あとずさ》りした。それから怪異が続くようになり、日浦坂は人々から恐れられて日暮れには往来が途絶えてしまった。

その頃、戸波の家俊《いえとし》に二見潟という膂《りょ》力《りょく》と胆力に優れた力士がいた。二見潟はいつかこの化け物の正体を見届けようと考えていたが、ある夜に佐川からの帰り道に日浦坂に差し掛かった。ほど落の近くに来ると、前方の暗闇から「来《くる》な来《くる》な」という声がした。しきりに声がするので、やむを得ず道を変え、日浦坂と虚空蔵山《こくぞうさん》の間の道を進んだ。やがて「巫女《みこ》が奈路《なろ》」の窪地《くぼち》へ来ると、前方の一二畳敷ほどの大岩の上に美しい官女の姿が現れ、たちまち消えて次は甲冑《かっちゅう》を着た勇者の姿が現れ、これも消えて千変万化の奇怪な姿が次々と現れ、最後に一二畳ほどの大きさの蟹が現れた。そして蟹の背には行方知れずになった長野の娘が乗っていた。二見潟は拳を固めて飛びかかろうとしたが、体が竦《すく》んで動かず、そのまま気を失ってしまった。翌朝に目が覚めて帰宅したが、その後は特に障《さわ》りもなかったのだという。

［参考文献］寺石正路（編）『炉辺叢書一九 土佐風俗と伝説』

比江の怪鳥［ひえのかいちょう］

高知県長岡郡比江村（現・南国市比江）

の話。

書家の江村老泉が若い頃、藩主の参勤交代にお供して比江村のある農家に宿泊していた。その夜更け、本宅から離れた所にある厠《かわや》に入ろうとすると、何か大きなものが飛び来たる影が見えた。それはやがて厠の屋上に止まって身を震わせ始め、厠は地震のように震えて今にも崩れそうになった。江村は厠の中で脇差しを抜き、戸を蹴破《けやぶ》ってくれば刺してやろうと待ち構えたが、いっこうにこちらに来る様子がなく、それはそのまま地上に飛び降りてきた。江村がうずくまりながら外を覗くと、大きな鳥がこちらを睨《にら》み、こちらが出てきたところを捕らえようとする様子だった。しばらくそうして睨み合っていると、やがて鳥は飛び立ってどこかへ行ってしまったのだという。

このような鳥のことを大鳥（鵬《おおとり》のことか）といい、大鷲《おおわし》の類いなのだろう、と原文には記されている。

［参考文献］寺石正路（編）『炉辺叢書一九　土佐風俗と伝説』

光る目の黒い影［ひかるめのくろいかげ］

筆者命名。高知県室戸市の室戸岬の話。

ある人が夜遅くに軽トラックを運転していて、月見ヶ浜近くの駐車場に停車して車内で休んでいた。すると「カラ、カラカラッ」と風車が回るような音が聞こえてきたので、浜のほうを見ると黒い影が二つ三つ、ユラユラと揺れていた。やがて影はこちらのほうに近付いてきたが、その形は人のようで、額の部分に白い鉢巻のようなものが見えた。そして影のうちの一つが車の窓にぺったりと張り付いた時、二つの赤く光る目のようなものが見えたのだという。

［参考文献］山岸和彦（編著）『最新　日本の心霊恐怖スポット１００』

額白の狸［ひたいじろのたぬき］

昔、高知県高知市の西孕（現・孕西町《はらみにしまち》のことか）から東孕（現・孕東町）のほうに、一日に何度か渡船が出ていたが、その頃この辺りでは額の白い狸について話題になっていた。ある日、最終の船便が出て岸からだいぶ離れた頃になって「ホーイホーイ」と呼ぶ声がして、見ると若い娘が長い裾《すそ》を手で上げて呼んでいた。船頭は「これに乗り遅れたら朝まで便がない、気の毒だ」と思って船を返しかけたが、まだ岸まで二間（約三・六メートル）もあるはずなのに、娘はヒラリと裾をひるがえして船に飛び乗ってしまった。乗客たちは「これは額白の狸じゃあるまいか」と囁《ささや》きあい、船頭も「これは間違いなく狸じゃ」と考え、棹《さお》を娘の脳天に打ちすえて殺してしまった。死んだのならば本性を現すだろうと皆が見守っていたが、娘の姿はいっこうに変化がないので、船頭は生きた心地がしなくなってきた。しかし乗客の中に物知りがいて「朝まで待ちなされ、魔性のものなら、日が照ったら本性が現れるきに」と言ったので、夜明けまで待ってみると、娘の姿は額の真っ白な大狸になったのだという。

〔参考文献〕中山俊子「額白の狸」（『土佐民俗』通巻二八号）

ヒタタキ

高知県に伝わる。

ヒタタキは火取魔（石川県の火取魔のことか。『日本怪異妖怪事典 中部』を参照）の一種で、提灯《ちょうちん》を追いかけて消すのだという。

『妖怪補遺々々』では、火を叩いて消すからヒタタキなのだろうか、と推測されている。

〔参考文献〕桂井和雄『土佐の伝説』二巻、黒史郎『ムー民俗奇譚 妖怪補遺々々』

一つ目の獣〔ひとつめのけもの〕

高知県香美《かみ》郡韮生《にろう》郷久保村（現・香美市）の話。

昔、久保村に十左衛門という猟師がいた。ある日、青ざれ山という深山に行って獲物を待ち構えていたが、夜半の丑《うし》三《み》つ時になると、一陣の生臭い風とともに背丈が一丈（約三メートル）、頭上に一つ目が輝く怪獣がのそりのそりとやって来た。十左衛門が「汝《なんじ》は何ものなるか、唯《ただ》一発なり（一撃で仕留めるぞ、という意味か）」と言うと、怪物はそれに頷《うなず》くような素振りを見せ、両足を踏み開いて突っ立った。仰天した十左衛門は鉄砲を引き寄せ、続けざまに三〇発も連発したが、いっこうに手応えがなかった。そこで十左衛門は神仏に祈願し、八幡宮の梵字《ぼんじ》を刻んだ鉄玉を取り出して撃ち込むと、大震動とともに怪獣は谷底へと転がり落ちていった。十左衛門が火縄の火を頼りに調べると、やはり一つ目の怪獣が倒れていたので、腰の刀でこれを仕留め、死骸を谷に捨てた。これ以来十左衛門は狩猟をやめ、仕留めた怪獣のために供養を営んだのだという。

〔参考文献〕寺石正路（編）『炉辺叢書一九 土佐風俗と伝説』

白畜〔びゃくちく〕

高知県幡多《はた》郡中村町（現・四万十《しまんと》市右山元町）の太平寺の創建由来に伝わる。

太平寺は性公尼《しょうこうに》という尼僧が開基である。性公尼は常に地蔵菩薩《ぼさつ》を信仰し、その縁日には濁り酒を作って村人に振る舞っていた。ある時、性公尼が濁り酒を作っている所に白畜（白い獣）が犬のような声（あるいは大声）を上げながら走ってきて、酒の桶《おけ》の中に飛び込んでしまった。尼が桶の中を見ると、白畜は酒の中に溶けて消えてしまっていた。尼は「この酒は畜汁になってしまった。人に与えてはいけないから川に捨ててしまおう」と考えたが、そこに阿波国（徳島県）から覚雲という僧侶がやって来た。覚雲は四国巡拝の途中でここに来たのだが、村には病気が流行していたので宿泊できる家がなく、尼の所に来たのだった。覚雲は尼から酒のことを聞いて桶の中を覗くと、白い毛が浮かび上がって「衆病《しゅうびょう》悉除《しつじょ》」の四字を表していた。そこで覚雲は「これは不思議なことだ、試しに村の病人に酒を飲ませてみよう」と言い、尼がそのようにすると病人はたちまち快復した。この酒を一滴でも飲めばあらゆる病気が治ると評判になり、かの白畜は地蔵菩薩の化身だったのだろうとされた。それによって尼が信仰していた地蔵菩薩に宝財が積み上げられたので、それを用いて太平寺が建立されたのだという。

［参考文献］高知県幡多郡中村町『中村町史』

平石の牛鬼［ひらいしのうしおに］

高知県高知市土佐山平石の話。

昔、土佐山の平石に牛鬼淵《うしおにがぶち》という、夏でも寒い底知れない淵があった。鰻《うなぎ》やアメノウオなど多くの魚が泳いでいたが、牛鬼の主がいるとして網を入れる人はいなかった。しかしある時、高瀬太郎兵衛という長者が淵に毒を流して魚を獲り尽くそうと考えた。ある夜、太郎兵衛の夢に一人の美人が現れ「妾《わらわ》はこの淵に子を養っている牛鬼だが、子が成長するまで毒を流すのはやめてもらいたい」と言った。気丈な太郎兵衛は気にもせずに目覚めたが、不思議なことに炉（囲炉裏《いろり》のことか）に茸《きのこ》が生えていた。翌朝起きると飼っている馬が「お止めなさい」と人語を発し、またその翌朝には釜《かま》がごうごうと鳴っていた。そんなことが続いても強情だった太郎兵衛は、ついに淵に毒を流してしまった。すると淵から美女の姿がすっと現れ、どこへともなく消え去った。

その夜、太郎兵衛は獲り集めた魚を肴《さかな》に酒宴を開き、一族を集めた。するとたちまち天が曇り、雷とともに大雨が降り、あっという間に山崩れが起きた。山崩れによって太郎兵衛の家と一族は押し潰《つぶ》され、奈落の底に埋まってしまった。その辺りはその後、夜半になると鉄騎が走るとか、青坊主が出て首を絞めてくるなどの噂《うわさ》が立ち、太郎兵衛の黄金が地に埋まっていて、その黄金の精がそういったものに見えるのだろうとされた。

［参考文献］寺石正路（編）『炉辺叢書一九　土佐風俗と伝説』

ヒルとヨル

高知県幡《はた》多郡田ノ口村下田ノ口（現・幡多郡黒潮町下田の口）に伝わる。

「高知県幡多郡田ノ口村下田ノ口の俗信」によると、ヨルという怪は昼間に空間を飛行する影の塊のようなもので、ヒルは夜間に飛行する火ではない明かりの塊である。どちらも人に危害を与えることはないのだという。

「ヒルとヨル」においても、ヒルは夜間の暗い中を仄《ほの》かに明るくなって飛び、ヨルは昼間の明るみの中を黒雲のように陰って飛ぶのだと記されている。

［参考文献］中平悦磨「高知県幡多郡田ノ口村下田ノ口の俗信」（『民俗学』三巻五号）、中平悦磨「ヒルとヨル」（『民間伝承』四巻二号）

ひるまんぼうず

ひるまぼうずとも。

「ひるまんぼうずの話」によると、高知県高知市横浜の宇津野山には、よくひるまんぼうずが出て悪さをしたという。ひるまんぼうずは小さい小坊主の姿で、ある人が出会った時は「おんちゃん、角力《すもう》とろ」と言ってきたが「何なら、こんな小坊主が」と思って相撲《すもう》を取ると、とても強くて勝てなかった。フラフラになって尻餅をついてしまい、よく見ると棘《とげ》が一杯あるタラの木に組み付いていたのだとわかり、着物は破れて顔も手も血だらけになってしまったという。その後またひるまんぼうずと出会った時は「おんちゃん、おんちゃん」と呼ばれても無視していたが「おんちゃん、角力とりゃせんぜよ。うんとおいしいまんじゅうがあるき、食べていきや」と言ってきたので、見ると湯気の立った大きな饅頭《まんじゅう》がどっさりあった。数もわからなくなるまで食べていたら、別の人が通りかかって「こら、おまんこんなくで、馬の糞つまんでうまそうに食いよるが」と背中を叩かれた。腹が膨れるまで馬糞《まぐそ》を食ったその人は、二、三日寝込んでしまったという。

「田の浦民俗語彙集」には、幡多《はた》郡大方町田野浦(現・幡多郡黒潮町田野浦)のヒルマボウズについて記されている。ヒルマボウズはシバテンやカッパ(**芝天狗**を参照)と同類の妖怪で、道を通る人に相撲を挑んでくる悪戯《いたずら》ものだという。月夜の道に現れる小坊主で、シバテンの別名だとする人もいる。

[参考文献]中山俊子「ひるまんぼうずの話」(『土佐民俗』通巻三二号)、浜田数義「田の浦民俗語彙集」(『土佐民俗』通巻二九号)

枇杷の木 [びわのき]

高知県高岡郡の俗信。

枇杷を屋敷に植えると、その木が大きくなってから「棺《ひつぎ》の担い棒(棺桶《かんおけ》を運ぶ際、肩に担ぐための棒)になりたい」と言って泣くようになるのだという。

『日本俗信辞典 植物編』によると、枇杷は屋敷のうちに植えてはならないとする俗信が全国的に見られるという。枇杷を植えると家の者が病気になったり死んだり、貧乏になるとされているほか、福岡県八女《やめ》郡では「ビワは早く大きくなって、棺《ひつぎ》になりたがる」という例もある。

[参考文献]川田南翠「国々の言習はし(一一)土佐高岡郡」(『郷土研究』三巻八号)、鈴木棠三『日本俗信辞典 植物編』

福俵 [ふくだわら]

高知県長岡郡上倉《あげくら》村(現・南国市上倉)の話。

上倉村の糸郷に萬蔵という農夫がいた。萬蔵は妻のお仲と子供の萬太郎の三人で、何不自由なく幸せな生活を送っていた。実はこの家には昔から、福俵という一つの煤《すす》けた米俵があった。この俵は米を四合ずつ汲《く》み出すならば、何斗《なんと》でも何石《なんごく》でも米を汲み出して尽きることがないという、不思議な俵だった。ある時、萬太郎は大人になったのでお豊という嫁を貰《もら》い、婚姻の宴が催された。この時、お豊は福俵から全部の米を出して客に賄《まかな》ってしまい、その翌日から俵からは一粒も米が出なくなってしまった。これを悔しがったお豊は錦を被って近所の小川に身を投げてしまい、義母のお仲も悲観して同じ所に身を投げてしまった。それから二人が身を投げた淵《ふち》を四合ヶ淵と呼ぶようになったのだという。

［参考文献］寺石正路（編）『炉辺叢書一九　土佐風俗と伝説』

舟ゆうれい［ふなゆうれい］

高知県幡多《はた》郡大月町旧月灘《つきなだ》村の話。

昭和の初め頃、ある二人組が夜にイカ釣りに出かけた。風はあるものの静かな夜だったが、ヤイヤイと舵《かじ》の音がするので、見ると真っ白い帆掛け船が風に向かって近付いてきた。二人組が「来てみるがいい」と怒鳴ると、ゴンゴンといってどこまでもついてきて、二人の船は樫《かし》ノ浦の沖のほうに流されていった。二人は無我夢中で船を漕《こ》いで陸に上げ、何とか逃げ帰ったのだという。

［参考文献］國學院大學民俗学研究会『民俗採訪』昭和三九年度号

古網［ふるあみ］

高知県高岡郡別府《べふ》村（現・吾川郡仁淀川《によどがわ》町《ちょう》）に伝わる。

『土佐の伝説　第二巻』の巻末付録「土佐の妖怪の話」に記されている。夜間に川で網を打って漁をしていると、その付近で同じように網を打つ音がする。これをフルアミの怪といい、これが出るとまったく漁がなくなる（魚が捕れなくなる）のだという。

吾川郡池川町椿山《つばきやま》（現・仁淀川町椿山）では、同様の怪異をフルイヨトリ（古魚取り）と呼んでいる。

［参考文献］桂井和雄『土佐の伝説　第二巻』

古杣［ふるそま］

高知県土佐郡土佐山村（現・高知市土佐山地区）、香美《かみ》郡上韮生《かみにろう》村（現・香美市）、幡多《はた》郡橋上《はしがみ》村（現・宿毛《すくも》市橋上町）などに伝わる。

夜の深山の山小屋に泊まっていると、斧《おの》でカーンカーンと木を伐ったり、ズイコズイコと木を挽《ひ》いたりする音が聞こえてくる。そしてものすごい音を立てて木が倒れるのだが、朝になって音がした場所へ行ってもなんの跡もないのだという。長岡郡吉野村（現在は本山町と合併）や本山町でも、白髪山《しらがやま》の密林にはこのような怪異があるとされている。

「土佐長岡郡より」でも、長岡郡の古杣について記されている。深山で「いくぞーいくぞー」という人の声が山に響き、やがてバリバリと木の折れる音がして、ザーンドーンと木が倒れる音がする。しかしその音のほうへ行って見ても何もない。これを古杣と呼び、昔、伐採の時に木に打たれて死んだ者がこれを為《な》しているのだという。

『近世土佐妖怪資料』には『土佐海』や『三安漫筆』の話として以下のように記されている。山中には古杣というものがある。文化年間（一八〇四～一八）の頃、森弥市右衛門という者が西泊（現・高知県幡多郡大月町西泊）の官舎に泊まっている時、夜に近辺の山から大木を伐り倒す音がしきりに聞こえてきた。しかし翌日になって調べても、木を伐ったような跡はなかったのだという。これが古杣で、杣人（樵《きこり》）が伐り倒した木に当たって死に、その亡魂がこういったことを成すのだという。

『俗信の民俗』によると、土佐郡本川村桑《くわ》瀬《ぜ》（現・吾川郡いの町桑瀬）では、杣が山に置き忘れた古い墨壺や墨差しの性根《しょうね》と、山で不意に死んだ杣のさまよう魂が一緒になって、古杣になるとしている。吾川郡吾《ご》北村《ほくそん》津賀ノ谷（現・吾川郡いの町上八川津賀谷）では、山で死んだ杣が祀《まつ》られないと古杣になるとしている。幡多郡大正町（現・高岡郡四万十町《しまんとちょう》大正）では、シャクナゲの節がない木の一尺一寸（約三三センチ）のものを用い、先端を四八に割った正式の墨差しを山に置き忘れると、それに性根が籠もって古杣になるとしている。

「山の怪異伝承」によると、大深山の国有林の中から夜中に大木を伐る音がするという。鋸引《のこび》きや手斧《ちょうな》の音、大木が倒れて山を揺るがす音などがするが、朝になってその場所に行っても何事もない。これは山の神の腹立ちだとされている。また、杣師（樵）が山仕事に使った桑の木の墨壺と、シャクナイ（シャクナゲのことか）の木で一尺一寸に切って四八枚に分けた墨差しを深山に置き忘れると、その杣師が死んでから墨差しに性格が移り深山をさまよう。これが生前と同じ仕事をするため、このような音がするのだともいわれている。

徳島県の**大木倒し**も同様のものである。

［参考文献］桂井和雄「土佐の山村の「妖物と怪異」」（『旅と伝説』一五年六号）、高村日羊「土佐長岡郡より」（『郷土研究』三巻五号）、広江清（編）『近世土佐妖怪資料』、桂井和雄『俗信の民俗』、伊与木定「山の怪異伝承」（『季刊民話』通巻三号）

古田女郎［ふるたじょろう］

高知県香美郡物部村中谷川（現・香美市物部町中谷川）の話。

中谷川は昔は「くら谷」（暗い谷という意味か）と呼ばれ、大木が生い茂っていて、猟師が追っていた猪《いのしし》がこの中に逃げ込んだら「くら谷へ入ったきに、もうとれん」と言って諦めるほどの深山だった。ここに時折、大変美しい女が現れることがあり、誰言うとなく「古田女郎」と名付けられ、恐れられていた。古田女郎の正体は大きな蛇で、死んだ時は体を七つに切ってやっと葬ったのだという。山の石を一〇個ほど並べた墓が遺されていたが、県道を作る時に取り除けてしまったのだという。

［参考文献］松本実『村のあれこれ』

平六銀杏［へいろくいちょう］

高知県香美《かみ》郡槙山《まきやま》村（現・香美市）の話。

昔、槙山の里に服部五右衛門という強欲な庄屋がいた。五右衛門は里人をよく虐待し、年貢米が納められない者を庭の大銀杏に逆さ吊《づ》りにして松葉で燻《いぶ》り殺していた。ある不作の年、平六という男が農民の惣代《そうだい》となって年貢の容赦を乞《こ》うと、五右衛門は口論の後、平六を捕らえて銀杏の木に吊るして燻り殺してしまった。平六は苦しみながら「殺すなら一思いに殺せ、七代までこの怨みは祟る」と叫びながら死んだ。その後、五右衛門の家では怪事が続き、五右衛門自身も乱心して銀杏の木で首を吊って死んでしまった。雨の降る寂しい夜などには、その銀杏の木からものすごい笑い声が聞こえるという噂《うわさ》もあり、人々は平六銀杏と呼び、小さな祠《ほこら》を建てて亡霊を祀《まつ》ったという。

［参考文献］寺石正路（編）『炉辺叢書一九　土佐風俗と伝説』

蛇に変わる餅［へびにかわるもち］

高知県高知市に伝わる。

高知市のある家では、正月の餅を搗《つ》かない。昔は餅を搗いていたが、ある年にもち米を蒸籠《せいろ》に入れて蒸すと、すべて蛇に変わってしまった。それから何度やっても蛇に変わるので、正月には餅を搗かなくなったのだという。

［参考文献］田村吉永「紙上問答」（『郷土研究』二巻四号）

棒振り［ぼうふり］

高知県吾川《あがわ》郡大崎村（現・吾川郡仁淀川《によどがわ》町《ちょう》）や神谷《こうのたに》村（現・吾川郡いの町）、高岡郡越知《おち》町《ちょう》などに伝わる。

山道で棒を振るような音をして通る、目には見えない怪異。大崎村寺村では、これに会った時はうつ伏せになるとよいとされている。越知町野老山《ところやま》では、夜の山道で姿を見せずにビコービコー（これは「ビュービュー」を誤植した可能性がある）と鳴って来るのだという。神谷村ではボーフリまたはブリブリとも呼び、手杵《てぎね》を振るような音を立てて来るものであるという。ある人が紙漉《かみす》き場から張り板を担いで帰ってくる途中、板を置いて一休みしていると、後ろからブリブリが来て板へ突き当たり、板がひっくり返ったのだという。

愛媛県の**棒ふり田**も参照。

［参考文献］桂井和雄「土佐の山村の「妖物と怪異」」（『旅と伝説』一五年六号）

法華経堂の怪火［ほけきょうどうのけちび］

高知県高知市に伝わる。

昔、薊野《あぞうの》村（現・高知市薊野）から久礼《くれ》野《の》・重倉に向かう坂道で、一人の飛脚が大事な手紙を落としてしまい、それを悔やんで自殺してしまった。それから飛脚の遊魂が火となって手紙を探すと言い伝えられ、追善のためにそこに法華経を埋めた、あるいは宝篋塔《ほうきょうとう》を建てたのだという。こういったことから、その火のことは北方一里の法華経堂の火、または怪火《けちび》と呼ばれ、高知城下では有名であった。

ある時、佐分利丈次郎という人が鹿狩りをしようと、従者を多数連れて久礼野へと行った。狩りは夜まで続き、一行は松明《たいまつ》を二、三〇本も燃やして山を下っていた。一行は戯れに「怪火も我らの火には及ぶまい」と口々に言いながら歩いていると、例の怪火が現れてたちまち数百数千に分かれ、嶺《みね》や麓《ふもと》に広がった。一行が「さればこれには及ぶまし」と言って松明を一つに集めると、怪火もまた山のような一団の大火となった。松明が散ると怪火も散り、集まればまた集まるので、ついに一行も恐ろしくなって物も言わずに山を下ったが、怪火は江口の三ツ石までついてきたのだという。

法華経堂の怪火は、草履《ぞうり》の裏に唾を付けて「怪火よう」と呼べば、こちらに飛んでくるともされている。昔、五台山寺（五台山竹林寺のことか）に萬慶という和尚がいて、馬場某という武士と懇意にしていた。ある時、二人連れで夜道を歩き介良《けら》橋を渡っていると、北西のほうで青く赤く燃えている怪火を見つけた。馬場は大胆な男だったので、あれこそ噂《うわさ》に聞く法華経堂の怪火に違いないと、履いていた草履の裏に唾を付け、高く掲げて「怪火来よ」と招いた。すると怪火がずうーっと流星のように飛び来たり、二人の足元で大きな火の塊となった。馬場は思わず刀に手を掛けたが、和尚が落ち着いて呪文を唱え、手にした杖《つえ》で火を打つと、火はたちまち蛍火のように小さくなって消えてしまった。次の日の夜、馬場は一人で介良橋に来て、再び怪火を招いた。怪火は早速足元に飛んで来て大きくなったので、馬場は力を込めて竹杖を打ち下ろした。すると怪火は数個に分かれて四方から馬場を取り囲んできたので、馬場はやむを得ず橋から川の中に飛び込んだ。それでも火は右往左往と纏《まつ》わりついて離れなかったので、馬場は人事不省となってそのまま川に沈んでしまった。翌朝の三番鶏が鳴いた頃、卯平という漁師が川で網を投げたところ、馬場の死体を引き揚げたのだという。

「土佐の山村の「妖物と怪異」」では、土佐郡一宮《いっく》村（現・高知市一宮）から土佐山村（現・高知市土佐山地区）に通じる笹ヶ峠《ささがとうげ》の話としている。笹ヶ峠にある法経堂には、昔から夜更けになるとヒダマ（火玉）が出るといわれている。昔、藩主から託された手紙を持っていた飛脚が殺されてしまい、その亡霊がヒダマになったとされていて、これに「文があった」と言えば消えてなくなるのだという。

『土佐お化け草紙』にも薊野の法経堂に出る「鬼火《けちび》」として記されている。こちらの絵巻物では、人の首のようなものが火を吐いている姿で描かれている。

［参考文献］寺石正路（編）『炉辺叢書一九　土佐風俗と伝説』、桂井和雄「土佐の山村の「妖物と怪異」」（『旅と伝説』一五年六号）、湯本豪一（編著）『妖怪百物語絵巻』

星ちぎり［ほしちぎり］

高知県香美郡物部村山崎《やまさき》（現・香美市物部町山崎）の話。

昔、山崎の根之久保に働き者の徳三郎という人がいた。徳三郎は三男であったので親から財産をあまり貰《もら》っていなかったが、紙を漉《す》いたりしてよく働き、お金を貯めていた。ある日、徳三郎は夕方まで働いてから大栃《おおどち》へ酒を買いに行こうと夜になって出かけた。その夜はよく晴れていて星が空一面に輝いていたが、徳三郎が堀切りまで来ると、水源地にそれこそ天まで伸び上がったような大男が突っ立っていた。徳三郎は「ヒャー。星ちぎりじゃあ……」と声を上げて震え上がり、慌てて逃げ出して「山崎のお堂」までなんとか辿《たど》り着いた。気を落ち着けてから帰ろうと思って煙草に火を点《つ》けて一服したが、そこに隣に住む甥《おい》がやって来た。甥も大栃に用があると言って徳三郎が向かっていたほうへ歩いて行ったが、翌日になって徳三郎が訊いても「何も見なかった」と話した。星ちぎりは人が変わるとその姿が見えないのだという。

高坊主や**ノビアガリ**（ともに四国広域）の一種なのだろう。

［参考文献］物部の民話編集委員会『これも方丈ものがたり　ものべの民話』

【ま】

槙山の牛怪［まきやまのぎゅうかい］

高知県香美《かみ》郡の槙山郷（現・香美市物部町辺りか）の話。

昔、槙山郷の岡内村に、次郎吉という六〇代の老人がいた。ある年の秋、次郎吉は栃《とち》の実を拾おうと一人で深山に入り、大谷という所に行った。ここは三方が山で囲まれた幽谷の底で、日光も通らない薄暗い所であった。栃の実を拾い集めた次郎吉が帰路につくと、どこからともなく牛が吠えるような声が近付いてきた。それを見ると大牛のようなものであったが、二本の角は二尺（約六〇センチ）余り、左右の耳は大法《おおほ》螺貝《らがい》に似ていて、開いた口は頭の半分近くもあり、顎髭《あごひげ》は長く垂れて地面を引きずるほどであった。大牛は異様な眼光で次郎吉を睨《にら》みつけたが、次郎吉は恐れずに睨み返した。すると一瞬にして大牛の姿が消え、たちまち二八《にはち》（一六歳）の少女となって美しい姿で高笑いしたので、次郎吉は仰天して正気を失い、倒れてしまった。それから三日ほどして里の人がここを通り、次郎吉を見つけたので助けて帰ったが、うわ言を口走り半狂乱のようになってしまったという。これは明和年間（一七六四～七二）の頃の話であり、この大牛は牛鬼とも野牛ともいわれるが、ついに確かな名称を知る人はいなかったのだという。

［参考文献］寺石正路（編）『炉辺叢書一九　土佐風俗と伝説』

枕返し［まくらがえし］

高知県の小高坂《こだかさ》森（小高坂村、現・高知市の小高坂地区の辺りか）の話。『神威怪異奇談』に記されている。

小高坂森のある屋敷に、以前は東野金兵衛という者が住んでいたが、その頃は座敷の一つで枕返しが起きるとされていた。ある時、試しに屋敷に出入りしている座頭をその座敷で寝させてみたところ、夜半になると座頭は枕を取ってくるりと寝返り、北枕になってしまった。このことを座頭に訊いても、身に覚えがなかったのだという。

［参考文献］広江清（編）『近世土佐妖怪資料』

マシン

高知県幡多《はた》郡十和村《とおわそん》（現・高岡郡四万十《しまんと》町）の話。

夜中過ぎに山中に出るもので、深山の尾根の落ち込んだ所（タオ）を大きな音を立てて通るのだという。山の中でサルという言葉を使うとマシンを呼ぶとされたので、昔の人は山でサルという言葉を使うことを忌んだ。また、深山のタオで野宿するものではないとされた。

昔、ある老人が夜中に親戚の家へフラフラになってやって来て「山で大きな音がするのに出会うた。マシンの通る音じゃった」と言ってバッタリと倒れてしまった。家の者は大騒ぎして、箕《み》で扇ぐなどして老人を癒やしたのだという。

マシンとは魔神を意味するものだろうか。また、箕で扇ぐのは呪《まじな》いの一種であり、悪いものに憑《つ》かれたり病気になったりした時、箕で扇げばよいという俗信が伝えられている。

［参考文献］十和村史編纂委員会『十和村史』

魔神の化木［まじんのけぼく］

高知県の話。

昔、吾郎作という男がいたが、自身の持つ畑の中に大木があったので、作物の邪魔になるとして伐り倒すことにした。大木だったので一回では伐り倒せず、伐り口ができた段階で昼食にしたところ、食後に急に腹痛がして帰宅した。吾郎作の腹痛は次第に強くなり、家の者が介抱したが、とうとう死んでしまった。その後、弟の六造が大木の様子を見ると兄が伐ったという伐り口がなくなっていたので、また伐り始めた。しかし翌日にはやはり元に戻っていたので、六造は朝早くから大木を伐り始めて木切れや木屑《きくず》を焚き火で燃やしたが、それでも伐り倒しきれなかったので、帰って寝るしかなかった。その夜、白髪の老人が枕辺に立って「わしは昔、一〇〇人の罪なき人を殺し、その神罰として一〇〇〇年晒《ざら》しの罪に服しておる魔神の化木、きさまに足を切られ、焼かれ、痛さに耐えきれぬ。よって、きさまの利き腕を取る、これから切れもの（刃物）を持ってわしに近寄ると、きさまの命を取るぞ」と言った。六造が目覚めると、言われた通りに肩から先の右腕が痛みもなく取られていたという。その後も農作物の実りを妨げる化木として、毎年の氏神様祭りの旅所（祭礼の時に担ぎ出した神輿《みこし》を泊めておく所）に立って一〇〇〇年晒しの罪に服している。またその根本には六造が伐った伐り口が洞穴になって残っているという。

［参考文献］中平良生「自然の精霊たち」（『季刊民話』通巻三号）

耳切れ［みみきれ］

高知県香美郡在所村猪野々《いのの》（現・香北市香北町猪野々）に伝わる。

猪野々の初田から西浦に通じる道に耳切れと呼ばれる所がある。昔、ある夜にここを通った人が、大きな鬼に出会って耳を切り落とされ、命だけは助けてもらったのだという。この他にも、罪人の耳を切り落とした所だとか、耳の切れた古狸《ふるだぬき》がいて人を化かしたとか、老婆が捨てられに行く途中、自分を背負う子の耳を引っ張って千切ったなどの話も伝わっている。

［参考文献］松本実『にろうむかしばなし』

妙見さま［みょうけんさま］

高知県香美郡物部村庄谷相《しょうだにあい》（現・香美市物部町庄谷相）の話。

庄谷相の奥の山あいに小さい社《やしろ》があり、妙見さま（元は妙見菩薩《ぼさつ》と思われる）をお祀《まつ》りして付近の谷間を妙見谷と呼んでいる。この妙見さまは女の神様で、きわめて霊験あらたかなので、集落で特別なことが起きれば氏子が集まって祈願をしてきた。また氏子でない人を嫌い、機嫌が悪い時は宮林に大きな葛《かずら》が幾筋もぶら下がったり、大きな**山爺**（四国広域）が谷を跨《また》いで両手を横に広げた大の字に突っ立っていたりしたのだという。

昔、秋の頃に岩太（岩太郎）という人が、日雇いで妙見谷にある桑畑《くわばたけ》の岸刈りをしていた。まだ残暑が厳しかったので、木陰に入って弁当を食べながら鎌を研いでいると、五、六間（約九〜一一メートル）下のほうに一七、八歳に見える娘が頬被《ほおかむ》りをして恥ずかしそうに立っていた。岩太は二言三言声をかけたが返事はなく、鎌を研ぐのをやめて顔を上げるとその姿は消えていた。すると俄《にわか》に空が暗くなり、大雨が降り始めたので、慌てて荷物を持って家へと帰ったが、家の座敷に上がった途端に「気分が悪い」と言ってそのまま寝付いてしまった。家の婆さんが慌てて長泉寺の坊さんを呼び、妙見谷の出来事を詳しく話したので、坊さんが妙見さんにお断りの祈禱《きとう》をして祓《はら》った。すると岩太は翌日には嘘のように全快した。岩太は若い頃に大阪で働いて、四、五〇年も帰らなかった。その間、妙見さまの氏子としての務めを果たさなかったので、妙見さまに氏子外の人とされてしまったのだろうと噂《うわさ》されたのだという。

　また、明治二〇年（一八八七）の夏は大《だい》旱魃《かんばつ》で、人々は相談して妙見さまに雨乞《あまご》いの祈願をすることになった。皆で連れ立って妙見さまの社に行く途中で「氏子がこればあ困っちょるに、妙見さまは一雨も降らしてくれん」と悪口を並べていたが、社殿に近付くと石段の上に高さ三尺（約九〇センチ）ほどもある山犬がいて、欠伸《あくび》をしていた。一同は驚き恐れて逃げ帰り「妙見さまの悪口は絶対に言われんぞ」と話し合った。その後、恵みの雨が降ったので人々は助かったのだという。

［参考文献］物部の民話編集委員会『これも方丈ものがたり　ものべの民話』、松本実『韮生雑記　むかしまっこう』

鞭［むち］

高知県高岡郡黒岩村（現・高岡郡佐川町および越知町《おちちょう》の辺り）や土佐郡土佐山村（現・高知市土佐山地区）に伝わる。

　黒岩村では田圃《たんぼ》の上で鞭を振り回すような非常に強い勢いで吹く風をそう呼び、これに当たると悪い病気になるとされている。

　土佐山村では特に牛馬に憑《つ》くものとされ、牛馬を曳《ひ》きながら夜道を行く時、その近くで幾度も鞭のような音を鳴らす。このような時は何かで牛馬に目隠しをしてやらなければ、取り殺されてしまうとされている。

［参考文献］桂井和雄「土佐の山村の「妖物と怪異」」（『旅と伝説』一五年六号）

本山の白姥［もとやまのしろうば］

『土佐化物絵本』に絵とともに記されている。「本山」とは、高知県長岡郡本山村（現・長岡郡本山町）の辺りだろうか。

「土佐国三ツの妖魔（俗に言う「土佐の三大妖魔」）」のうち随一のものである、と記されているが、それ以外の具体的な記述はないため、詳細は不明である。

「土佐国三ツの妖魔」には他に**勝賀瀬《しょうがせ》の赤頭**と**山北の笑男**（山北の笑女）がある。

［参考文献］高知県立歴史民俗資料館『あの世・妖怪・陰陽師　異界万華鏡・高知編』

モマ

『土佐化物絵本』に絵とともに記されてい

る。昔、佐野村のある人が豊永の奥大田（現・高知県長岡郡大豊町奥大田）に雉撃《きじう》ちに行った。すると夜明け頃に風呂敷に目口が付いたようなものがハタハタと頭上を舞い飛んできた。とてつもない獣がいるものだと見ていると、それは赤い口を開いて涎《よだれ》のようなものをその人の顔めがけて吐きかけてきた。その人は怒って鉄砲でそれを撃ち殺し、持ち帰って人々に見せたが、名を知る者はいなかった。しかしある老人が「これはモマという獣だ。全体が風呂敷のようで、四隅に手足がある。これが数百年も生きると、人に飛びかかって息を止めてから血を吸って殺す。恐ろしいものだ」と話し、人々は大いに恐れたという。

『絵本集艸《あつめぐさ》』にも類似の話が絵とともに記されている。安政年間（一八五四〜六〇）、甫喜山郷（現・香美《かみ》市土佐山田町の甫喜《ほき》ヶ峰《みね》のことか）の東川甚八郎という男が、白《しら》髪山《がやま》へ椎茸《しいたけ》を取りに行った。申《さる》の刻（午後四時頃、夕方）の頃に谷間で休憩していると、モマが飛び来たり、甚八郎をじろじろと見てニコリニコリと笑ってきた。甚八郎はふざけてくるそれに取り合わずに煙草を吹かすと、それは「無粋な奴だ」と言って、涎を顔へ吐きかけて飛び去ってしまったという。

モマとはムササビのことを指す。このモマも野衾《のぶすま》などの一種なのだろうが、描かれている姿はどちらも風呂敷のように広がった体の四隅に手足があり、その中央に髭面《ひげづら》の人の顔があるというものになっている。

［参考文献］高知県立歴史民俗資料館『あの世・妖怪・陰陽師　異界万華鏡・高知編』

【や】

安居の万［やすいのまん］

高知県吾川郡仁淀川町《によどがわちょう》の話。

昭和二一、二年（一九四六、七）頃の、まだ食料が少なくて配給制度だった時、この地方一帯に病名のつかない皮膚病が流行し、医師の診断では栄養失調が原因ということだった。しかし誰が言い出したのか、桧《ひのき》の角（枝のことか）を蒸し焼きにして採った油が薬になると噂《うわさ》された。この角は遠くの官山（国有林のことか）にまで採りに行く必要があり、ある仲の良い二人の男が安居の奥、筒上山の峰続きにある官山に入っていった。二人が桧の角を探していると、清水の湧き出ている沢のほとりから、大男がのそーっと現れて「お前ら、何を採りに来た」と声をかけてきた。二人が驚いて何も言えず、少しばかり集められた桧の角を指すと、男は「そがぁな物なら、なんぼでも採っちゃる。あす塩を持ってこい」と言って藪《やぶ》の中へ駆け込んでいった。慌てた二人は村の見える所まで駆け戻り「体中毛むくじゃらで、腰になにやら動物の皮を巻いちょったぞ」「足が、たしか一本じゃなかったか」と言い合ったが、とにかく明日は塩を持っていこうということになった。翌日二人が塩の袋を持って同じ所に来ると、例の男が肥えた（太い？）桧の角を幾抱えも集めて待っていたので、塩の袋と交換した。すると男は「おらぁ、安居の万じゃ」と言いながら、山兎《やまうさぎ》を二匹持って、藪の中を一本足でぴょんぴょんと飛ぶようにして姿を消した。

　これより前の大正の初め頃、一人の男が男の子を連れて安居の山中で炭焼きをしていたが、ある日その男の子がいなくなってしまった。人々は例の男はこのいなくなった男の子ではなかろうかと噂し、大滝より奥に行ったら万が出るとして、しばらくの間は近寄る人はいなかったのだという。

『土佐の妖怪』では、この話を**阿瀬郷《あせご》の万**（四国広域）の話と並べて記している。おそらく阿瀬郷の万の類話なのだろう。

［参考文献］市原麟一郎『土佐の妖怪』

安岡家の山伏［やすおかけのやまぶし］

筆者命名。土佐国赤岡（現・高知県香南市赤岡町）の話。

『南嶺子《なんれいし》』巻之四に「安岡氏ノ家妖」として記されている。赤岡に安岡源三郎という商人がいた。源三郎は著者の多田義俊から算術を学んでいたが、その話によると、源三郎の家では数代前から吉事や凶事の時に蒸し物を作ると、必ず竈《かまど》の後ろから山伏が出てくるのだという。山伏はしばらくすると消え去るが、いつからこのようなことが起こるようになったかはわからないという。ある時、源三郎の老母が重い病気に罹《かか》り、飲食もしない状態が一四、五日も続いた。しかし夜の看病をしていた者が居眠りをしていると、突然起き上がって四方を見回し、いつの間にかいなくなってしまった。父の源太夫が驚いて家中を探したら、門の閂《かんぬき》が二つに折れて開かれていたので、海岸まで追いかけると草履《ぞうり》と打ち掛けが脱ぎ捨てられていた。母は恐らく入水したのだろうということで、その日を命日として葬儀を営んだが、それから例の山伏も出なくなったのだという。義俊はこの話を聞き、こういったことの多くは狐狸《こり》の仕業《しわざ》であると記している。

『閑窓瑣談《さだん》後編』巻之四には「山伏怪異」として同様の話が記されているが、ここでは『千賀屋草《ちがやぐさ》』に記された話として紹介しており、話者も安田源三郎という商人であり、『千賀屋草』の著者・桂秀樹の算学の弟子としている。またこちらには挿絵も描かれている。

〔参考文献〕日本随筆大成編輯部『日本随筆大成』一期一七巻および一期一四巻

夜須の牛鬼〔やすのうしおに〕

高知県香美《かみ》郡夜須町（現・香南市夜須町）の話。

昔、夜須には牛鬼という、首から上が牛で首から下が鬼という恐ろしい化け物がいた。牛鬼は田畑を荒らしたり牛馬を取って食ったりして人々を困らせ、退治に来た人も食い殺していた。ある時、人々が集まって相談しているところに近森左近という弓の名人が来て、牛鬼退治を引き受けた。左近は赤松の西の谷に隠れている牛鬼を人々に追い出させ、深い田にはまって動けなくなった牛鬼を一矢で射殺した。夜須の人々は喜んで左近が弓を引く真似をし、それが三月の卯《う》の日に行う百手祭《ももてさい》の始まりになったのだという。

〔参考文献〕市原麟一郎（編）『土佐の民話』第一集

ヤツヅラのタヌキ

高知県吾川郡池川町（現・吾川郡仁淀川《によどがわ》町《ちょう》）の話。

ハヅマの滝のある所には昔、ヤツヅラのタヌキという八つ頭を持つタヌキが棲んでいて、井の谷のきれいな娘さんを毎晩食べに来ていた。ある時、狩人が来て泊めてもらおうとしたが、このタヌキが出るから泊められないと断られた。そこで狩人はタヌキを獲ろうと考え、ミツマタ（三椏か。和紙の原料になる低木）を蒸す器具に七匹の犬を伏せておき、大釜で湯を沸かせた。狩人がトシ（屋根裏）に隠れているとタヌキが来てオクジを引いた（詳細不明）ので、その隙に討った。そして犬たちを器具から出して子分のタヌキたちに食い付かせ、動かなくなったところを湯につけた。それから井の谷の人口は減らなくなったのだという。

八つの頭という特徴は八岐大蛇《やまたのおろち》と類似しているが、地域の伝承としては**八面王**《やつらおう》の一種なのかもしれない。

〔参考文献〕成城大学民俗学研究所「昭和四五年度　高知県吾川郡池川町、狩山・日浦地区、用居地区、安居・土居地区、坂本地区調査報告」（『伝承文化』通巻九号）

八頬王〔やつらお〕

八面頬とも。高知県香美郡物部村（現・香美市物部町）の話。

物部村の山には所々に高さ三尺（約九〇センチ）、長さ五間（約九メートル）くらいに石を積み上げた塚があり、人々は八頬王の墓だと言っている。八頬王は八岐大蛇《やまたのおろち》（『日本怪異妖怪事典　中国』島根県を参照）のように頭が八つある蛇のような大きな怪物で、小浜《こはま》の人が猪《いのしし》を撃ちにヌタ（獣が泥浴びに来る所）で待っていると、八頬王が出たので撃ち仕留めたという話などが伝えられている。

かつて、サブノ助という猟師がいたが、彼はいざなぎ流（物部村に伝わる民間信仰、呪術）の太夫でもあった。サブノ助はある日猟に出たが、一日中歩き回っても小鳥一羽も獲ることができなかった。そこで杉熊山のヒキチという所で太夫の法を使って山をおこすことにした。「山をおこす」とは、いざなぎ流の秘文を唱えて山を荒らすことで、山のすべての生き物が目を覚まして出てくるというものであった。サブノ助が秘文を唱えると、杉熊山は百雷が轟《とどろ》くように鳴動して、頭が八つある怪物が現れた。そこでサブノ助は、鉄の中で名前の異なる七つを溶かし合わせて作った「むくのたま」という、最も威力のある玉を鉄砲に込め、八幡宮に祈願して撃った。玉は見事に命中したが八頬王は死にきらずに逃げたので、仕留めておかないと子孫に害を及ぼすかもしれないと考えたサブノ助は後を追いかけた。八頬王は香美郡と安芸郡の境である奥杉という所まで逃げたが、サブノ助は日も暮れかかったので追うのを諦めて引き返し、元の場所で秘文によって八頬王の霊を呼び、ねんごろに墓を作って葬ったのだという。

これも**八面王**の一種であろう。斎藤英喜は『呪術探究　いざなぎ流式王子』の「山の妖怪と太夫」というコラムにおいてこの話を紹介し、サブノ助が用いる秘法や祈願、特別な玉などがいざなぎ流の「西山法」という狩猟にまつわる呪法として、現在の太夫たちにも継承されていることを指摘している。

『村のあれこれ』には、サブノ助の話と並んで別の話も記されている。昔、ある高貴な方が特殊な病気にかかり、宮中にいられなくなって山に移り住んだ。この時、護身用の短刀と八岐大蛇の形を描いた長い巻物を渡され、小椋《おぐら》という姓を賜った。この人はあちこちの山をさまよい歩いて木地(桑《くわ》・栃《とち》・栗・欅《けやき》などの硬い木をろくろにかけてくりぬいて作った器物)を作る仕事を始めた。これが木地屋(木地師)の始まりであり、木地師は子孫が増えると一人ひとりに短刀と巻物を与えたので、木地屋には必ず巻物があるとされた。木地師が亡くなって、持っていた巻物の扱いが不行き届きになると祟ったので、これをねんごろに収めて祀《まつ》ったのが八面頬の墓とされるものなのだという。

［参考文献］松本実『物べ村志』、物部の民話編集委員会『これも方丈ものがたり　ものべの民話』、斎藤英喜『呪術探究　いざなぎ流式王子』、松本実『村のあれこれ』

八面王［やつらおう］

高知県の槙山《まきやま》郷(槙山村。現・香美《かみ》市物部町)の話。

昔、槙山郷の川口村に、佐市という狩人がいた。明和九年(一七七二)八月中旬、別府村大又山の虎杖《いたどり》が怒田《ぬた》という深山に行き、鹿笛(鹿を誘い寄せる笛)を吹き鳴らしていたが、にわかに山が鳴動し、足音凄《すさ》まじく寄ってくるものがあった。見ると、身長が二、三尺(約六〇〜九〇センチ)ばかりの老人だったが、その頭髪は棕櫚《しゅろ》毛のように赤く、眼光は鋭く鏡のように輝いていた。これは怪物の一種だろうと思った佐市は、鉄砲に五匁玉《ごもんめだま》を込めて撃ったが当たらず、老人は驚く気配もなく笑いながらも

高知県

と来た道を引き返していった。佐市も縁起が悪いと考え帰路についたが、下のほうの谷で四、五〇人ほどが集まってどよめき高笑いするような異様な声を聞いた。不審に思っていると、今度は背丈が一丈（約三メートル）ほどもある大入道が現れた。その体は一つなのに頭と首が八つもあり、頭髪は前後に垂れ下がって猩々《しょうじょう》か猿のようだった。大入道の合計一六個の目がこちらを睨《にら》みつけてきたが、佐市は少しも騒がずに鉄砲を二十数発も撃った。しかし、一発も命中しなかった。そこで一心に南無阿弥陀仏の念仏を唱え、これが最後と一発撃つと、全山が転覆するかというほど凄まじい音響とともに怪物は下の谷に転げ落ちていった。喜んだ佐市が谷底に下りて見ると、岩屋（洞窟）の入り口に入りかけた姿勢で死んでいたので、その腰肉を少し切り取って持ち帰ったが、それ以後、特に災難もなかったという。これは老人が語る「八面王」という怪物の類いなのだろう。

『阿波木頭《きとう》民俗誌』によると、槙山にはヤツラオ塚というものもあるという。昔、松岡という人の家で頭が八つある犬のようなものを飼っていた。これをヤツラオと呼んでいたが、ある時主人が「餌《えさ》をやらねば自分に食いつくか」と言うと頷《うなず》いたので、鉄砲で撃ち殺した。これを埋めたのがヤツラオ塚であるという。

『民俗採訪』昭和三九年度号には、高知県幡多《はた》郡大月町旧月灘《つきなだ》村の八頭《やつら》さんについて記されている。舟ノ川集落にある八頭さんは、頭がうずいて八つに割れた人を祀《まつ》ったもので、首から上の病に効果があるのだという。

「小松豊孝太夫記　いざなぎ流御祈禱資料（七）」には、民間信仰・いざなぎ流で用いられる御祈禱《ごきとう》の内容が紹介されているが、ここにも「八面頬《ヤツラホヲ》、六面頬《ムツラホヲ》」「六面王、八面王」という名前が出てくる。御祈禱の中では**山爺**や**山女郎**（ともに四国広域）、狐狸《こり》や山猫などと並んで人を害する魔群魔性であるとされ、六面王や八面王は「顔の色やかたちが見るたびに変化して見せるまぐん（魔群）」なのだという。

〔参考文献〕寺石正路（編）『炉辺叢書一九　土佐風俗と伝説』、近畿民俗学会『阿波木頭民俗誌』、國學院大學民俗学研究会『民俗採訪』昭和三九年度号、松尾恒一「小松豊孝太夫記　いざなぎ流御祈禱資料（七）病人祈禱法（四）」（『儀礼文化』通巻三七号）

山北の笑男　〔やまきたのわらいおとこ〕

高知県香美《かみ》郡香我美町《かがみちょう》山北（現・香南市香我美町山北）の話。

『南路志』の「神威怪異奇談」によると、土佐国（高知県）には勝賀瀬《しょうがせ》山の赤頭（**勝賀瀬の赤頭**）、**本山の白姥《しろうば》**、山北の笑男の三つの怪談があるとしている（俗に言う「土佐の三大妖魔」）。ある時、樋口関太夫という船奉行が狩りをするために山に入ろうとしたら、土地の農民が「今日は山に入ってはなりません。『一九十七』といって、月の朔日《さくじつ》（一日）と九日、一七日に山に入れば、必ず笑男に逢ってしまうのです」と言って引き止めたが、関太夫は「我らの役目に『二月九日には船を出さぬ』という決まりはあるが、山へ入るなということはない。今日は確かに九日だが、何の遠慮があろうか」と言って聞かず、家来を一人連れて山へ入っていった。すると山腹の松林から一五、六歳ばかりの小童《こわらわ》が出てきて、関太夫を指差して笑い始めた。その笑い声は次第に高くなっていき、周囲の山や石、草木も笑っているように見えてきて、風や水の音まで大笑いしているように響いてきた。関太夫主従は坂を下って逃げ帰ったが、その笑い声は大忍郷《おおさと》（大忍村。現・香南市香我美町の辺り）まで聞こえてきた。主従は何とか無事に帰ったが、関太夫は病死する時まで耳の底に笑い声が残り、その時のことを思い出すと鉄砲を撃ち込まれたように感じたのだという。

『土陽淵岳志《どようえんがくし》』によると、香美郡大忍郷の山北村の山に、笑男という一四、五歳ばかりの童子に見えるものがいるという。猟師や樵《きこり》が山に入ってこれに出会うと、笑男は一町（約一〇九メートル）ばかり離れた所から指差して笑ってくる。その声は初めは低いが次第に高くなり、ついには山岳も崩れんばかりになり、草木や岩石までも笑うようになって出会った人はたちまち息絶えるという。かつて樋口関太夫という武士がこの噂《うわさ》を聞き、わざと山北に行って山に入った。もし笑男と出会ったら退治してやろうと考えていたが、結局その笑い声に気を奪われて這々《ほうほう》の体《てい》で帰ってきた。その時の笑い声は赤岡（現・香南市赤岡町の辺りか）まで聞こえてきた。関太夫の耳の底にはその時の笑い声が一生残り、忘れようとしても忘れられなかったのだという。

『土佐化物絵本』下巻にも絵とともに同様の話が記されているが、ここでは「山北の笑《わらい》女《おんな》」となっており、関太夫が出会ったのも「一七、八歳ばかりの婦人」となっている。

笑い女も参照。

〔参考文献〕高知県立歴史民俗資料館『あの世・妖怪・陰陽師　異界万華鏡・高知編』、広江清（編）『近世土佐妖怪資料』

山の魔物［やまのまもの］

高知県吾川郡池川町（現・吾川郡仁淀川《によどがわ》町《ちょう》）の習俗。

節分の日には一升枡《ます》一杯分の豆を紙に包んで、山に持っていって置いておく。おかしなものが出たら、これを出して「これを食べみ」とすすめる。もし豆を食べなかったら、それは山の魔物なのだという。

〔参考文献〕成城大学民俗学研究所「昭和四五年度　高知県吾川郡池川町、狩山・日浦地区、用居地区、安居・土居地区、坂本地区調査報告」（『伝承文化』通巻九号）

山彦［やまひこ］

高知県幡多《はた》郡橋上《はしがみ》村楠山《くすやま》（現・宿毛《すくも》市橋上町楠山）に伝わる。

昼夜にかかわらず、深山で突然恐ろしい声が聞こえてくることがある。これをヤマヒコの怪と考える。

〔参考文献〕桂井和雄「土佐の山村の「妖物と怪異」」（『旅と伝説』一五年六号）

山ミコ ［やまみこ］

もとは『土陽淵岳志』に記されている。

寛永一九年（一六四二）の春、豊永郷（現・高知県長岡郡大豊町辺りか）の深山から山ミコというものが高知（現・高知市）に連れてこられた。これは大きく肉付きの逞《たくま》しい男で、歳は六〇ばかりに見え、食べ物を与えると何でも食べた。二、三日して元いた場所に帰したのだという。

柳田國男は『山の人生』の「山男が町に出で来たりしこと」においてこの話を取り上げ、ミコとは神に仕える人（巫女《みこ》など）のことで、天狗と同じように山神の使者・代表者と考えていたのだろうと推測している。

［参考文献］広江清（編）『近世土佐妖怪資料』、柳田國男『遠野物語・山の人生』

山蚯蚓 ［やまみみず］

『土佐化物絵本』上巻に絵とともに記されている。

昔、山田町（現・高知県香美《かみ》市土佐山田町）の裏家に新五と三次という男がいた。二人は八月半ばに塩魚を担って豊永（現・長岡郡大豊町）へ商いに行き、その途中に杖立《つえたて》峠を通った。峠で休息していると、巨大な蚯蚓の姿の怪物が現れ、新五の頭を乗り越えようとした。新五は「キャッ」と叫んで怪物とともに谷を転げ落ちてしまい、しばらく気を失っていたが、幸いにも怪我はなかった。新五は三次に助けてもらって這《は》い上がったが、塩魚は谷に落ちてしまった。二人は地元に帰ってこのことを語ったが、それを聞いていた老人が「それこそ、昔より人の恐れる山蚯蚓という怪物だ。これは人を見れば近付いて締め上げ、血を吸い取って殺してしまう」と話し、それを聞いた二人は金玉が縮み上がるほど恐れたという。

［参考文献］高知県立歴史民俗資料館『あの世・妖怪・陰陽師　異界万華鏡・高知編』

ユキアイ

高知県高知市土佐山地区に伝わる。

山路や村道を彷徨《ほうこう》している、目に見えない亡魂・邪神の一種である。通行人がこれに行き逢うと取り憑《つ》かれ、原因不明の熱病になる。こういった場合は「山の神の眷属《けんぞく》に出逢った」などとも言い、高知市にいる怪しげな祈禱師《きとうし》に占ってもらったり祓《はら》ってもらったりするのだという。

［参考文献］桂井和雄『土佐山民俗誌』

湯の神 ［ゆのかみ］

高知県香美《かみ》郡槙山《まきやま》村（現・香美市物部町）の話。

槙山村にはユノカミ（湯の神）という社《やしろ》があるが、この社の神は金色の蛇である。お宮を建て替えた時、有名な太夫さんを呼んで湯祈禱《ゆきとう》をしたが、その最中に大小二匹の金色の蛇が現れた。二匹の蛇は雪のちらつく中をチロチロと舌を出しながら周囲を巡り、祭りが終わるとともに姿を消した。大勢の人がその姿を目撃していたが、あまりの恐ろしさに誰も何も言わなかったのだという。

［参考文献］近畿民俗学会『阿波木頭民俗誌』

夜雀［よすずめ］

高知県幡多《はた》郡田ノ口村（現・幡多郡黒潮町および四万十《しまんと》市中村）や富山村常六《じょうろく》（現・四万十市常六）などに伝わる。

夜の山道を歩いていると、前後をチッチッチッと鳴いて付いてくる。田ノ口村では、これに憑《つ》かれると不吉があるとして忌まれている。富山村常六ではこれに憑かれた時の呪《まじな》いとして「チッチッチッと鳴く鳥は、シチギの棒が恋しいか、恋しくばパンと一打ち」とか「チッチッチッと鳴く鳥を、はよ吹き給え伊勢の神風」などと唱えるとよいと伝えている。

『十和村《とおわそん》史』には幡多郡十和村（現・高岡郡四万十町）の話が記されている。夜の山道で提灯《ちょうちん》に憑くものを夜スズメと呼ぶ。「チューンチューン」「チンチン」「チャッチャッ」など鳥のように鳴き、人の歩く道を後になり先になりして付き纏《まと》うのだという。灯を点《つ》けておくとどこまでもついて来るので、提灯の火を消して逃れたという話もあるが、逆に夜スズメによって提灯の火を消されたという話もある。夜スズメに提灯を消されると、マッチを一箱分擦っても火が点かないことがある。そういう時は草《ぞう》履《り》の鼻緒の藁《わら》をむしってマッチと一緒に点けると火が消えないという。また、夜スズメにつけられた時は目ヒゲ（まつ毛のこと）や眉《まゆ》に唾《つば》を付けるとよいとされている。夜スズメは黒火（死の穢《けが》れ、葬祭にまつわる忌み）や赤火（血の穢れ、出産にまつわる忌み）の時によくつけてくるとされ、また山犬の先走りであるから、夜スズメにつけられたらその後から山犬もつけてくるとされた。

『俗信の民俗』には、高岡郡梼原《ゆすはら》町の四万《しま》川《がわ》に伝わる「山スズメ」について記されている。夜道をチッチチッチと鳴きながら人についてくるものを山スズメと呼び、これに狙われた時は着物の袂《たもと》の糸を切って投げるとよいとされている。このため、この土地の人はいつも袂の糸は縫い残しておくのだという。

「下名野川《しもなのかわ》民俗譚《たん》覚書」には、吾川郡仁淀《によど》川町《がわちょう》下名野川の「たもとすずめ」について記されている（愛媛県の**袂雀**も参照）。昔、提灯を点けながら夜道を歩いていると、必ずたもとすずめというものがチッチチッチッと言いながら尾行してきた。しかし懐中電灯が普及してからは出てこなくなったという。

『日本妖怪大全』など、水木しげるの妖怪解説において「夜雀を捕まえると夜盲症になるといわれている」といった記述がなされ、以降のさまざまな媒体でも夜雀の解説に活用された。しかし、水木以前の夜雀や袂雀の記録に夜盲症について言及した例は確認できない。水木が直接参考にしたと思われる『日本俗信辞典　動物編』の「雀」の項目には「スズメをとると夜盲症になる（大分）、スズメの巣をとると火難がある（広島）、ともいう。特に夜は忌まれ、夕方スズメを殺すと夜盲症になる（愛知）、夜スズメを捕れば夜盲症になる（福島・新潟・長野・愛知・和歌山・広島・山口）、目を病む（愛知・奈良）、盲目になる（秋田・愛知・山口）、スズメの巣を夜にとると盲目になる（宮城）」と書かれている。水木はこの「夜間の雀を忌む俗信」を「夜雀という妖怪の性質」と誤読して、夜雀の解説に引用したものと推測される。

［参考文献］桂井和雄「土佐の山村の「妖物と怪異」」（『旅と伝説』一五年六号）、十和村史編纂委員会『十和村史』、桂井和雄『俗信の民俗』、中川松吉「下名野川民俗譚覚書」（『土佐民俗』通巻五〇号）、水木しげる『決定版　日本妖怪大全』、鈴木棠三『日本俗信辞典　動物編』、松籟庵HP「「夜雀と夜盲症」について」

四つ目の怪物［よつめのかいぶつ］

高知県香美郡大宮町日ノ御子《ひのみこ》（現・香美市香北町日ノ御子）の話。

昔、日ノ御子の古井伊勢次という太夫（神職、あるいはまじない師）が、一人で魚を捕ろうと「オモ川官山」（詳細不明）へ網を打ちに行った。下のほうの淵《ふち》で網を打つと、上の三つ目の淵から「ワッショ」という音が聞こえてきた。何度網を打っても魚がよく捕れたので、伊勢次はいったん休んで煙草を吸い、しばらくしてまた網を打った。しかし先ほどと同じように「ワッショ」という音が聞こえてきたので、気味が悪くなって帰途についた。すると前方に四つ目の怪物が現れたので、伊勢次は「自分の生きている間は再びここへは来ませんから」と神々に祈ると、怪物は姿を消して難を逃れることができた。しかし籠いっぱいに捕っていた魚は一匹もなくなっていたのだという。

［参考文献］松本実『にろうむかしばなし』

呼び［よび］

高知県安芸《あき》市入河内《にゅうがうち》に伝わる。

夜の奥山の峰でオーイと呼んでくる「呼び」という怪異があり、これに返事をするのを忌む。もし返事をしてしまうと、こちらに飛んできて「ウワーン」と大声で怒鳴られるのだという。

［参考文献］桂井和雄『俗信の民俗』

【ら】

龍頭山の大男［りゅうとうざんのおおおとこ］

高知県幡多郡の鵜来島《うぐるしま》（現・宿毛市沖の島町鵜来島）の話。

昔、鵜来島の龍頭山の峠に大男が棲んでいた。この大男は全身が鉄でできていて、鉄の桶《おけ》を提げて海辺へ潮水を汲《く》みに出てくることがあった。これを見かけた人は毒気に当てられて死んでしまうので、島の人々は大変恐れていた。ある時、徳の高い旅僧が島の人々を助けようと考えた。この僧は御所の庭に立っていた桜と橘《たちばな》の木が枯れかけていたのを、法力で生き返らせたというほどの人物であり、島に壇を築いて大男を追い払う祈禱《きとう》をすることにした。僧は海辺のきれいな小石を拾い集め、その一つ一つに祈念の梵字《ぼんじ》を書き付けていき、やがて満願の日に大男はいずこともなく退散した。それ以来、龍頭山にある剣《つるぎ》神社の前に、時々梵字を書いた小石が見つかるようになったという。

［参考文献］桂井和雄『土佐の伝説　第一巻』

蠟燭の火に憑く妖魔［ろうそくのひにつくようま］

高知県高知市土佐山地区の俗信。

夜道に持っていく提灯《ちょうちん》に新しく火を点《つ》ける時、もしくは新しい蠟燭を使う時は、必ず一度点けた火を吹き消してからもう一度点けるようにする。こうしなければ魔が憑《つ》くとか、道で魔につけられるとか、狸に化かされるなどとされている。また、葬式に使った提灯を参列者が先を争って取り合うこともあるが、この提灯を帰りの夜道で使えば魔につけられないとされているからだという。

［参考文献］桂井和雄「土佐の山村の「妖物と怪異」」（『旅と伝説』一五年六号）、桂井和雄『土佐山民俗誌』

【わ】

笑い女［わらいおんな］

「土佐の山村の「妖物と怪異」」には、高知県幡多《はた》郡橋上《はしがみ》村（現・宿毛《すくも》市橋上町地区）や土佐山村（現・高知市土佐山地区）の話が記されている。夜の深山で姿を見せずにゲラゲラと笑い声のする不気味なものだという。

「土佐の国土佐山村の昔話」には、安芸《あき》郡和食《わじき》村（現・安芸郡芸西《げいせい》村和食）の昔話が記されている。昔、安芸の奥に山師がいて、人夫の頭をしていた。この山師は仕事の合間に尺八を吹くのを楽しみにしていて、ある日、夕方早くに小屋に戻って尺八を吹いていた。すると二〇歳くらいの綺麗《きれい》な女が、四、五歳くらいの子供を連れてやって来た。女は「私は山に棲むものですが、笛があんまり面白くて聞かせてもらいに来ました」と言ったので、山師は小屋に招いて笛を吹いてやった。そしてどういう人なのかと問うと、女は「私は山に棲む笑い女というものです」と答えた。そこで山師が「尺八を聞かせてやった代わりに、お前さんの笑いを聞かせてくれまいか」と頼んだので、女は笑い出した。初めのうちはにこにこしているだけだったが、次第にゲラゲラ、キャアキャアキャアと笑い声が大きくなり、ついにはものすごい笑いになった。その笑い声が山から谷へ響いて、辺りがうどむ（騒ぐ、やかましいといった意味か）ようになってきたので、山師は恐ろしくなって止めるよう怒鳴ったが、女は笑い続けた。山師は女に大鋸《おが》を投げつけたが、女はそれを煎《せん》餅《べい》のようにバリバリと食べてしまい、続けて投げられた手斧《ちょうな》、鉈《なた》、鍬《くわ》などもバリバリと食べてしまった。山師はどうすることもできなくなったが、その時どこからか鶏の時を告げる鳴き声が聞こえてきて、女はどこへともなく消えてしまった。まだ鶏が鳴くような時間ではなかったが、よく調べると山師の脇差しの柄に御守りが入っていて、そこから聞こえていたようだった。山師は神様が助けてくれたのだろうと思い、それから信心するようになったという。

「山の怪異と狩人」には、幡多郡佐賀町（現・幡多郡黒潮町）の話が記されている。ある猟師がお日さんと月を間違えて午前一時頃に起きてしまい、犬を二匹連れてサカイダネの大カーブの所へ行った。しかし谷の奥まで行っても夜が明けず、向こうからハラハラと笑う声が聞こえてきた。猟師は「しもうた、笑い女じゃ、ここでマ（魔）につかれたよ。こんな時には笑われん。笑い負けたらいかん」と考え、道路まで出ようとしたが、道路の際《きわ》までついてきた。その後に後ろを振り返ったら、ついてこなくなっていたので、谷で兎《うさぎ》を一匹獲ってマンナオシ（不運を直して幸運にしようとする行い）をしたという。

俗に言う「土佐の三大妖魔」の一つについては**山北の笑男**を参照。

［参考文献］桂井和雄「土佐の山村の「妖物と怪異」」（『旅と伝説』一五年六号）、桂井和雄「土佐の国土佐山村の昔話」（『旅と伝説』一六年五号）、島内吉康「山の怪異と狩人　幡多郡佐賀町の狩猟」（『土佐民俗』通巻二二号）

笑い栂［わらいつが］

高知県安芸《あき》郡奈半利町《なはりちょう》の辺りに伝わる。

野根山街道の道中に栂の木がある。嘉永年間（一八四八〜五四）の頃、米ヶ岡《よねがおか》の浜渦寿之助という樵《きこり》が山を登っていると、頭上から突然天地も震えるほどの叫び声が聞こえてきた。驚いて下山を始め、坂の途中の木の下で休んでいると、今度は木の上から何ものかの大きな笑い声が聞こえてきた。無我夢中で逃げ帰ってみると、足の指がすべて切られて形もなかった。それ以来、この木のことを「笑い栂」と呼ぶようになったという。

［参考文献］前田年雄「野根山街道の民話」（『季刊民話』通巻五号）

COLUMN 四国を取り巻く妖怪偉人たち 03

「妖怪偉人」とは、さまざまな領域・分野で妖怪を研究・蒐集《しゅうしゅう》・活用し、妖怪の継承・発展に貢献をした人物を指す。このコラムでは、特に四国地方に関わりの深い人々を紹介しよう。

まずは、民俗学者や郷土史家について。徳島県美馬郡脇町（現・美馬市）に生まれ、教師として勤務しながら徳島県の歴史や考古学を研究した笠井新也（一八八四〜一九五六）は、『阿波伝説物語』や『阿波の狸の話』を執筆し、数多くの伝説や化け狸の話を後世に遺した。その弟である笠井高三郎（藍水）（一八九一〜一九七四）も同様に徳島の郷土史などを研究し、その基礎を確立した。木屋平《こやだいら》村のコナキジジについての調査を民俗学者・柳田國男に報告した実績については、徳島県の**コナキジジ**の項目に詳述している。

香川県仲多度郡多度津町出身の武田明（一九一三〜九二）や高知県高知市出身の桂井和雄（一九〇七〜八九）は柳田國男に師事し、全国各地の民俗を調査した。その後はそれぞれの郷里で民俗研究を推し進めていき、その中には伝説や民話、俗信における妖怪も多く含まれていた。高知県の民話・昔話の記録については、市原麟一郎《りんいちろう》（一九二一〜）も大きな貢献を果たしている。

民俗学以外の分野においては、愛媛県温泉郡川上村（現・東温市）出身の俳人・富田狸通《りつう》（一九〇一〜七七）がいる。富田は無類の狸好きであり、狸の置物や玩具《がんぐ》、図画を無数に蒐集していた（「その他」の**八豊雲《はっぽううん》陀申女《だしんにょ》**も参照）。伊予の狸の話を中心に、狸のさまざまな事柄を記した『たぬきざんまい』は後世に強い影響を残した。

この他にも、コラムに載せきれない研究者や著述家などの尽力によって四国の怪異・妖怪は記録されてきた。怪異・妖怪について記された文献を読む時は、そういった先達の活動にも思いを馳せてみると、また別の面白さを感じられるかもしれない。

四国広域

赤しゃぐま［あかしゃぐま］

「伊予の赤シャグマ」には、愛媛県新居《にい》郡神戸《かんべ》村（現・西条市）の話が記されている。市之川鉱山（西条市市之川）で働くMという技師長が、神戸村の丘陵に邸宅を建てることになった。しかし工事に着手すると地中から人骨や土器が出てきて、もとは墓場だったのだろうとされた。しかしMは土器の一部を神社や寺院に納めただけで他は廃棄し、気にせず工事を進めさせた。邸宅が建ってから、地域の人々は「あの家は墓場の上にある。そしてたびたび家の中で赤シャグマが出る。赤シャグマは頭の毛が赤い子供のようなもので、台所に置いてある弁当のお菜（おかず）を食べてしまったり、人が寝静まった夜に騒いだりする」と噂《うわさ》するようになった。それからMの家族は転勤によって家を引き払い、邸宅には別の家族が住むようになったが、Mがいなくなった途端に噂は消えてしまったのだという。

「四国の赤シャガマ」は前述の報告を受け、佐々木喜善が折口信夫から「中山太郎からの手紙に書かれていた話」として聞かされた内容を記している。昔、阿波（徳島県）のカケハシ（「金毘羅宮《こんぴらぐう》の奥の院のあるところ」と説明されている。「こんぴら奥の院」と称された三好《みよし》市池田町の箸蔵寺《はしくらじ》の辺りということだろうか）に古い一軒家があった。ここに住むと変化物が出るといわれたので住む人がいなかったが、一人の老婆がこの家を買って住むようになった。すると夜に赤シャグマの毛を被ったような頭の子供が出てきて、寝ている老婆をくすぐってきた。それが毎晩続くので、結局老婆も立ち退いてしまったのだという。

「讃岐《さぬき》山村の伝説と昔話」には、阿讃山地に接する香川県の琴南（現・仲多度郡まんのう町辺りか）の話として記されている。山の尾が寄り合っていて、しかも谷川の流れが渕《ふち》になっているような所にはアカシャグマという妖怪が出る。これはとてつもなく大きな声でいがる（叫ぶ）もので、大空を飛ぶという。また、これに気付いて振り返って見ると、大きな馬鍬《まぐわ》のような歯をむき出して笑うのだという。「仲多度郡琴南町美合の妖怪と怪談」ではシャグマとして記されている。山中に出てくる妖怪で、赤いオンボロ髪を振り乱して出てくるという。

「赤しゃぐまその他」には、筆者が徳島県三好郡足代村《あしろそん》（現・三好郡東みよし町足代）に住んでいた母や伯母から聞いた話が記されている。夜が更けて皆が寝静まった頃、赤毛をガッソウ（詳細不明）に振り乱した童形のものがどこからともなく座敷に現れ、家人にそっと近付いてくすぐってくるのだという。くすぐられた一人が、翌日に何の気なく裏の畑に行くと、その童形のものが身の丈一丈（約三メートル）余りの赤しゃぐまとなって、口を開け両手を広げて立ちはだかってきた。その人はあまりの恐ろしさに夢中で家の中に駆け込み、そのまま気絶してしまったのだという。

徳島県の**赤しゃが魔**も参照。

［参考文献］松風村雨樓「伊予の赤シャグマ」（『民族と歴史』八巻一号）、佐々木喜善「四国の赤シャグマ」（『民族と歴史』八巻四号）、細川敏太郎「赤しゃぐまその他」（『香川の民俗』通巻二号）、佐々木正興「伊予の妖怪変化」（『伊予の民俗』通巻三七号）、谷原博信「讃岐山村の伝説と昔話」（『あしなか』通巻二二一号）、武田明「仲多度郡琴南町美合の妖怪と怪談」（『香川の民俗』通巻四一号）

阿瀬郷の万［あせごのまん］

高知県安芸《あき》郡田野町や徳島県海部《かいふ》郡宍喰《ししくい》町《ちょう》（現・海部郡海陽町）などの話。

『日本の民話五四　土佐の民話　第二集』には田野町で語られた話が記されている。田野町の桃山の山奥、阿波（徳島県）と土佐（高知県）の境にある阿瀬郷という所に、若い夫婦が住んでいた。ある時、男の子が生まれたので、名前を「万」と名付けて大切に育てたが、病気もせずにすくすくと育ち、三歳の頃には谷川に潜って遊び、五歳の頃には川岸に釣り竿《ざお》を渡して、その上を飛ぶように渡ったりした。また、岩から岩へ飛び移ったり、人間わざではないようなことも平気でして、川に行ったら魚を獲り、山へ行ったら兎《うさぎ》を獲るなどしていた。一二歳になると、父は万を山仕事に連れて行ったが、万は木の伐り出しなどの仕事を大人顔負けの力でやってのけていった。ある日、父が仕事を一休みして一服していると、万が「ザー」という音とともにどこかへ行ってしまい、少ししたらまた「ザー」という音とともに帰ってきて、捕まえた獣をいっぱい引っさげてきた。そんなことが続くうちに、やがて万は家にも帰ってこなくなり、両親が心配して探し回ると、万は炭焼き窯《がま》から出てくる煙をかっぷかっぷと吸っていた。驚いた両親が家へと連れ戻したが、万はまた何日もいなくなり、両親は再び探し回った。すると万は炭焼き窯で獣の肉を炙《あぶ》りながら、煙と一緒にかっぷりかっぷりと食っていた。その姿は毛むくじゃらの獣みたいな大男となっていて、両親に「もうおらを連れて帰ろうなんて思わんでくれ。おらはもう親と思わないから、おらを子と思わんでくれ」と言い残して林の奥に姿を消した。それから、万の姿を見た者はいなかったのだという。

「四国の口承文芸（海部郡宍喰町　一二）」には「阿瀬川の万」として、宍喰町で採集された話を記している。よそから阿瀬川に来て住み始めた家に万という孫ができた。万は母が行く所は川や山でもどんどんついていく身軽な子だったが、ある時母が川で洗濯していたら、川上から流れてきた丸太に乗っていなくなってしまった。それから何年も経って万は帰ってきたが、母に「わしはもう、母を取って食うぞ」と言った。それから母は病気になって死に、万はまたいなくなったのだという。

他にも、阿瀬川で炭焼きをしている親父

の所に生まれた大きな子供の話もある。万は生まれた時から大きかったが、成長すると子供なのに七尺（約二・一メートル）くらいの大きさになった。万は山や川、谷を飛び歩く身軽な子供で、親父が炭焼きをしていると窯から出てくる煙をポカポカと食うのだった。そして一二、三歳ぐらいの時、万は親父に「もうここへ来たらいかんぞ、来たら取って食うぞ」と言って、ひらが山という高い山に行って帰ってこなくなった。そちらの方面で万を見かけたと言う人もいたが、その様子は髭《ひげ》の生えた仙人のようになっていたという。日清戦争の頃もまだ生きていて、それから中国へと渡って、戦争にも参加したのだという。

［参考文献］市原麟一郎（編）『日本の民話五四　土佐の民話　第二集』、国学院大学説話研究会「四国の口承文芸（海部郡宍喰町　二）」（『芸能』五巻四号）

犬神［いぬがみ］

四国地方全域で見られる憑《つ》き物の一種。単なる憑き物ではなく、これを使役する家系・犬神筋があるとされ、差別や偏見の原因・理由付けとなっていた側面もある。

「阿波の犬神の話」によると、昔、中国地方から怪しい獣が大空を飛んできたが、豪胆な武士が弓矢で三段に射抜いた。するとその獣の犬のような首が阿波国（徳島県）に落ち、これを地中に埋めてから阿波の犬神は始まったのだという。またその胴は猿のようで、讃岐国《さぬきのくに》（香川県）に落ちて猿神（徳島県の**サルガミツキ**を参照）となり、尾は蛇のようで備前国（岡山県）に落ちて吸《すい》葛《かずら》（徳島県の**スイカズラ**を参照）になったのだという。

犬神の血統とされる家があり、その家の者が羨《うらや》んだり恨んだりすると、本人の気付かないうちに犬神がその相手に取り憑くことが多い。そのため、そういった家とは結婚を忌み、交際にも注意するのだという。犬神の家で子供が産まれると犬神も子を産み、赤子の成長とともに犬神の子も大きくなる。犬神の子はその子供と常に行動をともにし、やはりその子供の感情に従って相手に取り憑いたりする。ある犬神の家の老婆が犬神を憂い、外出する時は犬を米臼《こめうす》の中に隠して食べ物を与え、自分についてこないよう言ってから外出していた。しかしこの家の嫁は犬神のことを知らず、老婆の留守中に臼の中を見て、愛らしい仔犬が四、五匹もいるのを見てしまった。嫁が驚いて子犬に熱湯を浴びせて殺してしまうと、外出していた老婆も同時に死んでしまったという。

「讃岐の犬神の話」によると、讃岐国で犬神を使う家（犬神筋という）の者と不仲になったり恨まれたりすると、すぐに犬神が追いかけてきて、恨んでいる相手を病気にさせたり取り殺したりすると恐れられていたという。犬神によって病気となったら、握り飯を三つほど作り、病人の体をその握り飯で撫《な》で回してから、犬神筋の家の壁に投げつけると治るとされた。

犬神を作るには、まず白犬を地面の中に埋めて首だけを出し、その眼前に茶碗《ちゃわん》に盛った飯を置く。犬は飯を食いたくても体が動かないのでどうすることもできず、次第に犬の一念と吐く息によって飯が黄色くなっていく。そうしたら犬に向かって「もし将来、自分の命令通り服従するならば、この飯を食わせて神に祀《まつ》ってやる」と誓ってから、その首を斬り落とす。すると首だけで飯に食いつくので、その首を神棚に祀ってご馳走を供え、神様にしてしまうのだという。

「大川郡多和の妖怪」によると、香川県大川郡多和村（現・さぬき市多和）では「阿波の犬神、讃岐の猿神」と言い、犬神は阿波国から入ってきた、また一番初めの犬神は阿波国の賢見山《けんみさん》（現・徳島県三好《みよし》市山城町の賢見神社のこと）に現れたとしている。また、犬神が取り憑くことを「犬神がガキツイタ」と言う。犬神筋の家では女の人が必ず犬神を持ち、娘が一五歳になると母親から犬神を一つ分け与えられる。その娘が嫁に行くと犬神もついていくが、子供ができると犬神がきつくなる（詳細不明）のだという。賢見山は犬神を落とす所であり、多和にもその支部が二カ所あって、犬神がガキツクとそこで拝んでもらった。また四月一五日の賢見山の祭りには、犬神筋の家もそうでない家も揃《そろ》って参詣に行ったのだという。

「土佐の犬神筋」によると、土佐国（高知県）も同様に代々犬神を伝えている家を「犬神統《いぬがみすじ》」と呼び、平素は他の家より嫌われたり軽んじられるということはないが、この家の者と結婚することだけは嫌悪するという。この家の者が他人を恨んだり羨んだりすると、犬神がその人に食い付く（取り憑く）。ある爺《じじい》に犬神が食い付いた時、婆が琴平さん（香川県の金刀比羅宮《ことひらぐう》のことか）の御札で爺の頭を叩き「なにゆえ来たか」と問うた。すると「二人が羨ましいから」と答えたのだという。

「伊予の妖怪変化」には、愛媛県越智《おち》郡の島嶼部《とうしょ》における犬神の例が記されている。ある男が女を騙《だま》したので、女は怒って犬神に恨み言を願掛けした。すると男は足が不自由だったのに、脛《すね》まである海の中を陸上よりも速く走ったり、天井に吸い付いたり、股の下に頭を入れてくるくる回ったりしたという。もともと、村に憑き物はなかったが、ある人が他村に嫁ぎ、その嫁ぎ先が憑き物筋であったため、この村に入ってきたのだとされた。

『日本伝説集』には伊予国松山（現・愛媛県松山市）の犬神の由来話が記されている。

昔、弘法大師が四国を巡っていた時、松山の近くである農家が大師に宿を貸してもてなした。これに喜んだ大師は「何でも望むことを叶えてやろう」と言った。そこで農家は「夜になると山から猪が来て、畑の芋《いも》を掘り返してしまう。どうか猪《いのしし》が来ないように呪《まじな》ってほしい」と頼んだ。すると大師はそれを引き受け、料紙に何かを書いて固く封じ「これを畑に立てておけば、今夜から猪は来なくなる。しかし、この封じ目を切って中を改めてはならない」と念押しして村を去った。大師に言われた通りにすると、確かにその夜から猪は来なくなった。あまりに不思議なので、言われたことを守らずに紙の封を切って中を見ると、そこには犬が一匹描いてあるだけだった。するとその犬が紙から抜け出し、犬神になってしまったのだという。

〔参考文献〕長尾覚「阿波の犬神の話」（『郷土研究』四巻一一号）、佐光白峯「讃岐の犬神の話」（『民族と歴史』八巻一号）、武田明「大川郡多和の妖怪」（『香川の民俗』四巻二号）、濱田重道「土佐の犬神筋」（『民族と歴史』八巻一号）、佐々木正興「伊予の妖怪変化」（『伊予の民俗』通巻三七号）、高木敏雄『日本伝説集』

宇和島の牛鬼［うわじまのうしおに］

愛媛県の南予地方（特に宇和島市周辺）や上浮穴《かみうけな》郡、または高知県高岡郡や幡多《はた》郡、四万十《しまんと》市や宿毛《すくも》市などで祭礼に用いられる練り物の一種。

神霊を乗せた神輿《みこし》が地域を巡る時、その行列の先導を務める露払い役として、牛鬼という独特の作り物を用いる。形態は地域によって少しずつ異なるが、全長は三～七メートルほどで、胴は赤・黒の布や棕櫚《しゅろ》の毛で覆われ、尻尾は剣型である。頭は牛とも鬼ともつかない形相で、二本の角と三日月もしくは日輪を象《かたど》った前立物を乗せている。

この牛鬼がいつから祭礼に用いられるようになったかは不明だが、一八世紀後半以降には南予各地の祭礼に登場している。またその起源として『宇和地帯の民俗』では、喜多郡領主の家臣・大洲太郎が赤布で牛鬼の形を作り猛獣の来襲を防いだとか、加藤清正が朝鮮出兵の折に敵を威圧するために作ったなどの話が記録されている。また『幡多郡誌』には高知県幡多郡江川崎村（現・四万十市江川崎地区）の牛鬼の由来が記されている。文禄年間（一五九二～九六）の朝鮮出兵の時、軍勢はたびたび朝鮮の虎の害を受けて悩まされていた。その時、陣中に伊予出身の大洲五郎という機知に富んだ者がいた。大洲は牛鬼（の作り物）を用いて虎を威嚇《いかく》し、それ以降虎の害はなくなったので、戦に勝つことができた。この逸話を元に神輿の先達に牛鬼を用いるようになったのだという。ただし牛鬼の起源について、文献としては大正一四年（一九二五）の『幡多郡誌』以前の資料が確認されていないため、これらの由来伝説の真贋《しんがん》や詳細については不明である。

愛媛県の**ホタ**も参照。

〔参考文献〕大本敬久「愛媛の祭礼風流誌」（『愛媛県歴史文化博物館　研究紀要』通巻六号）、大本敬久「牛鬼の由来伝承」（大本敬久ブログ「愛媛の伝承文化」）、和歌森太郎（編）『宇和地帯の民俗』、高知県幡多郡『幡多郡誌』

【か】

狐［きつね］

「四国には狐はいない」という言説がよく語られているが、実際には狐憑《きつねつ》きや狐の嫁入りなど、さまざまな怪異の原因を狐とする例が各地域で語られている。

「阿波物語（上）」によると、狐や狸の毛皮を持っていれば化かされないとして、守り袋の中に御守りと一緒に入れることがあったという。また狐と狸の肉を食えば化かされないともされていたという。

「伊予の妖怪変化　怪談ばなし」には、明治の終わりから大正の初めにかけての頃の愛媛県大洲市高山の話が記されている。高山の右側の中腹で、初夏の夕方にときどき野火のような火が見えた。煙は見えないので麦藁焼《むぎわらや》きでもなく、一カ所だったのが三カ所、五カ所と広がっていき、また一カ所に戻ったりした。これは「狐の嫁入り」か「第六天（魔王のことか）」だろうかと話し合ったのだという。

『常民』二八号には南宇和郡城辺町（現・南宇和郡愛南町）の例が記されている。山《やま》出《いだし》では、昔は狸・狐・蛇・人が人々に取り憑いて、ちょっとしたことを口走ったり、具合が急に悪くなったりすぐに治ったりしたのだという。垣内や岩水でも狐憑きがあり、狐憑きの人は「手を握ってみろ」と言われたら必ず親指を隠すようにして握ったという。

『ぶらり讃岐《さぬき》の民話とむかし話』には仲多度郡多度津町の狐の嫁入りの話や、三豊市豊中町の狐憑きの話が記されている。

『民俗採訪』昭和三九年度号には、高知県幡多《はた》郡大月町旧月灘《つきなだ》村の俗信として「鍛冶《かじ》屋《や》のふいごの火で煙草を付けると、狐がつきまとう」というものが記録されている。

狐の独立項目については香川県の**騎馬の化け物**・**九尾狐**・**コメヤの狐**、愛媛県の**吸血玉藻前**・**久美《きゅうび》さん**・**長狐《ちょうこ》**を参照。

［参考文献］長尾楓窓「阿波物語（上）」（『郷土趣味』三巻五号）、橋村寿「伊予の妖怪変化　怪談ばなし」（『伊予の民俗』通巻三九号）、中央大学民俗研究会『常民』通巻二八号、岸上真士（編）『ぶらり讃岐の民話とむかし話』

首切れ馬［くびきれうま］

首なし馬とも。

「阿波北がたの昔話（二）」には、徳島県美馬市美馬町の話が記されている。節分の夜には、三ツ角に首切れ馬が走るとされている。首切れ馬は「人くさい、人くさい」とか「死人じゃまんせ」とか言って通るのだという。また、首切れ馬は干菜のような物を引っ張って通る。これは分限者（金持ち）の銭をかめ（瓶のことか）に入れた物を引っ張って通るので、その銭が遊びに出ているのだという。その干菜《ほしな》に飛びつくと分限者になれるとされているが、そのために三ツ角で待ち伏せていても、なかなか出くわさない。着物の片袖を被って見れば、首切れ馬が通るのがわかるのだという。

銭や金をもたらすという話は徳島県の**片目のやぎゅうさん**と共通している。

「土佐の山村の「妖物と怪異」」によると、高知県幡《は》多《た》郡橋上《はしがみ》村楠山《くすやま》（現・宿毛《すくも》市橋上町楠山）では、首のない馬が歩いてくるという。長岡郡吉野村汗見川《あせみがわ》（現・長岡郡本山町吉野）でも、昔から悪所とされている所で、首のない馬が走るなどとされている。また幡多郡でクビキレウマが出るのは、無惨に敗死した者や山伏の墓所からだという。首もないのにシャンコシャンコと鈴の音をさせるという（『民間伝承』四巻二号）。

『重信町誌』には、愛媛県温泉郡重信町（現・東温市）の話が記されている。上林友《かみはやしとも》清《きよ》のミョウドと呼ばれる所は、昔は大晦日の夜に首きれ馬が出たという。また、中筋と五本松の間も出たという。志津川にはよく「首なし馬」が出たという話がある。首なし馬が出たのは重信中学校裏のナワメスジ（**ナワスジ**を参照）とされる「とのさま道」から祓川《はらいがわ》辺りで、しゃんしゃんと鈴を鳴らしながら出たという。また北吉井小学校の乾《いぬい》ずま（西北の隅）の竹藪《たけやぶ》から三島神社へかけての細道にも、雨の夜などに首なし馬が出たという。

牛淵《うしぶち》と野田の境の長塚にも首なし馬が出て、これに会うと熱病に罹《かか》ると恐れられた。ある年のこと、村の老神主が里神楽《さとかぐら》からの帰り道に長塚付近を通ると、馬のいなきとシャンシャンという鈴の音がして、首のない馬にまたがった甲冑《かっちゅう》武士の一団が現れた。その先頭にいた武士が「人くさい、人くさい」と怒鳴って馬を止めたので、神主は「我はこの土地の氏神に仕える神主である。何をもってこの道を塞《ふさ》ぐか」と一喝した。するとその武士は「我々は南朝に仕えた者だが、七度生まれ変わって大君に仕えようとする者である」と言って姿を消してしまった。後に神主から話を聞いた村人たちは、この人馬の霊を慰めるために石地蔵を安置したという。

見《み》奈良《なら》のほうにも同じような話がある。

昔、志津川の吉山城と津吉の城の台で戦争があり、吉山城が負けた。それから夜な夜な吉山城から城の台へ首なし馬が走るようになり、これに会うと熱病に罹るとされた。ある時、村の古老が夜更けにその辺りを通りかかると、「カツ、カツ」と蹄《ひづめ》の音が近付いてきた。老人は急いで橋の下に隠れたが、橋の袂《たもと》まで来た首なし馬の一隊は「人がいる、人がいる」と騒ぎ始めた。しかしその中の隊長らしいものが「大般若《だいはんにゃ》だ、大般若だ、かまうな」と言い、一隊はそのまま通り過ぎていった。老人は先日、大般若祈禱《きとう》の御札をこよりにして元結を結んでいたので、その御利益によって助かったのだという。

「概説「愛媛の民話」（二）」によると、星ノ岡の合戦（星岡の戦い。元弘三年（一三三三）にあった合戦）の後、首なし馬に乗った武将たちがノボリウチから出て、平井《ひらい》城址《じょうし》（愛媛県松山市平井町の城）を右にしてスギザキ池から鷹ノ子《たかのこ》・来住《きし》を通って星ノ岡の五ヶ森に入って消えていく。その道々でシャンチキシャンチキとかすかな音を立てるので、シャンシャン馬やチンチン馬と呼ばれて恐れられたという。

『ぶらり讃岐《さぬき》の民話とむかし話』には香川県大川郡大川町（現・さぬき市大川町地区）の話が記されている（もとは『大川町の昔話』に掲載）。天正十一年（一五八三）、土佐の長宗我部《ちょうそかべ》氏が雨滝城を攻め、戦によって兵が多く死に、田畑も荒らされた。そんな中、富田西寺田（現・さぬき市大川町富田西）の田の中で、一人の侍が首を斬られて死んでいて、そばで馬が長いこと立ち尽くしていたが、日暮れとともに姿を消した。その後、甚平という人が産宮通《さんみやどおり》の古川橋を渡り、大きな柿の木の前を通った時、不意に提灯《ちょうちん》の火が消えて馬の首だけが横をすり抜けていった。馬の首はそのまますーっと駆け出していき、甚平はお経を一心に唱えながら家に帰った。それからも多くの人がこの橋で馬の首を見たので「古川橋の首切り馬」と呼ばれ、寺田の田の中にいた馬が主人を探しているのだろうとされた。

夜行さんも参照。

［参考文献］中岡之子「阿波北がたの昔話（二）」（『西郊民俗』通巻八一号）、桂井和雄「土佐の山村の「妖物と怪異」」（『旅と伝説』一五年六号）、中平悦磨「クビキレウマ」（『民間伝承』四巻二号）、重信町誌編纂委員会『重信町誌』、秋田忠俊「概説「愛媛の民話」（二）」（『伊予の民俗』通巻三八号）、岸上真士（編）『ぶらり讃岐の民話とむかし話　総集編』

【さ】

七人ミサキ［しちにんみさき］

四国の各地に伝わる。戦死・水難などで非業の死を遂げた者の霊を祀《まつ》ったものを七人ミサキと呼ぶ。七人がともに横死しているという特徴がある（佐々木正興「伊予の妖怪変化」）。

「伊予の妖怪変化」によると、愛媛県温泉郡中島町（現・松山市の忽那《くつな》諸島）では海難事故などで死んだ人の霊をミサキ（神）と呼び、人を一人トル（殺す）と成仏できるとされて恐れられた。ミサキに行き逢って災いを受けることをイキアイと呼び、幼児が夜間に外出する時は必ずカマド神（竈《かまど》神《がみ》のことか）の荒神サンの煤《すす》を額に付け、インノコと唱えてイキアイを防いだという。またミサキには天ミサキ、海ミサキ、七人ミサキがあり、人にミサキが憑《つ》いたら島の祈禱師《きとうし》に拝んでもらい、火の付いた七本の線香で憑かれた人の頭から足先に向かって撫《な》で下ろして払い、その線香を海岸に立てて「のいてくれ」と祈り続ける。祈禱師が拝む時、ミサキ神が乗り移る先として女性を傍《かたわ》らに置き、その女性の口を借りてミサキが「シキビ（樒《しきみ》）の葉を何枚くれ」とか「七本の線香を立ててくれ」とか要求するという。シキビの葉はあの世で金銭の役割があるとされている。

西宇和郡三崎町釜木（現・西宇和郡伊方町釜木）の七人ミサキは、夕方暗くなってから人が山道を歩いていると、無意識のうちに海へ誘い込むのだという。犬の鳴き声があれば気付き、七人ミサキにかからないで済むとされている。

『重信町誌』には温泉郡重信町西ノ岡（現・東温市西岡《にしのおか》）の七社権現という小さなお宮について記されている。昔、西ノ岡に三木新太郎という一家七人が住んでいた。ある時、殿様が鷹狩《たかが》りのためにこの辺りに来て鷹を放ったが、そのまま帰ってこなかった。その鷹は新太郎が捕まえて、一家で食べてしまったのである。新太郎は家族を連れて山之内の鳥ヶ嶽《とりがたけ》へと逃れたが、里人の訴えにより捕らえられ、一家は皆、西ノ岡で斬罪の刑に処せられた。それから山之内の者がその辺りを通ると必ず災害を受けると噂《うわさ》され、これは新太郎一家の怨霊の仕業《しわざ》だろうということで、その霊を七社権現として祀《まつ》ることにしたのだという。

『海村生活の研究』では、高知県の鵜来島《うぐるしま》（現・宿毛《すくも》市沖の島町）や愛媛県の魚島《うおしま》（現・越智《おち》郡上島町）の例を紹介している。鵜来島では苦しんで死んだ者がミサキになってうろうろしているという。七人ミサキといって、七人集まっている中に新たに一人のミサキが加わると、先にとった（先にミサキになった、という意味か）人が仏になるので、いつまでも七人でいるのだという。魚島ではハト（波止場のことか）の近くに流れ着いた死体をミサキさんとも七人ミサキともいう。

「怨念の民話」には高知県四万十《しまんと》市西土佐大宮の話が記されている。大宮に滝山という難所があり、ここに七人みさきがいて通行人を取り殺すと言われていた。杣人《そまびと》（樵《きこり》）の頭分が夜涼みに出た時に水死したとか、伊予（愛媛県）の商人が自転車もろともに落ちて死んだなど、ここで六人が死んでしまったので、村人が占い師に見てもらうと「七人みさきの祟りじゃ。地蔵さんを刻んで建て、毎年丁重に祀りなさい」と言われた。七人みさきの怨霊は必ず七人の人間を取り殺すので、残る一人の命を助けるために滝山の岩の上に石地蔵を建てたのだという。

［参考文献］佐々木正興「伊予の妖怪変化」（『伊予の民俗』通巻三七号）、重信町誌編纂委員会『重信町誌』、柳田國男（編）『海村生活の研究』、嶋原茂「怨念の民話」（『季刊民話』通巻三号）

傷寒坊 ［しょうかんぼう］

「傷寒坊送り」によると、慶応から明治にかけて傷寒（チフスの類い）が流行した時、これは傷寒という坊主が人に乗り移って悩ませるものだと信じられた。傷寒を病む者の枕元には必ず坊主が立って病人を苦しめているので、車前草《おおばこ》の実を油に浸して火を灯せば、傷寒坊や労症（労咳《ろうがい》。肺結核のこと）の神の姿が見えるのだという。また病人を見舞う時は男女とも髷《まげ》に針を刺し、枕元に近寄らないようにすれば伝染しないとされた。

徳島やその近郷では「傷寒坊送り」という行事が行われ、胴体は竹で組み莫蓙《ござ》で包んで手足と頭を作り、棕櫚《しゅろ》の毛で頭髪を付けた、一丈（約三メートル）または五、六尺（約一・五～一・八メートル）の大入道の人形を作った。この人形を夜に押し立てて修験者や神官を先頭にした行列を並べて、竹筒や太鼓を鳴らしながら町内を練り歩く。そして浜辺に至ると、呪文を唱えてから人形の頭に火を付けて海へと流すのだという。海へと流した人形がどこかの浜に流れ着くと、そこで必ず傷寒が流行するとされ、浜に近付いてきたら大勢で押し返して寄せ付けなかったという。また徳島の富田秋田町（現・徳島市秋田町）には「傷寒坊小路」という道があり、ここで倒れたら必ず傷寒になるとされ、恐れられていたという。

『阿波郡誌』には、阿波郡（現・阿波市や吉野川市）で行われた傷寒坊送りについて記されている。傷寒が流行した時は、傷寒坊という張り子の坊主を作り、両手に槌《つち》を持たせる。そして僧に頼んで読経してもらい、張り子を板切れで作った船に乗せ、麦藁《むぎわら》の覆いを被せて吉野川に流したのだという。

『讃州高松叢誌』には、西浜町（現・香川県仲多度郡多度津町西浜）で行われた傷寒坊送りについて記されている。人間大の藁人形を作って町内の若衆がこれを担ぎ、太鼓を叩きながら「傷寒坊オークーレー」と叫びつつ練り回る。その後、僧侶《そうりょ》に三部経を読んでもらい、海に流す。この傷寒坊送りは傷寒が流行しだすと行っていて、所蔵されている文書によると享保一九年（一七三四）の夏に疫病が流行した時、山伏たちに命じて疫鬼除けの祈禱《きとう》をさせたという記録が残されている。

［参考文献］長尾覚「傷寒坊送り」（『土の鈴』一〇集）、近藤有地蔵（編）『阿波郡誌』、宮武省三『讃州高松叢誌』

白い紙と小さな光る玉 ［しろいかみとちいさなひかるたま］

高知県香美《かみ》郡物部村（現・香美市物部）と徳島県那賀《なか》郡木頭村（現・那賀町木頭）を繋《つな》ぐ四ツ足峠トンネルの話。

ある人が高知県側からトンネルに入り、徒歩で徳島県に向かって進んでいると、すれ違った車の一台に奇妙なものが張り付いているのが見えた。それは白くて薄っぺらい、人の形をした紙のようなもので、車の風圧に飛ばされるように流されてきた。その人は何かと思って駆け寄ったが見失ってしまい、しばらく探していたが、ふと顔を上げると二つの小さな光る玉が浮いていた。小さな玉は五秒くらい浮いていて腐ったような臭いがしたが、パッとシャボン玉が破裂するようにして消えてしまったという。

［参考文献］山岸和彦（編著）『最新　日本の心霊恐怖スポット100』

【た】

高坊主［たかぼうず］

「大川郡西南部の話」によると、香川県大川郡長尾町造田《ぞうた》（現・さぬき市造田乙井《おとい》・造田是広《これひろ》）と木田郡三木町の境にある駒足峠に高坊主が出たという。ある夜、造田の白羽に住む猛者《もさ》がこの峠を通っていると、両側の山を跨《また》いだ人の足のようなものを見つけたので、見上げると大男が下を覗いて笑っていた。猛者が勇気を出してその足に斬りつけると、確かに手応えがあり、それから高坊主の話は聞かれなくなったのだという。

寒川町《さんがわまち》石田（現・さぬき市寒川町石田西、石田東）の天王山の東や、同じく寒川町の山王の南にある柳渕、神前《かんざき》のコシキサン付近などにも高坊主の話がある。いずれも、夜に突然現れて人の後をついてくる。こちらが急ぎ足になると高坊主も速くついてきて、ゆっくり歩くと高坊主も遅くなる。そして決まった地点で姿を消すという。出会った時に危害を加えられたという話はないが、このような大きなものを見ると、帰ってから必ず病を患うとされた。

『重信町誌』には、愛媛県温泉郡重信町（現・東温市）の話が記されている。新村の飛梅《とびうめ》天神社から北のほうの竹藪《たけやぶ》の間にある小道を夜に通っていると、白い着物を着た小坊主が出てきた。小坊主を見ているとみるみるうちに高く大きくなり、天に届くほどの高坊主となって近付いてきた。どうなるかと見ていたら、そのまますうっと消えてしまったという。下林《しもばやし》の伽藍《がらん》渡りにもよく高坊主が出た。これもぐんぐんと高くなるので、それを見上げているうちにひっくり返りそうになり、何が何やらわからなくなってしまうと恐れられたという。

［参考文献］藤井洋一「大川郡西南部の話」(『香川の民俗』通巻二号)、重信町誌編纂委員会『重信町誌』

狸憑き［たぬきつき］

四国の各地で語られる憑き物。狸が人に取り憑き、物を語ったり苦しめたりする。

「阿波に於ける狸伝説十八則」によると、狸が憑くのは当人が狸に悪戯《いたずら》をしたとか、その狸が食物を十分に得られないからとかの理由があり、憑かれた当人がそれを口走るので動機がわかるとされている。狸が憑いたら陰陽師や修験者を招いて祈禱《きとう》してもらい、憑いた狸からその名前や動機を聞いて、その注文を承諾してやって落とすのだという。

「阿波物語(上)」によると、徳島県海部《かいふ》郡海陽町鞆浦《ともうら》の法華寺は、寅年《とらどし》になると徳島市内で日蓮大仏の出開帳をしていた。その仏前で人々が太鼓や拍子木とともに南無妙法蓮華経と唱えていると、そこかしこで狸憑きの人が合唱して手を振るい出す。僧侶《そうりょ》がそういった人々に加持祈禱をすると、憑いている狸が「古墓を壊されて棲む場所を失った」とか「遊んでいたら小便をかけられた」などと言い訳を語り、即座に退散するものもいれば一週間も離れないものもいるのだという。

［参考文献］長尾楓窓「阿波物語(上)」(『郷土趣味』三巻五号)

道碌神［どうろくじん］

「山村語彙」では徳島県三好《みよし》郡山城谷村(現・三好市山城町地区)の例として、お四国(四国遍路のことか)へ出る前に、道の石の上へ臨時にお祀《まつ》りするものだとしている。

「高知県本川、大川両村探訪報告(後編)」には、吾川《あがわ》郡いの町寺川の例が記されている。道の真ん中に座る時は「道のドウロク神よけて通れ」と言ってから座る。荒神に行き合うと病気になってしまうが、その時は家に入れず、辻に連れて行って箕《み》で三回扇ぐとよいとされた。また、いの町中ノ川でも歩いていて病気になるのは、ドウロク神のイキアイに会ったからだとされた。

『俗信の民俗』によると、香美《かみ》郡香北町橋川野(現・香美市香北町橋川野)では旧正月に女が死ぬと、集落で七人ずつの女の組を作る。そして夕暮れ時に四つ辻に集まって、辻の真ん中に砂を盛って線香を立て「道陸神《どうろくじん》さま、どうぞよけていてくだされ」と祈願し、その後酒宴を開くという。また高知市大津でも、旧正月に女が死ぬと七人の女に祟るとされ、女たちが四つ辻に集まって道陸神を祀り、御神酒《おみき》や菓子などを供えて「道陸神さま、どうぞあとを引きませんように」と祈願したという。これらは「正月女」といって、旧正月に女が死ぬのを不吉と考え、七人の女を道連れにしていくと恐れたからである。

また、南国市稲生《いなぶ》では、盆の一六日の夕方、ドウラクさま(道碌神)のためにホウカイ(盆に焚く火)を焚く。これはドウラクさまに往来の災厄を免れるよう祈願するためだという。またこの神は眼病にも効くとされている。

幡多《はた》郡大正町（現・高岡郡四万十町《しまんとちょう》大正）や十和村《とおわそん》（現・高岡郡四万十町十和地区）では、道碌神は午前中は道ぶち（道端か）にいて、夜は山側にいるのだとしている。土佐郡本川村寺川（現・吾川郡いの町寺川）や吾川郡吾北村小川（現・吾川郡いの町小川地区）では、道の真ん中に座っていると、道碌神に突き当たるとしている。

〔参考文献〕武田明「山村語彙」（『民間伝承』四巻二号）、保仙純剛「高知県本川、大川両村探訪報告（後編）」（『近畿民俗』一七号（通巻二五号））、桂井和雄『俗信の民俗』

トマコ

香川県仲多度郡の方言。人の進む先々に常にいる化け物。「トマコトマコ顔見せ」と言うと、振り向いて丸い顔を見せるという。鼬《いたち》と同じとも違うともされている。「阿波の土俗（四）」でも、徳島県の例が記されている。鼬が道を横切った時、あるいは鼬が目に留まった時に「とまこ（鼬の方言）とまこ顔見せもしやか」と唱えると、振り返って顔を見せると記されている。「阿波の言ひ習はし」によると、外出の時に鼬が道の先を通ると怪我をするという。そういった時は「とまこのゆく先酒屋、わしが行く先はららぎの里」と言えばよいのだという。

「下名野川《しもなのかわ》民俗譚覚書」には、高知県吾川郡仁淀川町《によどがわちょう》下名野川の「イタチの道切り」について記されている。イタチが道を真横に走ることをイタチの道切りと言い、山仕事をする人はこれを見たら縁起を担いで道を引き返す。もしどうしても通らなければならない時は「イタチミメヨシ」と呪文を唱えて通るとよい。ある人が馬を連れていた時、イタチが道を上へ下へと行き来しているのを見て「これは何か事があるぞ」と思っていたら、その夜に手踊りの練習をしていて、大太鼓を打ち破ってしまったのだという。

兵庫県には「トマス」という怪物の話があるが、この名もイタチを意味するものとされている（『日本怪異妖怪事典　近畿』を参照）。また岡山県では「とまっこ狸」という憑《つ》き物があるが、これは豆狸の一種だがイタチに近いものともされている（『日本怪異妖怪事典　中国』を参照）。

〔参考文献〕和気周一「仲多度郡語彙（二）」（『香川の民俗』通巻二一号）、後藤美心「阿波の土俗（四）」（『郷土趣味』通巻二一号）、後藤捷一「阿波の言ひ習はし」（『近畿民俗』通巻三一号）、中川松吉「下名野川民俗譚覚書」（『土佐民俗』通巻五〇号）

【な】

泣き岩［なきいわ］

香川県仲多度郡まんのう町と徳島県三好《みよし》市の間にある大川山に伝わる。

大川山の中腹には中寺という修験の寺があり（現在は廃寺）、そこから少し登った所に泣き岩という岩がある。昔、一人の尼僧が大川山を登りたいと考えたが、当時は女人禁制の山であったので、登ることができなかった。そこで夜に紛れて密かに登ろうとしたが、途中で夜が明けかかってしまった。尼僧は傍らの石にすがり付いて泣いていたが、自分も間もなく石と化してしまったのだという。

女人禁制の山に登った尼僧が石と化すという話は、富山県の止宇呂尼《とうろに》の話とも類似している（『日本怪異妖怪事典　中部』を参照）。

［参考文献］武田明「阿讃山地の民俗（大川山の周辺）」（『香川の民俗』通巻四三号）

ナワスジ

「大川郡多和の妖怪」には香川県大川郡多和（現・さぬき市多和）の話が記されている。

化け物に行き逢うとされる道をナワスジと呼ぶ。多和におけるナワスジは「ふっこし」と呼ばれる所の下にある。昔、ある人の娘が小学校六年生の時、学校から帰ってくる時にナワスジを通った。すると母が呼ぶ声がして、見ると上が白と黒の浴衣みたいなものを着た人が呼んでいたので、母だと思って後をついていった。いつの間にか池の堤の辺りまで来てしまい、そこで娘は「母は今日は葬式に参列しているはずだから、こんな所にはいない」と思い出したが、そこで履いていた下駄が片方だけころころと転がっていってしまった。娘が下駄を拾おうと泣きながら下駄のほうへ歩いていくと、それっきり呼ぶ声や先ほどの人の姿もなくなってしまったのだという。

ナワスジとされる道を牛を連れて通りかかると、牛がじっと立ち止まって動かなくなることがある。そういう時はしばらく座り込み、手綱のワサ（輪っかのことか）の間から牛の両耳の間を覗くと、化け物の姿が見えるという。そしてマッチを擦ると通り道ができるのだという。

「愛媛の「むら」と「いえ」」には、ナワメまたはナワメスジとしていくつか愛媛県の事例が記されている。

越智《おち》郡玉川町小鴨部《こかんべ》（現・今治《いまばり》市玉川町小鴨部）と別所（現・今治市玉川町別所）の境の道に沿ってナワメと呼ばれる土地があり、毎年二月四日の節分の夜遅く、首のない人が首のない馬に乗ってナワメを通るという。首なし馬（**首切れ馬**を参照）に出会うと縁起がよいとされ、どんな人でも出世できるのだという。またナワメに家を建てるものではないともされた。

伊予郡広田村高市（現・伊予郡砥部町《とべちょう》高市）では、大山の大尾根通りの山筋をナワメといい、魔性筋として嫌っていた。猪《いのしし》や狐もここを通り、このナワメスジに建てた家は枕返しが起きるとされ、朝起きると寝る前とは反対向きになっているのだという。松山市伊台でも、ある家に魔物が通ると聞いた若者が、その家の納屋の藁《わら》の上で寝ると、寝ている間に枕の方向が反対になっていた。東枕で寝ると西枕に、西枕で寝ると東枕にされたのだという。

北条市小川（現・松山市小川）では、西岡組から隣組へ続く一条の細道が、山の稜《りょう》線《せん》を横切って通じている。この道は俗に「カミミチ（神道）」と呼ばれ、神輿《みこし》の渡る道とされた。またその付近をナワメと呼び、ここに家を建てても繁栄しないのだという。

香川県の**タカニュウドウ**や**七人同行**、**マショウモンミチ**や**縄目筋**、愛媛県の**変化《へんげ》の道**なども参照。

［参考文献］武田明「大川郡多和の妖怪」（『香川の民俗』四巻二号）、河野正文「愛媛の「むら」と「いえ」」（『伊予の民俗』通巻四〇号）

野鎌［のがま］

なんでもない時に転んだりして、不意に怪我を負うことを「野鎌が食う」などと言った。

「土佐の山村の「妖物と怪異」」によると、高知県吾川《あがわ》郡名野川村津江（現・吾川郡仁《に》淀川町《よどがわちょう》津江）では、野山でなんでもないのに転び、鎌で切ったような怪我をすることを「ノガマが食う」としている。神谷村《こうのたに》（現・吾川郡いの町神谷）、長岡郡吉野村（現・長岡郡本山町吉野）、幡多《はた》郡橋上《はしがみ》村（現・宿毛《すくも》市橋上町）などでも同様の怪異をノガマと呼んでいる。また、高岡郡日下《くさか》村（現・高岡郡日高村）や土佐郡鏡村（現・高知市鏡地区）などではブチと呼ぶ。これは鞭《むち》の転訛《てんか》とされ、野山で不意にビューと鳴って来て、皮膚に鋭い刃物で切ったような怪我をさせるという。

「土佐長岡郡東豊永村採集記」によると、長岡郡東豊永村（現・長岡郡大豊町）では、葬式の時に墓に鎌を立てておく。そして山で不意に怪我したことを「ノガマに切られた」と言い、墓に置かれたノガマの魂魄《こんぱく》が集《つど》って山中を通っていて、これに突き当たったのだとしている。

『俗信の民俗』によると、室戸市羽根町の黒見では、野鎌は夏になると**猿猴《えんこう》**になり、冬はシバテン（**芝天狗**）になる。また秋には**ダイバ**という怪になるとしている（高知県の各項を参照）。

「祖谷山村《いややまそん》の民俗（三）」によると、徳島県美馬郡祖谷山村（現・三好《みよし》市）でも、なんでもない時に不意に大怪我をした時「ノガマに喰われた」と言う。これは墓地の棺《ひつぎ》の上に立てておく野鎌の習俗から来た名前かもしれない、とされている。

『祖谷山民俗誌』によると、遺体を埋葬した上にノガマといって鎌を立てておく地域がある。このノガマが何年も経つとひょっと人に祟ることがあるとされ、ノガマに行き逢ってふるい（震え）が来た、などという話もあった。また、祖谷山の地域では葬式の穴掘りに使った鎌や鍬《くわ》は七日間墓に置き、それから持ち帰らなければノガマとなって祟るともされている。山道を歩いたり山仕事をしている時に、ひょっと転んで怪我などしなかったはずが、足などに切り傷ができることがあり、これを「ノガマにかかった」と言う。ノガマで体が切れた時は「仏の左の下のおみあしの下の　くろたけの刈株なり　痛うはなかれ　はやくろうたが　生え来さる」という呪言（呪文）を唱えるのだという。

「伊予の妖怪変化」によると、愛媛県の松山地方では石垣や大石の陰にノガマがいるので、近寄るものではないとしている。ノガマにやられると、スーッと冷気を帯びた風が吹き、少し冷たいと感じてからしばらくして足元が急に痛くなり、鋭利な刃物で一直線に斬られたようになって血がドッと吹き出すのだという。

上浮穴《かみうけな》郡久万町《くまちょう》露峰（現・上浮穴郡久万高原町露峰）から伊予郡砥部町《とべちょう》にかけての地域でも、ふと転んで四、五寸（一二～一五センチ）ほどもある大傷をつけることを「ノガマがきる」という。

『宇和地帯の民俗』によると、宇和島市の戸島や南宇和郡御荘町猿鳴《さるなぎ》（現・南宇和郡愛南町猿鳴）では、ノガマは風に乗ってやって来て、人の生き血を吸う魔物であるとしていて、そのためノガマにやられても出血しないとされている。

高知県の**鞭**《むち》や**カマイタチ**と、徳島県の**墓の鎌**も参照。

［参考文献］桂井和雄「土佐の山村の「妖物と怪異」」（『旅と伝説』一五年六号）、武田明「土佐長岡郡東豊永村採集記」（『讃岐民俗』通巻二号）、桂井和雄『俗信の民俗』、高谷重夫「祖谷山村の民俗（三）」（『ひだびと』九巻一号）、武田明『祖谷山民俗誌』、佐々木正興「伊予の妖怪変化」（『伊予の民俗』通巻三七号）、和歌森太郎（編）『宇和地帯の民俗』

ノツゴ

「土佐の山村の「妖物と怪異」」には、高知県幡多《はた》郡橋上《はしがみ》村楠山《くすやま》（現・宿毛《すくも》市橋上町楠山）の話が記されている。夜の山路で幼児の泣き声が聞こえてくるという怪異で、これに出会ったら草鞋《わらじ》のチボ（乳首。乳《ち》ともいい、草鞋の側面にある緒を通す輪のこと）をやるか、草をちぎってチボの形にして投げると退くとされている。

『俗信の民俗』によると、幡多郡大方町馬荷（現・幡多郡黒潮町馬荷）では、夜の路傍で赤子の泣き声がするのをノツゴとしている。乳幼児が成仏しないでさまようものとされ、これに会った時は草履《ぞうり》を脱いでうつ伏せに置き、裸足で後ろを振り返らずに帰ればよいという。

『宇和地帯の民俗』によると、夜に山道を歩いていて、足がもつれて動けなくなることを「ノツゴに憑《つ》かれた」とするのだという。愛媛県南宇和郡内海村油袋《ゆたい》（現・南宇和郡愛南町油袋）では、ノツゴが「草履をくれ」と言って追いかけてくると、急に足が重くなって歩けなくなる。草鞋の乳《ち》か草履の鼻緒を切ってやると、足が動くようになるという。内海村平碆《ひらばえ》（現・愛南町平碆）では船に乗っていてノツゴに憑かれると、頭がぼうっとして、手足が痺《しび》れて艪《ろ》を漕ぐことができなくなる。大年《おおどし》（大晦日）の晩に煎《い》った豆を撒《ま》くとよいとされ、漁師はノツゴ落としの備えとしてその豆をオキバコに入れて船に置いておくのだという。

御荘町中浦（現・愛南町中浦）や猿鳴《さるなぎ》（現・愛南町猿鳴）では、幼児が死んだ時、埋葬に際して近親者が履いている草鞋のチや草履の鼻緒を千切って墓穴に投げ入れる。こうすると親や親戚、友達から離れられずに迷う亡霊も、諦めてあの世に行くのだという。また、かつて間引きや堕胎が行われていた時、そうした子の口を塞《ふさ》いでから埋めていた。泣き声がするので掘り返したらまだ生きていたということもあったが、生き返らずにそのまま死んでしまった場合、それをノツゴと呼んだという。こういったノツゴは流れ灌頂《かんじょう》のように一〇〇四杯の水をかけてから弔うと成仏するが、供養してやらないと亡霊になって人を祟るのだという。

「山の獣の話」には南宇和郡城辺町僧都《そうず》（現・愛南町僧都）の例が記されている。ノツゴにつけられる（憑かれるという意味か）とひもじくなるが、少し何かを食えばついたものが安心するという。また子供が野で泣いているのを聞いても「ノツゴにつけられた」と言うという。ある男が七歳くらいの時、木挽《こび》きをしていた父親が仲間と帰ろうとすると、金毘羅《こんぴら》様に近い河原で、急にノツゴが泣き出したという。「アワーアワー」という赤ん坊のような声でせわしなく泣き立てるので、ひどく寂しかったのだという。

また、ある女が山へ行った時、手の中に収まるほどの大きさの真っ白なものを見つけた。しかし連れて帰ると「それはノツゴというものだ。早く返してこい」と旦那様に叱《しか》られた。これは足が四つあって、歩くことはできるが転んでしまうもので、可愛らしくてもやはり魔物なのだという。

〔参考文献〕桂井和雄「土佐の山村の「妖物と怪異」」（『旅と伝説』一五年六号）、桂井和雄『俗信の民俗』、和歌森太郎（編）『宇和地帯の民俗』、大島建彦「山の獣の話　南予僧都雑記（三）」（『西郊民俗』通巻八号）

ノビアガリ

『祖谷山《いややま》民俗誌』には、徳島県三好《みよし》市の祖谷山地域の例が記されている。ノビアガリは竹藪《たけやぶ》の中にいて、初めは一尺（約三〇センチ）くらいのものが次第に伸び上がって、竹の背丈と同じくらいになるのだという。

また「東祖谷聞書」には、三好市東祖谷久保ののびあがりの話が記されている。久保の土地屋という所に仙蔵という人がいた。仙蔵はある朧月《おぼろづき》の夜、落合という所から塩を背負って呼岡という所を通りかかった。すると前方に、大変大きな黒いものが倒れ掛かるようになっていた。仙蔵が「どなたで」と声をかけると、それは自分のほうに伸び上がって、倒れかかってきた。仙蔵は驚いて、背負っていた塩を放り投げて逃げ帰ったのだという。

「山村語彙」には、三好郡三名村《さんみょうそん》（現・三

好市山城町地区）の「ノジアガリ」について記している。大男のようであるが、よく見ているとだんだんと太って入道になる妖怪だという。

『宇和地帯の民俗』には、愛媛県南宇和郡内海村猪谷（現・南宇和郡愛南町）の「カワソののびあがり」について記されている。人がカワソ（カワウソ）を見れば見るほど大きく伸び上がって、大きく膨れていく。カワソを見据える限り大きくなって、最後にはカワソに負けてやられてしまうので、いい加減のところで「見越した」と言えば、カワソは急に小さくなってどこかへ消え失せてしまうという。

「伊予の妖怪変化」によると、カワウソがノビアガリやタカタカ坊主（**高坊主**）に化けるという伝承は、愛媛県北条市横谷（現・松山市横谷）や西条市丹原町にも伝わっている。

愛媛県東宇和郡城川町土居（現・西予市城川町土居）のアカハゲ付近に出たノビアガリは、顔はつるつるで初めは奇妙な丸い石のようなものだが、じっと見つめるとだんだん大きく細長くなり、見上げれば見上げるほど伸びていくのだという。南予地方ではこういったノビアガリや高坊主に遭遇した時に「見越した、見越したぞ」と呪文を唱えたり、地上から一尺（約三〇センチ）の所を蹴《け》ったりするとよいとされている。

〔参考文献〕武田明『祖谷山民俗誌』、武田明「東祖谷聞書」（『香川の民俗』通巻五二号）、武田明「山村語彙」（『民間伝承』四巻二号）、和歌森太郎（編）『宇和地帯の民俗』、佐々木正興「伊予の妖怪変化」（『伊予の民俗』通巻三七号）、土居郷土誌発刊委員会「愛媛県東宇和郡城川町土居の民俗」（『伊予の民俗』通巻二七号）

【ま】

マケアレ

「祖谷《いや》山村の民俗（二）」によると、徳島県三好《みよし》市の祖谷山地域では、買うと家の者が死んだり病気になったりする耕作地をマケアレと呼ぶ。日比原のイナヘトコもその一種であり、昔は木地屋が住んでいた土地だったとされている。

「土佐長岡郡東豊永村採集記」には、高知県長岡郡東豊永村（現・長岡郡大豊町）の例が記されている。木を伐るな・焼山をするな、と言われている山でそれらをすると、祟りを受ける。こういった山をマケアレと呼ぶのだという。

『阿波木頭《きとう》民俗誌』によると、山中にはあちこちに木を伐ったり伐畑（焼畑の一種）にしたりすると祟りがあるという場所があり、これをクセ地とかナン地と呼び、また耕作せずに荒らしてある土地をアレと呼ぶという。マケアレもこういった土地の一つなのだろう。

［参考文献］高谷重夫「祖谷山村の民俗（三）」（『ひだびと』九巻一号）、武田明「土佐長岡郡東豊永村採集記」（『讃岐民俗』通巻二号）、近畿民俗学会『阿波木頭民俗誌』

魔ドー［まどー］

高知県土佐郡土佐山村（現・高知市土佐山地区）の昔話。

昔、ある深山に杣《そま》（樵《きこり》）が一人で入って木を伐っていたが、日が暮れたので山小屋に泊まった。すると夜遅くに赤子の泣く声が聞こえてきて、綺麗《きれい》な嫁さんが赤子を背負って小屋にやって来た。嫁さんは「道に迷って困っている。子供が泣くので食べるものが欲しい」と言ったので、杣が「何がいい」と訊くと「あなたの持っているハツリ（大斧《おおおの》）を食いたい」と答えた。杣がハツリをやると、赤子はバリバリと音を鳴らして食べてしまった。それでもまだ泣き止まないので今度は「手斧《ちょうな》を食いたい」と言った。杣が震えながら手斧をやると、それもバリバリと食べてしまったので、今度は自分が食われるのかと考えて祈った。すると白髪の爺《じい》さんが現れて、ごそりと動かされたかと思うと里の自宅へ戻っていた。氏神様が家へ連れ帰ってくれたのだという。

『土佐の妖怪』にも、徳島県那賀郡と海部《かいふ》郡の境界にある切越峠（現・霧越峠）の類似の話が記されている。昔、切越峠で五、六人の山仕《やまし》（山林の買い付けや伐り出しを請け負う人）が寝泊まりしながら仕事をしていたが、翌日は山の神さんの祭りがあるということで、村里まで下りていった。しかし、一人の人夫だけ仕事の都合で山に残り、四つ頃（夜の一〇時頃）に山小屋に戻って帰り支度を始めた。するとそこに、全身が毛深く覆われた、六尺（約一・八メートル）余りの怪しいものが小屋に入ってきて「そこにある刈鎌をくれんろうか」と言ってきた。人夫が掛けてあった刈鎌を渡すと、怪しいものは大きな口で刈鎌を音を立てて噛み砕き、うまそうに食べてしまった。人夫があっけにとられていると、怪しいものは鎌の柄を小屋の外に投げ捨てて、今度は「その柄鎌《つかがま》をくれろ」と毛深い右手を差し出した。人夫が柄鎌を渡すと、それもまたガリガリと噛み砕いて食べてしまった。人夫は肝が縮み、昔から鍛冶《かじ》屋が山の怪物「マド」という魔物から身を守るために作るという七ツ目入りの手斧《ちょうな》（斧《おの》の頭の両面に、それぞれ三本と四本の筋が入ったもの）を握りしめた。やがて怪物は人夫が持つ手斧もひったくろうとし、人夫と引っ張り合いになったが、そこに「こらなんしに、ここにうせておりゃ、消えうせろ」と、山谷が揺れ動くような声とともに白髪頭の老《ろう》爺《や》の姿をした山の神が現れた。怪物は「ゴー」と木枯らしのような声を残して小屋の外に消えていき、人夫は山の神の力で村里の祭りの座に連れて行かれたのだという。

『山に棲む　民俗誌序章』には、長岡郡大豊町立川上名《たじかわかみみょう》仁尾ヶ内《におがうち》の例が記されている。桑瀬川橋から仁尾ヶ内の集落に向かう道の途中、小さい尾根を一つ越すが、この尾根ではマドーという魔物が狸に命じて、夜になって通る人に砂をかけさせていたのだという。ここにはそれを防ぐために祀《まつ》られた地蔵があり「見おくりの地蔵」とも呼ばれていた。文化八年（一八一一）に安置され、それ以降は砂かけが止まったのだという。また、大歳《おおとし》（大晦日）の晩は、山の尾根をマドーが通るという。古い年から新しい年へ移り変わる境《さかい》の時間にマドーが通るとされ、その時間帯には尾根を越える道を通るものではないとされた。

『庶民の精神史』には徳島県の俗信が記されている。夜に子供たちが隠れんぼなどをして遊んでいたら「マドウに隠される」と脅かした。また子供の様子がおかしくなってあらぬ言葉を口走るようになっても「マドウに隠された」と言い、これを元に戻すには屋根に上がって鉦《かね》を叩き、箕《み》を振りながら「もどせ、もどせ」と怒鳴るのだという。

これらマドウは「魔道」に由来し、恐ろしいおばけ全般を指す名称なのだと思われる。

［参考文献］桂井和雄「土佐の国土佐山村の昔話」（『旅と伝説』一六年五号）、市川麟一郎『土佐の妖怪』、香月洋一郎『山に棲む　民俗誌序章』、和歌森太郎『庶民の精神史』

豆狸［まめだぬき］

「伊吹島の豆だぬき」によると、香川県観音寺市の伊吹島には昔から豆狸が棲んでいるという。その大きさは猫くらいで、随分と滑稽な悪戯《いたずら》をする。一軒家などで夜に寝ていると、豆狸が起こしに来る。その呼び声は一声だけだが、それに応じて外に出ると化かされる。豆狸は二度目の呼び声をあげないので、もし自分を起こしに来た声がしても、初めの一声には応じずに次の声が聞こえるまで返事をしてはいけないとされている。この悪戯は漁のない冬に多く、騙《だま》されて外に出た人はあちこちと歩き回り、気が付くと思いがけない所で寝ていたり、人に声を掛けられて気が付くのだという。

『阿波脇町の伝説と探訪編』には、徳島県美馬市脇町の話が記されている。昔、佐尾原峠の夜道を通っていると、蛇の目傘を差した別嬪《べっぴん》さんに竹藪《たけやぶ》の中へ誘い込まれたり、一つ目の変化や大入道が現れて脅されたりした。そこは竹が鬱蒼《うっそう》と生い茂り、一本の太い榎《えのき》が枝を張った昼でも暗い窪地《くぼち》であり、ここに棲み着いた豆狸が通行人を誑《たぶら》かしているのだろうとされた。

［参考文献］三好孝一「伊吹島の豆だぬき」（『香川の民俗』通巻二一号）、國見慶英『阿波脇町の伝説と探訪編』

【や】

夜行さん ［やぎょうさん］

「節分」によると、徳島県三好《みよし》郡山城谷村や政友（現・三好市山城町地区）では、節分の夜にヤギョウサンが来るという。ヤギョウサンは片目で髭《ひげ》の生えた鬼で、お菜（食事のおかず）のことを話していると、毛の生えた手を出すのだという。

『木屋平《こやだいら》の昔話』には、美馬市木屋平の夜《や》刑《ぎょう》部さんの話が記されている。夜刑部さんは最も恐ろしい妖怪変化とされ、丑三《うしみ》つ時になるとニオ山（深山や高山のこと）から、谷川まで続いている尾根や高山の峰伝いを通る。また時には山から平野に下り、かなたの山へ移動することがあり、そういった時は民家の近くを通るとされ、通る辻《つじ》は決まっているのだという。夜刑部さんは常に**首切れ馬**に乗って、ジャンジャンと音を立てて通る。人間がこれと出会うと、たちどころに八つ裂きにされ、高い木の枝に引っ掛けられるといい、山で働く人々は山の神（大山祇命《おおやまつみのみこと》）を信仰して、山での安全を祈願したという。

「土佐の山村の「妖物と怪異」」では高知県高岡郡越知町《おちちょう》野老山《ところやま》の話として、ヤギョー（夜行）という錫杖《しゃくじょう》を鳴らして夜の山路を通る妖怪のことを記している。

『ぶらり讃岐《さぬき》の民話とむかし話』には、香川県三豊郡大野原町花稲《はないな》（現・観音寺市大野原町花稲）の話が記されている（もとは『ふるさとむかしむかし』に掲載）。花稲にある一宝さん（三嶋神社内の一方宮《いっぽうぐう》のことか）には、他の神様と一緒にヤギョウさんが祀《まつ》られている。ヤギョウさんはヤンギロ（詳細不明）がもとの名で、片目片足の化け物だが、風の神として知られている。漁師たちは大風を恐れていたので、朝晩にヤギョウさんにお参りして大風を吹かさないように願っていた。しかし、一宝さんのそばに鋳物屋《いものや》ができ、火を強くするので大風を喜び、ヤギョウさんを信仰するようになった。ヤギョウさんは風の神として大風を吹かしていいのかどうか迷ってしまったが、結局漁師たちの願いを聞いて風を起こさないようにした。そのせいか、鋳物屋は火加減ができなくなって商売がうまくいかなくなった。その上、主人が変わった死に方をしたので、一族はよそへと引っ越していったという。

［参考文献］武田明「節分」（『民間伝承』三巻二号）、芝原富士夫『木屋平の昔話』、桂井和雄「土佐の山村の「妖物と怪異」」（『旅と伝説』一五年六号）、岸上真士（編）『ぶらり讃岐の民話とむかし話』

山姥 ［やまうば］

「海と山の妖怪話」によると、香川県高松市亀水町《たるみちょう》の楠《くす》の下に山姥が棲んでいたという。あまり人をからかうことはしなかったが、たまに悪さをする者があると容赦せず、大きな垂れ乳を絞っては投げつける。これは敵わぬと船に乗って沖に逃げ出しても、垂れ乳を伸ばして船をからめとってしまうという。また、山姥の垂れ乳からは白い乳が出るが、この乳を絞ってはぴゅんと飛ばす。この乳に当たると人間は動けなくなってしまうので、いくら船に乗って沖へ逃げても、乳を飛ばして船も人もからめとってしまうと恐れられていたという。

「王越の聞書」には、坂出市王越町の話が記されている。漁を終えた漁師の親子が夜の一二時に火を焚いていると、山の上のほうから大きな山姥が下りてきた。山姥は別に危害も加えずに「寒いから火に当たらせてくれ」と言った。父親は恐ろしくて逃げられなかったが、息子に「鯛《たい》があるから、一尾切ってお婆さんにあげな」と言って船のほうに向かわせた。息子は船を探したが、その日の漁では鯛を獲ってはいなかったので「鯛はない、どこに入っとるんな」と言った。そこで父親は「そこにある、こっちじゃ」と言って息子の所に行き、船の錨綱《いかりづな》を切って二人で海に逃げ出した。それを見た山姥は「人を騙《だま》したな」と言って、大きな乳房を出して乳をしゅうと絞り出した。すると船は網で括《くく》られたようになってしまい、山姥が手繰り寄せるごとに引き寄せられていった。しかしあと少しで山姥に捕まるところで、包丁で船に絡みついた乳を擦り、何とか助かったのだという。この時の漁師たちは信心深く、念仏を唱えていたから助かったと言い、それからそこを「念仏の鼻」と呼ぶようになったという。

「高知県本川、大川両村探訪報告（後編）」には、高知県土佐郡大川村高野の話が記されている。高野にはヤマウバがよくやって来たという家がある。五人で畑仕事をしていても他人からは六人いるように見えて、仕事も六人分ずつ進んでいく。そういうことが何代も続いたので、やがて財産ができたという。またある時、山仕事をしていると夕立が降ってきて、庭の干し物を取り込むために急いで帰った。しかし帰ってみると、干し物はちゃんと仕舞われていたという。しかしそれから、夕立が降っても誰かがやってくれるだろうと思っていると、干し物はそのままで濡れてしまうようになった。誰かがやってくれると当てにするようになってからは財産も減っていき、一代ごとに頭の悪い子も産まれるようになった。ある時、この家の次男が姿を消し、村中総出で探し回ってやっと見つけた。次男は絶壁の上に生えているトガの木（栂《つが》のことか）の上に座っていたが、話を聞くと「花の咲く美しい道を登ってきただけだ」と言ったのだという。

『俗信の民俗』には、吾川《あがわ》郡いの町越裏門《えりもん》の話が記されている。越裏門の奥地の竹ノ川から中ノ川への山道を往来する者があると、深い山のどこかから、一声長く「オーイ」と呼ぶ声がする。村人はこれを山姥の呼び声と考え、これに応ずると命を取られるとした。逆に呼ばれても黙って山を越すと、その年の畑作は驚くほど豊作になるという。一二月一三日には隣の大川村から夜神楽が巡回してきて、白髪神社で夜を徹して神楽が舞われるが、深夜になると山姥に捧げる「小豆神楽」が舞われる。これは神楽大夫たちが左右の手に小豆を握り、舞いながら「姥御前にッ」と叫んで天井に投げるもので、飛び散った小豆は村人たちが争って拾い集める。越裏門ではこの小豆神楽を舞わなければ小豆や大豆は実らないとしている。

土佐郡土佐山村（現・高知市土佐山地区）では、思いがけない豊作続きや幸運に恵まれ目に見えて栄えるのを「山姥が憑《つ》いた」とする。桑尾《くわお》の上地主という所に山姥の滝と呼ばれる滝があり、その上のほうの岩屋は山姥の棲家とされている。昔、この付近に稗畑《ひえばたけ》があり、ある時その稗畑いっぱいに二股穂が実るようになった。畑の持ち主が刈り取るとさらに新しい二股穂が実り、数年も経たないうちに倉も家も稗で満ち溢《あふ》れ、家はたちまち分限者になった。しかし家の当主はこの現象を恐れ、ある日畑に火を放った。すると燃え盛る畑の中から、火傷を負った老婆が現れて滝のほうに飛び去り、それから家運はたちまち衰えてしまったという。また、東川でも山姥を祀《まつ》る白滝という断崖があり、昔、亀次という農民に突然山姥が憑いた。亀次の畑一面に二股穂が実り、刈ってもまた二股穂が実るので刈り尽くせなくなった。また山の畑で欲しい物を心中に想像すると、留守の家にその物が与えられるようになり、暮らし向きは上向いた。しかし亀次は不審に思い、ある日畑仕事を早めに終えて家に帰り、障子の破れ目から中を覗き見すると、見かけない白髪の老婆がしきりに家の中を掃除していた。亀次があっと声を上げると、老婆はさっと飛び出して白滝のほうに消え去り、家はたちまち衰えてしまったという。

「白髪のやまうば様」によると、南国市白木谷の小滝には山姥神社があり、現在は仁井田神社の飛地境内となっている。祭神の山姥は高貴な乳母で、伊勢国（三重県）から土佐郡一宮《いっくう》（現・高知県高知市）に移り住み、その後山に捨てられてこの地で果てたのだという。この辺りでも前述と類似の、山姥が福をもたらしたという話がいくつか伝わっている。

『三間町誌』には、愛媛県北宇和郡三間町音地《おんじ》（現・宇和島市三間町音地）の話が記されている。昔、ある家の山畑の一枚が、他の畑がどれだけ凶作でも変わらずに豊作であった。ところが、ある年その畑にあんまり草が茂ったので、火を点《つ》けると草が焼けて畑の中から石が出てきた。それ以来、畑の持ち主だった家は次第に衰えていった。畑の中の石は山姥を祀った山の神であったとされ、祠《ほこら》を建てて石を祀ったのだという。

〔参考文献〕北條令子「海と山の妖怪話」（『香川の民俗』通巻四四号）、内藤敏典「王越の聞書」（『香川の民俗』七巻一号）、保仙純剛「高知県本川、大川両村探訪報告（後編）」（『近畿民俗』一七号（通巻二五号））、桂井和雄『俗信の民俗』、石井一郎「白髪のやまうば様」（『土佐民俗』通巻二六号）、三間町『三間町誌』

山爺［やまじじ、やまじい］

四国の各地の山で語られている。

『近世土佐妖怪資料』では『怪談抄』の話として以下のように記されている。土佐（高知県）の山中には山爺という一眼の者が多く棲んでいるという。姿は人に似ていて背丈が三、四尺（約九〇～一二〇センチ）で、全身が鼠色《ねずみいろ》の短い毛で覆われている。顔に目は二つあるが、片方は甚大で光っており、もう片方は逆に小さいので一眼に見える。歯がとても強いので、猪《いのしし》や猿の骨を大根を齧《かじ》るように食べてしまうという。狼《おおかみ》は山爺を非常に恐れるので、猟師の中にはこの山爺を手懐《てなず》けて、狩猟で得た獣の皮などを狼に取られないよう守らせる者もいるのだという。

「土佐の山村の「妖物と怪異」」にはヤマヂイ（山爺）の話がいくつも記されている。幡《は》多《た》郡大正村の葛籠川《つづらがわ》（現・高岡郡四万十町《しまんとちょう》大正）のヤマヂイは深山にいるもので人の姿に似ているが、天地も裂けるような大声で叫び、その叫びで生葉が震え落ちるのだという。十川村広瀬（現・高岡郡四万十町広瀬）では、白髪のヂンマ（老爺）の姿で出るという。昔、ある殺生人（猟師）が山でヤマヂイに出会い「音のしくら（音競べ）をやろう」と言われたので、殺生人は「お前が先にやれ」と応じた。するとヤマヂイはどこかへ姿を隠し、それから叫び声が聞こえてきたが、辺りの木の葉が落ちるほど激しいものだった。そこで殺生人はまずヤマヂイに後ろを向かせ、銃に隠し弾を込めてヤマヂイの耳元でぶっ放した。するとヤマヂイは「ちっと聞こえた」と行って姿を消したのだという。

『重信町誌』には、愛媛県温泉郡重信町上《かみ》林《ばやし》（現・東温市上林）のつらじろ滝に棲む山爺《やまじ》と山婆の話が記されている。上林に住む鉄砲の名人・半助が山小屋で鉄砲の手入れをしていると、山爺がやって来て「それはなんじゃあ」と訊いてきた。半助は「これは火吹竹じゃがや。吹いてみい」と答えて山爺にくわえさせ、すかさずズドンと撃った。山爺は血をたらたらと落としながら山の中に逃げていったので、半助が後をつけていくと、つらじろの滝の岩屋へと入っていった。半助が様子をうかがうと、山爺から話を聞いた山婆が「そんならわたしが雑仕女《ぞうしめ》になって仇《かたき》を討ったる」と言っているのが聞こえた。半助が小屋へと戻って八《はち》幡大菩薩《まんだいぼさつ》の命弾丸を用意していると、見知らぬ女が来て「わたしを雑仕女に雇うてください」と言ってきたので、半助は「よし、ほんなら置いてやるけん、さっそく谷川へ行って水を汲《く》んできてくれ」と言いつけた。そして山婆が水を汲んで戻ってくるすきを狙って命弾丸を撃ち、見事に仕留めたのだという。

［参考文献］広江清（編）『近世土佐妖怪資料』、桂井和雄「土佐の山村の「妖物と怪異」」（『旅と伝説』一五年六号）、重信町誌編纂委員会『重信町誌』

山女郎［やまじょろう］

『祖谷山《いややま》民俗誌』には、徳島県三好《みよし》市の祖

谷山地域の例が記されている。西祖谷山と三名村《さんみょうそん》との境にある地蔵のウネという所を、讃岐《さぬき》（香川県）の商人が通りかかり、そこで金の団扇《うちわ》を手に提げた十二単衣《ひとえ》のお姫様に逢った。商人は山女郎に違いないと考え、西宇（現・山城町西宇）でその話をすると、村の者は驚いたという。山女郎の話は各集落にあるが、東祖谷ではキリダニという所に娘の姿でよく出るとされている。「祖谷山村の民俗（三）」にも、同様に祖谷山地域のヤマジョロについて書かれている。ヤマジョロは綺麗《きれい》な姿の女で、山中で男に限って出会う。昔、イソダとイセキチという二人組が剣山へお参りした帰り、道の向こうから美しい女が来た。しかし近付いてよく見ると、雲を衝《つ》くような大女になり、馬鍬《まぐわ》のような歯を出して笑った。二人が剣山に祈ると懐からサスガの包丁（サスガの詳細は不明）が落ち、これを見たヤマジョロは退散したのだという。

『中山の民俗』には、愛媛県伊予郡中山町（現・伊予市中山町地区）の話が記されている。長沢の人が中山の山道を歩いていると、途中で若い女がゲラゲラ笑っているのに会った。これは山女郎であり、この山女郎が持っている提灯《ちょうちん》から煙草の火を貰《もら》おうとしたら、その提灯は猿の目だったという。

「伊予の妖怪変化」によると、上浮穴郡《かみうけな》面《おも》河《ご》村大谷（現・上浮穴郡久万《くま》高原町）の近くの山に山女郎というとても美しい女がいたという。その女は媚《こび》を含んだ笑みを投げかけてくるが、それに合わせて笑い返した男は死んでしまうとされた。

「土佐の山村の「妖物と怪異」」には、高知県香美《かみ》郡上韮生《かみにろう》村安丸（現・香美市物部町安丸）のヤマジョーロについて記されている。上韮生村のある男が阿波（徳島県）の祖谷《いや》のほう（現・三好《みよし》市の祖谷山地域）へ鳥撃ちに行っている途中、山奥で綺麗な女が髪を解いているのに出会った。女はこちらを見ると近寄っては来ないで、手を伸ばしてくさみ（香りを嗅《か》ぐこと）をしてきた。男は恐ろしくなって逃げたが、ヤマジョーロは後をついてきて同じように手を伸ばしてくさみをしてきた。男は田舎太夫《いなかだゆう》（いざなぎ流など、民間の神職のことか）だったので、逃げながらセキを切った（関。悪魔や外道から身を守る呪《まじな》い）が、ヤマジョーロはセキのすぐ近くまで近寄ってきた。しかし男が七つセキを切るとようやく姿を消し、逃げ帰った男は二、三日も寝込んだという。

[参考文献] 武田明『祖谷山民俗誌』、高谷重夫「祖谷山村の民俗（三）」（『ひだびと』九年一号）、北九州大学民俗研究会『中山の民俗　昭和五四年度調査報告書』、佐々木正興「伊予の妖怪変化」（『伊予の民俗』通巻三七号）、桂井和雄「土佐の山村の「妖物と怪異」」（『旅と伝説』一五年六号）

山父［やまちち］

四国の各地に伝わる。その性質はほぼ**山爺**と同類である。

「阿波北がたの昔話（三）」には、徳島県美馬郡の話が記されている。昔、ある所で桶《おけ》屋《や》が桶の輪替えをしていると、山ちちが現れた。桶屋は恐ろしくて、俯《うつむ》いて一生懸命に竹を曲げて輪を作っていた。その時、曲げていた竹が跳ね上がって山ちちに強く当たり、恐ろしくなった山ちちは逃げてしまった。山ちちは向こうの山からこちらの山まで飛んでくるぐらい大きなものだという。

「山チチと山ヲンナ」には、徳島市で語られていた昔話について記されている。ある雪の朝、桶屋が仕事をしていると一つ目一本足の怪物が現れた。桶屋は恐ろしくなって「あれがかねてから聞いていた山チチというものではないか」と思うと、怪物は「その方はあれがかねてから聞いていた山チチというものではないか、と思うであろう」と言ってきた。桶屋は「人の思うことをよく知っているものだ」と思って仕事を続けていると、怪物はまた「人の思うことをよく知っているものだ、と思うであろう」と言った。しかし、桶屋が恐怖のあまり凍えた手から誤って桶の輪竹を弾き出してしまい、怪物はそれを顔に受けてしまったので「その方は思わぬことをするものじゃ、ここにおればどんな目に合わされるか知れぬ」と言って逃げ去ったのだという。

『木屋平《こやだいら》の昔話』には、美馬市木屋平の山ちちの話が記されている。山ちちは一〇歳くらいの子供の大きさで、夕方の薄暗い山道に現れて、通る人に「負うてくれ、負うてくれだ！」とせがんでくる。もしこれに応えて背負ってしまうと、初めは軽いが一歩歩くごとに重くなり、二〇歩も行かないうちに潰《つぶ》れてしまう。振り落とそうとしても絶対に離れず、ますます重みが加わって気を失ってしまうという。惣吉《そうきち》という木挽《こび》きが山ちちと出会った時、長短二本の縄を見せて「縄の一本が短すぎるから、同じ長さに綯《な》ってくるまで待っていろ」と言って難を逃れた。それから「山へ行く時は長短二本の縄を持っていく」と言い伝えられたのだという。

「三豊郡昔話七話」では、香川県三豊郡（現・観音寺市、三豊市）の話が記されている。昔、仕事好きの男がいて、八幡様の祭りの日にも山仕事に行った。するとそこへ山父が来た。男は山父が火を燃やして自分の金玉をあぶり、大きく伸ばして人間を巻いてしまうと聞いていたので、「山父が火を燃やしたら石でも焼いて睾丸《こうがん》にぶつけてやろう」と考えた。思った通り、山父は火を燃やし始めたので、男は餅《もち》に見せかけて丸い石を火にくべたが、山父はげらげらと笑って「俺の睾丸にそれをぶつける心算か」と言った。男は「これはかなわん」と思ったが、ふと横を見ると青竹が二、三本置いてあったので、火の中にくべてみた。すると燃えた青竹がぱーんと弾け、それを聞いた山父が驚いて逃げてしまった。それから男が帰ると、里では八幡様の祭りの幟《のぼり》竿《ざお》の高さが合わないと騒ぎになっていた。男が山から持ち帰った青竹を竿に合わせてみると、不思議にも高さがぴったりになった。この青竹は八幡様が男を助けるために竿から伐ったのだとわかったという。

〔参考文献〕中岡之子「阿波北がたの昔話（三）」（『西郊民俗』通巻八二号）、たつを生「山チチと山ヲンナ」（『郷土研究』二巻六号）、芝原富士夫『木屋平の昔話』、武田明「三豊郡昔話七話」（『香川の民俗』通巻四六号）

ヤマモモもぎ

四国山地の話。

四国山地の険しい山を、地元の農家の男が三人で、山の木々を点検するために歩いていた。すると日没頃、大きなヤマモモの木の上に背広姿の男が立っているのが見えた。こんな山奥に背広姿の人がいるのはおかしいと考え、近くまで行って見ると、その男には首がなく、枝先に手を伸ばしてはヤマモモの実を採り、ポケットに入れていた。それを見た三人はものも言わずに走るようにして下山したが、一週間後にその山に飛行機が墜落したのだという。

［参考文献］常光徹『学校の怪談　四』

その他

（物語・芸能・神楽・絵画など）

青ヤギ［あおやぎ］

高知県に出たという。『迫り来る！　霊界・魔界大百科』に「謎の動物たち」として紹介されているものの一つ。

全身が青い体毛に覆われたヤギで、女子高生が目撃したのだという。鉄の仮面を付けていたらしく、鬼が飼っていたのではないかという説もあるとしている。

［参考文献］ブギーマン白川（企画）『ケイブンシャの大百科319　迫り来る!!　霊界・魔界大百科』

隠神刑部［いぬがみぎょうぶ］

愛媛県松山市を舞台にした講談などに登場する。

天智天皇の御代に生まれて古くから松山に棲み着き、八〇八匹の眷属《けんぞく》（八百八狸《はっぴゃくやたぬき》）を率いて松山城を守護していた狸の大将。

隠神刑部の登場する講談は、江戸末期から明治にかけて形成されている。

加藤嘉明による松山城築城から、九代藩主・松平定国の襲封《しゅうほう》までの松山藩の歴史を元に記した実録本『伊予《いよ》名草《なぐさ》』には、実際の史実には認められない「松山騒動」について記されている。これは寛保元年（一七四一）に実際に起きた重臣たちの権力交代と農民一揆《いっき》・久万《くま》山《やま》騒動などを元に説話化したもので、家老・奥平久兵衛の謀反《むほん》と失脚について記されている。後にこの「松山騒動」を元に創作された講談において、重要な登場人物として語られたのが隠神刑部である。

阿部主計『妖怪学入門』などで紹介され、現在一般に理解されている隠神刑部の話は、富田狸通『たぬきざんまい』において書かれたあらすじを元にしている。この中で富田は「江戸時代の末期になって江戸の講談師の田辺南龍がこのお家騒動の中に幽霊や狸を配して講談「松山騒動八百八狸」を書きおろして〜」と記しているが、富田が参照したと思われる『評判講談第八巻八百八狸』に書かれた『松山奇談八百八狸（田辺南龍演）』の内容は、富田が記したあらすじと比較すると相違点が多い（そもそも、富田が想定し言及している南龍と『評判講談』の南龍は代が異なる。後者は明治から昭和にかけて活躍した五代目南龍だろう）。しかし相違点だけでなく、南龍の口演でしか確認できない要素も含まれていることから、富田があらすじを書くにあたって話の一部に改変を加えた（他の講談から要素を付け足した）結果であると思われる。

まずは刊行年が最も古い、揚名舎桃李口演の速記本「松山奇談　八百八狸」のあらすじを、隠神刑部の動向を中心に記していく。

○伊予国（愛媛県）の義賢《よしかた》（源義賢）が敵兵に囲まれた時、古狸がこれを助けたので「隠神刑部神《いんがみぎょうぶじん》」として崇《あが》められたのが始まり。○松山藩松平家の家臣・奥平久兵衛は、松臨寺村・菩提山菩提寺の化け狸を斬り殺した浪人・後藤小源太を見出だして取り立てる。○小源太は野白《のじろ》という白犬から乳を貰《もら》って育てられ、野白の霊に守護されている。野白は「ざんがいの　身の性来を　引くからは　心に心　心して見よ」という歌を残していた。○小源太は犬の乳で育ったので夜目が利き、これによって暗闇で敵と立ち会う「神面《しんめん》烏《う》羽玉敵隠《ばたまてきがく》れ」という技を使える。また野白の歌を唱えれば魔物の正体を知ることができ、それによって化け狸を退治できた。○藩主・松平隠岐守の祖父の法要で、小源太は狸に化かされて位牌《いはい》に斬り付けてしまう。その後も小源太の屋敷などで狸の仕業《しわざ》が続いたので、狸狩が行われることになり、小源太は総大将に任じられる。○小源太は菩提寺の狸穴を調べ、身の丈八尺（約二・四メートル）余り、熊の胴服を着た隠神刑部と対面する。天智天皇の御代に生まれた隠神刑部は菩提寺を守護していたが、寺が荒れ果て自身への崇敬が絶えているのを怒っていた。○隠神刑部は小源太の不思議な力を見抜き「菩提山の奥山に棲家を作り、月の末日を祭日として八八品の食物を供えてくれるなら、お前に我が宝を授け、松平家と松山藩を保護しよう」と言った。○隠神刑部の宝というのは真っ黒になった藁槌《わらづち》で、これで家の北側の柱を叩けば日本国のあらゆるものごとを胸のうちに知ることができるというものだった。○藁槌の力を確かめた小源太は隠神刑部と約束を交わし、奥山に穴を掘って隠神刑部を祀《まつ》るようにした。○久兵衛は銅古の温泉（道後温泉）の湯女・おこんを妊娠させたが、後におこんは隠岐守に見初められ、城に召し上げられてしまう。○おこんは腹の子を隠岐守の子と偽り、権力を得る。見兼ねた忠臣・山内与左衛門が諌《いさ》めるが、逆に隠岐守の怒りを買ってしまい、切腹を命じられる。与左衛門は切腹し、臓腑《ぞうふ》を検視役に投げ付けて果てる。○与左衛門の霊が毎夜のように隠岐守とおこんの元に現れるので、隠岐守は身を改めることにした。おこんは久兵衛に預けられることになり、おこんは久兵衛の家で男児・要之助を出産する。○要之助は久兵衛によって育てられるが、そこに脇坂五郎左衛門が「隠岐守を毒で弱め、今の世継・直次郎を殺して要之助を跡継ぎにしよう」と持ちかける。これに賛同した久兵衛と彼の世話になっている小源太によって陰謀が始まる。○五郎左衛門は江戸の藩邸で直次郎を毒殺しようと考え、甥《おい》の松本道斎という医者に毒薬を作らせる。茶会で直次郎が毒入りの茶を飲もうとすると、与左衛門が現れて身振り手振りで押し留めてくる。気になった直次郎が話を聞くと、その正体は与左衛門の姿に化けた隠神刑部だった。直次郎は茶会を中座し、毒殺は失敗する。○隠岐守が伊予で病気に臥《ふ》せっているので、直次郎は江戸から伊予に帰ることになり、五郎左衛門はその先触れとして伊予に帰った。五郎左衛門は直次郎が乗る船を沈めて殺すため、三ヶ浜の砲台から撃たれる空砲に弾を込めようと準備をする。○船に乗る直次郎の元に、再び与左衛門に化けた隠神刑部が現れる。隠神刑部は凶事から直次郎を守るため、眷属の八百八狸を遣わせると約束して消えた。直次郎が途中で船を下りて陸路で帰ろうとすると、すでに大名行列が作られて直次郎を待っていた。八百八狸に守られて、直次郎は無事に松山城へと帰ることができた。○空砲だったはずの大砲が撃たれたのをきっかけに、久兵衛らの陰謀は露見してしまう。久兵衛は捕らえられ、小源太はかつて位牌を斬った長久寺で狸に惑わされ切腹して死んだ。○直次郎が父の平癒を願っていると、与左衛門に化けた隠神刑部が現れ、今回の悪人がすべて滅びたことを告げた。直次郎は隠神刑部を国の守護者として祀ると約束した。そして芸州広島から来た井野武太夫という者が隠神刑部の大祭を執り行い、与左衛門の霊を「山の内神社」に祀ったのだった。

桃李版や桃川如燕《じょえん》版『松山奇談　八百八狸』（『東京毎日新聞』明治四一年（一九〇八）八月三日〜一〇月一二日にかけての毎週の付録）では、隠神刑部は基本的に善玉として描かれる。如燕版においても当初は小源太を助け秘宝の槌を授けるが、小源太が横恋慕の果てに悪事を成すと小源太から離れ、最後には小源太討伐のほうに助力する。しかし、野花山人『犬上形部』（立川文庫　九四編）などにおいては御家乗っ取りに加担する悪玉として描かれる。黒幕の久兵衛とそれに協力する小源太を助けるが、ここで登場するのが稲生武太夫《いのうぶだゆう》という豪傑である。桃李版などでは「井野武太夫」として最終盤にしか登場しなかった武太夫が忠臣派に協力し、北辰妙見から授かった槌によって狸たちを退治して久兵衛一派も討伐され、隠神刑部の祭りも廃止されるという流れとなっている。この稲生武太夫は『稲生物怪録』に登場する稲生平太郎をモデルとしており、出自を芸州広島藩とするなど共通点も見られるが、『稲生物怪録』と物語的な接点があるわけではなく、あくまで名前のみの転用という形になっている（『稲生物怪録』については『日本怪異妖怪事典　中国』を参照）。

富田が参照したと思われる田辺南龍『八百八狸』はさらに変わっており、隠神刑部と通じた小源太が悪心を起こし、久兵衛を焚き付けて御家乗っ取りへと進ませるという形になっている。これに対し、小源太と同門・旧友であった武太夫が宇佐八幡から授かった神杖「伏杖《ふせづえ》」によって隠神刑部を退治し、小源太も鉄砲で撃ち殺し、狸たちの骨を久万山に埋めて狸塚を作るという結末になっている。

松山騒動の講談は多くの講談師によって語られたほか、小説や浪曲の題材にもなっており、その内容は話によってバリエーションが豊富である。先述したようにストーリー解釈自体に幅があるだけでなく、細かい名称や設定も異なってくる。隠神刑部の名前も本によって「菩提山の陰神《かくれがみ》、陰神刑《いんしんぎょ》部《うぶ》（如燕版）」や「犬神刑部《いぬがみきょうぶ》（立川文庫版）」など、微妙に異なる名前となっている。その姿も前述の胴服であったり大きな幣《ぬさ》を持った束帯姿（南龍版）であったり、あるいは全身が雪のように白い狸（如燕版）だと描写されることもある。また、隠神刑部が小源太に藁槌や才槌、横槌を授けるというパターンも複数形態ある。これら木槌は隠神刑部の秘宝であり、北のほうの柱や木を叩けば、日本中・宇宙中の出来事をたちどころに知ることができるとされているが、小源太と対峙《たいじ》する武太夫も隠神刑部と対立する狐や狢《むじな》、あるいは北辰妙見や宇佐八幡といった存在から槌や杖を授けられている点は注目すべき点だろう。

　松山騒動は総じて御家騒動に関わる人間たちを中心に展開していき、隠神刑部をはじめとした狸たちは物語を盛り上げる舞台装置的な面が強い。八〇八匹（あるいはそれ以上の数）いるとされる隠神刑部の眷属についても、名前や個性を持つキャラクターはほとんどおらず、隠神刑部自身も物語における立ち位置が確立していない。多くの場合、隠神刑部が御家騒動に関わる理由は「人間によって土地を追いやられた、廃《すた》れてしまった社を再び祀ってほしい」というものであり、御家を助ける善玉の場合もあれば、御家に災いをなす悪玉となる場合もある。

　坂本村久谷（現・松山市久谷町）の山口霊神は、封じられた隠神刑部を祀った祠《ほこら》として知られている。『伊予伝承特集　狐・狸・犬神・ミサキさま』によると、久谷には菩提寺《ブダヂ》や古堂《フルド》という地名はあるが、講談本に書かれているような狸の話などは伝わっていないという。ブダヂの上のほうに山口霊神があり、ここはミサキさん（変死をした人の亡霊）が出る所で、今は蜜柑畑《みかんばたけ》になっている所に「犬神刑部」を埋めたという所があったという。また、山口霊神の御神体は明和四年（一七六七）のものだが、これは京都へ修理に出した時にすり替えられたもので、山口様を祀るのは筆者・相原熊太郎の一族の本家筋の義務だったのだという。『伊予の狸話』によれば、山口霊神の実際の来歴は不明であり、御神体だけでなく祠の場所もかつてのものから変化しているのだという。

［参考文献］愛媛県『愛媛県史　文学』、阿部主計『妖怪学入門』、富田狸通『たぬきざんまい』、揚名舎桃李（口演）・一穴庵貉（速記）『松山奇談　八百八狸』、野花山人『犬上刑部』、田辺南龍（演）『評判講談　第八巻　八百八狸』、氷厘亭氷泉「隠神刑部のそうび」（『大佐用』一四一号）、相原熊太郎「伊予伝承特集　狐・狸・犬神・ミサキさま」（『伊予史談』通巻一二七・一二八合併号）、玉井葵『伊予の狸話』

牛の頭の化け物［うしのかしらのばけもの］

『太平記』第二三巻の「大森彦七が事」に登場する。**千頭王鬼《せんずおうき》**と化した楠木正成《くすのきまさしげ》が大森彦七盛長の刀を奪おうと目論《もくろ》み、彦七の元に送り込んだ化け物の一つ。

　ある夜、雨風が過ぎて雷の音が響いている中、彦七の寝所の障子を踏み破り、数十人が討ち入る音がした。しかし警護の者どもが驚いて集まったが敵の姿はなく、どうしたことかと思っていると天井から熊の手のようなものが伸びてきて、彦七の髻《もとどり》を摑《つか》んで破風《はふ》の口から引きずり出そうとした。彦七が例の刀を抜いて化け物を三度刺すと、化け物が弱ったように見えたので、組み付いて破風から庇《ひさし》の上に転げ落ち、さらに七度も刺した。すると化け物の脇の下から鞠《まり》のようなものが抜け出て、虚空を飛び去って行った。押さえていたものを見ると、一つの牛の頭だけが残されていた。これは楠木正成が乗っていた牛の頭かと考え、中門の柱に結び付けておくと夜通し鳴きながら動いたので、結局打ち砕いて水底に沈めたのだった。

［参考文献］幸田露伴（校訂）『新訂太平記』第三編

馬の皮［うまのかわ］

筆者命名。『模文画今怪談』に記されている。

昔、土佐国（高知県）に新作という牧士（馬を飼育する人）がいて、器量に優れた娘が一人いた。ある時、新作は世にいう神隠しによって行方知れずとなり、娘は深く悲しんだ。新作の妻は多くの人に「夫を連れ戻してくれた人があれば、その人を婿《むこ》にしよう」と誓ったが、これを聞いた馬がいずこかへと駆け去り、翌日になって新作を背に乗せて帰ってきた。馬は娘を見ていなないたので、妻が新作に誓いのことを話すと、新作は「なぜ娘を畜生に娶《めと》らせねばならない。人に誓って馬に誓わず」と言ってその馬を刺し殺してしまった。そして馬の皮を剝《は》ぎ、庭の木の枝に干しておいたところ、風が激しく吹き、広がった馬の皮が娘を巻き上げてどこかへと去ってしまったという。

『百鬼繚乱』の解説によると、この話は『怪談全書』巻一の「馬頭娘」として書かれた話が典拠だろうと推測されている。「馬頭娘」は中国の蜀《しょく》の国を舞台としていて、後日談に養蚕《ようさん》の由来譚《ゆらいたん》が記されているが、それ以外はほぼ同様の話である。

馬娘婚姻譚としては、東北の「おしら様」なども知られている（『日本怪異妖怪事典 東北』東北広域を参照）。

［参考文献］近藤瑞木（編）『百鬼繚乱 江戸怪談・妖怪絵本集成』

大蝦蟇［おおがま］

焼山越の怪物の一匹。『四国攻伐《しこくせいばつ》』に登場している。

加藤清正一行が城攻めのために焼山を越える道中、飯田覚兵衛は一行より遅れて歩いていた。すると突然、体が動かなくなって背後へと引きずられるようになったので、振り向いて見ると一丈（約三メートル）余りもの大きさの大蝦蟇がいて、大口を開けて覚兵衛を吸い込もうとしていた。覚兵衛は力の限り踏みとどまろうとしたが敵わず、近くの木にしがみついたが根こそぎに抜けてしまった。しかし覚兵衛が恐れているところに木村又蔵が走ってきて、鉄砲を撃って大蝦蟇を退治したのだった。

［参考文献］永島辰五郎（歌川芳虎）『四国攻伐』二号

鬼蟹［おにがに］

焼山越の怪物の一匹。

『絵本豊臣勲功記』には以下のように記されている。加藤清正が城攻めのために家臣を連れて焼山を越えようとしている道中、鹿を追いかけて捕らえようとする怪しいものが現れた。見るとその姿は沢蟹のようだが、大きさは一尋《ひろ》八、九尺（約四・二〜四・五メートル）もあるかという巨大な鬼蟹だったので、清正一行はこれを退治しようと鉄砲を撃ちかけた。鬼蟹は泡を吐き、鋏《はさみ》を振り回して暴れたが、最後は木村又蔵や赤星太郎兵衛らが剛力で甲羅を砕いて退治した。

『絵本加藤清正一代実記』にも、甲羅が六尺（約一・八メートル）余りもある大蟹が登場し、やはり木村又蔵によって退治されている。

［参考文献］新日本古典籍総合データベース『絵本豊臣勲功記』、岡田霞船（編）『絵本加藤清正一代実記』

鬼三兵衛、女とよ［おにさんべえ、おんなとよ］

『土佐お化け草紙』に描かれている。

鬼三兵衛はもとは羅生門（平安京の朱雀《すざく》大路《おおじ》にあった羅城門のことか）に生まれたが、今は地獄の閻魔王《えんまおう》に仕えている。節分の頃になると、この地（土佐国（高知県））に来るのだという。女とよは鬼三兵衛の連れ添いだという。

『土佐お化け草紙』の個人蔵である堀見家版では「女とよ」だが、佐川町教育委員会版では「女とま」となっている。

［参考文献］湯本豪一（編著）『妖怪百物語絵巻』、高知県立歴史民俗資料館『あの世・妖怪・陰陽師　異界万華鏡・高知編』

鬼蛍［おにほたる］

『絵本集艸《あつめぐさ》』に絵とともに記されている。

安政五年（一八五八）頃、子供たちがハカリ岩の辺りで蛍狩りをして、大声で「鬼蛍、鬼蛍」と呼びかけた。すると「崩れが渕」のほうから大きな松明《たいまつ》のようなものが飛び来たった。よく見るとそれは大きな蛍で、目玉をむき出して子供たちの頭上を飛び回ったのだという。

［参考文献］高知県立歴史民俗資料館『あの世・妖怪・陰陽師　異界万華鏡・高知編』

女の首の化け物［おんなのくびのばけもの］

『太平記』第二三巻の「大森彦七が事」に登場する。**千頭王鬼《せんずおうき》**と化した楠木正成《くすのきまさしげ》が大森彦七盛長の刀を奪おうと目論《もくろ》み、彦七の元に送り込んだ化け物の一つ。

牛の頭の化け物や**寺蜘蛛《やまくも》の化け物**が現れた後、彦七は「正成とともにいた者は七人であり、我が所に化け物が来たのも七度である。これ以上は来るまい」と言った。人々も確かにそうだと考えたが、そこに虚空から「七人だけとは限るまい」とあざ笑う嗄《しわが》れ声が聞こえてきた。何事かと人々が空を見上げると、庭の鞠《まり》の懸かり（蹴鞠《けまり》をする場所）に眉太にしてお歯黒の女の首が現れた。その顔面は四、五尺（約一・二〜一・五メートル）もあるように見え、乱れ髪を振り上げて美しく笑ったかと思うと「恥ずかしや」と言って後ろを向いた。それを見た人は皆驚いて昏倒《こんとう》してしまった。

このようなことがあった後、彦七の屋敷では毎夜蟇目《ひきめ》（鏑矢《かぶらや》のこと）を射させて音を鳴らしたり、陰陽師に門を封させたりしたが、化け物には効き目がなかった。そこで彦七の縁者の禅僧に相談すると、修羅の眷属《けんぞく》を鎮めるには大般若経を読むのがよいと教えられたので、僧侶を呼び集めて大般若経を日夜読経させた。すると空が急に掻き曇り、雲の上で車の音や馬が行き交う声、甲冑《かっちゅう》を弓矢が貫く音などが激しく聞こえ、剣戟《けんげき》を交わす光が輝いたが、その後は空も晴れ渡り、再び正成らの声が響くこともなくなり、彦七も狂乱から快復したのだった。

［参考文献］幸田露伴（校訂）『新訂太平記』第三編

【か】

片身［かたみ］

『土佐お化け草紙』に描かれている。

海で事故に遭って死んでしまった人の霊が、盂蘭盆《うらぼん》の灯籠《とうろう》飾りの灯りに集まって、しきりに泣くのだという。

［参考文献］湯本豪一（編著）『妖怪百物語絵巻』、高知県立歴史民俗資料館『あの世・妖怪・陰陽師　異界万華鏡・高知編』

川父［かわちち］

『土佐お化け草紙』に描かれている。

佐々木の三郎に殺された渡し守の死骸が朽ちることなく水底にあり、ときどき陸に上がって苦しげな声で叫ぶのだという。

佐々木の三郎とは、源平の戦いで活躍した佐々木三郎盛綱のことだろうか。盛綱は備前国児島の藤戸という海峡（現・岡山県倉敷市藤戸）を越えて平氏方の軍を敗走させたが、これについて記した『平家物語』や謡曲『藤戸』において、盛綱は先陣の功績を独占するため、浅瀬について教えてくれた地元の男を殺してしまう。川父はこの逸話を元にしたものと思われる。また、川父という名前も四国広域の**山父**を意識したものかもしれない。

［参考文献］湯本豪一（編著）『妖怪百物語絵巻』、高知県立歴史民俗資料館『あの世・妖怪・陰陽師　異界万華鏡・高知編』

柩仙亡者［きゅうせんもうじゃ］

高知県香美郡物部村（現・香美市物部町）の民間信仰・呪術であるいざなぎ流における、山の神の眷属《けんぞく》の一つ。

山や川で不慮の死を遂げた人や、自殺し

た人、水子となった子供の霊、成仏できていない魂魄《こんぱく》のことを指すのだという。

長野県の狩猟における習俗でも、山で死んだ人を「キュウセン山の神」として祀《まつ》るというものがある（『日本怪異妖怪事典中部』を参照）。

［参考文献］松尾恒一「小松豊孝太夫記　いざなぎ流御祈禱資料（七）　病人祈禱法（四）」（『儀礼文化』通巻三七号）

巨大ぐも［きょだいぐも］

愛媛県に出たという。『迫り来る！　霊界・魔界大百科』に「謎の動物たち」として紹介されているものの一つ。

体長が五〇センチもある蜘蛛《くも》で、毒針を持っている。これにやられると、蜘蛛のようにしか動けなくなるのだという。

［参考文献］ブギーマン白川（企画）『ケイブンシャの大百科319　迫り来る!!　霊界・魔界大百科』

古烏［こがらす］

『土佐お化け草紙』に描かれている。

一〇〇〇年を経た烏がなるもの。葬られた人を掘り出して食う。掘り出されるのは生きている時に意地の悪かった人なのだという。

［参考文献］湯本豪一（編著）『妖怪百物語絵巻』、高知県立歴史民俗資料館『あの世・妖怪・陰陽師　異界万華鏡・高知編』

子とろ子とろ［ことろことろ］

しと女（嫉妬女）とも。『土佐お化け草紙』に描かれている。

嫉妬深い女がなってしまう化け物で、相手の女の子供の寝屋に忍び入り、取り食らってしまうのだという。

［参考文献］湯本豪一（編著）『妖怪百物語絵巻』、高知県立歴史民俗資料館『あの世・妖怪・陰陽師　異界万華鏡・高知編』

【さ】

相模九郎［さがみくろう］

『保元物語』を元にした浄瑠璃《じょうるり》『金毘羅《こんぴら》御本地　崇徳院讃岐《さぬき》伝記』に登場する人物。

この話の中で、崇徳新院（崇徳上皇）はその死に際して、忿怒《ふんぬ》の末に魔界に入り「わが名は死すともこの体は象頭山《ぞうずさん》に分け入り、金毘羅権現と形を現じ、諸人の願望成就せん」と呪文を唱えて消え失せた。そしてその崇徳新院を守護するため、**犬神**（四国広域）の術を得た相模九郎という者が天狗《てんぐ》道《どう》に入り「相模坊」と名乗ったとしている。

『浄瑠璃の小宇宙』に『崇徳院讃岐伝記』の詳細が記されている。相模九郎広直は上総之助（上総広常）の弟であり、鳥羽院から野干《やかん》（玉藻前《たまものまえ》。『日本怪異妖怪事典　近畿』京都府を参照）討伐を命じられた折、病気だった兄に代わって三浦之助（三浦義明）とともに那須野に向かった。この時、九郎は変化の野干を討伐するには犬の力が必要と考え、犬を殺してその首から犬神を作り出した。しかし野干討伐の手柄は三浦之助にしてやられ、阿波国（徳島県）へと流れて甚平《じんぺい》と名乗り、犬神を使って人の病苦を治療していた。その後、朝廷から失われた宝鏡を探す千葉常胤《つねたね》と結婚していた娘のおりせが、宝鏡が入っていると誤解して犬神を納めた箱を開いてしまう。箱の中には生きた犬の首があり、逃げるおりせを追いかけ回したが、おりせが打ち付けた出刃包丁によって耳の根本を傷付けられ、火焔《かえん》を吐きながら虚空に昇って消え失せた。そして犬神と一体化していた甚平もまた耳の根本を裂かれて死んでしまう。常胤も犬神の血筋と縁を持ったために神罰を受けてしまうが、おりせが自害することで常胤を助け、同時に甚平も体に残っていた犬神の血肉を吐き出して生き返った。その後、甚平は金毘羅権現と化した崇徳新院の守護役となるため、昔の名前から取って相模坊と改名し、天狗道に入って消えたのだった。

　犬の首を落として犬神を作り出すという手法や、犬神憑《つ》きの血縁と結婚することで犬神の影響下に入るという考えなど、実際に伝承されてきた犬神の話が物語の中に取り込まれている。

　また甚平が名乗った相模坊とは、白峯の天狗として知られる香川県の**白峯相模坊**のことだろうが、実際の歴史では相模坊は崇徳上皇配流以前から名が知られている。また崇徳院が金毘羅権現となったという話も、例えば金比羅神の眷属《けんぞく》・**趣海**に弟子入りしたという神城騰雲《とううん》が、天狗界について語った内容を記した『壺蘆圃雑記《ころほざっき》』には、崇徳院が生きながら天狗となって「象頭山《ぞうずさん》金比羅大権現」として祀《まつ》られたとしているが、実際は金毘羅権現は崇徳院配流以前から信仰されており、これも順序が逆転している。

〔参考文献〕国立劇場芸能調査室『国立劇場上演資料集三六五　花上野誉碑・八幡祭小望月賑・網打』、森山重雄『浄瑠璃の小宇宙』、楠瀬恂（編）『続随筆文学選集』第四

四足〔しそく〕

高知県香美郡物部村（現・香美市物部町）の民間信仰・呪術であるいざなぎ流における、山の神の眷属《けんぞく》の一つ。

　いざなぎ流において山の神の祭りをする時、山の神の眷属とされるものたちもともに祀《まつ》る。その中の一つである四足とは四つ足の獣を意味し、山に棲む動物たちの魂魄《こんぱく》であるとしている。これら眷属は山を守護しており、山に入ってきた者に祟りをなすことがある。

「小松豊孝太夫記　いざなぎ流御祈禱資料（七）病人祈禱法（四）」に書かれた用語の解説では、「山四足」「川四足」「山禍の四足」について記されている。「山四足」は今

も生きている動物や、長い年月を生きて力を得て自然に死んだ動物、猟師によって撃ち殺された山の主など、山の神の眷属で四本足で歩く動物を指す。「川四足」は「山四足と同じ」だが、水神の眷属である。「山禍の四足」は人間のように見えるが人間ではなく、深山幽谷で木の実や草の実、または小動物を食べて一生を終えたものだという。たまに木地師や山で不意死（事故死や急死）した者の魂魄がこのように名乗り出る場合もあるという。

［参考文献］斎藤英喜『いざなぎ流 祭文と儀礼』、松尾恒一「小松豊孝太夫記 いざなぎ流御祈禱資料（七） 病人祈禱法（四）」（『儀礼文化』通巻三七号）

趣海［しゅかい］

象頭山《ぞうずさん》（香川県西部の山）金毘羅《こんぴら》大権現の眷属《けんぞく》の天狗。

『壺蘆圃雑記《ころほざつき》』巻一に、江戸の下谷長者町（現・東京都台東区上野）にある剣術道場の門弟・神城四郎兵衛の語った話が記されている。それによると、四郎兵衛は文化五年（一八〇八）一〇月のある夜に天狗に連れ去られ、翌年の六月に道場に戻ってきたという。四郎兵衛を連れ去り、各地へ連れて行ったのは趣海という天狗であり、崇徳院が生きながらにして天狗となって祀《まつ》られた金毘羅大権現の眷属なのだという。四郎兵衛は将来自身も天狗になると約束して騰雲《とううん》という名前になり、その後も天狗と親しく付き合い天狗界を出入りしているとして、天狗界の物事についていろいろと語った。そしてしばらくして騰雲（四郎兵衛）は江戸から姿を消し、消息を絶ったのだという。

『壺蘆圃雑記』巻三には「騰雲聞書天狗名」として、騰雲から聞いたという金毘羅の眷属の名が列挙されている。それによると漭水・集烟・弘雲・大譙・傳慧・峯毛（安芸）・博嘓・超海（「誘騰雲」と付記されているので、趣海の誤記か）・哲文・哲仙・握心・騰雲（俗）・放朧（大坂）といった天狗がいたようである。

［参考文献］楠瀬恂（編）『続随筆文学選集』第四、知切光歳『図聚天狗列伝 西日本編』

千頭王鬼［せんずおうき］

『太平記』第二三巻の「大森彦七が事」に登場する。後醍醐天皇に仕えていた楠木正《くすのきまさ》成《しげ》が、湊川《みなとがわ》の戦いで切腹して果てた後に鬼となった姿。伊予国（愛媛県）の大森彦七盛長の刀を奪うために兵を引き連れて現れた。

彦七が猿楽へ行く途中に**女房の鬼**と出会ったため、猿楽は別の日に再び催された。しかしその途中、海上から唐笠《からかさ》のような光り物が二、三〇〇も出てきて、黒雲の中に玉の輿《こし》を連ねた鬼形の者どもや鎧姿《よろいすがた》の兵が一〇〇騎ばかりも現れて、猿楽の舞台の上を覆い尽くした。人々が肝を冷やして見ていると、黒雲の中から「大森彦七殿に申すべきことあって、楠木正成参して候《そうろ》うなり」と大声で呼びかけてきた。正成は後醍醐天皇に仕えて鎌倉の北条氏を滅ぼしたが、その後の足利尊氏との戦いに敗れて死んだため、他の忠臣らとともに修羅の眷属《けんぞく》となっていた。正成は足利氏の天下を覆すため、貪瞋痴《とんじんち》の三毒になぞらえた三振りの剣を探していたが、そのうちの一振りは彦七が持つ刀だった。その刀はかつての壇ノ浦の戦いの折、悪七兵衛景清《あくしちびょうえかげきよ》が海に落とした物で、それをイルカが飲み込んで讃岐国《さぬきのくに》（香川県）の宇多津の海で死んだために一〇〇年以上海底に沈んでいたが、漁師によって引き揚げられて最後は彦七の元に辿《たど》り着いたものだった。正成は彦七に刀を献上するよう迫ったが、彦七は足利将軍への忠義のためにこれを拒絶したので、黒雲の軍勢は再び来ると告げてから海上のかなたへと飛び去っていった。

それから四、五日も過ぎた日の夜、彦七が鎧姿で待ち構えていると、またも黒雲が空を覆って、正成が後醍醐天皇、兵部卿《ひょうぶきょう》親王（護良《もりよし》親王）、新田左中将義貞、平馬助忠政（平忠正）、九郎太夫判官義経（源義経）、能登守教経（平教経）などと軍勢を引き連れて現れた。後醍醐天皇は摩醯首羅王《まけいしゅらおう》（大自在天。ヒンドゥー教のシヴァ神の仏教における姿）が姿を変えて現れた御方で、それに仕える人々は皆修羅の眷属となるのだと言い、正成もまた、最期の悪念によって千頭王鬼となったのだという。その姿は湊川の戦いの時と少しも変わらない、紺地の錦の鎧直垂《ひたたれ》に黒絲威《くろいとおどし》の鎧を着て、頭の七つある牛に乗っていた。黒雲の軍勢の姿は彦七にしか見えず、正成の声だけが響いていた。彦七は「千変百怪なんぞ驚くに足らん、たとえ如何《いか》なる第六天の魔王どもが来たりて言うとも、この刀は渡さぬ」と言って屋敷に入ったので、正成たちは嘲笑《あざわら》って西のほうへと飛び去っていった。

この後、彦七から刀を奪うためにさまざまな化け物が現れるが、それらについては**牛の頭の化け物**、**寺蜘蛛《やまくも》の化け物**、**女の首の化け物**を参照。

［参考文献］幸田露伴（校訂）『新訂太平記』第三編

【た】

大ばの王 ［だいばのおう］

提婆《だいば》の王、だいば殿などとも。高知県香美郡物部村（現・香美市物部町）の民間信仰・呪術であるいざなぎ流における存在。

いざなぎ流の祭祀《さいし》において、本祭の前に必ず「取り分け」という儀礼が行われる。祭文と「りかん」（読み分けとも。祭文に付加される特別なコトバ）によって、山の神の眷属《けんぞく》であるさまざまな魔群魔性を「ミテグラ」（藁《わら》で作られた台に幣《ぬさ》を立てた祭壇。その中には「大ばの人形」という幣も立てられる）に集め、その素性を解き明かし、あるべき所に戻ってもらうことで、祟りや不浄を解消していく。その最後の段階で残る「すそ（呪詛）」を鎮めるため、最初に誦《しょう》するのが「提婆流」という祭文である。

「釈尊流」という祭文に記された物語によると、大ばの王（提婆の王）とは釈尊《しゃくそん》の弟であるという。ある時、釈尊の妃《きさき》が重い病気となり、釈尊は「神仏に願って妃の病気を治してもらうから、捧げるための珍品を集めた者に国を譲る」と宣言した。提婆の王は七五品の珍品を揃《そろ》えて国を要求したが、その後に生まれた釈尊の息子・釈迦王《しゃかおう》との勝負に敗北したため、髷《まげ》を切り落として行脚の修行に出てしまった。これを恨みに思った提婆の王の妃は、唐土拯問《とうどじょもん》（いざなぎ流の始祖ともされる術者）に「呪《のろ》い調《ちょう》伏《ぶく》」を依頼し、釈迦王を呪い殺そうとした。呪いによって釈迦王は重病となったが、提婆の王の妃のことを知った釈迦王は唐土拯問に呪い返しを依頼し、今度は逆に妃が重病になった。そこで唐土拯問は切りがないと考えて「呪詛の祝い直しの法」を行い、呪詛を日本・唐土・天竺《てんじく》の境にある「とろくの島の呪詛の御社」に送り鎮めた。これが世界における「呪い」の始まりなのだという。

「提婆流」の物語はこの「釈尊流」の物語の後日談のようになっている。日本での戦いに敗れた「大ばの王」は、人間や犬猫、牛馬など畜類に至るまで、あらゆるものを取り殺そうと叫んだ。そのため「月日の将軍」は託宣をする巫《みこ》に大ばの王の霊を憑依《ひょうい》させ、託宣をさせた。大ばの王は自分を祀《まつ》れば許すと託宣したので、鎮守のお堂に大ばの王の霊を祀り上げて鎮めるようになったのだという。

このように、大ばの王は呪詛の始まりや強力な悪霊であるとされ、いざなぎ流の祭儀においても重要な存在として扱われている。いざなぎ流だけでなく、高知県土佐郡本川村（現・吾川郡いの町本川地区）に伝わる祭文にも同様のものがあり、こちらでも争いに敗れた「大婆殿」とその妃が釈尊を呪うという内容になっている（『本川村史』三巻「高橋鶴吉氏旧蔵資料　三一番」）。

大ばの王の物語の由来となっているのは、仏教の始祖・釈迦（ゴータマ・シッダールタ）の弟子であり、後に離反した提婆《だいば》達多《だった》であろう。愛媛県の古い神楽や祭礼に登場する**大蕃**《だいばん》（その他）や岡山県の提婆様（『日本怪異妖怪事典　中国』を参照）、それらに端を発する**ダイバン**や**ダイバ**（ともに愛媛県）といった化け物とも関連が深いと思われる。さらには馬を急に病気にさせたり取り殺してしまう**ダイバ**（高知県、他地域では群馬県、長野県など）などとの関係性も予想されるが、これらについてはさらなる事例収集と調査が必要となるだろう。

［参考文献］斎藤英喜『いざなぎ流　祭文と儀礼』、高木啓夫（編）『本川村史　三巻　神楽・信仰資料編』

大蕃［だいばん］

ダイバとも。愛媛県の神楽などに登場する。

愛媛県の宇和島市と北宇和郡で行われて

いる伊予神楽の一つ・大蛇《おろち》の舞（鬼の舞ともいう）は、ダイバン（大蕃）という鬼と、勢害《せがい》という神が登場する。ダイバンは手甲を付けた筒袖に胸当てを着て、股引《ももひき》と足袋を履き、大蛇面を着ける。また最初はシバ（手草《たくさ》）、後には鬼の杖《つえ》とされる棒を持つ。ダイバンは鬼神（大蛇でもある）であり神々を困らせるが、勢害が問答の後にダイバンと戦い、やがてダイバンは善神に変わるという流れになっている。

八幡浜市の川名津神楽にもダイバンは登場し、これも神との問答の末に調伏され、地域の守護神となる。

この他にも愛媛県各地の祭礼にダイバンは登場する。西予市城川町土居で七月に行われる御田植行事（どろんこ祭）に登場するダイバンは鼻高面を着けて神官たちと舞を演じ、ふざけて田圃《たんぼ》の泥の中に神官を突き落としたり、泥を投げ付けたりする。松山市の国津比古命《くにつひこのみこと》神社の秋祭りに登場するダイバは猪木《いのき》地区から出てくるので「猪木大魔」と呼ばれる。これは角のない鬼の面でシャグマ（棕櫚《しゅろ》の毛）を付けており、手には先がささら状に割れた竹の杖を持つ。

〔参考文献〕愛媛県生涯学習センター『愛媛の祭り』、愛媛県歴史文化博物館『異界・妖怪「おばけ」と「あの世」の世界』

鷹山の大天狗〔たかやまのおおてんぐ〕

伊予国（愛媛県）の歴史を元にした実録本『伊予名草《いよなぐさ》』巻之二に記された話。

会津藩の蒲生忠郷《がもうたださと》は嘉永四年（一八五一）にお国替えとなり、松山藩へと移ってきた。その嫡子・蒲生忠知が家督を継いでから、将軍家へ鷹を献上するために毎年九月の土用に鷹匠らとともに鷹の訓練をしていた。その一行の中に中村忠四郎という尺八の名人がいて、鷹を放している山の中で夜ごとに尺八を吹いていた。この鷹山は石《いし》鎚山《づちさん》の近所にある深山で、天狗が数多く棲んでいたが、この天狗たちは忠四郎の尺八に聴き入って夜ごとに集まっていた。やがて、大天狗と思しきものもやって来て尺八を聴いていたが、聴き終えてから「さても珍しき竹の調べ、これまでこのような笛を聴いたこともない。何卒《なにとぞ》今一度お聴かせください」と言った。忠四郎も不敵な者だったので少しも恐れず「お望みならば幾度でも吹きましょう」と言って、「鶴の巣籠《すごもり》」を手を尽くして吹いた。大天狗はこれに聴き入って大いに喜び「誠に貴殿は尺八の名人なり、お礼に一品差し上げよう」と言って、細い箱に封を付けて「この箱は開けてはいけない。これを開けるとその家は断絶してしまうが、開けなければその家は長久となる」と言って忠四郎に渡した。忠四郎は喜んで受け取り、やがて仕事を終えて城下へと帰ったが、程なくして「忠四郎が天狗から貰《もら》い物を受け取った」という噂《うわさ》が広まった。噂は忠知の耳にも入ったので、忠知は忠四郎を呼び出して箱を持参させた。箱に固く封がされているのを見た忠知は開けるようにと命じたが、忠四郎は「もし箱を開ければ、その家は断絶する」という言葉を覚えていたので断った。しかし忠知は「この後、何があろうともそなたの家を断絶させない」と言って無理に箱を開けさせたが、その中には「蒲生の家断絶」とだけ書かれた紙しか入っていなかった。忠知は「不審なり」として紙を引き裂いて捨てたが、その後に蒲生家は紙に書かれた通りに断絶してしまった。箱は蒲生家の断絶を封じていたのだが、忠知はそれを知らずに自ら封を開いてしまったのだという。

［参考文献］愛媛大学国語国文学研究室『愛媛大学文学資料集二　伊予名草・あら株集』

茶壺の性［ちゃつぼのせい］

伊予国（愛媛県）の歴史を元にした実録本『伊予名草《いよなぐさ》』巻之六に記された話。

松平藤十郎が病気となった時、松平隠岐守（松平定直のこと）に「雲山《うんざん》の茶壺」という道具を譲られた。これは、松平能登守がある大名から手に入れたもので、日本・唐・天竺《てんじく》の三国の土によって作られた、三国に比類なき壺なのだという。この壺を大名から見せられた能登守は譲ってほしいと願ったが、大名は「黄金一〇〇〇枚とならばお譲りしましょう」と戯れに答えた。そこで能登守は本当に黄金一〇〇〇枚を用意して大名を驚かせ、約束通りに茶壺を譲り受けた。能登守はある家老にこの壺を見せ、家老は「これほどの宝は黄金一〇〇〇枚でも得難いものでしょう」と褒めたが、能登守は「これはあの大名が我を侮っていたから大金で得たものであり、我は必要としない」と言って、壺を庭石に打ち付けて割ってしまった。家老は「多くの金子で求めがたき宝を得たのに、それを打ち捨ててしまうとは残念なことだ」と驚いて、壺の欠片《かけら》を拾い集めて広間の床の間に置いておいた。すると壺の欠片がぐわらぐわらと鳴り動き、中から一尺（約三〇センチ）ばかりの蛇が一匹出てきた。蛇は壺の欠片をくわえて持ち上げ、壺を元通りに組み立てて直し、その中に入っていった。家老が壺の中を見ても蛇の姿はなく、その後二度と現れなかったので、家老は「これは壺の性（精）であろう」と大いに喜んで壺を箱に納め、大切に保管したという。

［参考文献］愛媛大学国語国文学研究室『愛媛大学文学資料集二　伊予名草・あら株集』

手洗鬼［てあらいおに］

『絵本百物語』に絵姿とともに記されている。

讃岐国《さぬきのくに》（香川県）高松から丸亀に続く入海（湾、入り江）があり、その間の三里（約一一・七キロ）もある山々を跨《また》いで手を洗うものだという。その名は誰も知らず、ただ「讃岐の手洗鬼」と呼ぶのだという。また、手洗鬼は大太郎坊《だいだらぼう》という大魔の使いでもあるとされている。

香川県には**オジョモ**という巨人の妖怪の話が各地で語られている。オジョモが二つの山に足を置き、川を跨いで手を洗ったとか、土を盛って山を作り、小便をしたらその流れが川になったなどとされている。『絵本百物語』の手洗鬼との直接の関係性は不明だが、興味深い類似である。

［参考文献］京極夏彦他（文）・多田克己（編）『絵本百物語　桃山人夜話』

どど目鬼［どどめき］

江戸時代の「妖怪かるた（お化けかるた）」の「と」の札に「とさの山ごへのどゝ目鬼（土佐の山越えのどど目鬼）」として描かれている。

黒い毛に覆われた頭と、これまた毛だらけの両腕にたくさんの目が付いた人型のお化けの姿をしている。『今昔画図続百鬼』に描かれた「百々目鬼《どどめき》」と似た部分もあるが、関連性は不明。土佐（高知県）の妖怪と書かれているが、実際に土佐国にこれに近い妖怪の話は確認できず、あくまで読み札を読む時の口当たりの良さによって書かれただけと考えるべきだろう。また別のかるたには「とさの海のようぐわい（土佐の海の妖怪）」として、海から顔を出して火を吐いているようなお化けが描かれている。

［参考文献］多田克己（編）『江戸妖怪かるた』

【な】

女房の鬼［にょうぼうのおに］

『太平記』第二三巻の「大森彦七が事」に登場する。

伊予国（愛媛県）の武人・大森彦七盛長は建武三年（一三三六）の湊川《みなとがわ》の戦いにおいて、足利尊氏方の細川定禅に従って奮戦し、敵将の楠木正成《くすのきまさしげ》を切腹に追い込んだ。その勲功によって多くの恩賞を授かったので、彦七とその一族は地元でさまざまな祝宴を催した。その中で猿楽が披露されることになり、自身も猿楽を嗜《たしな》んでいた彦七は下人たちにさまざまな装束を持たせて楽屋へと向かった。その道中に山際の細道を通っていると、一七、八歳ばかりに見える美しい女房が一人で佇《たたず》んでいるのを見つけた。彦七はその女房の美しさに心惹《ひ》かれて声を掛け、道に迷っている様子だったので猿楽が行われる桟敷《さじき》へと案内することにした。女房は歩くのにも難儀しているようだったので、彦七は女房を背負って歩き出したが、月が山影に隠れて暗くなると、女房の姿は背丈八尺（約二・四メートル）ばかりの鬼へと変じた。その両眼は朱を溶いたようで、口は耳の根まで裂け、眉は漆《うるし》を塗ったように額を覆い、振り分け髪の中には五寸（約一五センチ）ほどの牛の角が鱗《うろこ》に覆われて飛び出ていた。彦七が驚いて打ち捨てようとすると、鬼は熊のような手で彦七の髪を掴《つか》み虚空に昇ろうとした。しかし彦七は鬼に組み付いて深田の中に転げ落ち、大声で家来たちを呼び寄せた。家来たちが太刀や薙刀《なぎなた》を抜いて駆け寄ると、鬼はかき消すようにいなくなったという。その日の猿楽は取りやめとなり、別の吉日に再び催されたが、そこに**千頭王鬼**《せんずおうき》と化した楠木正成の霊が兵を連れて現れ、先だっての鬼も正成の仲間だと判明したのだった。

　この話は後に謡曲『大森彦七』として仕立てられ、浄瑠璃《じょうるり》や歌舞伎、錦絵などの題材としても有名である。

　この鬼の正体については、楠木正成の怨霊や亡魂が化したものとされるのが一般的である。『太平記』においては、彦七が「さては先度美女に化けて、我を誑《たぶらか》さんとせしも、御辺達《ごへんたち》（正成一行）の所行なりけるや」と言う程度で、正体についてはっきりと言及されていない。しかし『絵本太平記』では鬼が「我はこれ湊川にて自害せし楠木が亡魂なり、足利に恨みをなさん」と語っていたり、歌川国貞の武者絵でも「大森彦七盛長あるとき一人の美女にたはむれ是《これ》を負《おい》しに忽《たちまち》鬼となってとび去るこれ楠《くすのき》の亡魂なりとぞ」と書かれている。また『江戸妖怪かるた』には「く」の札として「楠《くすのき》のぼうこん」が収録されており、彦七が鬼女を背負う姿が絵札に描かれているなど、江戸時代における受容の中ですでにそのような理解が普及していたことがうかがえる。また歌舞伎・浄瑠璃の『車還合戦桜《くるまがえしかっせんざくら》』においては、彦七が許嫁《いいなずけ》である正成の娘・二葉の前に正成の刀を託すため、狂乱を装って「鬼女に化けた正成の亡霊と争って刀を奪われた」としたという話となっている。これを元にして、明治時代に福地桜痴が創作した新歌舞伎『大森彦七』においては、正成の娘・千早姫が般若の面を被って彦七に襲いかかるという話になっている。

［参考文献］幸田露伴（校訂）『新訂太平記』第三編、佐佐木信綱（校）『新謡曲百番』、町田市立国際版画美術館『浮世絵大武者絵展』、多田克己（編）『江戸妖怪かるた』、鳥越文蔵（監修）・義太夫節正本刊行会（編）『義太夫節浄瑠璃未翻刻作品集成』二六、戸板康二（編）『歌舞伎名作選』一四巻

ぬりかべ

四国地方の話とされているもの。

　上原正太郎という男が峠を登っていると、一人の若い女が壁塗りの道具を持って、道の真ん中で壁塗り作業をしていた。正太郎が「何もないのに、どこに壁を塗っているのだ。お前は気が狂っているのか」と笑うと、女は「お前のような悪者には、壁を塗ってあるのがわからないのだ」と言った。そして正太郎を壁を塗っていた辺りに強く押し込むと、正太郎の姿は消えてしまった。女はヒヒヒと笑って「壁の中に塗り込めてやったのさ」と言い、道具を持ってどこかに去った。その後、別の二人の旅人がここを通りかかると、見えない何かに突き当たって転んでしまった。二人は進もうとしても見えない壁のせいで先に行けないので、仕方なく麓《ふもと》の宿屋に引き返していった。そして宿屋の主人にこのことを話すと、主人は震えながら「それはぬりかべ妖怪ですよ。若い女の姿をして、道の真ん中に壁を塗るのです。壁がある限り先には進めません」と言った。二人が「なぜ通る人の邪魔をするのだろう」と訊くと、主人は「壁の向こうで山の妖怪たちの集まりがあるからですよ」と答えたという。

　四国のいずれの地域でも、これと同様の

話は確認できていない。これはおそらく、作者の山田野理夫が福岡県遠敷《おにゅう》郡（現・小浜市他）のヌリカベの話を元に創作したものと思われる。

［参考文献］山田野理夫『おばけ文庫二　ぬらりひょん』

猫股［ねこまた］

「まもう」とも。『土佐お化け草紙』に絵とともに記されている。

赤猫が長い年月を経ると白髪山《しらがやま》（現・高知県香美《かみ》市の山）に棲み、姿形を人のように変えるのだという。また、これは年経た山住《やますみ》（山に暮らす人のことか。**山姥**《やまうば》や**山爺**（ともに四国広域）を意識しているのかもしれない）の悪戯《いたずら》を指すとしている。疱瘡《ほうそう》を病んだ人や、夜に寝ている人を一口になめる（舐める、あるいは食べるか）のだという。

［参考文献］湯本豪一（編著）『妖怪百物語絵巻』、高知県立歴史民俗資料館『あの世・妖怪・陰陽師　異界万華鏡・高知編』

猫娘［ねこむすめ］

阿波国（徳島県）の話。『絵本小夜時雨』五巻に「阿州の奇女」として記されている。

阿波国のある豪家の娘は器量こそ人より優れていたが、どういうわけか男を舐《な》める癖があった。ある若者が彼女の容姿を気に入り、仲人に頼んで婿入《むこい》りした。しかし、寝床に入ると娘は婿の若者を捕まえ、顔から足先まで全身のことごとくを舐め回した。その舌はざらざらとした猫の舌のようで、若者は堪《こら》えきれずに逃げ帰ってしまった。それからこの娘のことを「猫娘」と呼ぶようになったという。

これだけだと妖怪とも思えない話なのだが、後に水木しげるがこの話を元に「嘗女《なめおんな》」として紹介したので、それ以降徳島の妖怪として取り上げられるようになった。

［参考文献］近藤瑞木（編）『百鬼繚乱　江戸怪談・妖怪絵本集成』、水木しげる『決定版　日本妖怪大全』

【は】

波山［ばさん］

『絵本百物語』に絵姿とともに記されている。

深い藪《やぶ》のうちから生じ、常に口から火を吐いて夜ごとに飛行するものだという。

波山を世間では「婆娑婆娑《ばさばさ》」とも呼び、伊予国（愛媛県）の山中では「ばさばさの化け」として子供を脅すのに使われた。夜更けに山家の門口をばさばさと叩くが、家の者が戸を開けて見ても何もないのだという。常に深い藪に棲んでいるので人目につかず、火を吐くといっても狐の息（狐火のことか）と同じようなものだという。橘氏の随筆に「ばさばさは庭鳥（鶏）の大いなるに類せり」と記している。また「犬鳳凰《いぬほうおう》」というものもあるが、確かなことはわからないとしている。

以上は『絵本百物語』に記されていることだが、伝承・伝説として愛媛県に波山やばさばさの話は確認されていない。また文中の「橘氏の随筆」についても詳細は不明。『竹原春泉　絵本百物語　桃山人夜話』での解説によると、ここに描かれた波山の姿は『和漢三才図会』巻第四四の「食火鶏《ひくいどり》」を元にしたものとしている。

〔参考文献〕京極夏彦他（文）・多田克己（編）『絵本百物語　桃山人夜話』

破竹原の猫鬼〔はちくばらのねこまた〕

焼山越の怪物の一匹。

『絵本豊臣勲功記』八編巻九には以下のように記されている。城攻めのために焼山を越えようとしている加藤清正一行に、焼山の老仙・満天が道案内をした。この時、焼山の破竹原という狭間に二〇〇〇年以上も年を経た猫鬼《ねこまた》が棲んでいると話し、これを退治してほしいと願った。これに対して猫鬼は八〇歳の老女に化けるなどして一行の眼を欺《あざむ》こうとしたが、最後は清正が法華経とともに放った矢によって退治された。

『四国攻伐《しこくせいばつ》』二号にも登場している。「奇代不思議の通力」を得てさまざまな怪異を成す怪猫が現れて清正一行を悩ませたが、清正の鉄砲によって退治された。

〔参考文献〕新日本古典籍総合データベース『絵本豊臣勲功記』、永島辰五郎（歌川芳虎）『四国攻伐』二号

八豊雲陀申女〔はっぽううんだしんにょ〕

愛媛県の俳人にして狸愛好家であった富《とみ》田狸通《たりつう》が飼っていた狸。

『愛媛県史　文学』の随筆の章に、富田が記した愛狸・ハチについての記述が載せられている。富田は昭和二〇年（一九四五）に、罠《わな》にかかっていた生後五カ月の子狸を引き取ってハチと名付けて飼っていたが、三年後に死んでしまった。その後、八豊雲陀申女（ハチと呼んだ狸の意）という法名を授け、遺髪塔を作って祀《まつ》ったという。

『たぬきざんまい』の「順雅園の怪」によると、昭和二六年（一九五一）に富田は道後駅（現・松山市道後町の道後温泉駅）の近くに小庵《しょうあん》を建て「順雅園」と名付けて暮らしていた。そして敷地の鬼門の隅に小祠《しょうし》を建てて狸像を一体納め、ハチを「留守番狸」として祀って留守番をさせたが、その翌年に順雅園に空き巣が入ってしまった。富田が留守番狸に「頼み甲斐のない奴だ」と叱《しか》りつけると、それから一週間後、雨の降る晩に黒い塊が門を越えて飛び出していくのが見えた。すると事件から一カ月後、順雅園から盗まれた物品が警察によって見つかり、さらに二週間後には犯人が逮捕され、盗まれた物はすべて戻ってきた。犯人は順雅園から逃げる時に何かに追いかけられて怖かったと証言したので、富田と妻は「犯人を取り逃がした留守番の八狸（ハチ）

が、責任を負って家から飛び出して捕まえてきたのだろう」と話し合ったという。

同書の「順雅園の怪後日物語」によると、八豊雲陀申女の霊が籠められた狸像は富田が蒐集《しゅうしゅう》した狸像の代表である「和尚狸像」であり、これを写真に収めようとしても写ったためしがないのだという。またこの像を持ち出して撮影しようとすると必ず何らかの異変があったのだという。『伝説と奇談』第五集の「松山の八百八狸」には、この和尚狸像の写真が掲載されているが、解説によると富田が行者に頼んでお祈りをしてもらってからは写真に写るようになったという。

この『伝説と奇談』に掲載された狸像はその後、水木しげるが『ゲゲゲの鬼太郎』の「妖怪獣」において参考にして、登場する「刑部狸《ぎょうぶだぬき》（**隠神刑部**《いぬがみぎょうぶ》を参照）」の姿に利用された。

［参考文献］愛媛県『愛媛県史』文学、富田狸通『たぬきざんまい』、山田書院（編）『伝説と奇談』第五集

針女［はりおなご］

『妖鬼化』や『日本妖怪大全』に描かれている、愛媛県宇和島地方の妖怪。

ざんばら髪の先に鈎針《かぎばり》のような鈎がついていて、男を引っ掛けて連れて行く。これに引っ掛けられると、どんな大男でも身動きできなくなるという。

解説文の冒頭に「濡れ女子または笑い女子ともいう」と記されている通り、**ヌレオナゴ**（愛媛県）として報告されていた話を元に水木しげるが描き、針女と名付けたものである。『妖鬼化』などの解説には城辺町桜岡（現・南宇和郡愛南町）の話が記されているが、これについてはヌレオナゴの項目において詳しく述べている。また『宇和地帯の民俗』には、笑い女（笑い女子）について報告されている。城辺町山出《やまいだし》（現・南宇和郡愛南町）の三《さん》右《ね》衛門《もん》という漁師が笑い女子に追われたが危うく助かった。笑い女子は髪に釣針を付けていて、笑いながら人を引っ掛けて捕るのだという。

［参考文献］水木しげる『妖鬼化』四巻、水木しげる『決定版 日本妖怪大全』、水木しげる（画）・村上健司（編著）『日本妖怪大事典』、佐々木正興「伊予の妖怪変化」（『伊予の民俗』通巻三七号）、和歌森太郎（編）『宇和地帯の民俗』

骨なし女［ほねなしおんな］

別名・くらげ女。『土佐お化け草紙』に描かれている。

もとは潮江《うしおえ》（現・高知県高知市）の「はば山」に棲む幽霊であったが、長い年月が経つにつれ、骨のない女となった。そして死人の出た家に必ずやって来て、夜な夜な庭木にまとわりついて、にこにこと笑って遊ぶのだという。

［参考文献］湯本豪一（編著）『妖怪百物語絵巻』、高知県立歴史民俗資料館『あの世・妖怪・陰陽師 異界万華鏡・高知編』

【ま】

回りもの［まわりもの］

高知県香美郡物部村（現・香美市物部町）の民間信仰・呪術であるいざなぎ流において想定されたもの。

亡魂の一種であり、人間の古い先祖など、諸々の魂魄《こんぱく》である。これが供養や祀《まつ》り上げ、祀り鎮《しず》めをしてほしいと思っても、その願いを叶えてくれる子孫もいなかった場合、村の中の相性が良い人に誰彼なく取り憑《つ》き、その人の体に異常を感じさせて願いを果たそうとするのだという。

［参考文献］松尾恒一「小松豊孝太夫記　いざなぎ流御祈禱資料（七）　病人祈禱法（四）」（『儀礼文化』通巻三七号）

三目八面［みつめやづら］

三目八鬼《みつめはっき》とも。高知県や四国地方に出たとされる。

高知県土佐郡土佐山村高川（現・高知市土佐山高川）の**三目八面**《さんめやづら》を元にして、斎藤守弘や佐藤有文が児童向けの図鑑・解説に取り上げた妖怪。

初出と思われる「日本の妖怪総探検」の四国地方のコーナーに、高知県安芸市の児童からの投稿として「食人妖怪　三目八《みめや》面《づら》」が載っている。頭が八つに目が三つしかないが、一つの頭が周囲一〇〇メートルもあるという巨大な妖怪で、空を飛んで樵《きこり》を食うのだという。

『いちばんくわしい日本妖怪図鑑』の「日本の妖怪地図」には、高知県の妖怪として三目八面《みつめやづら》が載っている。生首が八つも集まった恐ろしい妖怪で、大きさは一〇〇メートルもある。しかし目が三つしかなく、空中に浮かんでいて地上には下りてこないので、ジグザグに走って森の中に逃げ込めばよいのだという。

『お化けの図鑑　妖怪がとび出す』には、四国地方に出現するという三目八鬼《みつめはっき》が載っている。生首が八つも集まった恐ろしい妖怪で、三つしか目がない。回転しながら空中を飛び回り、人間の目玉を鋭い牙でかじり取るのだという。

［参考文献］大伴昌司・斎藤守弘（構成）「日本の妖怪総探検」（『週刊少年マガジン』一九六八年五五号）、佐藤有文『いちばんくわしい日本妖怪図鑑』、同『お化けの図鑑　妖怪がとび出す』

耳うどての妖怪［みみうどてのようかい］

『絵本集艸《あつめぐさ》』に絵とともに記されている。

嘉永八年（原文ママ、一八五五）の頃、農民たちは旱魃《かんばつ》によって大いに苦しんでいた。当時、ある寺にいた上人は博学多才で知られ「生如来御法印」と呼ばれていたが、この上人が人々の苦しみを見て、自身の法力で雨乞《あまご》いをしようと考えた。上人は「耳うどて」という魔所に分け入り、七日七夜祈禱《きとう》を続けた。すると満願の日に黒雲が湧き起こり、耳うどてに舞い降りてきた。黒雲には蛙のような姿の妖怪がいて、渕《ふち》に飛び込み水を浴びるとたちまち夕立が降り出した。しかしこの妖怪が口から虹を吹き出すと、みるみると晴天に戻ってしまったという。原文では「いかに積徳の和尚であっても、天変は如何《いかん》ともし難いのだろう」と結んでいる。

「耳うどて」という場所については詳細不明。口から虹を吹き出すという特徴は、蝦《が》蟇《ま》の妖怪や蝦蟇の妖術使いにも共通するものである。

〔参考文献〕高知県立歴史民俗資料館『あの世・妖怪・陰陽師　異界万華鏡・高知編』

【や】

焼山越の怪物［やきやまごえのかいぶつ］

筆者命名。『審訓清正実記』や『絵本豊臣勲功記』などの軍談で、加藤清正が遭遇した怪物や猛獣たち。

豊臣秀吉と長宗我部元親《ちょうそかべもとちか》が戦った四国征伐において、清正は小早川隆景《たかかげ》の命を受けて阿波国（徳島県）の焼山（現・徳島県名西《みょうざい》郡神山町の焼山寺山）の城を攻めたが、険しい山からの抵抗を受けて大いに悩まされた。そこで清正は城の背後の山林を越えて攻めようと考え、木村又蔵や飯田覚兵衛、井上大九郎といった家臣五十数人だけを連れて焼山に入っていった。焼山の山中は案内できる者もいないほど険しく、天狗が棲むとも噂《うわさ》されていたが、一行は木々を伐り開きながら進んでいった。すると山鳴りとともに周囲が暗くなり、鏡のように光る二つの眼《まなこ》が見えた。それは深山で年を経た大蛇であったが、清正の下知を受け、一行が眼に向けて鉄砲を撃って退治した。その体長は三〇丈（約九〇メートル）もあり、頭は四斗樽《しとだる》ほどの大きさだった。清正は大蛇の毒を避けるためにその肉を火で炙《あぶ》って味《み》噌《そ》をつけ、一行とともに食べた。そして大蛇の鱗《うろこ》を取って土産としたのだという。

焼山越は清正の軍談の中でも好まれた題材の一つで、軍記物だけでなく絵本や錦絵などでも多く取り上げられた。歌川芳艶「太平記焼山越之図」や歌川芳虎「佐藤正清四国征罰ノトキ小曽ヶ部元親ノ本城ヲ責落ス折カラ不計《はからずも》深山ニ立入怪物退治ノ図」、西井董斎「豊臣勲功記　加藤清正焼山ニ怪物退治之図」といった作品が知られている。多くの作品が作られる中で登場する怪物も潤色され、大蛇だけでなく怪猫・蝙蝠《こうもり》・蝦《が》蟇《ま》・大蟹《おおがに》・狒々《ひひ》などが登場し、清正一行と戦う様が描写された。

〔参考文献〕藤沢毅「翻刻『審訓清正実記』(三)」(『尾道大学芸術文化学部紀要(二〇一一年度まで)』)、新日本古典籍総合データベース『絵本豊臣勲功記』、大村弼八郎(編)『清正実記』

寺蜘蛛の化け物〔やまくものばけもの〕

『太平記』第二三巻の「大森彦七が事」に登場する。**千頭王鬼《せんずおうき》**と化した楠木正成《くすのきまさしげ》が大森彦七盛長の刀を奪おうと目論《もくろ》み、彦七の元に送り込んだ化け物の一つ。

牛の頭の化け物が現れた次の日の夜、月は陰って風は荒く、怪しい気配がしたので、警護の者たちが大勢集まって双六《すごろく》をしながら寝ずの番をしていた。しかし夜半を過ぎる頃、一〇〇人以上いた警護の者たちが同時に「あっ」と言って眠りに落ちてしまった。その中で禅僧が一人だけ眠らずにいたが、天井から大きな寺蜘蛛《やまくも》が下がってくるのを見た。蜘蛛は寝入った者たちの体の上を這《は》い回り、また天井へと上っていった。その後、彦七が何者かと取っ組み合うように暴れ始め、警護の者たちを呼び寄せたが、寝ていた者たちが起き上がろうとしても柱に髻《もとどり》を結び付けられていたり、手足を結び合わせられたりしていて、動くことができない有様だった。禅僧が驚いて調べると、わずかな蜘蛛の糸によって縛られている様子だった。やがて彦七は化け物を取り押さえ「火を持って来い」と呼びかけたので、警護の者たちは何とかして起き上がり、蠟《ろう》燭《そく》を灯して集まると、彦七の押さえた膝の下に何かが蠢《うごめ》いていた。大勢でそれをさらに押さえて逃さないようにしていると、それは土器《かわらけ》の砕けるような音とともに微塵《みじん》に砕け散った。見るとそれは野晒《のざら》しになっていた死人の首で、眉間《みけん》から半分が砕けていた。そして彦七が腰の刀を探ると、刀身は奪われたようで鞘《さや》だけが残されていた。しかしその後の夜更け、屋敷から庭を見ていると空から鞠《まり》のような物が光りながら草むらの中に落ちてきた。何事かと近寄って見ると、先ほどの砕かれた首が例の刀に貫かれた状態で落ちていた。どうやら刀が自ら鞘を抜け出て、首を貫いた様子であった。この首は火に投げ入れても跳ね上がって飛び出てきたので、金鋏《かなばさみ》に挟んで焼き、砕いて捨てたのだった。

〔参考文献〕幸田露伴(校訂)『新訂太平記』第三編

横がのーめ、建がのーめ〔よこがのーめ、たてがのーめ〕

高知県香美郡物部村(現・香美市物部町)の民間信仰・呪術であるいざなぎ流において想定されたもの。

山の魔群・魔性のものが決まって通る道のこと。人間には見えないのだという。**ナワスジ**(四国広域)などと同様のものと思われる。

〔参考文献〕松尾恒一「小松豊孝太夫記　いざなぎ流御祈禱資料(七)　病人祈禱法(四)」(『儀礼文化』通巻三七号)

五十音順索引

この索引は、本書収録の全怪異・妖怪を
五十音順に配列したものである。

あ

か

さ

五十音順

た

な

は

ま

や

ら

わ

部類別索引

この索引は、本書収録の項目を部類別にまとめたものである。見出しは五十音順に配列してある。複数該当するものは重複して掲載してもいる。

属性別索引

この索引は、本書収録の項目のうち属性別にできるものをまとめたものである。関連する人物・作品での横のまとまりも、主なものをこちらに挙げた。

ナワスジ・魔性の道

ヌシ

ひだる神

船を追うもの

平家

守ってくれる犬・狼

見越し

おわりに

「日本全国を対象に、地域別の怪異妖怪事典を作りたい」というお話をいただいたのは、二〇二〇年のことでした。これといった実績もなく、ただ一介の妖怪数奇者であった私にとって、事典編纂《へんさん》などという大仕事は巨大な岩壁《がんぺき》のようにも思え、果たして引き受けてよいものかと葛藤したのを今でも覚えています。最終的には引き受けることを決意し、私は中部地方（分担式）と四国地方を執筆することとなりました。そして二〇二二年九月に『日本怪異妖怪事典　中部』を刊行し、ついに今回の『日本怪異妖怪事典　四国』の発刊をもって私の担当は終了となりますが、振り返ってみると実に三年弱もの間、事典執筆に向き合っていたことになります。

　もともと、Twitterで妖怪の情報を自動的に投稿する「瓶詰妖怪」というアカウントを運営していたこともあり、資料を読み込んで妖怪の情報を項目ごとにまとめるという手順には慣れていたつもりでした。しかし本格的な事典としてまとめるという作業はやってみると非常に大変であり、今回の執筆作業は私にとっても非常に勉強になった機会でした。

「はじめに」でも言及しましたが、妖怪の伝承や習俗は基本的にどの地域でも類似したものが確認でき、それは隣接地域であればさらに似通ってきます。そして四国地方は瀬戸内海によって本州から隔てられた地域であるためか、特に共通性が強かったように感じました。化け狐よりも化け狸の話、憑《つ》き物で定番の犬神、海から「杓《しゃく》くれ、杓くれ」と呼びかける亡霊、山に行けば遭遇する山爺・山父、祈禱《きとう》やまじないを用いる「太夫《たゆう》」の存在、そしてあちこちの地域に見え隠れする弘法大師と平家の影などなど……。

無論、これらは四国以外の地域でも確認できる例ではありますが、ある地域の民俗や昔話を調べれば、別の地域で類例が見つかった、ということが多くあり、四国地方の文化的な繋《つな》がりを強く感じました。妖怪の地域的近似性を実感できたという点も、私にとって大きな経験といえるでしょう。

妖怪とは今もなお枯渇していない大鉱脈です。本を読めば読むほど、話を聞けば聞くほど、埋もれていたモノゴトが次々と見つかります。そして鉱脈は過去だけでなく、現在・未来にも新たに誕生します。この『日本怪異妖怪事典』シリーズには、「妖怪は古いもの」という固定観念を打ち破り、現代の人々が織りなす奇妙なモノゴトもまた妖怪に繋がっていることを示唆する項目が多数収録されています。妖怪は現在進行形で発展し、我々の間に潜んでいるのです。

斯様《かよう》に底知れぬ鉱山を掘り続けている私にとって、妖怪趣味は好奇心を刺激し続ける劇物であり、同時に触れていて心うきうきするコンテンツです。この事典シリーズを手に取った読者の皆様にも、私たちが愛好する妖怪の奥深さと面白さが少しでも拡散伝染していけば、これほど報われることはございません。

最後になりますが、理想の妖怪事典を世に送り出すために数々の要望を聞き入れてくださった笠間書院及び制作・編集関係の皆様、原稿チェックから「九尾狐」などの各項目にアドバイスをいただけた朝里樹さん、情報や査読で千人力の助太刀をしてくださった氷厘亭氷泉さん、寺西政洋さん、戦狐さんをはじめとした事典執筆陣の皆様、表紙に怪しく滑稽で愛らしい四国妖怪たちを描き上げてくださった紀伊国亭むじなさん、執筆作業の合間に話し相手になってくれた畏友各位、そして無数の怪異妖怪たちを現在まで遺してくれた全ての資料と先人たちに、無尽蔵の感謝を申し上げます。

「妖怪研究の結果は、民族研究、文明史及び文学等に貢献することが大であると信ずるが、その外《ほか》に、妖怪研究は非常に面白いものである。コンナ面白い研究は外にはあるまい。妖怪研究は智識《ちしき》であり、且《か》つ趣味である」（白鷺庵主「妖怪地理（一）助言」（『讀賣新聞』明治四〇年八月五日））。

令和五年三月某日　文旦の香りとともに

毛利恵太

- 揚名舎桃李（口演）、一穴庵㹠（速記）『松山奇談　八百八狸』金桜堂　1896 年
- 香月洋一郎『山に棲む　民俗誌序章』未来社　1995 年

- 中岡之子「阿波北がたの昔話（三）」（『西郊民俗』通巻 82 号）西郊民俗談話会　1978 年
- 長尾覚「阿波の犬神の話」（『郷土研究』4 巻 11 号）郷土研究社　1917 年
- 三好孝一「伊吹島の豆だぬき」（『香川の民俗』通巻 2 号）香川民俗学会　1966 年
- 相原熊太郎「伊予伝承特集　狐・狸・犬神・ミサキさま」（『伊予史談』通巻 127・128 合併号）伊予史談会　1951 年
- 松風村雨樓「伊予の赤シャグマ」（『民族と歴史』8 巻 1 号）日本学術普及会　1922 年
- 橋村寿「伊予の妖怪変化　怪談ばなし」（『伊予の民俗』通巻 39 号）伊予民俗の会　1985 年
- 佐光白峯「讃岐の犬神の話」（『民族と歴史』8 巻 1 号）日本学術普及会　1922 年
- 国学院大学説話研究会「四国の口承文芸（海部郡宍喰町 2）」（『芸能』5 巻 4 号）芸能発行所　1963 年
- 長尾覚「傷寒坊送り」（『土の鈴』一〇集）土の鈴会　1921 年
- 武田明「節分」（『民間伝承』3 巻 2 号）民間伝承の会　1938 年
- 武田明「土佐長岡郡東豊永村採集記」（『讃岐民俗』通巻 2 号）讃岐民俗研究会　1939 年
- 濱田重道「土佐の犬神筋」（『民族と歴史』8 巻 1 号）日本学術普及会　1922 年
- 武田明「三豊郡昔話七話」（『香川の民俗』通巻 46 号）香川民俗学会　1986 年
- たつを生「山チチと山ヲンナ」（『郷土研究』2 巻 6 号）郷土研究社　1914 年
- 大島建彦「山の獣の話　南予僧都雑記（三）」（『西郊民俗』8 号）西郊民俗談話会　1959 年

【コラム】

- 斎藤英喜『いざなぎ流　祭文と儀礼』法藏館　2002 年
- 高知県立歴史民俗資料館『いざなぎ流の宇宙　神と人のものがたり』高知県立歴史民俗資料館　1997 年
- 小野福平『小野催眠学』大日本催眠学会　1909 年
- 農村教育研究会『郷土研究家名簿』農村教育研究会　1930 年
- 斎藤英喜『呪術探究　いざなぎ流式王子』新紀元社　2000 年
- 五十嵐力『趣味の伝説』二松堂書店　1913 年
- 笠井藍水（編）『新編美馬郡郷土誌』美馬郡教育会　1957 年
- 桂井和雄『仏トンボ去来』高知新聞社　1977 年
- 松尾恒一『物部の民俗といざなぎ流』吉川弘文館　2011 年
- 伊藤慎吾・氷厘亭氷泉（編）『列伝体　妖怪学前史』勉誠出版　2021 年

- 長尾楓窓「阿波物語（上）」（『郷土趣味』三巻五号）郷土趣味社　1922 年
- 宮武省三「諸国憑物雑話十二則」（『民族と歴史』八巻一号）日本学術普及会　1922 年

- 嶋原茂「怨念の民話」(『季刊民話』通巻3号) 民話と文学の会　1975年
- 浜田数義「海村漁老聞書」(『土佐民俗』26号) 土佐民俗学会　1974年
- 川田南翠「国々の言習はし (一一)　土佐高岡郡」(『郷土研究』3巻8号) 郷土研究社　1915年
- 中平悦麿「高知県幡多郡田ノ口村下田ノ口の俗信」(『民俗学』3巻5号) 民俗学会　1931年
- 保仙純剛「高知県本川、大川両村探訪報告 (後編)」(『近畿民俗』17号 (通巻25号)) 近畿民俗学会 1955年
- 松尾恒一「小松豊孝太夫記　いざなぎ流御祈禱資料 (七)　病人祈禱法 (四)」(『儀礼文化』通巻37号) 儀礼文化学会　2006年
- 大野康雄「五台山むかし物語」(『土佐民俗』通巻52号) 土佐民俗学会　1989年
- 中平良生「自然の精霊たち」(『季刊民話』通巻3号) 民話と文学の会　1975年
- 田村吉永「紙上問答」(『郷土研究』2巻4号) 郷土研究社　1914年
- 桂井和雄「七人みさきに就て (一)」(『旅と伝説』16年2号) 三元社　1943年
- 中川松吉「下名野川民俗譚覚書」(『土佐民俗』通巻50号) 土佐民俗学会　1988年
- 成城大学民俗学研究所「昭和四五年度　高知県吾川郡池川町、狩山・日浦地区、用居地区、安居・土居地区、坂本地区調査報告」(『伝承文化』通巻9号) 成城大学民俗学研究所　1975年
- 石井一郎「白髪のやまうば様」(『土佐民俗』通巻26号) 土佐民俗学会　1974年
- 中平悦麿「タテクリカエシ」(『民間伝承』4巻2号) 民間伝承の会　1938年
- 浜田数義「田の浦民俗語彙集」(『土佐民俗』通巻29号) 土佐民俗学会　1976年
- 「地理談　土佐の地響」(『日本之少年』2巻9号) 博文館　1890年
- 高村日羊「土佐長岡郡より」(『郷土研究』3巻5号) 郷土研究社　1915年
- 広谷喜十郎「土佐の義民伝承」(『土佐史談』通巻178号) 土佐史談会　1988年
- 桂井和雄「土佐の国土佐山村の昔話」(『旅と伝説』16年5号) 三元社　1943年
- 桂井和雄「土佐の山村の「妖物と怪異」」(『旅と伝説』15年6号) 三元社　1942年
- 中平悦麿「ノブスマ」(『民間伝承』4巻2号) 民間伝承の会　1938年
- 前田年雄「野根山街道の民話」(『季刊民話』通巻5号) 民話と文学の会　1976年
- 中山俊子「額白の狸」(『土佐民俗』通巻28号) 土佐民俗学会　1975年
- 中平悦麿「ヒルとヨル」(『民間伝承』4巻2号) 民間伝承の会　1938年
- 中山俊子「ひるまんぼうずの話」(『土佐民俗』通巻32号) 土佐民俗学会　1979年
- 伊与木定「山の怪異伝承」(『季刊民話』通巻3号) 民話と文学の会　1975年
- 島内吉康「山の怪異と狩人　幡多郡佐賀町の狩猟」(『土佐民俗』通巻22号) 土佐民俗学会　1972年
- 早川孝太郎「山の彼方　他界のことなど」(『旅と伝説』8年3号) 三元社　1935年
- 高村日羊「妖怪」(『民間伝承』1巻12号) 民間伝承の会　1936年
- 牧田茂「妖怪」(『民間伝承』4巻2号) 民間伝承の会　1938年
- 桂井和雄「妖怪の本性」(『土佐民俗』通巻26号) 土佐民俗学会　1974年

【広域・その他】

- 斎藤英喜『いざなぎ流　祭文と儀礼』法藏館　2002年
- 野花山人『犬上刑部　立川文庫第94編』立川文明堂　1915年
- 町田市立国際版画美術館『浮世絵大武者絵展』町田市立国際版画美術館　2003年
- 愛媛県『愛媛県史　文学』愛媛県　1984年
- 愛媛県生涯学習センター『愛媛の祭り』愛媛県生涯学習センター　2000年
- 和歌森太郎『庶民の精神史』河出書房新社　1965年
- 山田書院 (編)『伝説と奇談　第5集』山田書院　1964年
- 田辺南龍 (演)『評判講談第八巻　八百八狸』大日本雄弁会講談社　1932年

- 森正史「探訪記（1）　越智郡吉海町津島」（『伊予路』通巻 1 号）愛媛民俗学会　1958 年
- 淀江國三「土俗伝説聞書集（一）」（『郷土趣味』3 巻 11 号）郷土趣味社　1922 年
- 森正史「夏の風物と民俗」（『伊予の民俗』通巻 20 号）伊予民俗の会　1976 年
- 大間知篤三「南予の狩り・俗信　愛媛県北宇和郡御槙村（その三）」（『民間伝承』22 巻 8 号）六人社　1958 年
- 三好豊「日吉村の民俗」（『伊予の民俗』通巻 26 号）伊予民俗の会　1978 年
- 武田明「父二峰村の民俗記」（『ひだびと』9 年 5 号）飛驒考古土俗学会　1941 年
- 山口常助「復刻『南予民俗』　北宇和郡下波村聞書」（『伊予の民俗』11 号）伊予民俗の会　1975 年
- 大林太良「本朝鉄人伝奇」（『季刊民話』通巻 2 号）民話と文学の会　1975 年
- 和田正洲「ミサキ　愛媛県南宇和郡探訪録（二）」（『民俗』24 号）相模民俗学会　1957 年

【高知県】

- 赤岡町史編集委員会『赤岡町史』赤岡町教育委員会　1980 年
- 広江清（編）『近世土佐妖怪資料』土佐民俗学会　1969 年
- 高知県『高知県史　民俗編』高知県　1978 年
- 長岡郡国府村『高知県長岡郡国府村誌』長岡郡国府村役場　1930 年
- 市原麟一郎（編著）『芸西伝説散歩』土佐民話の会　1976 年
- 芸西民話の会『芸西ふるさと民話　第 2 集』芸西村青少年育成村民会議　1992 年
- 物部の民話編集委員会『これも方丈ものがたり　ものべの民話』高知県香美郡物部村教育委員会　1985 年
- 中央大学民俗研究会『常民　通巻 3 号　高知県幡多郡三原村調査報告書』中央大学民俗研究会　1964 年
- 桂井和雄『俗信の民俗』岩崎美術社　1973 年
- 十和村史編纂委員会『十和村史』十和村　1984 年
- 市原麟一郎（編）『土佐の怪談　土佐お化けばなし 2』一声社　1981 年
- 桂井和雄『土佐の伝説　第 1 巻』高知県福祉事業財団　1951 年
- 桂井和雄『土佐の伝説　2 巻』高知県福祉事業財団　1955 年
- 市原麟一郎（編）『土佐の民話　第 1 集』未来社　1974 年
- 市原麟一郎（編）『土佐の民話　第 2 集』未来社　1974 年
- 市原麟一郎『土佐の妖怪』一声社　1977 年
- 宮地美彦『土佐方言集』冨山房　1937 年
- 高知県女子師範学校郷土室『土佐方言の研究』高知県女子師範学校　1936 年
- 高知県女子師範学校郷土室『土佐民間年中行事に関する調査』高知県女子師範学校　1936 年
- 桂井和雄『土佐山民俗誌』高知市立市民図書館　1955 年
- 松本実『韮生雑記　むかしまっこう』クズメ印刷　1978 年
- 松本実『にろうむかしばなし』楠目印刷　1974 年
- 高知県幡多郡『幡多郡誌』名著出版　1973 年
- 東津野村教育委員会『東津野村史　上巻』東津野村教育委員会　1964 年
- 國學院大學民俗学研究会『民俗採訪　昭和 39 年度号』國學院大學民俗学研究会　1965 年
- 和田書房・月刊「土佐」編集室『むかしむかし、あるところに　土佐山の民話、伝説、方言集』土佐山村公民館　1998 年
- 松本実『村のあれこれ』物部村教育委員会　1971 年
- 松本実『物べ村志』物部村教育委員会　1963 年
- 寺石正路（編）『炉辺叢書 19　土佐風俗と伝説』郷土研究社　1925 年

- 津野幸右「異常を経験した人たちの譚」（『土佐民俗』通巻 45 号）土佐民俗学会　1985 年
- 宮良當壮「恐ろしきもの」（『方言と民俗』通巻 4 号）日本方言研究所　1949 年

- 中央大学民俗研究会『常民　通巻28号　愛媛県南宇和郡城辺町調査報告書』中央大学民俗研究会　1990年
- 愛媛大学農学部付属農業高等学校郷土研究部『惣川の民俗　東宇和郡野村町』愛媛大学農学部付属農業高等学校郷土研究部　1964年
- 富田狸通『たぬきざんまい』狸のれん　1964年
- 長浜町誌編纂会『長浜町誌』長浜町誌編纂会　1975年
- 北九州大学民俗研究会『中山の民俗　愛媛県伊予郡中山町　昭和54年度調査報告書』北九州大学民俗研究会　1980年
- 大島暁雄他（編）『日本民俗調査報告書集成　四国の民俗　愛媛県編』三一書房　1997年
- 別子山村史編纂委員会『別子山村史』別子山村　1981年
- 北条市誌編纂会『北条市誌』北条市　1981年
- 北九州大学民俗研究会『美川の民俗　昭和52年度調査報告書』北九州大学民俗研究会　1977年
- 三間町『三間町誌』三間町　1964年
- 國學院大學民俗学研究会『民俗採訪　昭和四一年度号』國學院大學民俗学研究会　1967年
- 八幡浜市誌編纂会『八幡浜市誌』八幡浜市　1987年
- 湯山小学校PTA『湯山誌稿　一山村の歩み』湯山小学校PTA　1959年
- 佐伯真一・山内譲（校注）『予章記』三弥井書店　2016年

- 郷田洋文「家の神の水神的性格」（『西郊民俗』通巻9号）西郊民俗談話会　1959年
- 相原熊太郎「伊予温泉郡より」（『郷土研究』3巻2号）郷土研究社　1915年
- 田村憲治「伊予における頼政の鵺退治伝説」（『伊予の民俗』通巻38号）伊予民俗の会　1985年
- 和田正洲「伊予の怪異談　愛媛県南宇和郡」（『女性と経験』2巻2号）女性民俗学研究会　1957年
- 横田伝松「伊予の伝説」（『旅と伝説』3年11号）三元社　1930年
- 横田伝松「伊予の伝説」（『旅と伝説』4年1号）三元社　1931年
- 佐々木正興「伊予の妖怪変化」（『伊予の民俗』通巻37号）伊予民俗の会　1985年
- 森本正勝「伊予の妖怪変化　生名島というところ」（『伊予の民俗』通巻39号）伊予民俗の会　1985年
- 武智成彬「伊予の妖怪変化　重信郷村昔話」（『伊予の民俗』通巻39号）伊予民俗の会　1985年
- 森本真澄「伊予の妖怪変化　タカタカ坊主とお山女郎など」（『伊予の民俗』通巻39号）伊予民俗の会　1985年
- 堤富美「伊予の妖怪変化　不思議な話」（『伊予の民俗』通巻39号）伊予民俗の会　1985年
- 鈴木泰助「伊予の妖怪変化　妖怪変化の話など」（『伊予の民俗』通巻39号）伊予民俗の会　1985年
- 藤田武明「伊予の妖怪変化　霊感写真」（『伊予の民俗』通巻39号）伊予民俗の会　1985年
- 長山源雄「伊予吉田より」（『郷土研究』2巻10号）郷土研究社　1914年
- 末広昌雄「伊予路の天狗噺」（『あしなか』通巻116号）山村民俗の会　1969年
- 高橋米策「うぶめの伝説」（『旅と伝説』2年9号）三元社　1929年
- 近藤日出男「愛媛県東予にみる民間小祠　第二報　里村の民間小祠」（『四国民俗』通巻34号）四国民俗学会　2000年
- 土居郷土誌発刊委員会「愛媛県東宇和郡城川町土居の民俗」（『伊予の民俗』通巻27号）伊予民俗の会　1978年
- 和田孤村「愛媛県松山市地方」（『旅と伝説』6年7号）三元社　1933年
- 河野正文「愛媛の「むら」と「いえ」」（『伊予の民俗』通巻40号）伊予民俗の会　1985年
- 秋田忠俊「概説「愛媛の民話」（2）」（『伊予の民俗』通巻38号）伊予民俗の会　1985年
- 久保田福太郎「生石八幡のタブー」（『伊予路』通巻2号）愛媛民俗学会　1958年
- 藤田儲三「城辺町の民話と伝説」（『伊予の民俗』通巻29号）伊予民俗の会　1979年
- 三木春露「『竹槍騒擾記』」（『旅と伝説』15年12号）三元社　1942年

- 細川敏太郎「讃岐三豊の水神」(『西郊民俗』通巻 9 号)西郊民俗談話会　1959 年
- 峡雨生「四国見聞記(五)」(『六大新報』通巻二七四号)六大新報社　1908 年
- 成蹊生「浄願寺の禿狸」(『医文学』八巻一号「雑談・珍談・快談・奇談・妙談・怪談に就て五十有名家大家の語る千態万状の種々相」)医文学社　1932 年
- 国遠一夫「小豆郡豊島の民間信仰素描(二)」(『香川の民俗』5 巻 1 号)香川民俗学会　1970 年
- 和気周一「白方聞書」(『讃岐民俗』通巻 3・4 号)讃岐民俗研究会　1940 年
- 中原耕男「死霊の行方　塩飽諸島を中心として」(『香川の民俗』通巻 59 号)香川民俗学会　1996 年
- 市原輝士「菅沢村の民俗ノート」(『香川の民俗』通巻 59 号)香川民俗学会　1996 年
- 丸山恵子「高瀬町聞き書き」(『香川の民俗』通巻 63 号)香川民俗学会　2000 年
- 水野一典「高松市一宮近在の聞書」(『香川の民俗』通巻 65 号)香川民俗学会　2002 年
- 石崎洋司・敬子「高見島の伝承」(『香川の民俗』通巻 54 号)香川民俗学会　1990 年
- 島村知章「直島採訪記」(『旅と伝説』2 年 10 号)三元社　1929 年
- 和気周一「仲多度郡語彙(二)」(『香川の民俗』通巻 21 号)香川民俗学会　1974 年
- 武田明「仲多度郡琴南町美合の妖怪と怪談」(『香川の民俗』通巻 41 号)香川民俗学会　1984 年
- 西山市朗「仲多度郡多度津町高見島の葬送について」(『香川の民俗』通巻 59 号)香川民俗学会　1996 年
- 香川県立ミュージアム「根香寺総合調査報告」(『ミュージアム調査研究報告』通巻 4 号)香川県立ミュージアム　2012 年
- 武田明「東讃岐昔話十話」(『讃岐民俗』通巻 3・4 号)讃岐民俗研究会　1940 年
- 桜井徳太郎「櫃石島のミサキギリ」(『日本民俗学』通巻 138 号)日本民俗学会　1981 年
- 片岡敏子「ふるさとの伝説」(『香川の民俗』通巻 59 号)香川民俗学会　1996 年
- 和気周一「眞野聞書」(『讃岐民俗』通巻 2 号)讃岐民俗研究会　1939 年
- 水野一典「三木町南部の聞書」(『香川の民俗』通巻 66 号)香川民俗学会　2002 年
- 大西浩子「三豊郡山本町の聞書(二)」(『香川の民俗』通巻 38 号)香川民俗学会　1983 年
- 北條令子「民俗採訪日記　仲多度郡琴南町美合」(『香川の歴史』通巻 3 号)香川県　1983 年
- 岩部撓「山大寺池の主」(『香川の民俗』通巻 3 号)香川民俗学会　1966 年
- 大西浩子「山本町聞書」(『香川の民俗』通巻 37 号)香川民俗学会　1983 年
- 三宅周一「妖怪語彙」(『民間伝承』4 巻 11 号)民間伝承の会　1939 年

【愛媛県】

- 明浜町誌編纂委員会『明浜町誌』明浜町　1986 年
- 伊予三島市史編纂委員会『伊予三島市史　上巻』伊予三島市　1984 年
- 内子町誌編纂委員会『内子町誌』内子町　1971 年
- 北九州大学民俗研究会『内子の民俗　昭和 57 年度調査報告書』北九州大学民俗研究会　1983 年
- 和歌森太郎(編)『宇和地帯の民俗』吉川弘文館　1961 年
- 愛媛県史編さん委員会『愛媛県史　民俗　下』愛媛県　1984 年
- 愛媛県商工労働部観光課・愛媛県観光協会『愛媛の観光』　1974 年
- 森正史『えひめ昔ばなし』南海放送　1967 年
- 大洲市誌編纂会『大洲市誌』大洲市誌編纂会　1972 年
- 玉井葵『お袖狸、汽車に乗る 昭和十年愛媛の「狸騒動」』創風社出版　2003 年
- 面河村『面河村誌』面河村　1980 年
- 北九州大学民俗研究会『久万の民俗　昭和 56 年度調査報告書』北九州大学民俗研究会　1982 年
- 重信町誌編纂委員会『重信町誌』重信町　1988 年
- 周布村誌編集委員会『周布村誌』周布村誌編集委員会　1978 年
- 中央大学民俗研究会『常民　通巻 21 号　愛媛県宇和島市蒋淵調査報告書』中央大学民俗研究会　1983 年

- 塩江町史編集委員会『塩江町史』塩江町史編集委員会　1970 年
- 尾関行応『四国霊場巡拝日誌』立命館出版部　1936 年
- 志度町史編纂委員会『志度町史』志度町　1970 年
- 三宅勝太郎『島の伝説』琴弾地海水浴場　1936 年
- 川野正雄『小豆島今昔　民俗を中心として』小豆島新聞社　1970 年
- 白鳥町史編集委員会『白鳥町史』白鳥町　1985 年
- 香川県民俗調査会『高見・佐柳島民俗調査報告』香川県教育委員会　1950 年
- 藤沢衛彦（編）『日本伝説叢書　讃岐の巻』日本伝説叢書刊行会　1919 年
- 大島暁雄他（編）『日本民俗調査報告書集成　四国の民俗　香川県編』三一書房　1997 年
- 香川民俗学会・引田町史編さん委員会『引田町史　民俗』引田町　1995 年
- 岸上真士（編）『ぶらり讃岐の民話とむかし話　総集編』岸上企画出版社　1992 年
- 荒井とみ三『遍路図会』新正堂　1942 年
- 國學院大學民俗学研究会『民俗採訪　昭和四七年度号』國學院大學民俗学研究会　1973 年
- 森本樵作『弓矢の偉人那須余一宗隆　附那須国造碑に就て・下野薬師寺盛衰考』亀田書店　1916 年

- 細川敏太郎「赤しゃぐまその他」（『香川の民俗』通巻 2 号）香川民俗学会　1966 年
- 細川敏太郎「麻の木折神」（『香川の民俗』通巻 1 号）香川民俗学会　1966 年
- 武田明「阿讃山地の民俗（大川山の周辺）」（『香川の民俗』通巻 43 号）香川民俗学会　1985 年
- 水野一典「綾歌郡の昔話（一）」（『香川の民俗』通巻 25 号）香川民俗学会　1977 年
- 水野一典「綾上地方の世間話」（『香川の民俗』通巻 38 号）香川民俗学会　1983 年
- 北條令子「海と山の妖怪話」（『香川の民俗』通巻 44 号）香川民俗学会　1985 年
- 内藤敏典「王越の聞書」（『香川の民俗』7 巻 1 号）香川民俗学会　1973 年
- 大西隆雄「王越町の民話」（『香川の民俗』通巻 59 号）香川民俗学会　1996 年
- 藤井洋一「大川郡西南部の話」（『香川の民俗』通巻 2 号）香川民俗学会　1966 年
- 武田明「大川郡多和の妖怪」（『香川の民俗』4 巻 2 号）香川民俗学会　1969 年
- 武田明「大川町富田八幡の祭礼」（『香川の民俗』通巻 36 号）香川民俗学会　1982 年
- 藤井洋一「オジョロ松の話」（『香川の民俗』6 巻 1 号）香川民俗学会　1971 年
- 谷原博信「香川郡直島町積での聞き書き」（『香川の民俗』通巻 35 号）香川民俗学会　1982 年
- 桂又三郎「香川県小豆郡池田町奇聞」（『岡山文化資料』2 巻 3 号）奥山書房　1930 年
- 国遠一夫「ガータロ」（『香川の民俗』通巻 2 号）香川民俗学会　1966 年
- 谷本梨庵「怪談四則」（『医文学』八巻一号「雑談・珍談・快談・奇談・妙談・怪談に就て五十有名家大家の語る千態万状の種々相」）医文学社　1932 年
- 加島あき子「聞き書き断片（三豊郡豊中町笠田）」（『香川の民俗』通巻 59 号）香川民俗学会　1996 年
- 北條令子「古道　高松市東植田町聞書」（『香川の民俗』通巻 40 号）香川民俗学会　1984 年
- 内藤敏典「坂出市王越町の聞書」（『香川の民俗』通巻 54 号）香川民俗学会　1990 年
- 柳田國男「魚の飯食う話」（『民間伝承』8 巻 3 号）民間伝承の会　1942 年
- 嶋村知章「讃岐木田郡井戸村の奇聞」（『岡山文化資料』2 巻 3 号）奥山書房　1930 年
- 三木春露「讃岐郷土異聞（一）」（『ひだびと』11 年 12 号）飛騨考古土俗学会　1943 年
- 谷原博信「讃岐山村の伝説と昔話」（『あしなか』通巻 221 号）山村民俗の会　1991 年
- 加藤増夫「讃岐伝説玩具」（『旅と伝説』8 年 8 号）三元社　1935 年
- 草薙武吉「讃岐に於ける雨乞伝説の採集」（『旅と伝説』7 年 5 号）三元社　1934 年
- 草薙武吉「讃岐の塚伝説」（『旅と伝説』9 年 3 号）三元社　1936 年
- 立花正一「讃岐丸亀地方の伝承」（『郷土研究』5 巻 7 号）郷土研究社　1931 年
- 立花正一「讃岐丸亀地方の伝承（続）」（『郷土研究』7 巻 2 号）郷土研究社　1933 年

- 後藤美心「阿波の土俗（五）」（『郷土趣味』通巻 22 号）郷土趣味社　1921 年
- 後藤美心「阿波の土俗（七）」（『郷土趣味』通巻 24 号）郷土趣味社　1921 年
- 田中緑紅「阿波の話」（『郷土趣味』通巻 46 号）郷土趣味社　1923 年
- 田所市太「阿波の両墓制」（『民間伝承』5 巻 9 号）民間伝承の会　1940 年
- 遠藤冬花「阿波名西郡より」（『郷土研究』3 巻 8 号）郷土研究社　1915 年
- 長尾楓窓「阿波物語（上）」（『郷土趣味』3 巻 5 号）郷土趣味社　1922 年
- 山口吉一「阿波を聴いて」（『旅と伝説』6 年 8 号）三元社　1933 年
- 日下洋子「石の信仰と習俗」（『歴史民俗研究』通巻 2 号）帝塚山大学日本史研究室　1979 年
- 天野武「祖谷における野兎狩り（一）」（『西郊民俗』通巻 136 号）西郊民俗談話会　1991 年
- 天野武「祖谷における野兎狩り（二）」（『西郊民俗』通巻 137 号）西郊民俗談話会　1991 年
- 高谷重夫「祖谷山村の民俗（三）」（『ひだびと』9 巻 1 号）飛驒考古土俗学会　1941 年
- 松村敏夫「怪物一本足」（『民間伝承』4 巻 10 号）民間伝承の会　1939 年
- 橘南陵「癖地　徳島県那賀郡相生町」（『土佐民俗』通巻 16 号）土佐民俗学会　1970 年
- 遠藤冬花「国々の言習はし（一一）　続阿波名西郡」（『郷土研究』3 巻 8 号）郷土研究社　1915 年
- 武田明「山村語彙」（『民間伝承』4 巻 2 号）民間伝承の会　1938 年
- 国学院大学説話研究会「四国の口承文芸一（木沢村坂州・小畠周辺（其の二））」（『芸能』4 巻 2 号）芸能発行所　1962 年
- 国学院大学説話研究会「四国の口承文芸一（木沢村坂州・小畠周辺（其の三））」（『芸能』4 巻 4 号）芸能発行所　1962 年
- 国学院大学説話研究会「四国の口承文芸（海部川流域）」（『芸能』5 巻 1 号）芸能発行所　1963 年
- 国学院大学説話研究会「四国の口承文芸（木頭村和無田・蟬谷周辺（二））」（『芸能』4 巻 10 号）芸能発行所　1962 年
- 国学院大学説話研究会「四国の口承文芸（那賀郡木頭村字北川）」（『芸能』4 巻 12 号）芸能発行所　1962 年
- 国学院大学説話研究会「四国の口承文芸（那賀郡平谷周辺（其の二））」（『芸能』4 巻 6 号）芸能発行所　1962 年
- 長尾楓窓「天狗になった人」（『郷土趣味』通巻 23 号）郷土趣味社　1921 年
- 桂又三郎「徳島県阿波郡土成村奇聞」（『岡山文化資料』2 巻 3 号）奥山書房　1930 年
- 後藤美心「徳島の土俗（三）」（『郷土趣味』通巻 20 号）郷土趣味社　1920 年
- 武田明「東祖谷聞書」（『香川の民俗』通巻 52 号）香川民俗学会　1990 年
- 中島松三郎「耳切団一」（『郷土研究』2 巻 4 号）郷土研究社　1914 年
- 常松卓三「物貰について」（『旅と伝説』10 年 2 号）三元社　1937 年
- 長尾楓窓「妖怪に遇ふた人」（『郷土趣味』3 巻 4 号）郷土趣味社　1921 年
- 横谷佳代子「凌霄文庫蔵『古狸金長義勇珍説』翻刻」（『凌霄』通巻 2 号）四国大学　1995 年
- 山上里香「凌霄文庫蔵『金長一生記』翻刻」（『凌霄』通巻 3 号）四国大学　1996 年

【香川県】

- 綾歌郡綾歌町教育委員会『綾歌町史』綾歌郡綾歌町　1976 年
- 立石憲利（編著）『岡山県金光町の民話・資料編』吉備人出版　2003 年
- 香川県『香川県史　第一四巻　資料編民俗』香川県　1985 年
- 香川県師範学校・香川県女子師範学校（共編）『香川県綜合郷土研究』名著出版　1978 年
- 福家惣衛（編著）『香川県民俗誌』四国公論社　1954 年
- 香川県教育会木田郡部会郡誌編纂部『木田郡誌』香川県教育会木田郡部会　1940 年
- 荒井とみ三『讃岐高松名勝図絵　新版』四国民報社　1940 年
- 宮武省三『讃州高松叢誌』私家版　1925 年

http://www.mars.dti.ne.jp/~techno/column/black.htm
- 阿波学会研究紀要　郷土研究発表会紀要第 43 号「日和佐町の方言」
  https://library.bunmori.tokushima.jp/digital/webkiyou/43/4332.html
- 新日本古典籍総合データベース『本朝故事因縁集』
  https://kotenseki.nijl.ac.jp/biblio/100001397/viewer/1
- 性純「屋嶋寺縁起（讃岐屋嶋千光院縁起）」（新日本古典籍総合データベース）
  https://kotenseki.nijl.ac.jp/biblio/200017978/viewer/1?ln=en
- 松籟庵「「夜雀と夜盲症」について」
  http://syouraian.blog134.fc2.com/blog-entry-41.html

【徳島県】

- 笠井藍水（編）『赤河内村郷土誌』徳島県日和佐町公民館　1959 年
- 池田町昔話・伝説資料集編集委員会『阿波池田の昔話と伝説　資料集』池田町ふるさとづくり運動推進協議会　1977 年
- 近畿民俗学会『阿波木頭民俗誌』凌霄文庫刊行会　1958 年
- 近藤有地蔵（編）『阿波郡誌』阿波郡　1924 年
- 横山春陽（編）『阿波の怪談』徳島新聞出版部　1958 年
- 笠井新也『阿波の狸の話』中央公論新社　2009 年
- 横山春陽『阿波の伝説』徳島新聞出版部　1954 年
- 湯浅良幸・岡島隆夫（編）『阿波の民俗一　年中行事』徳島市立図書館　1986 年
- 國見慶英『阿波脇町の伝説と探訪編　追 2−1』（非売品）　1988 年
- 池田町『池田町史　下巻』池田町　1983 年
- 板野郡教育会『板野郡誌　下巻』名著出版　1972 年
- 武田明『祖谷山民俗誌』古今書院　1955 年
- 海部郡誌刊行会『海部郡誌』臨川書店　1973 年
- 市原麟一郎（編著）『語りによる日本の民話 4　阿波池田の民話』国土社　1987 年
- 芝原富士夫『鴨島の民話』教育出版センター　1986 年
- 芝原富士夫『木屋平の昔話』教育出版センター　1978 年
- 松原伸夫『清玄坊と阿波酒巻家の由来』教育出版センター　2008 年
- 徳島県新野町『徳島県那賀郡新野町史』新野町　1926 年
- 高田豊輝（編著）『徳島の歴史民俗研究録』（非売品）　2011 年
- 藤沢衛彦（編）『日本伝説叢書　阿波の巻』日本伝説叢書刊行会　1917 年
- 大島暁雄他（編）『日本民俗調査報告書集成　四国の民俗　徳島県編』三一書房　1997 年
- 徳島県三好郡『三好郡志』徳島県三好郡　1924 年

- 中岡之子「阿波北がたの昔話（二）」（『西郊民俗』通巻 81 号）西郊民俗談話会　1977 年
- 小松辰三「阿波伝説雑談」（『郷土趣味』4 巻 10 号）郷土趣味社　1923 年
- 後藤美心「阿波伝説の老樹（一）」（『郷土趣味』通巻 11 号）郷土趣味社　1919 年
- 後藤捷一「阿波に於ける狸伝説十八則　附「外道」について」（『民族と歴史』8 巻 1 号）日本学術普及会　1922 年
- 後藤捷一「阿波の言ひ習はし」（『近畿民俗』23 号（通巻 31 号））近畿民俗学会　1958 年
- 四国三郎「阿波国那賀川流域に遺る伝説」（『旅と伝説』16 年 3 号）三元社　1943 年
- 碧山生君「阿波の俗伝二則」（『民族と歴史』3 巻 4 号）日本学術普及会　1920 年
- 後藤美心「阿波の土俗（四）」（『郷土趣味』通巻 21 号）郷土趣味社　1920 年

- 知切光歳『天狗の研究』大陸書房　1975 年
- 岩合光昭（写真）、櫻井忍（文）『土佐の高知はハルウララ』オーエス出版　2004 年
- ASIOS＋廣田龍平『謎解き「都市伝説」』彩図社　2022 年
- 中岡俊哉『日本全国　恐怖の心霊地図帖』二見書房　1983 年
- 水木しげる（画）、村上健司（編著）『日本妖怪大事典』角川書店　2005 年
- 佐藤清明資料保存会『博物学者佐藤清明の世界』日本文教出版　2021 年
- 重松清『走って、負けて、愛されて。 ハルウララ物語』平凡社　2004 年
- 近藤瑞木（編）『百鬼繚乱　江戸怪談・妖怪絵本集成』国書刊行会　2002 年
- 中島幸三郎『風雲児・十河信二伝』交通協同出版社　1955 年
- 正岡子規『正岡子規全集　2 巻』改造社　1932 年
- 正岡子規『正岡子規全集　3 巻』改造社　1932 年
- 水木しげる『妖鬼化　第 4 巻　日本編《四国・九州・沖縄》』ソフトガレージ　1999 年
- 東雅夫『妖怪伝説奇聞』学習研究社　2005 年
- 阿部主計『妖怪学入門』雄山閣出版　1996 年
- 湯本豪一（編著）『妖怪百物語絵巻』国書刊行会　2003 年
- 佐成謙太郎『謡曲大観　第五巻』明治書院　1931 年
- 近藤雅樹『霊感少女論』河出書房新社　1997 年

- 古我源吉「船名（艦名）を語る」（『海運』通巻 360 号）日本海運集会所　1957 年
- 大伴昌司・斎藤守弘（構成）「日本の妖怪総探検」（『週刊少年マガジン』1968 年 55 号）講談社　1968 年
- 藤沢毅「翻刻『審訓清正実記』（三）」（『尾道大学芸術文化学部紀要（2011 年度まで）』）尾道大学芸術文化学部　2011 年
- 香川雅信「「妖怪名彙」のコナキジジ」（『怪』通巻 38 号）角川書店　2013 年

【Webサイト】

- 氷厘亭氷泉「隠神刑部のそうび」（『大佐用』141 号）
  https://yokaidoyukai.ho-zuki.com/taisayo141.htm
- 大本敬久「牛鬼の由来伝承」（大本敬久ブログ「愛媛の伝承文化」）
  https://blog.goo.ne.jp/uchikonotemae/e/fb721786f17e9813374df1390499cd71?fm=entry_awp_sleep
- 新日本古典籍総合データベース『絵本豊臣勲功記』
  https://www.wul.waseda.ac.jp/kotenseki/html/he13/he13_02209/index.html
- 徳島県板野郡北島町「光福寺のイチョウ」
  https://www.town.kitajima.lg.jp/docs/288190.html
- 今治市立図書館「国府叢書・文化財絵はがき」
  https://trc-adeac.trc.co.jp/WJ11C0/WJJS02U/3820215110
- 松山河川国道事務所「重信川とは」
  https://www.skr.mlit.go.jp/matsuyam/river/sigenobukawatoha.html
- 「四国東南部　方言辞典」
  http://shikokutounanbnohougen.blogspot.com/
- ぼうずコンニャクの市場魚貝類図鑑「スズメダイ」
  https://www.zukan-bouz.com/syu/%E3%82%B9%E3%82%BA%E3%83%A1%E3%83%80%E3%82%A4
- 徳島県板野郡北島町「太郎八須開拓者夫婦の碑」
  https://www.town.kitajima.lg.jp/docs/288297.html
- 原田実「日本史のブラックホール・四国」1998 年

- 佐々木紀一「日本中世鉄人退治譚補綴」(『山形県立米沢女子短期大学紀要』50号)山形県立米沢女子短期大学　2014年
- 服部比呂美「八朔の馬節供　西讃地方の団子馬製作を中心に」(『無形文化遺産研究報告』4号)東京文化財研究所　2010年

【その他書籍】

- 高知県立歴史民俗資料館『あの世・妖怪・陰陽師　異界万華鏡・高知編』高知県立歴史民俗資料館　2003年
- 高根三教『アレキサンダー大王は日本に来た』システムレイアウト　1990年
- 愛媛県歴史文化博物館『異界・妖怪　「おばけ」と「あの世」の世界』愛媛県歴史文化博物館　2007年
- 佐藤有文『いちばんくわしい日本妖怪図鑑』立風書房　1972年
- 重友毅『雨月物語評釈』明治書院　1957年
- 多田克己(編)『江戸妖怪かるた』国書刊行会　1998年
- 岡田霞船(編)『絵本加藤清正一代実記』金盛堂　1886年
- 京極夏彦他(文)、多田克己(編)『絵本百物語　桃山人夜話』国書刊行会　1997年
- 佐藤有文『お化けの図鑑　妖怪がとび出す』KKベストセラーズ　1978年
- 山田野理夫『おばけ文庫二　ぬらりひょん』太平出版社　1976年
- 怪異怪談研究会(監修)、茂木謙之介・小松史生子・副田賢二・松下浩幸(編著)『〈怪異〉とナショナリズム』青弓社　2021年
- 不思議な世界を考える会『怪異百物語5　家族と霊』ポプラ社　2005年
- 常光徹『学校の怪談　4』講談社　1993年
- 学校の怪談編集委員会『学校の怪談13　幽霊によばれた校長先生』ポプラ社　1993年
- 戸板康二(編)『歌舞伎名作選　14巻』東京創元社　1957年
- 鳥越文蔵(監修)、義太夫節正本刊行会(編)『義太夫節浄瑠璃未翻刻作品集成　26』玉川大学出版部　2013年
- 大村弼八郎(編)『清正実記』島鮮堂　1886年
- 平出鏗二郎『近古小説解題』大日本図書　1909年
- スタジオあで(構成・文)『ケイブンシャの大百科193　恐怖スリラー大百科』勁文社　1984年
- ブギーマン白川(企画)『ケイブンシャの大百科319　迫り来る!!　霊界・魔界大百科』勁文社　1987年
- 水木しげる『決定版　日本妖怪大全　妖怪・あの世・神様』講談社　2014年
- 吉川良『高知競馬のハルウララ』源草社　2004年
- 国立劇場芸能調査室『国立劇場上演資料集365　花上野誉碑・八幡祭小望月賑・網打』日本芸術文化振興会　1995年
- 山岸和彦(編著)『最新　日本の心霊恐怖スポット100』二見書房　2003年
- 神田伯竜(口演)、丸山平次郎(速記)『四国奇談　実説古狸合戦』中川玉成堂　1910年
- 永島辰五郎(歌川芳虎)『四国攻伐　二号』堤吉兵衛　1879年
- 斎藤英喜『呪術探究　いざなぎ流式王子』新紀元社　2000年
- 森山重雄『浄瑠璃の小宇宙』三一書房　1983年
- 佐佐木信綱(校)『新謡曲百番』博文館　1912年
- 知切光歳『図聚天狗列伝　西日本編』岩政企画　1977年
- 中国新聞社『瀬戸内海　上巻』中国新聞社　1959年
- 高根三教『ソロモンの秘宝』大陸書房　1979年
- 朝里樹(編著)『玉藻前アンソロジー　殺之巻』文学通信　2021年
- 朝里樹(編著)『玉藻前アンソロジー　生之巻』文学通信　2022年
- 小宮豊隆(編)『寺田寅彦随筆集　第二巻』岩波書店　1947年

参考資料

※まず総合的な内容が含まれる資料を挙げ、次に特定地域の話題のみに関する資料をまとめた

【民俗資料】

- 西尾牧夫『海の伝説　瀬戸内海を中心として』成山堂書店　1967 年
- 柳田國男（編）『海村生活の研究』日本民俗学会　1949 年
- 『諸国叢書　17 輯　雑文集 1』成城大学民俗学研究所　2001 年
- 民俗学研究所『綜合日本民俗語彙』平凡社　1955 ～ 56 年
- 柳田國男『定本柳田國男集』筑摩書房　1962 年
- 柳田國男『遠野物語・山の人生』岩波書店　1976 年
- 鈴木棠三『日本俗信辞典　植物編』KADOKAWA　2020 年
- 鈴木棠三『日本俗信辞典　動物編』KADOKAWA　2020 年
- 市原麟一郎（篇）『日本の民話 54　土佐の民話第 2 集』未来社　1974 年
- 柳田國男（著）、小松和彦（校注）『新訂　妖怪談義』角川学芸出版　2013 年

- 武田明「讃岐・阿波・伊予の妖怪」（『自然と文化』1984 年秋季号）日本ナショナルトラスト　1984 年
- 柳田國男「妖怪名彙（六）」（『民間伝承』4 巻 6 号）民間伝承の会　1939 年

【古典資料】

- 阿波郷土研究会『阿波叢書　1 巻』阿波郷土研究会　1936 年
- 国民図書『近代日本文学大系　13 巻　怪異小説集』国民図書　1927 年
- 中山太郎（編）『校註　諸国風俗問状答』東洋堂　1942 年
- 国民図書『校註　日本文学大系　9 巻』国民図書　1927 年
- 香西成資『史料叢書　南海通記』弘成舎　1926 年
- 幸田露伴（校訂）『新訂太平記　第三編』三星社　1925 年
- 京極家（編）『西讃府志』藤田書店　1929 年
- 楠瀬恂（編）『続随筆文学選集　第四』続随筆文学選集刊行会　1928 年
- 森銑三・北川博邦（篇）『続日本随筆大成　10』吉川弘文館　1980 年
- 太刀川清（校訂）『続百物語怪談集成』国書刊行会　1993 年
- 武藤致和（著）、高知県立図書館（編）『土佐国史料集成　南路志　4 巻』高知県立図書館　1992 年
- 日本随筆大成編輯部『日本随筆大成　第 1 期　1』吉川弘文館　1975 年
- 日本随筆大成編輯部『日本随筆大成　第 1 期　14』吉川弘文館　1975 年
- 日本随筆大成編輯部『日本随筆大成　第 1 期　17』吉川弘文館　1976 年
- 日本随筆大成編輯部『日本随筆大成　第 1 期　18』吉川弘文館　1976 年
- 日本随筆大成編輯部『日本随筆大成　第 1 期　19』吉川弘文館　1976 年
- 日本随筆大成編輯部『日本随筆大成　第 2 期　8』吉川弘文館　1974 年
- 日本随筆大成編輯部『日本随筆大成　別巻 1』吉川弘文館　1978 年
- 国民図書『日本文学大系　10 巻』国民図書　1926 年
- 中山城山（原著）、青井常太郎（校訂）『標註国訳　全讃史』藤田書店　1972 年
- 森春樹（著）、日田市教育委員会（編）『蓬生談』日田市教育委員会　1958 年

【論文】

- 大本敬久「愛媛の祭礼風流誌」（『愛媛県歴史文化博物館　研究紀要』6 号）愛媛県歴史文化博物館　2001 年

【監修】

朝里 樹（あさざと・いつき）

怪異妖怪愛好家・作家。1990年、北海道に生まれる。2014年、法政大学文学部卒業。日本文学専攻。現在公務員として働く傍ら、在野で怪異・妖怪の収集・研究を行う。著書に『日本現代怪異事典』（笠間書院）、『日本のおかしな現代妖怪図鑑』（幻冬舎）、『日本現代怪異事典 副読本』（笠間書院）、『歴史人物怪異談事典』（幻冬舎）、『世界現代怪異事典』（笠間書院）、『つい、見たくなる怪異な世界』（三笠書房）、『山の怪異大事典』（宝島社）、『日本怪異妖怪事典　北海道』（笠間書院）、『21世紀日本怪異ガイド100』（星海社）、『玉藻前アンソロジー　殺之巻・生之巻』（文学通信）、「放課後ゆ〜れい部の事件ファイル」シリーズ（集英社）ほか。

【著者】

毛利恵太（もうり・けいた）

1991年、神奈川県生まれ。妖怪数奇者。共著に『妖怪・憑依・擬人化の文化史』『日本怪異妖怪事典　中部』（ともに笠間書院）、『列伝体　妖怪学前史』（勉誠出版）があるほか、『暗黒神話TRPG サプリメント　トレイル・オブ・クトゥルー・ジャパン』（グループSNE）の制作に協力。HN「こぐろう」及び個人サークル「松籟庵」として、Twitterアカウント「瓶詰妖怪」の運営、同人誌『明治の讀賣新聞における「化物会」の活動について』の執筆、VTuber「蠱毒大佐」のプロデュースなども行う。

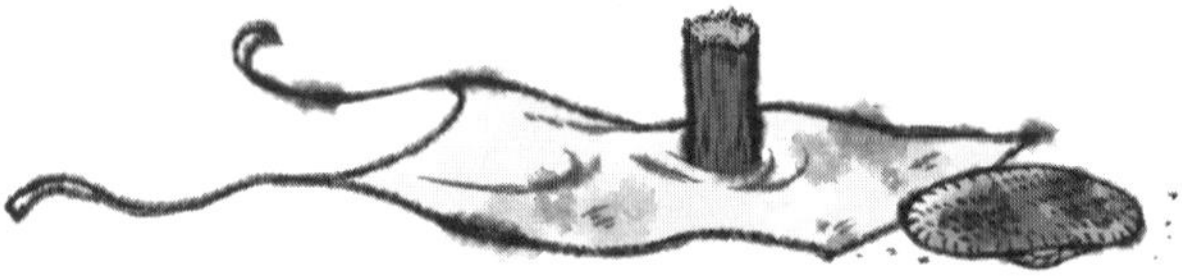

日本怪異妖怪事典 四国

令和5年（2023）5月5日　初版第1刷発行

監修 ――――― 朝里 樹
著者 ――――― 毛利恵太

カバー・扉イラスト― 紀伊国亭むじな

発行者 ―――― 池田圭子

発行所 ―――― 笠間書院
〒101-0064　東京都千代田区神田猿楽町2-2-3
電話:03-3295-1331　FAX:03-3294-0996
https://kasamashoin.jp/
mail:info@kasamashoin.co.jp

ISBN 978-4-305-70987-5　C0539

アートディレクション ―― 細山田光宣
装幀・デザイン ――――― 鎌内 文（細山田デザイン事務所）
本文組版 ――――――― キャップス
印刷／製本 ―――――― 大日本印刷

本書収録の事項には、現在の社会通念から見て不適切と思われる表現や、事実に基づいたものではない伝承・怪談が含まれておりますが、史料的な価値を考慮し、当時のものをそのまま採用しております。ご了承ください。

好評既刊

日本怪異妖怪事典 北海道
朝里樹 (著)
税込定価2200円
ISBN978-4-305-70941-7

日本怪異妖怪事典 東北
寺西政洋、佐々木剛一、
佐藤卓、戦狐 (著)
税込定価2860円
ISBN978-4-305-70959-2

日本怪異妖怪事典 関東
氷厘亭氷泉(著)
税込定価2530円
ISBN978-4-305-70947-9

日本怪異妖怪事典 近畿
御田鍬、木下昌美(著)
税込定価2640円
ISBN978-4-305-70961-5

日本怪異妖怪事典 中部
高橋郁丸、毛利恵太、
怪作戦テラ(著)
税込定価2750円
ISBN978-4-305-70968-4

日本怪異妖怪事典 中国
寺西政洋(著)
税込定価3190円
ISBN978-4-305-70979-0

日本怪異妖怪事典シリーズ

朝里 樹 監修

古代から現代まで、日本各地で伝承・記録された怪異や妖怪を地方ごとに多数収集し、県別に紹介。各地域で語られた物語を通して、歴史や文化、地域の特徴など、様々な学びや発見があり、中高生から怪異好きの社会人まで楽しめるシリーズ。全８巻刊行予定。